統語意味論

上山あゆみ［著］
Ayumi Ueyama

名古屋大学出版会

統語意味論

目　　次

序　章　何をめざすのか ……………………………………………………… 1
　　序.1　「日本語」とは？　1
　　序.2　統語論とは？　2
　　序.3　統語論の説明対象　4
　　序.4　本書でめざしていること　5

第 1 章　統語意味論のあらまし ……………………………………………… 8
　　1.1　コトバという仕組み　8
　　1.2　Information Database と Lexicon　9
　　1.3　語彙項目から文へ　12
　　1.4　意味表示と意味理解　23
　　1.5　まとめ：統語意味論の立場　32

第 2 章　格助詞 ………………………………………………………………… 35
　　2.1　項となる意味役割と格助詞　35
　　2.2　付加詞としての格助詞　38
　　2.3　J-Merge：名詞と格助詞の Merge　41
　　2.4　格助詞ヲと動詞　45
　　2.5　時制要素と「〜が」の移動　48
　　2.6　音形のない「代名詞」　53
　　2.7　本書で未解決のまま残している問題　60

第 3 章　使役構文と受動構文 ………………………………………………… 62
　　3.1　使役構文 1　62
　　3.2　使役構文 2　68
　　3.3　受動構文 1　70
　　3.4　受動構文 2　73
　　3.5　本書で未解決のまま残している問題　77

第 4 章　「A（の）B」構文 …………………………………………………… 83
　　4.1　property 記述表現による修飾構文　83
　　4.2　OBJECT 指示表現による修飾構文　89
　　4.3　Host property 表現　93
　　4.4　ノ：property-*no* 規則と N 主要部としてのノ　100
　　4.5　本書で未解決のまま残している問題　103

第 5 章　「A は／が B（だ）」構文 …………………………………………… 106
　　5.1　property 記述表現の id-slot に対する条件　106

5.2　Tの特異性　107
　　　5.3　「AはΓがB（だ）」構文　108
　　　5.4　property-*da* 規則　112
　　　5.5　英語と日本語の相違点と共通点　114
　　　5.6　本書で未解決のまま残している問題　116

第6章　Predication と Partitioning　121
　　　6.1　数量表現　121
　　　6.2　OBJECT と LAYER　126
　　　6.3　Predication 素性と Partitioning　129
　　　6.4　Partitioning 適用後の意味解釈　136
　　　6.5　本書で未解決のまま残している問題　138

第7章　連体修飾　142
　　　7.1　連体修飾節　142
　　　7.2　連体修飾が複数ある場合　147
　　　7.3　連体修飾と語順　155

第8章　疑問文と不定語　159
　　　8.1　「誰」「何」「どこ」　159
　　　8.2　「どの～」「何人の～」　166
　　　8.3　「どのNの～」　167
　　　8.4　さまざまなタイプの疑問文　170
　　　8.5　不定語＋モ　171
　　　8.6　不定語との連動読みと照応記述制約　178
　　　8.7　本書で未解決のまま残している問題　183

第9章　さまざまな連動読み　187
　　　9.1　同一指標による連動読みと依存語による連動読み　187
　　　9.2　ソコの単数性　188
　　　9.3　統語素性 Bind と Merge 規則 Binding　190
　　　9.4　2種類の連動読みの違い　196
　　　9.5　疑似連動読み　201

第10章　否定文　205
　　　10.1　否定にまつわる問題点　205
　　　10.2　非存在を表すナイ　207
　　　10.3　動詞否定文のナイ　208

- 10.4 ダレモ〜ナイ構文　211
- 10.5 シカ〜ナイ構文　213
- 10.6 遊離数量詞構文　216

終章　統語意味論のこれから　218
- 終.1 統語意味論の目標　218
- 終.2 内的体系性と「社会的契約」　218
- 終.3 システムの明示：検証のためのWebページ　219
- 終.4 評価尺度の問題：Hoji（2015）について　221
- 終.5 今後の課題　225

付録A　解釈不可能素性と統語操作の一覧　227
- A.1 解釈不可能素性一覧　227
- A.2 統語操作一覧　229

付録B　Numerationからの派生の全ステップ　234
- B.1 ビルがジョンにメアリを追いかけさせた　234
- B.2 ビルがジョンにメアリを追いかけられた　238
- B.3 3人の男の子が2人の女の子を誘った　243
- B.4 ジョンが見かけた女の子　250
- B.5 ジョンがどこが勝ったか知りたがっている　254
- B.6 どの大学の学生が来ましたか　260
- B.7 ジョンは，メアリが誰を誘っても，パーティに行く　263
- B.8 かなりの数の大学がそこを支持していた人にあやまった　273

参照文献　285
あとがき　289
事項索引　291
語彙索引　294

序章
何をめざすのか

序.1 「日本語」とは？

　私たちは，普段，日本語で生活をしている．「日本語はできますか？」と問われたら，特に躊躇なく「はい」と答えることだろう．しかし，日本語をすべて知っている，と言える人はいないに違いない．日本語であっても自分が知らない表現はいくらでもある．知らない語がたくさんあっても，「大体，使える」のならば，「日本語ができる」と言ってしまっていいのだろうか？　では，語をいくつ知っていたら「大体，使える」と言っていいレベルなのだろうか？　仮に5000語だとして，逆に，英語の単語を5000語覚えたら，それで「英語ができる」と言ってもいいかと言われると，ちょっとためらう気持ちも出てきそうである．「単語を知っている」ということと，「使える」ということは別だということがわかっているからだろう．私たちが「○○語ができる」と言えるためには，一定以上の語彙数とそれを操る能力の両方が不可欠のようである．

　さらに，ある語を「知っている」かどうかということも，実は単純に決められることではない．「僧帽筋」という語を知っているかどうかを確認しようと思ったら，その人に僧帽筋を指してもらえばいいかもしれない．でも，「僧帽筋」という語を知っている人の中でも，「僧帽筋がこった」という言い方を許すかどうかは，意見が分かれるかもしれない．「それを言うなら，"肩がこった"でしょう」と感じる人もいれば，「意味は十分わかるし，かえって正確な言い方だと思う」という人もいるだろう．どちらかが正解でどちらかが不正解なのだろうか？　また，「正義」とか「けなげ」とかの語の場合，具体的にどの行為を「正義」だと思うか「けなげ」だと思うかは，人によって意見が違うことが十分ありえる．そのさまざまな意見の中には，「コトバの意味がわかってないんじゃないの!?」と言いたくなる場合すらあるかもしれないが，それならそれで，では何をもって「その語を知っている」と言えばいいのか，いよいよわからなくなってしまう．

　このように，コトバというものは，私たちの生活にたいへん身近なものでありながら，突き詰めて考えていくと，とらえどころのない面がある．「日本語ができる」とは？　「この語を知っている」とは？　という，一見，単純に見える問いにすら，明確な定義を与えることが難しい．さらに言えば，「日本語とは？」「どのようなものを日本語と呼ぶのか？」という問いも，答えることが難しいものである．「じゃがいも」は日本語で，「ポテト」は英語だろうか？　そうだとしても，「ポテト」という語が含まれている文が英語であると言えないことは明らかである．「スライスしたポテトをフライパンでソテーします」という文は，人によっては，意味がよくわからないかもしれないが，この文そのものが「日本語」であることは間違いないだろう．逆に，「スライス」「ポテト」

「フライパン」「ソテー」という語がそれぞれ何を指しているかさえわかっていれば，日本語はまったくできなくても，意味が推測できる可能性がある．コトバにとって，語というものが重要な部分であることは，まぎれもない事実であるが，「その文が日本語であるかどうか」を決めているのは，必ずしも，そこで使われている語の出自の問題ではない．語の意味がわかるということと，文として意味がわかるということは別のことなのである．

　私は，ある文を「日本語たらしめているもの」とは，語と語をどのように組み合わせるか，その組み立て方にあると考えている．つまり，私たちが「日本語ができる」と言えるのは，「日本語としての組み立て方を知っている」という意味である．いわば，「料理ができる」と言えるのは，「料理の仕方を知っている」という意味であるのと同じことである．語彙の数というものは，料理で言えば，素材として使える材料の多さにあたるだろう．もちろん，多ければそれだけレパートリーは増えるが，ある程度の数さえあれば，少々使えない素材があったとしても，それで「料理ができない」ということにはならない．

序.2　統語論とは？

　たとえば，「白い」「ギター」「の」「箱」という4つの部品が目の前にあるとする．その部品を組み合わせて全体として1つのものを作る場合，たとえば，(1)のような組み合わせ方をするのと(2)のような組み合わせ方をするのとでは，その結果の語順も違うし，何が「白い」のかという意味も異なる．

(1)

(2)

言い換えれば，語と語の組み合わせ方が決まれば，語順も決まるし，意味も決まる，ということである．ここが，「語の意味」と「文の意味」に質的な違いが生まれるところである．語のレベルでは，ある種の音とそれが指し示す意味とが直接結びついている．抽象的に言えば，頭の中に音と意味を変換する関数があると考えてもいいかもしれない[1]．それに対して，文のレベルでは，その音もその意味も複合体であるため，爆発的に種類も数も増え，そもそもリストアップすることができないので，単純に音と意味を変換する関数を定義するわけにはいかない[2]．そのかわりに，語を組

---

1) 冒頭で述べたように，「ある語の意味」と言っても一筋縄ではいかないことが多々あるだろうが，少なくとも，特定の人間の知識を書き出すことは理論的には可能だろう．
2) 外国に旅行する際に，「これだけ覚えていれば大丈夫！」という文をいくつか丸覚えしても，結局，丸覚えで対

み合わせる仕組みを定義できたとしたら,「文の意味」をとらえることができるようになるはずである．その語を組み合わせる仕組みそのもの，および，その仕組みを明らかにしようとする営みは，**統語論**（syntax）と呼ばれる．

　伝統的には，しばしば，音素の配列の問題を扱うのが音韻論，形態素の配列の問題を扱うのが形態論，語の配列の問題を扱うのが統語論，という説明がなされてきた．その考え方に従うと，統語論とは，語順だけを問題にするものということになり，「意味」の問題には直接関与しないということになる．

(3)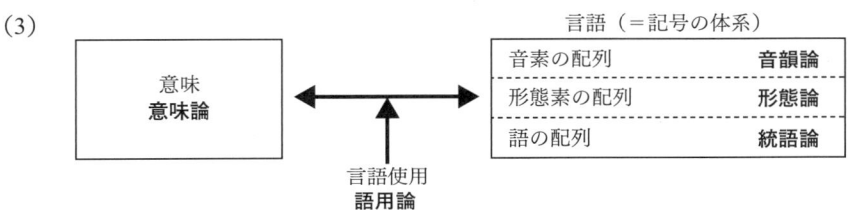

しかし，それではまるで，料理の仕方というものは，できあがりの見た目を左右するだけであって，味には関係がないと言っているようなものである．

　(3)に対して，人間の頭の中には語を組み合わせて文を構築するメカニズムがあり，その出力が音と意味の基盤となるという仮説に立つのが，チョムスキーの生成文法という言語観である．

(4)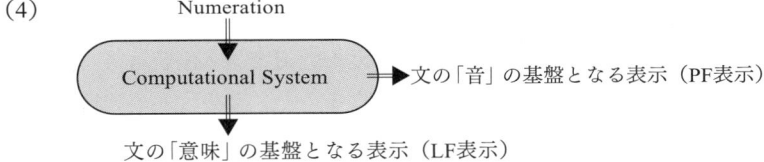

ここで **Numeration** とは，**Lexicon**（脳内辞書）から選ばれた，いくつかの語彙項目の集合で，つまり，料理の材料にあたるものである．その材料に対して **Computational System** と呼ばれるシステムで「料理」をすることによって，見た目（PF 表示）も決まり，味（LF 表示）も決まる[3]．

　普段，私たちの回りにあふれている文は，必ずしも，完全な形であらわれているわけではなく，言い間違いがあったり，文脈に不似合いな表現が選択されてしまったままの場合も少なくない．しかし，言い間違いに対して「言い間違いであるとわかる」ということも事実である．つまり，実際の発話の仕組みがどのようになっているかはともかく，脳内には，各表現についての知識，そしてそれらを組み合わせて文を構築する知識が備わっている[4]．以下で論じていくのは，特に断らない限り，この脳内の知識の体系によって構築・出力される文を対象としている．「適格な（well-

---

　　　処できる場面は非常に限られていることは誰しも想像がつくだろう．
3) PF とは，phonological form の頭文字をとったものであるが，生成文法においては，これは略語ではなく，Computational System の音韻側の出力を「PF 表示」と名付けたと理解したほうがよい．同様に，LF とはもともと logical form の頭文字をとったものであるが，生成文法で Computational System の意味側の出力を指す場合には，もっぱら「LF 表示」という（略称に見える）表現が用いられる．
4) なお，知識の体系というものは，話す際にも聞く際にも関与しているだろうので，本書の議論のほとんどでは，話す過程と聞く過程を区別していない．もちろん，すべての点において同じであるということではないので，必要に応じて言及する場合もある．

formed）文」というのは，その脳内の仕組みから出力されうる文のことであり，「不適格な（ill-formed）文」とは，その仕組みからは出力されえない文のことである．出力されうるか出力されえないかは 2 つに 1 つであるが，実際の感覚としては，文の容認性には度合いの違いがあり，しばしば ?/??/?*/* などの記号を文頭に付すことで容認性が表される．たとえ適格な文であっても，普段の生活の中でめったに使われない文の場合，それが容認されるかどうか，すぐには判断できない場合もあり，適格性と容認性がどのように対応するかは真剣に向き合うべき問題である．この問題について私がどのように考えているかについては，終章で述べる．

序.3　統語論の説明対象

　文を構成する語の中には，自立語／語彙語と呼ばれるものと付属語／形式語と呼ばれるものとがある．自立語／語彙語は，いわば，主役になる素材である．主役になる素材をどのように料理すればより生かせるのかを知ることは，もちろん重要なことである．これに対して，付属語／形式語は，それだけを取り出すと，特に「意味がない」ように思われがちだが，文中では，さまざまな活躍をしており，テニヲハが 1 つ違うだけで意味はしばしば大きく違ってしまう．単体では必ずしも「美味しい」とは限らない材料が料理の過程の中で適切に用いられることによって，意外な活躍をすることがあるのと同じことである．主役にはならない素材をどこまで使いこなせるかこそ，「料理の腕」だという意見があってもいいに違いない．

　ただし，統語論の研究の目的は，「美味しい料理を作ること（＝正しい／良い文を作ること）」ではない．そのためだけならば，間違いのないレシピを丸覚するほうが近道である場合もあるだろうが，統語論の目的は，何と何をどのようにしたときに結果がどうなるのか，その仕組みを明らかにすることである[5]．したがって，統語論の研究においては，あえて「不味い」ものや「微妙な」ものを，「美味しい」ものと比べるという作業が必須になる．同じ素材のままで，調理の仕方や調味料等の使い方を変えたものを作り，結果がどのように変わるかを観察したり，別の素材に対して同じ調理の仕方や調味料等の使い方をしてみて，同様の変化が見られるかどうかを観察したりしていく．つまり，自立語／語彙語はなるべく同じものを使ったまま，その語順や付属語／形式語の選択を変えて，結果として出てくる意味がどのように変わるかを観察したり，もしくは，その語順や付属語／形式語の選択を，さまざまな自立語／語彙語で試してみて，同様の変化が見られるかどうかを観察したりするのである．

　重要なのは，私たちが，日々，接している「文」とは，できあがってしまった結果であり，その作成過程を直接観察できるわけではない，ということである．私たちの頭の中で起こっている組み立てなのであるから，モニターできてもよさそうなものであるが，肝臓がいつどんな液を出しているのか自分では感じることができないのと同様，私たちは現実として文の組み立て過程を感知することができない．そのため，文を観察して，その組み立て方について考察する，つまり，統語論の研究を進める際には，どうしても隔靴掻痒感がともなう．できあがった料理だけで，料理の仕方を

---

[5] 語学の学習の場合，部分的に，文の暗記が有効であることは否定しない．また，自動翻訳のような場合にも，ある程度，使用頻度の多いものに限ることによって作業効率を上げることが重要だろう．これらは，統語論とは目的が異なっている．

突き止めるようなものである．

　しかし，完成品には，その過程を探るさまざまな手がかりが残されている．まず，どのような表現がどういう語順で並んでいるかはわかる．組み立て方によって，文の中の語順が決まるのであるから，語順を見ることによって，組み立て方の一部を推測することができる．また，付属語／形式語は常に注目に値する．付属語／形式語は，特殊な組み立て方が必要な場合が多いので，付属語／形式語に注目すると，その文にどのような組み立て方が関わっているか推定できる手がかりが多くなるのである．私たちは，作成過程そのものはモニターできないものの，こういう語をこういう順番で並べた文を作れ！という命令には応えることができる．そうやって，いろいろな条件を変えて文を作り，その結果をよく観察することで，作成過程に何が起きていると仮定すると最も筋が通るのかを考えていくのである．

　完成品にあらわれている材料については，まだわかりやすいが，「下ごしらえ」にしか用いられていない材料を推定しようとすると，非常に難易度が高くなる．特に，完成した料理を「見る」だけでは，そんな推定はまず無理に違いない．しかし，プロの料理人ならば，一度味わったものを同じように再現することができるという話も聞く．どういう材料をどうすればどういう味になるかという経験を積んでいるからこそできることなのだろう．料理の過程を推測するのに「味わう」ことが不可欠なように，文の構築過程を推測するには，その「意味」を味わうことが不可欠である．私たちも，常に頭の中で文を作り出しっぱなしにするのではなく，どのような姿の文がどのような意味合いを持つのか，自分でよく味わうようにしていかなければならない．そうすると次第に，何を変えるとどういう違いが出てくるのか，何を変えたときの違いが何を変えたときの違いと共通性があるのか，ということがわかってきて，その複雑な関係性が少しずつ見えてくるのである．

　生成文法は，母語の研究者に向いたアプローチだとよく言われてきた．それは，母語であるならば，自分の頭の中で作成された意味合いをよく味わうことができるからである．生成文法のアプローチで外国語を研究することができないわけではないが，直接得られる手がかりが音の側面に限られてしまい，意味の側面については，母語話者に意見を聞くしかない．つまり，自分では料理を食べずに，食べた人にインタビューしたりアンケートをとったりして手がかりを集めることになるので，それだけ険しい道のりということになるだろう．それでも，その試みが捨てられていないのは，生成文法では，文の構築方法というものに，人類共通の側面があるはずではないかと考えており，その側面を明らかにすることが最終的な目標だと考えられているからである．自分の母語がどうなっているかということだけでなく，その中のどの部分が「人類共通」なのかということを追究するためには，それぞれの研究者が母語以外の言語についても視野に入れていく必要がある．ただ，私としては，自分の母語の組み立て方がある程度わかるまでは，自分の母語に集中したほうが実りが大きいと考えているので，この本では，原則的に日本語に関してだけ考えていくことにする．

序.4　本書でめざしていること

　音も意味も，語の組み立てによって，その骨組みが決まると考えている点で，私が本書で提示する言語観は生成文法と大いに共通している．生成文法は，誕生してから半世紀以上が経つ理論である．これまでの生成文法の研究の中で得られた知見の中には，それ以外のアプローチでは見つかり

ようのなかった貴重なものがいろいろある反面，理論が次第に抽象的になり，複雑になっていく中で，いったいどういう知見がまだ「生きて」おり，どういう知見は「古く」なってしまっているのかが，簡単には見分けがつかない状態になってしまい，停滞状態にあることも否めない．本書の目的は，この現状を打開するために，生成文法の研究方法をその基盤から洗い直し，これまでの知見をなるべく活かしつつ，今後の研究をその上に積み重ねていける形に整頓しなおすことである．これこそが生成文法のあるべき姿である，と主張することもできるかもしれないが，新たな気持ちで再始動するために，この方法論を，あえて**統語意味論**と名付けた．本書で提案する分析は，統語意味論の考え方を具体的に示すためのものであり，たたき台にすぎないとみなしてほしい．統語意味論の全体像は，第1章で概観する．

本書では，日本語の現象をある程度全体像がわかるように（もちろん結果的にずいぶん限られてしまっているが）描き出すことを目標としている．それも，単に構文を列挙するという形ではなく，どのような語がどのような組み合わされ方をすると，どこの意味がどのように変わるかという**内的体系性**の解明をめざしている．同じ語でも，あらわれる位置によって文全体の中で果たす役割が変わる場合を説明するのが統語論の醍醐味である．外国語の学習のためには，個々の「組み合わされ方」というよりも，最終的にできあがった形を「構文」として学んだほうが近道であることも多いだろうし，特殊な構文については，できあがった形でとらえるしかない場合もあるだろうが，本書でめざしているのは，多くの構文を形づくる**構築システム**の解明である．

どの言語にもさまざまな機能語があり，1つの機能語が複数の構文に関わっていることも少なくない．明示的な理論では，構文ごとにその機能語を別用法として区別し，いわば「同音異義語」として扱われることが多い．さらに観察が進むと，構文が細分化することが多く，それにつれて，「同音異義語」の数が増えることもしばしばであるが，本書で提案するアプローチでは，それを最小限におさえていきたいと考えている．構文ごとの現象の違いという**相違性**をとらえるのと同時に，同じ機能語が用いられているという**共通性**もとらえたいと考えているからである[6]．

さまざまな用法にわたって1つの語の共通性をとらえようとする際に重要になるのが，その「意味」というものを「ちょうどいい程度に簡略化してとらえる」ということである．意味というものは，非常に奥が深いものなので，いわば，いくらでも繊細な側面を追究していくことが可能である．同じ語でも，用法が異なれば特有の「意味」があるだろう．しかし，「限りなく繊細な側面」までは踏み込まないことによって，用法間の共通性がとらえられる希望がでてくる．もちろん，「役に立つ程度の表現力を持つ」ことも重要なので，どのあたりで線を引くかが非常に難しいところではあるが，本書では，統語論の研究に役立ちそうなところで線引きをした「意味」の理論を提案し，それを利用しながら統語論を構築していく．

自分の母語の研究は，手がかりがたくさんあるとはいえ，むしろ，手がかりに見えるものが多すぎるため，散らかりすぎて足の踏み場がなくなってしまうことも多い．本書で提案する新しい意味の理論は，ある意味で，新しい収納法のようなものである．どのようなものを捨て，残ったものをどのように分類して収納していくか．私自身，長年（そして今も）悩まされ続けている中で，このあたりで線引きをするのがもっとも有効ではないかと思う方法を紹介し，そうするとどのような統

---

[6] もちろん，「同音異義語」を仮定せざるをえない場合もあるだろうし，特に分析の初期には，いったん「同音異義語」を仮定して分析を進めていったほうが理解が進むこともあるので，暫定的に「同音異義語」を利用することは十分にありうる．

語論の姿が浮かび上がるかを示していく．

　当然のことながら，収納法の本を読んだからといって，自分の部屋が即，片付くわけではない．本書で紹介した収納方法を忠実に踏襲することよりも，実際に自分の頭の中の知識が整理されることが一番の目標である．もちろん，本書で紹介する方法が直接適用できる場合があれば，それはそれで喜ばしいが，むしろ，それぞれの状況に応じて，いろいろな応用をするきっかけになれば，それ以上に嬉しいことはない．

第1章
統語意味論のあらまし

1.1 コトバという仕組み

　序.2節でも述べたように，統語意味論では，コトバという仕組みを「語彙項目の知識とその組み合わせ方についての知識」としてとらえている．その意味で，生成文法における Computational System の働きを明らかにすることが統語意味論の目標であると考えてよい．

(1)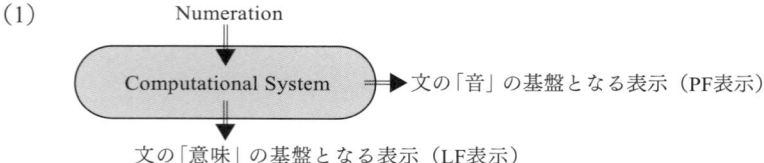

もう少し詳しく書くと次のようになる．いくつものモジュールが仮定されていて複雑に見えるかもしれないが，真ん中の破線で囲まれた部分が(1)に対応する．

(2)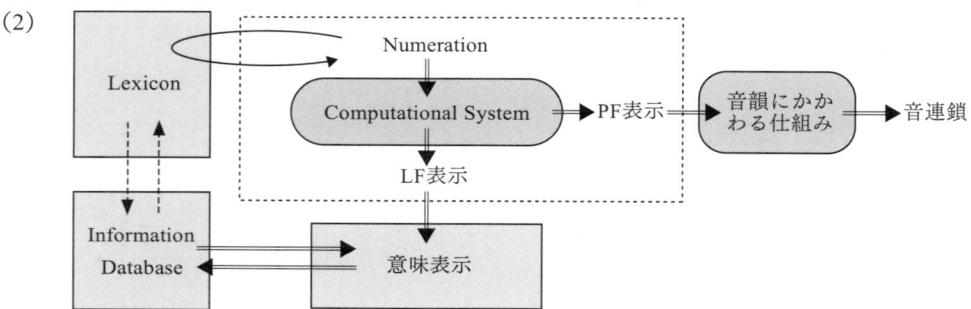

　Lexicon とは，頭の中に蓄えられている語彙項目の知識の総体である．Numeration とは，Lexicon から選び出された，いくつかの語彙項目の集合であり，それに対して Computational System が構造を与えて，PF 表示と LF 表示という2つの構造表示を出力する．PF 表示と実際の具体的な音連鎖との対応の仕方を扱うのが音韻論（＝「音韻にかかわる仕組み」）であるが，本書で扱う範囲としては，語順がわかればそれで十分なので，それ以上は特にふれない．

　これに対して，LF 表示と「意味」の対応については，以下，さまざまな構文について論じていく．従来，LF 表示において，「意味」がどの程度，表されているべきかということについて，正面

から論じられたことはあまりない．上でも述べたように，統語意味論で考察の対象にしたいのは，語と語を組み合わせたときの「意味」は語の「意味」にどのような影響が加わったものかということであるから，必ずしも，「意味とは何か」という問いに正面から取り組む必要はない．語彙項目Aがあるときと，ないときとの違い，語彙項目Aが語彙項目Bと組み合わされているときと，語彙項目Cと組み合わされているときとの違い，語彙項目Aと語彙項目BがA–Bという語順で組み合わされているときと，B–Aという語順で組み合わされているときとの違い，などが明示的に議論できれば，それで十分である．

言語を用いたコミュニケーションには，あいさつなどのように，仲間意識を再確認する目的のコミュニケーションも少なくないが，言語の仕組みを明らかにするためには，直接的な情報のやりとりを目的とするコミュニケーションにのみ注目し，言語のやりとりによって，私たちの頭の中の「世界知識」がどのように変化するかという点を観察するのが有効だろう．情報のやりとりをするコミュニケーションにおいては，私たちは，おそらく，なるべく情報を増やしたり，整頓したり，質のいいものにしたりしたいのだろうから，言語のやりとりによって変化が起きた場合でも，その変化のすべてが言語によってもたらされたものであると決めつけるわけにはいかない．言語がもたらす情報をきっかけとして，情報の増加・整頓・修正が起こる可能性もあると考えておく必要がある．私たちが自分の頭の中で観察できるのは，言語のやりとりの結果，どのような変化が起きたかということだけであるから，そのどの部分までが言語が直接もたらしている情報であると考えるべきかは，理論を作りながら検証を繰り返していくしかない．

1.2 Information Database と Lexicon

1.2.1 Information Database

私たちの頭の中で「世界知識」が蓄えられているところを **Information Database**（情報データベース）と呼ぶことにする．Information Database は，人間がさまざまな思考や推論等をしたりするためのベースとなるものである．本書では，その推論の仕組みそのものは特に追究しないが，推論の仕組みの研究と連係が可能な程度に，情報を形式的に表示することをめざしたい．

そこで，Information Database の形式を次のように考えることにする[1]．

(3) Information Database は，（認知的な意味での）**object**（**存在物**）の集合であり，object とは，指標と property（特性）の集合との対，property とは，attribute（項目名）と value（値）との対であるとする[2]．（指標は，単なる数字と区別するために，便宜的に大文字のXを先頭に置くことにする．）

　　　{...,

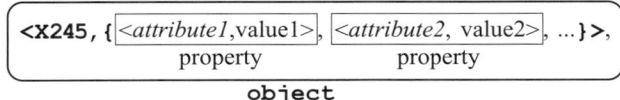

------
1) 以下，リスト（順序集合）には< >を，順序が関係のない集合には{ }を用いることにする．
2) 以下では，少しでも表示を見やすくするために，attribute はイタリックで示されている．

...

<X304, {<attribute3,value3>, <attribute4, value4>, ...**}>,**
　　　　　　　　property　　　　　property
　　　　　　　　　　　　object

...}

これは，いわば住所録もしくは名簿のようなデータベースと基本的に同じイメージである．1人の人 [object] に関して，「勤め先の住所」「携帯電話の番号」「生年月日」のようなさまざまな項目 [attribute] について，その値 [value] が書き込まれているのである．すべての object に対して同じ項目があらかじめ用意されていると考える必要はないだろう．その object によって，どのような attribute についての情報が書かれているかはさまざまであり，また，value の書き込まれている attribute の数も object によってまちまちであると考えておく．

統語意味論では，object として，さまざまなモノだけでなく，デキゴトも含めることとし，複数のモノや複数のデキゴトをまとめて1つの object とみなすこともあるとしておく．これらの仮定によって，かなりざっくりとした方法でではあるが，知識／情報というもの全体を (3) の形でとらえることが可能になる．object の例をいくつか挙げておく．(4a) はモノ，(4b, c, d) はデキゴトである．

(4) 　a.　**<X19,{**<Name, ジョン>, <Kind, 大学生>, <年齢, 20>, <身長, 181cm>, ...**}>**
　　　b.　**<X65,{**<Name, 北京オリンピック>, <開催年, 2008 年>, <場所, 中国・北京>, ...**}>**
　　　c.　**<X923,{**<Name, ○○海岸 OL 殺人事件>, <犯人, **X19**>, <被害者, **X34**>, <担当主任刑事, **X337**>, ...**}>**
　　　d.　**<X82,{**<Kind, 落とした>, <落下物, **X53**>, <行為者, **X19**>, <落下場所, ...>, ...**}>**

以下，何らかの object を指し示す場合には，指標を用いることにする．つまり，特に断らない限り，「X245」と言ったときに指されているのは，object である **<X245, {**<attribute1,value1>, <attribute2, value2>, ... **}>** 全体である．

知識の集積である Information Database を上のような形でとらえた上で，語彙の集積である Lexicon との関係について考えてみよう．実際の知識としては，value として画像や映像が入った property もあるだろうが，言語によって直接影響を受けうる property は，次の3種類であると考えている．

(5) 　a.　言語表現が value となっている property (category property)
　　　b.　object が value となっている property (relation property)
　　　c.　数値や度合いが value となっている property (degree property)

以下，順に，簡単に言語表現との関係を述べていく．

1.2.2 言語表現が value となっている property：category property

言語表現が value となっている property としては，<Name, ジョン>のように，その object に付けられた名前を述べたもの，そして，<Kind, 大学生>のように，その object がどのようなカテゴリー

に属するものかを述べたものがある．モノであれ，デキゴトであれ，名称を表す property を持ちうるし，それぞれ1つずつとは限らない．object によっては，「愛称／旧姓／Aさんからの呼称／...」等，多くの名称を持つ場合もあるだろう．同様に，1つの object が「性別／職業／趣味／...」等，複数のカテゴリーに属することもよくあるだろう．以下では，言語表現が value となっている property をまとめて **category property** と呼ぶことにする．

さて，1つ1つの語彙項目がどのような「意味」を持つかを考えた場合，何らかの category property と対応しそうな表現が思いつく．「あ，田中一郎だ」という場合，その「意味」の中には <Name, 田中一郎>という property が含まれ，「あ，桜だ」という場合は，<Kind, 桜>という property が，「あ，落ちた」という場合は<Kind, 落ちた>という property が含まれていると考えるのは，ごく自然な考え方である．実際の Information Database においては，上で述べたように詳細な分類の attribute が用いられている可能性もあるが，表現が持つ「意味」を考えた場合には，固有名詞なら attribute は *Name*，普通名詞なら attribute は *Kind* という程度の区別で十分である．

問題になりうるのは，「桜」という表現の「意味」の中に，たとえば<Kind, 植物>，<Kind, 春に花が咲く樹木>といった property も含まれると考えるかどうかという点である．確かに，俳句を鑑賞する場合などは，数少ない表現からでも豊かな情景を想起する必要があるだろうが，以下で議論する「意味」とは，文の構成に関わる部分だけに注目しているので，語彙項目としての「意味」は最低限の property しか持たないと考えておけばよい[3]．

ある object が Information Database の中でどのような category property を持つかは，当然，その言語にどのような表現があるかによって大きく影響を受けるだろう．また逆に，同じ category property を持つ object 群が非均質的であると認識されることによって，新たな object 群を特徴づけるための言語表現が新たに生まれることもあるだろう．概念Aが概念Bの上位概念であるという場合も，AがBを含意するということが定義されている場合と，定義はされていなくても，Bを value とする category property を持つ object がすべてAを value とする category property を持っているという状態から推測される場合のどちらもありうる．表現Aの「意味」を正確に知らなくても，Aを value とする category property を持つ object をいくつか見ることでAの「意味」が大体わかると感じることも多い．このように，Information Database と Lexicon の間には，密接な関係はあるものの，この2つはまったく別のものであり，Information Database は世界についての知識，Lexicon はその言語の語彙項目についての知識である．

1.2.3　object が value となっている property：relation property

object が value となっている property とは，つまり，object と object の関連づけが述べられたものであり，(4c)の<犯人, **X19**>，(4d)の<落下物, **X53**>等がこれに相当する．以下では，object が value

---

[3] その「最低限」がどこまでかは，言語によって異なることもある．たとえば，「田中一郎」が男性でも女性でも，日本語の場合，「田中一郎」を含んだ文の構成方法に影響はないが，フランス語やイタリア語などならば，「田中一郎」が男性なのか女性なのかによって，形容詞や動詞の形式が変わる可能性がある．つまり，そのような言語の Lexicon の場合には，<*Gender*, male>という property も語彙項目の「意味」の中に含まれていることになる．同様に，あるデキゴトが瞬間性のものかどうか，達成点があるかどうか等の property は，文の構成方法に影響を与える可能性があり，そうであるならば，語彙項目の「意味」として認めなければならないかもしれない．どのような property まで語彙項目の「意味」として認めるかは，経験的な問題であり，言語現象を1つ1つ吟味していきながら決めていくべきことである．

となっている property を **relation property** と呼ぶことにする．世界においては，さまざまな object が他の object と関連づけられているので，relation property がなければ世界を理解することができないだろう．

しかし，1つの語彙項目が，その「意味」として relation property に対応するということは，ありそうにない．たとえば，<犯人, **X19**>という property は「（その事件の）犯人が **X19** であること」という情報であり，この情報全体をになう専用の表現があるとは考えられない．ただし，「犯人」という表現から<犯人, __>とか，「落ちた」という表現から<落下物, __>など，relation property 全体ではなく，attribute の部分が読み取られるという可能性は十分にあるだろう．そして，下で見ていくように，その value の部分こそ，構築システムの中で操作を適用することによってもたらされる情報の1つなのである．

1.2.4　数値や度合いが value となっている property : degree property

数値が value となっている property の例としては，(4a)の<年齢, 20>や<身長, 181cm>などがあげられる．また，<サイズ, 大きい>や<長さ, 短い>のように，具体的な数値を含まない情報の場合もあるだろう．以下では，このように数値や度合いが value となっている property を **degree property** と呼ぶことにする．

語彙項目の「意味」として degree property に対応しそうな表現としては，「20 歳」「181cm」のような数値を含む表現や，「大きい」「短い」などの形容詞類が思いつく[4]．degree property の情報をもとにして category property が定義される場合もあるだろうが（たとえば，<*Kind*, 未成年>等），degree property は，value が連続的であるという点で category property とは異なった性質をもった property である[5]．category property は言語表現と1対1対応させることが可能であるが，degree property の value は連続的であるため，言語表現と1対1対応させることは困難であることが多い．degree property をどのようにして語彙項目と語彙項目の組み合わせで表現するかは，各言語でさまざまな工夫がされている点である[6]．

1.3　語彙項目から文へ

では，統語意味論の全体像をつかんでもらうために，基本的な概念の定義を紹介しつつ，具体的な例で，(2)の図の上から下への流れがどのようになっているか説明する．例として用いた統語論の分析は，この章では説明力よりもわかりやすさを優先させており，次章以降で提案する分析と少し異なっている部分もあるが，定義については，特に注記がない限り，本書を通して有効である．

---

4) 形容詞類がどのような property と対応づけられるべきかについては，4.1.1 節で議論する．
5) 厳密にいえば，category property にも連続的な側面があることがある．たとえば，色という attribute の場合，物理的には，本来，連続的に変化するものだと考えられるが，私たちの知覚としては，どこかの時点で，黄色と緑の境界をまたぐように感じたりする．その点で，「小さい／大きい」という degree property とは異なるものであると考えている．
6) 日本語でどのような工夫がされているかは，本書ではあまり詳しく議論できないが，たとえば，東寺（2015）は，その一端を明らかにする研究の1つである．

1.3.1　適格な表示と不適格な表示

　Computational System という仕組みは，Numeration を材料として構築物を作り，それが文の音と意味の解釈の基盤となる．序.2 節で述べたとおり，脳内の Computational System から出力されうる表示のことを「適格な（well-formed）表示」，Computational System からは出力されえない表示のことを「不適格な（ill-formed）表示」という．つまり，Computational System における操作を明示的に述べることによって，適格な表示の集合と不適格な表示の集合が定義されることになる[7]．本書では，Chomsky（1995）の精神に従いつつ，それを少し拡張した形で進めていきたい．その基本的な方針は，(6) のとおりである．

(6)　a. Numeration に含まれる要素には，**解釈不可能素性（uninterpretable feature）**が含まれうる[8]．
　　　b. それぞれの解釈不可能素性は，どのような操作を受け，どのような条件のもとで削除されるかが定められている．
　　　c. それ以上 Computational System の操作が適用できなくなった段階で，解釈不可能素性を含んでいない表示は適格であり，解釈不可能素性が残っている表示は不適格とする．

　Numeration に含まれる要素すべてに解釈不可能素性が含まれているわけではないが，いわゆる付属語にはまず含まれていると言ってよい．解釈不可能素性が含まれた語は，その語彙項目単体では自立できず，いわば「欠如」をかかえた状態なのであり，他の語と適切に組み合わされて初めて，生かされるわけである．言い換えれば，Computational System とは，Numeration に含まれる解釈不可能素性を消していくための操作を行なう部門であり，どの語彙項目に対してどのような順番で操作を適用するかは，解釈不可能素性をすべて消すという問題を解決するタスクとしてとらえられることになる．以下，解釈不可能素性は，□で囲んで表示することにする．

1.3.2　Lexicon と Numeration

　Lexicon とは，語彙項目の集合である．生成文法においては語彙項目は素性（feature）の束だとされているものの，統語論の操作を述べる際には，めったに「素性の束」としての書き方はされず，普通に表現の綴りを書いてその語彙項目を表すことがほとんどである．しかし，統語論の操作を明示的にするためには，それぞれの語彙項目がどのような素性の束であるかをはっきりと定義す

---

[7] どのような表示を適格とし，どのような表示を不適格とするべきかは，序.2 節でもふれたように，単純ではない．その問題を突き詰めていったのが Hoji（2015）であるが，本書で展開している統語意味論と Hoji（2015）との関連については終章で述べる．

[8] ここで「解釈不可能」という表現そのものには大きな意味はないということに注意してほしい．「解釈不可能素性」とは，「最終的に残留していれば表示が不適格となるもの」に与えられた名前にすぎず，具体的にどのような素性が解釈不可能素性であり，どのような操作で削除されるのか，1 つ 1 つ指定されなければならない．
　また，本書で用いられている解釈不可能素性という概念は，Chomsky（1995）等における uninterpretable features という概念と精神としては同一であると考えているが，具体的な利用の仕方には違いがある．たとえば，Chomsky（1995）等では，解釈不可能素性として仮定されているものには統語素性しかないが，本書では，意味素性の中にも解釈不可能素性（たとえば★）が含まれることがあると仮定されている．また，Chomsky（1995）等では，解釈不可能素性を削除することができる操作は Move だけであり，Merge は無関係であるとされているが，本書では，Move を含めて Merge 一般も解釈不可能素性の削除に関与すると仮定している．

るべきである．しばしば言われるように，語彙項目というものは，統語素性と意味素性と音韻素性のリスト（すなわち順序集合）であると考えてよいだろう[9]．

(7) 語彙項目

　　　［統語素性, 意味素性, 音韻素性］

これに対して，Numeration は次のように定義する．

(8) Numeration

　　　指標と語彙項目を対にしたものの集合
　　　{<指標 1, ［語彙項目 1］>, <指標 2, ［語彙項目 2］>, ...}

以下，語彙項目を構成する素性がどのようになっているか，もう少し詳しく説明する．

　まず，統語素性とは，意味解釈や音韻解釈には直接関わらず，どのような統語規則がどう適用するかを左右するものである．すると，統語規則の適用の仕方に何ら特殊性のない語彙項目は統語素性を持たないと仮定してもよいところだが，従来の生成文法の慣習を踏襲し，どの語彙項目にも**範疇素性**はあると考えておく．範疇素性とは，いわゆる品詞の区別のようなものなので，よく使われるものとしては，名詞に対する「N」，動詞に対する「V」などがあるが，範疇素性をどのように区別するべきかは，分析が進むにしたがって変わっていかざるをえないことが多いだろう．本書で仮定する範疇素性は，あくまでも Computational System で適用する操作に対するものなので，統語的なふるまいとして特別扱いをする必要がなければ範疇素性を区別しなくてもよい．本書では，積極的に範疇素性を区別する理由が見つかっていない語彙項目については，（暫定的に）範疇素性を「Z」と記すことにしたい．範疇素性というものは，必要が出てきたときに区別をすればいいという考え方である[10]．また，以下では，便宜上，「統語素性」という用語は，統語規則の適用条件に関わる素性のうち，範疇素性以外のものを指すときに用いることにする．

　範疇素性／統語素性は，従来の生成文法でもいろいろ利用されてきたが，**意味素性**をどのように記述するべきかは，生成文法の主流の流れの中では，ほとんど議論されてこなかった[11]．1.2 節でも述べたように，言語表現と property の対応づけは可能なので，意味素性に property の集合が含まれていると考えるのは不自然ではないだろう．ただし，その property が，その表現が対応しうる object そのものの property である場合と，その表現と object は直接対応せず，統語的に関係づけられた object に property を付与する働きのある表現とがある[12]．そこで，意味素性とは単に property の集合ではなく，それがどの object に帰せられるものかを指定するための指標の位置を語彙項目の中に確保しておき，この位置に対して統語規則が操作を加えることができると考えたい．その位置のことを「id-slot」と呼ぶことにする[13]．

---

9) どうしてもカッコが多くなるので，統語素性，意味素性，音韻素性のリストについては，（順序集合ではあるが）［　］でくくることにする．
10) 本書で最終的に区別する範疇素性は，N/V/J/NP/T/A/Num/P/Z の 9 種である．
11) HPSG や LFG 等，主にアメリカ西海岸での生成文法の「発展」形においては，そのかぎりではない．実際，統語意味論の意味表示は，HPSG の意味表示と共通点がかなりある．大きく異なるのは，第 6 章以降で出てくる LAYER という考え方に関する部分である．
12) 第 4 章以降では，前者のタイプの表現は OBJECT 指示表現，後者のタイプの表現は property 記述表現と呼ばれることになる．
13)「id-slot」の「id」とは，いわゆる「ID 番号（個体識別番号）」の ID だと思ってもらってかまわない．

(9)　意味素性：<id-slot, {property, ...}>

このように仮定すると，語彙項目の意味素性とobjectとが同型になるので，文によって表現される意味情報とInformation Databaseに含まれている情報とを見比べやすくなる．Information Databaseではobject用の指標番号の先頭に大文字のXを付したが，Numerationでは語彙項目ごとの指標番号に小文字のxを付すことにする．

　たとえば，「ジョン」という表現の場合には，<Name, ジョン>というpropertyを持つだろうが，このpropertyは「ジョン」という表現と対応づけられるobjectが持つpropertyである．そこで，Lexiconにおける「ジョン」の意味素性は(10a)のようになっており，それがNumerationに入って，仮にx5という指標と組み合わされた際には(10b)のようになると仮定する．

(10)　a.　**<id, {**<Name, ジョン>**}>**
　　　b.　<x5, [{N}, **<x5, {**<Name, ジョン>**}>**, ジョン]>

「男の子」というような表現でも同様である[14]．

(11)　a.　**<id, {**<Kind, 男の子>**}>**
　　　b.　<x3, [{N}, **<x3, {**<Kind, 男の子>**}>**, 男の子]>

つまり，object（とそのpropertyの集合）に対応づけうる語彙項目は，id-slotに「id」と指定しておき，(12)を仮定する．

(12)　その語彙項目のid-slotが「id」の場合，LexiconからNumerationにもたらす際に，その語彙項目が対になっている指標で置き換える．

これに対して，「白い」のような表現は，<Color, 白い>というようなpropertyを持つとしても，どのようなobjectに対応するかは，この表現が文の中でどのような構造位置を占めるかを見なければ決定できない．序.2節の(1)(2)で見たとおり，「白いギターの箱」がどのような構造をしているかで「白い」のが「ギター」なのか「箱」なのかが異なるからである．そこで，この種の語彙項目の場合には，id-slotに解釈不可能素性を指定しておくことにする．1.3.1節でも述べたように，語彙項目というものは，単体では「欠如」をかかえていることがある．この場合，どのobjectについてのpropertyを表しているのかという点が，その「欠如」の部分に相当するため，id-slotに解釈不可能素性が置かれているのである．(13)の「★」は，解釈不可能素性の1つであり，次の1.3.3節で説明するように，統語規則で組み合わされる相手が持つ指標に置き換えられるものであると仮定する．この場合，id-slotが「id」ではないので，Numerationに入っても(13b)のように，意味素性はそのままである．

(13)　a.　<★, {<Color, 白い>}>
　　　b.　<x6, [{A}, <★, {<Color, 白い>}>, 白い]>

---

[14] 従来の形式意味論においては，「男の子」のような表現は，objectに対応するというよりはpropertyに対応すると考えられていることが多い．統語意味論においては，これがobjectに対応すると考えることによって意味表示が簡素になると考えている．

音韻素性については，本書ではほとんどふれないので，単純に「音韻形式」が何らかの形で指定されているとすると，Lexicon における語彙項目とは，一般的に次のような形式を持っていることになる[15]．

(14) Lexicon における語彙項目の一般形
　　　　[{範疇素性, 統語素性, ...}, <id-slot, {property, ...}>, 音韻形式]

たとえば，(15)は語彙項目の例であり，これらの語彙項目が選ばれて Numeration を形成した場合の例が(16)である[16]．（「追いかける」という語彙項目の中に見られる★$_{wo}$, ★$_{ga}$ は，また別の解釈不可能素性であるが，それらについては，すぐ下の 1.3.3 節で説明する．）

(15) 　[{N}, <★, {<Quantity, 3>}>, 3 人]
　　　[{N}, <id, {<Kind, 男の子>}>, 男の子]
　　　[{N}, <★, {<Quantity, 2>}>, 2 人]
　　　[{N}, <id, {<Kind, 女の子>}>, 女の子]
　　　[{V}, <id, {<Kind, 追いかける>, <Time, progressive perfect>, <Theme, ★$_{wo}$>, <Agent, ★$_{ga}$>}>, 追いかけていた]

(16) 　{<x1, [{N}, <★, {<Quantity, 3>}>, 3 人]>,
　　　<x2, [{N}, <**x2**, {<Kind, 男の子>}>, 男の子]>,
　　　<x3, [{N}, <★, {<Quantity, 2>}>, 2 人]>,
　　　<x4, [{N}, <**x4**, {<Kind, 女の子>}>, 女の子]>,
　　　<x5, [{V}, <**x5**, {<Kind, 追いかける>, <Time, progressive perfect>, <Theme, ★$_{wo}$>, <Agent, ★$_{ga}$>}>, 追いかけていた]>}

(16)では，(15)で id-slot に「id」と記されていたものについては，それが指標で置き換えられていることを確認してほしい．以下，Numeration の要素を指し示す場合には，指標を用いることにする．つまり，特に断らない限り，(16)に関して「x1」と言ったときに指されているのは，語彙項目 <x1, [{N}, <★, {<Quantity, 3>}>, 3 人]>全体である．

また，語彙項目には，Numeration に入る際に，統語素性が追加される場合があると仮定しておく．(17)は，その例として名詞に格素性が加えられるという想定で書かれており，Numeration で追加された部分には，下線がひいてある[17]．

(17) 　{<x1, [{N, no}, <★, {<Quantity, 3>}>, 3 人の]>,
　　　<x2, [{N, ga}, <**x2**, {<Kind, 男の子>}>, 男の子が]>,
　　　<x3, [{N, no}, <★, {<Quantity, 2>}>, 2 人の]>,

---

[15] 本書では音韻素性について特に扱っていないが，那須川訓也氏（個人談話，2015 年 4 月）が指摘するように，プロソディ等の語彙項目をこえた領域に関する音韻事象は，(12), (13)のような意味素性の扱いと平行的な方法で扱える可能性がある．そうすると，語彙項目の音韻素性の部分にも，もう少し内部構造ができることになるだろうが，本書では，その可能性を指摘するにとどめておく．

[16] (15)は一例であり，property の表現のされかたは，ほかにもいろいろな方法があるだろう．また，「3 人」の property として，「人」を数えているという特性も含めるべきだろうが，ここではその点を捨象している．

[17] 実は，2.3 節で紹介するように，本書では，格助詞は独立の語彙項目として名詞と Merge されると分析したほうがよいと考えているが，少し話が複雑になるので，ここでは仮にこのような例示をとった．

       <x4, [{N, wo}, **<x4, {**<*Kind*, 女の子>**}>**, 女の子を]>,

       <x5, [{V}, **<x5, {**<*Kind*, 追いかける>, <*Time*, progressive perfect>, <*Theme*, ★wo>, <*Agent*, ★ga>**}>**, 追いかけていた]>}

  (17)に対して統語操作を適用させていく際，たとえば「3 人の」は，範疇素性が N であるものと組み合わさなければならない．つまり，「3 人の追いかけていた」というような組み合わせ方は不適格であると考えたいし，逆に，「女の子を」のほうは「追いかけていた」と組み合わされるようになっていてほしい．このような組み合わせ方の制限を，それぞれ +N, +V という解釈不可能素性で表した一例が(18)である．

(18)   {<x1, [{N, no, +N}, <★, {<*Quantity*, 3>}>, 3 人の]>,

       <x2, [{N, ga, +V}, **<x2, {**<*Kind*, 男の子>**}>**, 男の子が]>,

       <x3, [{N, no, +N}, <★, {<*Quantity*, 2>}>, 2 人の]>,

       <x4, [{N, wo, +V}, **<x4, {**<*Kind*, 女の子>**}>**, 女の子を]>,

       <x5, [{V}, **<x5, {**<*Kind*, 追いかける>, <*Time*, progressive perfect>, <*Theme*, ★wo>, <*Agent*, ★ga>**}>**, 追いかけていた]>}

  このように考えると，統語論とは，どのような種類の解釈不可能素性があり，それぞれの解釈不可能素性がどこに生起すると考えればシステム全体が最もうまくとらえられるかを考察する営みであるということになる．当然のことながら，特定の Numeration の場合だけを考えていればいいわけではない．同じ語彙項目が他の組み合わせで Numeration にあらわれたときに，どのようにふるまってほしいかも考えながら判断していく必要がある．

1.3.3 Computational System：解釈不可能素性の削除と Merge

  Computational System では，Numeration に対して操作を行なっていく．その操作の中で最も基本的なのが **Merge**（併合）と呼ばれる操作である．Merge とは，簡単にいうと，2 つの要素を 1 つにまとめる操作である．文というものは，語彙項目の集まりであることからも，まとめる操作というものが文の構築にあたって基本的であるのは当然だろう．

  ここで注目してほしいのは，たとえば，英語において主語の役割を果たすものは，John のように 1 語の場合もある一方，the boy, the boy who bought this book などのように語が組み合わさった **句**（**phrase**）の場合もあるということである．つまり，語であれ句であれ，文の中での役割としては区別されない．したがって，統語規則というものは，語か句かという区別をせずに，その適用条件が述べられることが望ましい．

  そこで，Computational System にとっては，句も基本的に語と同型的であると考えたい．(19)は Numeration に入ったあとの語彙項目の一般形であり，(20)は句の一般形である．

(19)   語彙項目の一般形

            <xn, [{範疇素性, 統語素性, ...}, <id-slot, {property, ...}>, 音韻形式]>

(20)   句の一般形

            <xn, [{範疇素性, 統語素性, ...}, <id-slot, {property, ...}>, 構成要素のリスト]>

この 2 つの順序集合は，最終要素を除いては同型的なので，Merge の規則は，原則的に，範疇素性・統語素性・id-slot・property にのみ言及するとし，「音韻形式」や「構成要素のリスト」には言及しないとする．そうすれば，Merge という規則を，その適用対象が語彙項目であるか句であるかで区別せずに述べることが可能になる．以下，語彙項目の場合の「音韻形式」と，句の場合の「構成要素のリスト」の両方をまとめて指したい場合には，そこを **body** と呼ぶことにする[18]．

Merge という操作は，2 つの要素をとって，それを構成要素とする上位の要素を形成する操作である．Merge は，Numeration の要素だけでなく，Merge が適用してできたものに再び適用することも可能であり，そのため，Merge が適用可能な対象の集合を Numeration と区別して Merge base と呼んでおく．Merge base の初期値は Numeration である．Merge という操作の一般形は，次のように定義できる[19]．（すぐ下で具体例を示す．）

(21) Merge
  1. Merge base から 2 つの要素 x_n, x_m をとりだす．
    <x_n, [{範疇素性 1, 統語素性 1}, 意味素性 1, body1]>
    <x_m, [{範疇素性 2, 統語素性 2}, 意味素性 2, body2]>
  2. 次のような構築物を作り，それを Merge base に入れる．

    <x_m, [{範疇素性 2, 統語素性 2}, 意味素性 2, <
      <x_n, [{範疇素性 1, 統語素性 1}, 意味素性 1, body1]>,
      <x_m, [{範疇素性 2}, ϕ, body2]>
    >]>

このように，Merge という操作においては，原則的に Merge する 2 つの項目のどちらか一方の項目の指標と統語素性・意味素性が構築物全体の指標と統語素性・意味素性として**継承**される．素性が継承されたほうの項目を**主要部**（**head**）と呼ぶ．同じ素性を 2 ヵ所で保持しておく必要はないので，継承が起こった場合，元の位置の統語素性と意味素性は削除してある[20]．

解釈不可能素性がどのような条件のもとでどのような操作によって削除されるかは，その素性ごとにそれぞれ指定されているとする[21]．

---

[18] 注 15 で指摘したように，音韻素性についても解釈不可能性が含まれる形で本システムを拡張する場合には，次のような形式を仮定するべきだろう．
  (i) 語彙項目の一般形
    <x_n, [{範疇素性, 統語素性, ...}, <id-slot, {property, ...}>, 音韻素性], ϕ>
  (ii) 句の一般形
    <x_n, [{範疇素性, 統語素性, ...}, <id-slot, {property, ...}>, 音韻素性], 構成要素のリスト>
[19] Merge した結果が次のようになるパターンもありうる．この場合には，x_n を主要部という．
  (i) <x_n, [{範疇素性 1, 統語素性 1, ...}, <id-slot1, {property1, ...}>, <
    <x_n, [{範疇素性 1}, ϕ, 音韻形式 1]>,
    <x_m, [{範疇素性 2, 統語素性 2, ...}, <id-slot2, {property2, ...}>, 音韻形式 2]>
    >]>
[20] (21) では，主要部の統語素性が構築物全体の素性として継承され，元の位置の統語素性が削除されているのに対して，範疇素性だけは残してある．これは，従来の生成文法の習慣にしたがったものであり，特に理論的な要請があるわけではない．

(22) +N
削除規定　Merge 相手の範疇素性が N の場合に消える．

(23) +V
削除規定　Merge 相手の範疇素性が V の場合に消える．

(24) ★
削除規定　Merge 相手の指標で置き換えられる．
条件　　　property の value の位置に★がある場合は，自分が主要部でなければならない．

(25) ★$_α$ （α= ga, wo 等）
削除規定　Merge 相手 β が統語素性 α を持っているときのみ，β の指標で置き換えられる．
条件　　　property の value の位置に★$_α$ がある場合は，自分が主要部でなければならない．

(18)のような Numeration があった場合，やみくもに Merge を適用していって，すべての解釈不可能素性が消せるとは限らない．つまり，Merge の適用の仕方は，もっぱら，どうやればすべての解釈不可能素性を消すことができるかによっているのである．具体例で説明していこう．

たとえば(18)の Numeration の場合，次のように Merge を適用していけば，すべての解釈不可能素性を消すことができる[22]．まず，N（名詞）である x2 を主要部として x1 と Merge することで，x1 の ＋N と★を消すことができる．「⇒」の上に書かれているのが Merge の第 1 段階として，Merge base から取り出された 2 つの要素であり，「⇒」の下に書かれているのが Merge の結果できた構築物である．「追いかけていた」に含まれる ★$_{wo}$, ★$_{ga}$ は，どちらも(25)の★$_α$の一例である．

(26) Numeration ＝ {x1, x2, x3, x4, x5}
　　a.　<x1, [{N, no, +N}, <★, {<*Quantity*, 3>}>, 3 人の]>
　　b.　<x2, [{N, ga, +V}, **<x2, {**<*Kind*, 男の子>**}>**, 男の子が]>
　　c.　<x3, [{N, no, +N}, <★, {<*Quantity*, 2>}>, 2 人の]>
　　d.　<x4, [{N, wo, +V}, **<x4, {**<*Kind*, 女の子>**}>**, 女の子を]>
　　e.　<x5, [{V}, **<x5, {**<*Kind*, 追いかける>, <*Time*, progressive perfect>, <*Theme*, ★$_{wo}$>, <*Agent*, ★$_{ga}$>**}>**, 追いかけていた]>

(27) Merge base ＝ {(26a), (26b), (26c), (26d), (26e)}
　　(26a)　<x1, [{N, no, +N}, <★, {<*Quantity*, 3>}>, 3 人の]>
　　(26b)　<x2, [{N, ga, +V}, **<x2, {**<*Kind*, 男の子>**}>**, 男の子が]>
⇒ Merge
　　<x2, [{N, ga, +V}, **<x2, {**<*Kind*, 男の子>**}>**, <
　　　<x1, [{N, no}, **<x2, {**<*Quantity*, 3>**}>**, 3 人の]>,
　　　<x2, [{N}, φ, 男の子が]>
　　>]>

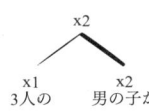

---
21) Chomsky (1995)は，Merge は解釈不可能素性を消すための操作ではないと述べているが，その仮定に特に根拠は示されていない．
22) 終.3 節で紹介している web 上のデモプログラムでも，この派生を確認することができる．

Merge base からは(26a)と(26b)がなくなり，かわりに(27)が加わる．

　同様に，N である x4 を主要部として x3 と Merge することで，x3 の＋N と★を消すことができる．

(28)　Merge base＝{(27), (26c), (26d), (26e)}
　　　(26c)　<x3, [{N, no, +N}, <★, {<Quantity, 2>}>, 2 人の]>
　　　(26d)　<x4, [{N, wo, +V}, <**x4,** {<Kind, 女の子>}>, 女の子を]>
　⇒ Merge
　　　<x4, [{N, wo, +V}, <**x4,** {<Kind, 女の子>}>, <
　　　　<x3, [{N, no}, <**x4,** {<Quantity, 2>}>, 2 人の]>,
　　　　<x4, [{N}, φ, 女の子を]>
　　　>]>

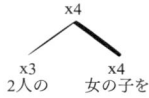

Merge base から(26c)と(26d)を取り除き，(28)を加える．

　次に，x5 を主要部として(28)の x4 と Merge することで，x4 の＋V と x5 の★woを消すことができる．Merge の規則は，(28)全体に適用するが，body の部分は規則に関わらないので，以下では「<...略...>」と書くことにする．

(29)　Merge base＝{(27), (28), (26e)}
　　　(28)　<x4, [{N, wo, +V}, <**x4,** {<Kind, 女の子>}>, <...略...>]>
　　　(26e)　<x5, [{V}, <**x5,** {<Kind, 追いかける>,<Time, progressive perfect>, <Theme, ★wo>,
　　　　　　　　　　　　　　　　　　　　<Agent, ★ga>}>, 追いかけていた]>
　⇒ Merge
　　　<x5, [{V}, <**x5,** {<Kind, 追いかける>, <Time, progressive perfect>, <Theme, x4>, <Agent, ★ga>}>, <
　　　　<x4, [{N, wo}, <**x4,** {<Kind, 女の子>}>, <...略...>]>,
　　　　<x5, [{V}, φ, 追いかけていた]>
　　　>]>

Merge base から(28)と(26e)を取り除き，(29)を加える．

　残るは，x2 の＋V と x5 の★gaである．最後に，(29)を主要部として(27)と Merge することで，そのどちらも消すことができる．

(30)　Merge base＝{(27), (29)}
　　　(27)　<x2, [{N, ga, +V}, <**x2,** {<Kind, 男の子>}>, <...略...>]>
　　　(29)　<x5, [{V}, <**x5,** {<Kind, 追いかける>, <Time, progressive perfect>, <Theme, x4>,
　　　　　　　　　　　　　　　　　　　　<Agent, ★ga>}>, <...略...>]>
　⇒ Merge
　　　<x5, [{V}, <**x5,** {<Kind, 追いかける>, <Time, progressive perfect>, <Theme, x4>, <Agent, x2>}>,<
　　　　<x2, [{N, ga}, <**x2,** {<Kind, 男の子>}>, <...略...>]>
　　　　<x5, [{V}, φ, <...略...>]>
　　　>]>

1.3 語彙項目から文へ　21

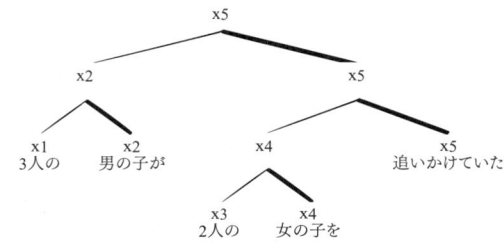

この操作のあとは，Merge base の要素が{(30)}だけになるので，これ以上，Merge を適用することは不可能である．そして，この場合，(30)には解釈不可能素性は残っていないので，この派生は適格となる．しかし，すべての解釈不可能素性が消えたのは，ある意味で，運が良かったということもわかると思う．Numeration に入っている語彙項目の組み合わせが違っていれば，どれかの解釈不可能素性が残ることも十分考えられた．

このように，Computational System では，Merge base の中の要素に何も操作が適用できなくなった段階で，解釈不可能素性がすべてなくなっている状態がめざされる．(18)のように単純な Numeration でも，全部で 8 個の解釈不可能素性が含まれており，それぞれ(22)のように，特定の操作でしか消すことができないとすれば，Computational System における操作の適用の仕方はかなり限られたものになる．つまり，Computational System が行なっているのは，ある種の問題解決（problem solving）だと言える．入力として与えられた Numeration に含まれたすべての解釈不可能素性を取り去るためには，適切な語彙項目に対して適切な順番で操作を行なわなければならない．Numeration によっては，「解がない」場合もありうる一方，「複数の解がある」場合もあるだろう．また，解がある場合であっても，すぐにその解が探せるとは限らないこともあるに違いない．ある語彙項目の意味がわかるということと，ある文の意味がわかるということの間には，質的な違いがあると述べたが，その質の違いをもたらしているのが，まさに，この問題解決という側面，すなわち文というものの内的体系性である．

(30)の結果，形成された構築物は(31)である．

(31) <x5, [{V}, **<x5, {**<*Kind*, 追いかける>, <*Time*, progressive perfect>, <*Theme*, x4>, <*Agent*, x2>**}>**,<
　　　<x2, [{N, ga}, **<x2, {**<*Kind*, 男の子>**}>**, <
　　　　<x1, [{N, no}, **<x2, {**<*Quantity*, 3>**}>**, 3 人の]>,
　　　　<x2, [{N}, φ, 男の子が]>
　　　>]>
　　　<x5, [{V}, φ, <
　　　　<x4, [{N, wo}, **<x4, {**<*Kind*, 女の子>**}>**, <
　　　　　<x3, [{N, no}, **<x4, {**<*Quantity*, 2>**}>**, 2 人の]>,
　　　　　<x4, [{N}, φ, 女の子を]>
　　　　>]>
　　　　<x5, [{V}, φ, 追いかけていた]>
　　　>]>
　　　>]>

(31)を「音の側面」から見たものが PF 表示であり，「意味の側面」から見たものが LF 表示である．

1.3.4 PF から音連鎖へ

この構築物の音韻形式のところだけを順に拾うと次のようになる．

(32)　3人の　男の子が　2人の　女の子を　追いかけていた

本来，(31)に基づいて，発音の際のプロソディやアクセントなどを計算する必要があるが，本書では，その点については論じず，単に語順の決定という側面だけを見ていくことにする．

1.3.5 LF から意味表示へ

同様に，(31)の意味素性の部分だけを拾っていくと(33)のようになる．以下，LF 表示から意味素性だけ取り出したものを「LF 意味素性」と呼ぶことにする．

(33)　LF 意味素性
　　　　　<**x5**, {<*Kind*, 追いかける>, <*Time*, progressive perfect>, <*Theme*, x4>, <*Agent*, x2>}>
　　　　　<**x2**, {<*Kind*, 男の子>}>
　　　　　<**x2**, {<*Quantity*, 3>}>
　　　　　<**x4**, {<*Kind*, 女の子>}>
　　　　　<**x4**, {<*Quantity*, 2>}>

LF 意味素性(33)において id-slot が同一のものをまとめることによって，次のように，**意味表示**が導かれる．

(34)　意味表示
　　　　　{<**x5**, {<*Kind*, 追いかける>, <*Time*, progressive perfect>, <*Theme*, x4>, <*Agent*, x2>}>,
　　　　　<**x2**, {<*Kind*, 男の子>, <*Quantity*, 3>}>,
　　　　　<**x4**, {<*Kind*, 女の子>, <*Quantity*, 2>}>}

1.2.1 節で，(3)のように定義したことを思い出してほしい．

(3)　Information Database は，（認知的な意味での）**object**（存在物）の集合であり，object とは，指標と property（特性）の集合との対，property とは，attribute（項目名）と value（値）との対であるとする．（指標は，単なる数字と区別するために，便宜的に大文字の X を先頭に置くことにする．）

　　　{...,

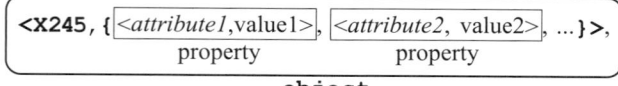

　　　...

```
         <X304, {<attribute3,value3>, <attribute4, value4>, ...}>,
                    property           property
                            object
    ...}
```

(34)は言語によって表されている意味であるが，(3)と並行的な形式になっている．つまり，本書では言語によって表されている意味というものを(35)のように考えている．

(35) a． 意味表示は，**OBJECT** の集合である．
 b． OBJECT とは，指標と property（特性）の集合との対であるとする．指標は，単なる数字や object の指標と区別するために小文字の x を先頭に置くことにする．
  <x245, {property1, property2, ... }**>**
 c． property とは，attribute（項目名）と value（値）との対であるとする．
  <x245, {<*attribute1*, value1>, <*attribute2*, value2>, ... }**>**

意味表示をこのようにとらえると，OBJECT と object が同型となり，意味表示によって Information Database の内容をどのように変更していくかが記述可能になる．

1.4　意味表示と意味理解

1.4.1　同　定

　OBJECT は，object（存在物）と同じ形式の表示ではあるが，OBJECT 自身は単なる記号であり存在物ではない．意味表示のメンバーである OBJECT は，適切な object と**同定**（identification）をされることによって Information Database と関係づけられ，その結果初めて「理解」がもたらされる．（以下では，この同定を「**x245＝X19**」のように，OBJECT の指標と object の指標を等号で結ぶことによって表すことにする．）このように，同定という行為は，言語の仕組みの外側で起こるものではあるが，意味の「理解」のためには不可欠である．
　OBJECT は同定を求めるもの（すなわち**指示的**（referential））であるが，OBJECT が持つ情報だけでは，私たちは，それが何を指しているかがわかるとは限らない．同定が起こるためには，当該のOBJECT と object が持つ property が衝突しないという条件はあるだろうし，語彙項目によって，さらなる制限が加わる場合はあり，言語使用者としては，なるべく誤解が生じないような使い方をめざすわけではあるが，言語の仕組みそのものとしては，「同定が成功するかどうか」には責任を持っていないように思う．このあとの議論のためには，意味表示と意味理解の区別が重要なので，いささか細部に立ち入ることになるが，以下，固有名詞，ア系列指示詞，ソ系列指示詞等を例にとって，言語表現と同定の関係について述べておく．

1.4.2　固有名詞

　たとえば，(36)と(37)の違いを見てほしい．

(36)　A：ジョンがメアリを推薦したんだって．
　　　　B：へえ，そう．

(37)　A：ジョンがメアリを推薦したんだって．
　　　　B：え，ジョンって，どの？

(36B)の返答から見て，BのInformation Databaseの中には，「ジョンがメアリを推薦した」というデキゴトの知識は存在しなかったことがうかがえる．しかし，(36)では，Bは特に気にせず，新しく得たデキゴトの情報を受容している．これに対して，(37)の場合，Bは，新しいデキゴトの情報を受容しようとはせず，まず，「ジョン」を同定するための，さらなる情報を要求している．つまり，固有名詞というものは，即時の同定を要求する傾向があるのである．

　デキゴトの参与者が同定されず情報が足りない場合に常にこのようなことが起こるわけではない．表現の持つ情報量は，(37)と(38)でほぼ同じであり，また，(39)の場合には(38)よりも情報が少ないにもかかわらず，どちらの場合にも，必ずしも情報要求が起きるとは限らない．(38B)でも(39B)でも，行為者が誰であるかが不明なまま，そのデキゴトの情報を受容している．

(38)　A：ジョンっていうやつがメアリを推薦したんだって．
　　　　B：へえ，そう．

(39)　A：誰かがメアリを推薦したんだって．
　　　　B：へえ，そう．

もちろん，「誰か」としか言っていなくても，実はBはAが誰のことを言っているかわかってしまっている（すなわち，同定が可能な）場合もあるだろう．しかし，ここで重要視したいのは，同定しなければならないのかどうかという点である[23]．つまり，(37)において受容が一時停止するのは，情報量の多寡が問題なのではなく，あくまでも，言語表現の持つ要請によるものだと考えるべきである．

　また，上述のように，同定とは，OBJECTとobjectとを等号で結ぶことであるが，それはそのobjectが「現実世界に存在する」かどうかとは別である．たとえば次のようなケースがある．

(40)　ここに，3人の人がいるとしよう．仮に，太郎，次郎，花子とするよ．太郎は次郎からお金を借りた．花子はそのことを知らない．そのとき，…

(40)においては固有名詞が使われているが，この場合の固有名詞は，現実のモノに対応しているわけではない．今，構築されている「お話」の中の人物である．しかし，言語の働きとしては，対応しているモノが現実世界に生きている人物なのか，お話の中だけで生きている人物であるのかという区別はない．私たちは，その登場人物が現実の世界にはいないと知りつつ，Information Databaseの中に，必要に応じて仮想スペースを構築することができるのである．(40)の場合は，何かの喩え話のようなものであるから，その場限りの情報で，すぐに忘れてしまうものかもしれない．しかし，連続ドラマのように長期間にわたって連載されている物語や昔話などの場合，私たちは，その物語の世界をInformation Databaseの中に構築して記憶しておくことは十分あるだろう．OBJECT

---

[23] さらに，発話者としては，「誰か」という表現を用いている以上，聞き手が同定することを意図していない（もしくは，意図していないと思われたい）という側面もある．

は，とにかく何らかの形で object による同定を求めているのである．

1.4.3　ア系列指示詞

固有名詞と同様に，普通名詞にア系列指示詞が付いた表現も，通常，即時の同定を求めてくる．

(41)　A：昨日は，あの学生が来たんだってさ．
　　　B：（実際に誰が来たか，わからず）え，あの学生って？

(42)　A：僕はあの先生のおかげで勉強が好きになったんだ．
　　　B：え，あの先生って？

ただし，ア系列指示詞には，固有名詞にはない特徴もある．固有名詞の場合には，指示されている object が仮想スペースの中に置かれたものでも許されたのに対して，ア系列指示詞の場合には，その対象が発話者が直接体験を通じて知っているものでなければならないのである[24]．

(43)　仮に，太郎に花子という娘がいたとしよう．もし，{花子が／*あの娘が}結婚することになったら，…

(44)　刑事1：今さっき警官が証拠品の封筒を届けると言って持っていきましたよ．
　　　（刑事2は，それが誰なのか見当がつかないが，あわてて．）
　　　a．刑事2：*あいつはどこだ！
　　　b．刑事2：そいつはどこだ！

(45)　正男：この前，高校生からチョコレートもらっちゃったよ．
　　　（陽子は，そのチョコレートを見ていない．）
　　　a．陽子：*ねえねえ，あれ，食べたの？
　　　b．陽子：ねえねえ，それ，食べたの？

(46)　秘書：昨日，学生さんが1時間以上，お帰りを待っていたようでした．
　　　（教授は，その学生が誰なのかわからない．）
　　　a．教授：*昨日来たあの学生，名前　何だった？
　　　b．教授：昨日来たその学生，名前　何だった？

つまり，次のような付加的な性質があると考えざるをえない．

(47)　発話者がア系列指示詞を用いるためには，それが，その人が直接体験によって知っているモノによって同定されていなければならない．

(47)のような言い方を採用して，(48)のような言い方をしていないのには理由がある．

---

[24] 何をもって「直接体験」ということになるかは，必ずしも簡単に決定できることではない．このあたりの問題については，田窪・金水 (1996) や Takubo & Kinsui (1997)，田窪 (2010) 等においてさまざまな場合が論じられているとおりである．

(48) ア系列指示詞は，その人が直接体験によって知っているモノによって同定されなければならない．

黒田（1979）が指摘したように，相手（たとえば(49)の場合の B）しか指示物を知らない場合でも，聞き手（たとえば(49)の場合の A）がア系列指示詞を用いた発話を理解することそのものは可能である．

(49)　A：先生が学生だった時には，どのように勉強されたのですか．
　　　B：あの頃は本がなくて，本当に苦労しました．

(50)　僕は大阪で山田太郎という先生に教わったんだけど，君もあの先生につくといいよ．

(黒田 1979：第 8 節中の例文)

この場合，聞き手の Information Database の中には，あらかじめ対応する object は存在していない．しかし，Information Database の中に，「相手が知っている（と想定される）世界」を設定すれば，その中の要素である object と同定することができる．つまり，ア系列指示詞を（自らが発話するのではなく）理解するだけならば，固有名詞と同じように，「想定された object」との同定も許されるということである．また，だからこそ，(50)の文の理解はできても，それに続いて発話をする場合には，次のような制限が見られる[25]．

(51)　A：僕は大阪で山田太郎という先生に教わったんだけど，君もあの先生につくといいよ．
　　　B：{その先生／*あの先生}は，今，どちらにお勤めなのですか．

もちろんのことながら，A が B は知らないと思って言っていても，実際に B がその先生を知っている場合にはア系列指示詞も使える．

(52)　A：ぼくは大阪にいるとき山田という先生に習ったんだが，君もあの先生につくといいよ．
　　　B：あ，山田先生ですか．僕も，あの先生に教えていただいたことがあるんです．

1.4.4　役職語

しばしば役職語（title）と呼ばれる(53)のようなタイプの表現は，普通名詞としての側面と代名詞としての側面を合わせもっている．

(53)　役職語
　　　a．課長，部長，係長，社長
　　　b．監督，先生
　　　c．お兄ちゃん，お姉ちゃん

[25) 固有名詞の場合にも，自分が聞いたばかりの場合には，日本語ではソノを付けて発話したほうが適切だという言語習慣がある．
　(i)　A：ぼくは大阪にいるとき山田という先生に習ったんだが，君もあの先生につくといいよ．
　　　　B：{その山田先生／??山田先生}は，今，どちらにお勤めなのですか．
　同種の観察については，田窪・木村（1992）を参照のこと．

たとえば(54)のような例文では，役職語は，英語の二人称代名詞のような働きをしている[26]．

(54) a. 係長も行かれますか．
b. 監督の考えを聞かせてください．
c. お兄ちゃんは何が食べたいの？

役職語でない普通名詞の場合には，(54)のような用法は不自然である．

(55) a. *男子社員も行くかね．
b. *選手の考えを聞かせてくれ．
c. *弟は何食べる？

普通名詞として用いられた場合には，必ずしも同定は必要でないが，役職語としての用法の場合には，通常，同定が求められる．

(56) 普通名詞としての用法の場合：
A：(誰だか知らないけど，どこかの) 課長がメアリを推薦したんだって．
B：へえ，そう．

(57) 役職語としての用法の場合：
A：課長がメアリを推薦したんだって．
B：え，課長ってどっちの？

このように，役職語は，即時の同定を求める用法と求めない用法とを合わせ持っている．

1.4.5 「～という」と同定

上述したように，固有名詞・ア系列指示詞・役職語は原則的に同定が求められる表現であるが，場合によっては，この特性が打ち消されることがある．

日本語で同定の要求を取り去る働きがある要素の1つは，「～という～」という表現である．

(58) A：ジョンという人がメアリっていう子を推薦したんだって．
B：へえ，そう．

(58)の場合には，Bの側では同定が要求されていない．つまり，この「～という～」という表現は，固有名詞であっても同定をしなくてもよいとされていることがわかる．ただし，「～という～」は，固有名詞付きの役職語には後続できるが，単なる役職語には後続できない．

(59) a. 高橋課長という人が担当らしいですよ．
b. *課長という人が担当らしいですよ．

---

[26] これらの表現は，子供相手の場合には一人称代名詞と同じように用いられる場合もある．
(i) a. 先生はね，○○君にこういうことをしてほしくないの．
b. 黙ってお姉ちゃんについて来なさい！
このような役職語の特性全般については，たとえば，田窪（1997）を参照のこと．

ア系列指示詞でも，同様に固有名詞が含まれているときには同定要求を取り去ることができるが，固有名詞が含まれていない場合には同定要求を取り去ることができない[27]．

(60) a. あの殺人鬼キラというやつが自首してきた．
　　 b. *あの犯人というやつが自首してきた．

このような複合表現の意味表示がどのようになっているかは，なかなか難しい問題である．

1.4.6 ソ系列指示詞

ア系列指示詞の場合とは異なり，ソ系列指示詞の場合には，同定が求められない[28]．(44)–(46)は，1.4.3節で示したのと同じ例文である．

(44) 刑事1：今さっき警官があの封筒を届けると言って持っていきましたよ．
　　（刑事2は，それが誰なのか見当がつかないが，あわてて．）
　　 a. 刑事2：*あいつはどこだ！
　　 b. 刑事2：そいつはどこだ！

(45) 正男：この前，高校生からチョコレートもらっちゃったよ．
　　（陽子は，そのチョコレートを見ていない．）
　　 a. 陽子：*ねえねえ，あれ，食べたの？
　　 b. 陽子：ねえねえ，それ，食べたの？

(46) 秘書：昨日，学生さんが1時間以上，お帰りを待っていたようでした．
　　（教授は，その学生が誰なのかわからない．）
　　 a. 教授：*昨日来たあの学生，名前　何だった？
　　 b. 教授：昨日来たその学生，名前　何だった？

ところが，ソ系列指示詞には，まったく別のタイプの制限がある．(62)は，(61)とは異なり，「その男」は，すでに話の中に出てきた人物を指す解釈しか許されない．

(61) もし，誰かがうろついていたら，そいつの人相をよく覚えておけ．

(62) もし，その男がうろついていたら，そいつの人相をよく覚えておけ．

つまり，これらのソ系列指示詞は必ず先行詞がなければならないのである[29,30]．この観察を次の仮

---

27) 例外的に容認可能な場合があるとすれば，それは，ア系列指示詞が固有名詞として使われている場合に限られるだろう．
28) ここでは，「そこ／そいつ／それ／その機械」など，名詞としてのソ系列指示詞の場合に限って話を進める．
29) ソ系列指示詞の中心的な用法が照応的であることは以前から指摘されてきたことであるが，(直示用法を除けば) 必ず言語的先行詞が必要であるということを示したのは Ueyama (1998) が初めてであると思っている．
　　もちろん，たとえば小説の冒頭に「その男は今日も電車に乗っていた」などのように，いきなりソ系列指示詞が用いられていることはあるが，これは必ずしも上述の一般化の「反例」であるとは考えていない．ソ系列指示詞を用いているからこそ，読者は，まるで，すでに始まっている話に途中から合流したような感覚を覚えるのである．

1.4　意味表示と意味理解　29

定によって説明したい．

(63)　モノを指示するソ系列指示詞は，Numeration において，その談話ですでに使われた指標をになわなければならない[31]．

(44)-(46)に対して，(64)-(66)の文を見てほしい．

(64)　(状況：一人の刑事が犯人を追って，あるアパートの部屋の前に来る．タイミングを見て，一気に踏み込むが，そこには犯人は見当たらず，単に男達がマージャンをしている．刑事は，この男達が犯人をかくまっているに違いないと思って叫ぶ．)
　　a．刑事：*そいつはどこだ!?
　　b．刑事：あいつはどこだ!?

(65)　(状況：昨日，陽子は正男に手作りのケーキをあげた．陽子は，正男の反応が気になるので，電話をかけて，開口一番に聞く．)
　　a．陽子：*ねえねえ，それ，食べた？
　　b．陽子：ねえねえ，あれ，食べた？

(66)　(状況：昨日面会に来た学生の名前が思い出せない教授が秘書に内線電話をかけ尋ねる．)
　　a．教授：*昨日来たその学生，名前　何だった？
　　b．教授：昨日来たあの学生，名前　何だった？

(64)-(66)はどれも，唐突に指示表現が出て来ているという点では少し変則的な文ではあるが，相手が何を指そうとして指示詞を用いているかという意図は十分に推測可能な文脈である．そのことは，同じ文脈でア系列指示詞ならば，十分に容認可能であることからもうかがえる[32]．

　また，「その～」には，1.4.5 節で説明した「～という」と同様の働きがある．

(67)　a．その山田さんは，どういう方なんですか．
　　b．その高橋課長が，今日，赴任して来るそうですよ．
　　c．その課長が，今日，赴任して来るそうですよ．

「その～」は「彼／彼女」に先行することすらできるが，ア系列指示詞との共起は，通常，容認さ

---

30) ソ系列指示詞であっても，直示の場合だけは(63)の条件からまぬがれると考えざるをえない．ソ系列指示詞は，他の指示詞とは異なり，もともと直示には用いられない表現であった．それが他の指示詞では表現しにくい場面に流用されるようになり，現在に至っているというのが Hoji et al. (2003) の分析である．さらに，視覚によって得られた外部世界の情報も，脳内では意味表示と同じ方式で表示されていると仮定すれば，直示の場合には，視覚による表示が先行するので，(63)の条件の違反と考える必要がない可能性もある．

31) この「モノを指示するソ系列指示詞」とは，第4章以降の用語を使って言えば，「OBJECT 指示表現としてのソ系列指示詞」という意味である．また，Ueyama (1998), Hoji et al. (2003) では，次のような対立も指摘している．
　(i)　a．?*[そこを敵対視している会社]が　また巨人の人気が下がるように画策しているらしい．
　　　　　　　　　　　　　　　　　　　　　　　　　　　　　　　　　　(Hoji et al. 2003：(20))
　　　b．[あそこを敵対視している会社]が　また巨人の人気が下がるように画策しているらしい．
　　　　　　　　　　　　　　　　　　　　　　　　　　　　　　　　　　(Hoji et al. 2003：(19))

32) 英語の代名詞でも，(64)-(66)の文脈では必ずしも容認可能性は高くないかもしれない．しかし，英語の代名詞が言語的な先行詞がなくても容認される場合があることは，Lasnik (1976) 以来，よく知られた事実である．

(68)　a. その彼は，今，どこにいるんですか．
　　　b. ?*そのあいつは，どこにいったんだ．

もちろん，この場合も，(63)の条件を守っていなければならない点には変わりない．

1.4.7　普通名詞と指標番号

普通名詞の場合，(69)は，いきなり言うこともできるので，ソ系列指示詞の(63)のような条件がかかっていないことがわかる．

(69)　A：昨日は，学生が来たんだってさ．
　　　B：(実際に誰が来たか，わからず) へえ，そう．

むしろ，普通名詞が特定のモノを指す場合には，通常，新しい登場人物を導入すると言ってもいいだろう．

(70)　普通名詞は，通常は新規の番号の指標をになう．(ver. 1)

しかし，特にニュースなどでは，次のような用法もある．

(71)　昨晩，中央区で男が警官を襲い，拳銃を奪って逃走しました．男は，目出し帽で顔を隠しており，年齢や国籍については不明です．警官は全治1ヶ月の怪我で入院中です．

(71)の最初の文の「男」「警官」は，新しい番号の指標を持っているが，第2文の「男」や第3文の「警官」は，第1文ですでに使われた番号の指標を持っている．したがって，普通名詞には，通常，新しい番号の指標が振られるが，その制限は，あまり厳しいものではないということになる．
　ただし，(71)のような用法は常に許されるわけではなく，かなり分布が限られている[33]．普通名詞がになえる既出の指標は，言語表現としてまったく同じものになっていた指標に限られるようなのである．たとえば，(72)のような言い方をすると，(71)と同じ解釈は難しくなる．

(72)　昨晩，中央区で男が警官を襲い，拳銃を奪って逃走しました．#男性は，目出し帽で顔を隠しており，年齢や国籍については不明です．#警察官は全治1ヶ月の怪我で入院中です．

(73)　a. 昨晩，中央区で男とすれ違いました．その男性は，目出し帽で顔を隠しており，年齢や国籍については不明です．
　　　b. 昨晩，中央区で男が警官を襲い，拳銃を奪って逃走しました．男は，目出し帽で顔を隠しており，年齢や国籍については不明です．その警察官は全治1ヶ月の怪我で入院中です．

---

[33] 文体としても，基本的にはニュースなどの報道文体に限られるのではないかと考えているが，次のような例文もあるということを指摘してもらった．
　(i)　a. 太郎の実家は北海道にある．実家では牧場を経営しているらしい．
　　　b. 高校の時，いつも図書館で勉強してたんだ．図書館の机って，広くてつかいやすいんだよね．(「その図書館の机」という意味で．)

また，(74)のような名詞はこの用法が難しく，原則的に新しい番号の指標でなければならない．

(74) 誰か，あるN，別のN，新しいN

(75) a. 男は，男の車に乗って，どこかへ去っていった．
　　 b. 選手は，ここに選手の服を置いたまま，まだ戻ってこない．

(76) a. 誰かが，誰かの車に乗っていった．
　　 b. ある男が，ある男の服を置いていった．
　　 c. 別の選手が，別の選手のノートを持っていった．
　　 d. 新しい外科医が，新しい外科医の部屋に入っていった．

(75)では，(多少，不自然ながら)「自分の～」という解釈が可能であるのに対して，(76)では，いくら同じ表現を繰り返しても，その解釈は非常に難しい．ただし，これが言語表現の問題なのか，場面理解の問題であるのか微妙なので，本書では(75)と(76)の違いについては形式化しない．

(77) 普通名詞は，通常は新規の番号の指標をになうが，特定の条件が整えば，既出の指標をになうこともある．(ver. 2)

ただし，(74)のような名詞であっても，ソ系列指示詞になると，(63)が適用され，いったんその談話の中で話がでていなければ使えない．同様に，通常は，新しい番号の指標を持たなければならないタイプの普通名詞でも，「その～」が付くと，逆に，既出の指標しか許されなくなってしまう．

(78) a. その誰かがまた来たらどうするつもりなんですか．
　　 b. その別の人に来てもらうわけにはいかないんですか．

このように，固有名詞・ア系列指示詞・役職語・ソ系列指示詞・普通名詞はそれぞれ，指示対象のあり方や指標のにない方に関して制限を持っており，それによってInformation Databaseとの関わり方が異なってくる．さらにそれらの制限が矛盾するはずの表現が共起できる場合もあり，これらの制限をすべてを体系的に説明するのは容易ではない．本書では，以上の記述にとどめ，システムとしては保留の扱いにしておく．

1.4.8　Information Databaseとの擦り合わせ

OBJECTとobjectの同定が起こると，OBJECTが持つpropertyがobjectが持つpropertyに加えられるため，Information Databaseの内容の更新が起こりうる[34]．たとえば，1.2.1節で出した(4a)では，たまたま，object X19に対して4つのpropertyが記述されているが，もっと前の段階では，X19に対して3つのpropertyしか記述されていなかったかもしれない．

---

[34] もちろん，話し手の頭の中で起こることと，聞き手の頭の中で起こることとには，違いがありうる．通常は，話し手は自分の知っていることを話すのであるから，言語化したからと言って，自分の知識状態は変わらないかもしれないが，聞き手にとっては，言語を理解することによって，まったく新しい情報を手に入れることも多いことだろう．ただし，そうではない場合も，いくらでもありうる．聞き手にとってみても新情報がない話ならば，知識の更新は行なわれないだろうし，逆に，話す中で新たな知識の組み合わせが起こった場合には，話し手のほうで知識の更新が行なわれることもありうる．

(4) a. <*X19*, {<*Name*, ジョン>, <*Kind*, 大学生>, <*年齢*, 20>, <*身長*, 181cm>, ...}>
   b. <*X65*, {<*Name*, 北京オリンピック>, <*開催年*, 2008 年>, <*場所*, 中国・北京>, ...}>
   c. <*X923*, {<*Name*, ○○海岸 OL 殺人事件>, <*犯人*, **X19**>, <*被害者*, **X34**>, <*担当主任刑事*, **X337**>, ...}>
   d. <*X82*, {<*Kind*, 落とした>, <*落下物*, **X53**>, <*行為者*, **X19**>, <*落下場所*, ...>, ...}>

それならば，**X19** についての情報が「増えた」ことになるだろう．統語意味論では，Information Database の内容の更新の細かい方法については論じないが，これだけの道具立てであっても，次のような違いについては述べることが可能である．

(79) a. 新規の object の追加
   b. 既存の object の削除
   c. 既存の object に対する，新しい property の追加
   d. 既存の object の既存の property の更新
   e. 既存の object の既存の property の削除

「意味がわからない」という表現は，どのような意味素性を付与すればいいかわからない外国語や専門用語に対しても使われる一方，文の意味表示は十分に得られていると思われるときにでも用いられることがある．

(80) a. 夏休みなのに，毎日学校に行かなきゃいけないの？ 意味わかんない．
   b. 急に，この仕事はもうやらなくてもいい，とおっしゃられましても，意味がわかりかねますが…

(80)のような場合は，言われた文の意味表示は得られているものの，その内容が自分の Information Database の内容と整合的でない，ということを表している．つまり，Computational System の出力である LF 表示を意味表示に変換したあと，それを Information Database と擦り合わせる作業が必ず起こるということである．統語論の研究にとっては，Information Database の影響を受ける前の，LF 表示から変換された直後の「意味」を見たいところであるが，自分が感じている「意味」がどの段階のものであるかを感覚で区別することは容易ではない．従来の研究では，その恣意的な線引きを，見直す必要のない前提であるかのように扱ってしまった結果，統語論のシステムがうまく見えてこないということがあったのではないだろうか．

1.5 まとめ：統語意味論の立場

私たちが言語から理解するものは，そのすべてが「言語そのものの意味」とは限らない．私たちは，言語で表現されていないことを受け取ることもできるし，同じ言語であっても，人によってその理解がさまざまでありうることも知っている．つまり，意味解釈というものは，本質的に個人的な行為なのである．頭の中に，語彙項目を組み合わせる仕組みがあるとすれば，「意味」には，次の3つの側面があると考えて当然である．

(81) 「意味」の 3 つの source
　　 a. 各語彙項目について Lexicon で指定されている「意味」
　　 b. a. を材料として，Merge によって加えられた／変更された「意味」
　　 c. b. と自分の持つ「情報」を統合して得られる「意味」

Lexicon では多くの語彙項目について property が指定されている．その語彙項目の id-slot が id と指定されている場合には，その property は，その語彙項目が対応することになる OBJECT の property になるが，id-slot に★と指定されている語彙項目の場合，その property が最終的にどの指標と対になるかは，Merge の適用の仕方によって初めて決定されることになる．それが (81b) の一例である．

　統語意味論の重要な特徴の 1 つは，言語の意味を直接 object の集合とはせず，OBJECT の集合であると考えている点である．そのことを示すために，この章で指示詞の議論を行なった．指示詞というものは，一般的に何を指しているかがわからなければ使用できないものである．しかし，上で示してきたように，ア系列指示詞とソ系列指示詞とでは，その「指示対象」のありかたがまったく異なっている．ア系列指示詞は，Information Database（の，それも「直接体験」に関わる部分）に指示対象の object が存在しなければならないのに対して，ソ系列指示詞は，Numeration において言語表現に付与される指標が「すでに使われたもの」である必要がある．つまり，その OBJECT がすでに存在しているものでなければならない．この違いは，object と OBJECT の違いを仮定していなければ表現することができない．

　もう 1 つの大きな特徴は，意味表示の形成における統語操作の役割である．これまでの形式意味論 (formal semantics) の最も重要な基盤となる仮定は，(82) であった．つまり，文の意味するところは，その文がどのような条件のもとで「真 (true)」と言えるか，ということによって決まるという考え方である．

(82) 文の意味とは，その文の真理条件である．

説明対象が広がるにつれ，(82) そのままの形で保持されているわけではないが，この精神は脈々と受け継がれている．上で述べた (81) と対応させて書くと，(83) のように表現できるかもしれない．

(81) 「意味」の 3 つの source
　　 a. 各語彙項目について Lexicon で指定されている「意味」
　　 b. a. を材料として，Merge によって加えられた／変更された「意味」
　　 c. b. と自分の持つ「情報」を統合して得られる「意味」

(83) 従来の形式意味論での考え方
　　 a. 各語彙項目について Lexicon で指定されている「意味」
　　 b. a. を組み合わせた結果，表わされる真理条件
　　 c. b. と自分の「知識」を統合して得られる「意味」

従来の研究では，(83b)，つまり真理条件に関わる議論が意味論 (semantics) と呼ばれ，そして，(83c)，つまり，真理条件以外の「意味」に関わることが語用論 (pragmatics) と呼ばれてきた．
　(81) と (83) を見ると，対応関係があるように見えるかもしれない．しかし，私には，(81b) が (83b) と一致するとは思えない．統語構造から決定される意味表示は，それだけでは真理条件が定まらない場合（たとえば，「僕はウナギだ」など）もあれば，真理条件を定める以上のことも述べて

いる場合（たとえば，「今日はいい天気だね」と「今日はいい天気だよ」の違いなど）があるからである．従来の形式意味論では，さまざまな補助仮説を加えることによって，(82)を保持する形で進んできているが，その前提を取り払うべきであると考えている．

これまでの形式意味論では，真理条件を軸として，(83a)も，そこから逆算する形で規定されてきた．しかし，「逆算」である限り，「語彙項目の知識とその組み合わせ方の知識の総体として言語というものをとらえる」という目的を達成することはできない．結果的に，文の意味を記述することはできても，どうしてその意味になるのか，という説明としては不満が残る場合が多く，また，同じ語彙項目でも，生起する構造的位置が異なると，「逆算」結果が異なるため，少なからぬ「同音異義語」を仮定する必要にせまられる．

生成文法では，(1)のようなモデルを想定した上で，その Computational System を研究対象としているため，語彙項目の集合から構築された構造というものが「音」についても「意味」についても，その基盤となっている．意味の基盤を構造が決めている，ということは，裏返せば，構造が決まると意味が決まるということであり，ある文の構造を提案する，ということは，その文の意味がどう決まるのかを提案する，ということである．つまり，意味論と統語論は並列の関係ではなく，分担して研究できるような独立した分野ではない．Computational System のありかたを追究するためには，「音」と「意味」のありかたにともに留意しなければならないのは当然である．「意味論」の少なくとも半分は「統語論」であると言うことすらできるだろう．

以下の章では，日本語の特徴的な現象／構文を取り上げ，統語意味論の考え方でどのような分析ができるかを提示していく．

> 第2章　格助詞（特にヲとガについて）
> 第3章　使役と受身（ニの問題を含む）
> 第4章　「A（の）B」（名詞表現の分類について）
> 第5章　「Aは／がB（だ）」（節というものが持つ特異性について）
> 第6章　スコープ解釈（Predication という関係および OBJECT の内部構成について）
> 第7章　連体修飾節（語順の問題を含む）
> 第8章　ナニやドノなどの不定語（疑問文の分析を含む）
> 第9章　同一指示と連動読み
> 第10章　否定文

第2〜5章は，どのような理論であっても説明する必要がある，特に基本的な構文である．それに対して第6章以降は，日常のコミュニケーションではあまり用いることのない特殊な解釈にも注目することになるが，その多くは，これまで生成文法でよく議論されてきた「意味」の議論であり，これまでの知見が統語意味論でどのようにとらえ直せるかを提示することが必要だと考えているため，取り上げた．否定文については，分析としてはまだ未完成の段階であるが，否定文の意味表示がどのように扱えるかということは，理論全体を左右する重要な問題なので，現時点での概略の方向性を第10章において述べておいた．それぞれの章で取り上げる現象／構文は，原則的に独立であるが，統語論の分析としては，先行する章で提案した分析が後続する章でも引き継がれている．

第 2 章
格助詞

　まず，この章では，日本語の格助詞「が・を・に・へ・と・から・で・まで・より」の扱い方について考える[1]．日本語の文の構造構築において，格助詞は明らかに重要な役割をになっているが，その機能は多岐にわたっており，記述は簡単ではない．本書では，「語彙項目の組み合わせ方」に関わる側面のみを切り出すことによって，格助詞が語彙項目としてどのような指定を持っているか，そして，他の語と組み合わさってどのような意味を生み出すかという点だけに注目して，日本語の体系を描き出したい．

2.1　項となる意味役割と格助詞

　たいていのデキゴトには，それに関わる**参与者**（participant）があり，ある参与者がどのような点でそのデキゴトに関与しているかを述べたものは，**意味役割**（semantic role）と呼ばれる[2]．典型的には，よく(1)のような種類が言及されるが，これだけで足りるわけでもないし，分類が難しい場合も多いので，あくまでも便宜的な分類ラベルであると理解するべきである．

(1)　意味役割
　　a. Agent（行為者）：何らかの行為を意志を持って行なう人・生き物．
　　b. Theme（対象物）：行為や感情などの対象となるもの，その行為によって状況の変化をこうむるもの．
　　c. Goal（到達点，目標）：行為の到達点．対象物の行き先など．
　　d. Source（出どころ）：移動の出発点など．
　　e. Location（場所）：行為の起こる場所．

　同じ場面を見ていても，その場面を「落ちる」という語を使って表現する場合と「落とす」という語を使って表現する場合がありうる．だからといって，「落ちる」と「落とす」が「同じ意味」

---

[1]　ノも格助詞であるが，ノについては第 4 章で論じる．また，ハ・モ等は副助詞もしくは係助詞と呼ばれる別のタイプの助詞である．ハ・モ等については，本書では集中的に取り上げることができないが，第 5 章の議論がその基盤となる．また，8.5 節で不定語と共起する場合のモについて，そして 10.5 節でシカについて少し述べる．

[2]　「主題役割（thematic role）」「θ 役割／θ 役（θ-role）」という呼び名も意味役割と同じ概念を指していると考えてよい．

だというわけではない．「いやいや，落としたんじゃないよ，落ちたんだよ！」と言えるということが，その証拠である．「落ちる」と「落とす」の相違点は，「落ちる」が Theme だけに注目しているのに対し，「落とす」は Theme と Agent の両方が意識されているというところである[3]．

(2) a. ハンカチが**落ちた**．
    b. 誰かがハンカチを**落とした**．

(3) a. ドアが**開いた**．
    b. 誰かがドアを**開けた**．

(4) a. 氷が**とけた**．
    b. 誰かが氷を**とかした**．

つまり，「落とす」という表現は，そのデキゴトに Theme と Agent が関わっていると認識したときに使うものであるのに対して，「落ちる」という表現は，そのデキゴトに Theme が関わると認識したときに使うものということになる．このことを言語学の用語を使って表現すれば，「落とす」は Theme と Agent を**項**（argument）として持っているが，「落ちる」は Theme しか項として持っていないということになる．

このように，参与者についての指定というものは，人間の認識を反映したものではあるものの，その指定が言語表現と結びついているという点で，言語の問題であり，項の指定は，Lexicon に書かれていなければならない[4]．第 1 章で導入した定義に合わせた形で「落ちる」と「落とす」を書き分けると，たとえば次のようになる．

(5) [{V}, <id,{<*Kind*, 落>, <*Theme*, ★>}>, 落ちる]
    [{V}, <id,{<*Kind*, 落>, <*Theme*, ★>, <*Agent*, ★>}>, 落とす]

(6) ★
    削除規定　Merge 相手の指標で置き換えられる．
    条件　　　property の value の位置に★がある場合は，自分が主要部でなければならない．

1.3 節で解釈不可能素性という概念を紹介し，この★もその 1 つであると述べた．★は，Merge 相手の指標で置き換えることで削除されるものなので，その際，<*Theme*, x21>などのような relation property が作られることになり，結果的に**項関係**が生まれることになる．

格助詞は，意味役割との対応で特徴づけられることがある．

---

3) あるデキゴトに対して「犯人」という言い方をした場合，そのデキゴトを引き起こした責任を持つ人が存在するという含意がある．しかし，次のような文が容認できることから，「犯人」と言っても，必ずしも，そのデキゴトに Agent が参与していたことが言語的に明示される必要はないということがわかる．
 (i) 花びんが落ちて割れている．犯人はあわてて逃げてしまったようだ．
私たちは，「犯人」と言われたからには，何らかのデキゴトの Agent であるに違いない，ということを理解し，(i) の文脈では，該当するデキゴトとは「花びんが落ちた」ことしか見当たらないので，そのデキゴトに Agent があったということを後付けで理解するのである．
4) ある語がどのような役割の参与者を項として持っているかという指定は，しばしば，その語の項構造（argument structure）もしくは θ-grid（θ 枠）等の語で呼ばれる．

(7) a. ガ：Agent
     b. ヲ：Theme
     c. ニ：Goal

(8) a. 太郎がお寿司を食べた．
     b. 太郎が小説を書いた．
     c. 太郎が模型を壊した．
     d. 太郎が上着を汚した．

(9) a. 太郎が東京に行った．
     b. 太郎がお母さんにプレゼントを贈った．
     c. 太郎が次郎にボールを投げた．
     d. 太郎が表紙に色を塗った．

しかし，似たような意味役割であっても，動詞によって，異なる格助詞が使われることは少なくない[5]．

(10) a. 去年，本町であっちゃん{に／と}会った．
     b. 去年，2割の人が詐欺の被害{に／*と}あった．
     c. 去年，ハワイであっちゃん{*に／と}結婚した．

(11) a. 上司の意見{*を／に}反対する．
     b. 上司の意見{を／*に}批判する．

(12) a. Bチーム{を／*に}応援する．
     b. Bチーム{*を／に}味方する．

(13) a. 彼は先生{を／に}頼ってばかりいる．
     b. 彼は先生{*を／に}依存している．

(14) a. 彼は自分の間違い{*を／に}気づかなかった．
     b. 彼は自分の間違い{を／*に}見過ごした．

これらの制限のうち少なくとも一部は，動詞と一緒に覚えていかなければならないものである．このように，述語には，それぞれ独自の意味や制限があり，私たちは頭の中のLexiconに膨大な量の情報を蓄えていると考えざるをえない．

さて，(15b)は解釈不可能素性が含まれていない適格な表示ではあるが，(15a)の容認性は明らかに低い．

(15) a. *ハンカチ x1 を落ちた x2．
     b. <x2, [{V}, **<x2, {**<Kind, 落>, <Theme, x1>**}>**, 落ちる]>
        <x1, [{N}, **<x1, {**<Kind, ハンカチ>**}>**, ハンカチを]>

---

[5] (10)–(13)の例は，上山（1991, 3.1節）で言及したものである．

これはどう見ても格助詞の使い方が問題であるから，意味役割の情報だけでなく格助詞についても Lexicon に記載があると考えるべきである．たとえば次のように Lexicon に書かれていると仮定しよう．

(16) 　[{V}, <id, {<Kind, 落>, <Theme, ★ga>}>, 落ちる]
　　　[{V}, <id, {<Kind, 落>, <Theme, ★wo>, <Agent, ★ga>}>, 落とす]

「★wo」というのは，★α の1例であり，Merge 相手が wo という統語素性を持っている場合にしか，★を指標で置き換えることができないものである．

(17) 　★α
　　　削除規定　　Merge 相手 β が統語素性 α を持っているときのみ，β の指標で置き換えられる．
　　　条件　　　　property の value の位置に ★α がある場合は，自分が主要部でなければならない．

Merge 相手が統語素性 wo を持っていない場合には，Merge 規則が定めるとおり，主要部ならば意味素性全体がそのまま上に継承され，次の Merge で相手が wo を持つのを待つ．非主要部ならば継承されずに残留し不適格になる．きわめて面白みのない解決方法ではあるが，格助詞と意味役割の対応が1つ1つ覚えなければならない事項である以上，仕方がない[6]．

2.2　付加詞としての格助詞

いくら動詞の意味にその参与者の情報が関わっていると言っても，動詞を修飾する可能性があるすべての意味役割と格助詞を Lexicon に列挙しておくのは，あまりにも効率が悪い．「〜において」「〜とともに」「〜に関して」などの複合助詞は，明らかに，これらの表現自体が意味役割を記述している．また，「〜で」は，デの前に来る名詞の性質によって，道具／場所／理由などの意味役割に対応しており，動詞によって区別されているわけではない．

(18) 　a. 道具：ハンカチで／暗号で／消しゴムで
　　　b. 場所：東京で／部屋で／委員会で
　　　c. 理由：腹痛で／出張で／おしゃべりで

(19) 　a. ジョンはティッシュで鼻をかんでばかりいた．
　　　b. ジョンは人前で鼻をかんでばかりいた．
　　　c. ジョンは花粉症で鼻をかんでばかりいた．

(20) 　a. ジョンは羽根布団で寝ています．
　　　b. ジョンは自室で寝ています．
　　　c. ジョンは風邪で寝ています．

---

[6] ここでは，ガもヲも指定する形で書いておくが，高井 (2009a) で主張されているように，ある種の余剰規則 (redundancy rule) を仮定するという方法もあるだろう．高井 (2009a) は，Kuroda (1978) の考え方を踏襲し発展させたものである．Kuroda (1978) で論じられているように，項構造においてどの項がガ格でどの項がヲ格であるかは部分的に予測可能である．

2.2 付加詞としての格助詞   39

このような参与者は，動詞の中に意味役割が指定されるのではなく，助詞自身が Lexicon において独立の項目となり，その意味素性として意味役割が指定されているのが望ましいだろう．項ではないが最終的に参与者として解釈されるものは，しばしば**付加詞（adjunct）**と呼ばれる．

たとえば，これらの助詞が(21)のように Lexicon に登録されていると仮定してみよう[7]．(21)で +N という統語素性を仮定しているのは，これらの助詞は必ず名詞と Merge すると定めておきたいからである．

(21) [{Z, +N}, <●, {<*Location*, ★>}>, において]
     [{Z, +N}, <●, {<協同者, ★>}>, とともに]
     [{Z, +N}, <●, {<話題, ★>}>, について]
     [{Z, +N}, <●, {<道具, ★>}>, で]
     [{Z, +N}, <●, {<場所, ★>}>, で]
     [{Z, +N}, <●, {<理由, ★>}>, で]

(22) ●
     削除規定   相手 β が主要部として Merge した場合，β の指標で置き換えられる．

(23) +N
     削除規定   Merge 相手の範疇素性が N の場合に消える．

(24)の Numeration があったとして Merge が適用した結果，どのような意味表示が派生するかを例示しておく[8]．

(24) Numeration = {x1, x2, x3, x4, x5}
     a.   <x1, [{N, ga}, **<x1,** {<*Kind*, 男の子>}>, 男の子が]>
     b.   <x2, [{N, wo}, **<x2,** {<*Kind*, 女の子>}>, 女の子を]>
     c.   <x3, [{N}, **<x3,** {<*Kind*, スケートボード>}>, スケートボード]>
     d.   <x4, [{Z, +N}, <●, {<道具, ★>}>, で]>
     e.   <x5, [{V}, **<x5,** {<*Kind*, 追いかける>, <*Time*, perfect>, <*Theme*, ★$_{wo}$>, <*Agent*, ★$_{ga}$>}>, 追いかけた]>

(25) Merge base = {(24a), (24b), (24c), (24d), (24e)}
     (24c)   <x3, [{N}, **<x3,** {<*Kind*, スケートボード>}>, スケートボード]>
     (24d)   <x4, [{Z, +N}, <●, {<道具, ★>}>, で]>
⇒ Merge
     <x4, [{Z}, <●, {<道具, x3>}>, <
         <x3, [{N}, **<x3,** {<*Kind*, スケートボード>}>, スケートボード]>,
         <x4, [{Z}, ϕ, で]>
     >]>

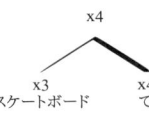

---

[7] (21)において，これらの格助詞の範疇素性が Z とされているのは，1.3.2 節で述べた方針による．
[8] 終.3 節で紹介している web 上のプログラムでも，この派生を確認することができる．

(26) Merge base = {(24a), (24b), (25), (24e)}

 (25) <x4, [{Z}, <●, {<*道具*, x3>}>, <...略...>]>

 (24e) <x5, [{V}, **<x5, {**<*Kind*, 追いかける>, <*Time*, perfect>, <*Theme*, ★_wo>, <*Agent*, ★_ga>**}>**, 追いかけた]>

⇒ Merge

 <x5, [{V}, **<x5, {**<*Kind*, 追いかける>, <*Time*, perfect>, <*Theme*, ★_wo>, <*Agent*, ★_ga>**}>**, <

  <x4, [{Z}, **<x5, {**<*道具*, x3>**}>**, <...略...>]>

  <x5, [{V}, φ, 追いかけた]>

 >]>

```
        x5
       /  \
      x4   x5
     /  \  追いかけた
    x3   x4
 スケートボード で
```

(27) Merge base = {(24a), (24b), (26)}

 (24b) <x2, [{N, wo}, **<x2, {**<*Kind*, 女の子>**}>**, 女の子を]>

 (26) <x5, [{V}, **<x5, {**<*Kind*, 追いかける>, <*Time*, perfect>, <*Theme*, ★_wo>, <*Agent*, ★_ga>**}>**, <...略...>]>

⇒ Merge

 <x5, [{V}, **<x5, {**<*Kind*, 追いかける>, <*Time*, perfect>, <*Theme*, x2>, <*Agent*, ★_ga>**}>**, <

  <x2, [{N, wo}, **<x2, {**<*Kind*, 女の子>**}>**, 女の子を]>

  <x5, [{V}, φ, <...略...>]>

 >]>

```
          x5
         /  \
        x2   x5
      女の子を /  \
           x4   x5
          /  \  追いかけた
         x3   x4
      スケートボード で
```

(28) Merge base = {(24a), (27)}

 (24a) <x1, [{N, ga}, **<x1, {**<*Kind*, 男の子>**}>**, 男の子が]>

 (27) <x5, [{V}, **<x5, {**<*Kind*, 追いかける>, <*Time*, perfect>, <*Theme*, x2>, <*Agent*, ★_ga>**}>**, <...略...>]>

⇒ Merge

 <x5, [{V}, **<x5, {**<*Kind*, 追いかける>, <*Time*, perfect>, <*Theme*, x2>, <*Agent*, x1>**}>**, <

  <x1, [{N, ga}, **<x1, {**<*Kind*, 男の子>**}>**, 男の子が]>

  <x5, [{V}, φ, <...略...>]>

 >]>

(29) LF 表示（＝PF 表示）

 <x5, [{V}, **<x5, {**<*Kind*, 追いかける>, <*Time*, perfect>, <*Theme*, x2>, <*Agent*, x1>**}>**, <

  <x1, [{N, ga}, **<x1, {**<*Kind*, 男の子>**}>**, 男の子が]>

  <x5, [{V}, φ, <

   <x2, [{N, wo}, **<x2, {**<*Kind*, 女の子>**}>**, 女の子を]>

   <x5, [{V}, φ, <

                    <x4, [{Z}, **<x5, {**<道具, x3>**}>**, <
                        <x3, [{N}, **<x3, {**<Kind, スケートボード>**}>**, スケートボード]>,
                        <x4, [{Z}, φ, で]>
                    >]>
                    <x5, [{V}, φ, 追いかけた]>
                >]>
            >]>
        >]>

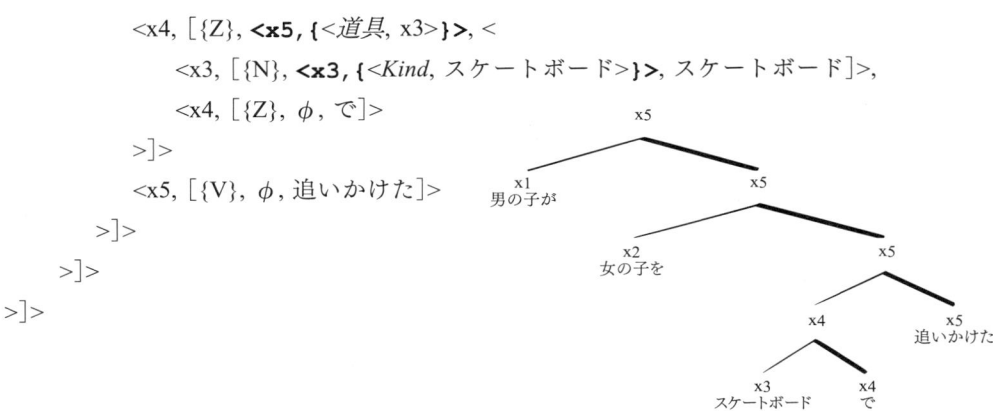

(30) 音連鎖
　　男の子が　女の子を　スケートボード　で　追いかけた

(31) LF 意味素性
　　{**x5**, {<Kind, 追いかける>, <Time, perfect>, <Theme, x2>, <Agent, x1>}>
　　<**x1**, {<Kind, 男の子>}>
　　<**x2**, {<Kind, 女の子>}>
　　<**x5**, {<道具, x3>}>
　　<**x3**, {<Kind, スケートボード>}>

(32) 意味表示
　　{**x5**, {<Kind, 追いかける>, <Time, perfect>, <Theme, x2>, <Agent, x1>, <道具, x3>}>,
　　<**x1**, {<Kind, 男の子>}>,
　　<**x2**, {<Kind, 女の子>}>,
　　<**x3**, {<Kind, スケートボード>}>}

このように，(21)のような語彙項目を仮定することによって，助詞に指定されている意味役割が最終的には動詞が表す行為の参与者として解釈されることが可能になる[9]．

2.3　J-Merge：名詞と格助詞の Merge

　1.3.2 節では，格助詞を Numeration で加えられる統語素性として提示したが，その方法だと，統語素性と音韻形式両方に操作を加えなければならない点が例外的となってしまう．そこで，本節では，2.2 節での名詞と助詞の Merge と同様に，ガやヲについても Merge の適用対象とする分析を提案する．たとえば，ガ・ヲ・ニを(33)のような語彙項目であると仮定し，(34)の特殊 Merge 規則を仮定すればよい[10]．

---

　9) この分析は，高井 (2009a) で述べられた考え方を，統語意味論の枠組みで表現したものである．
　10) 2.4 節で wo が，そして 2.5 節で ga が解釈不可能素性であるという分析を提示するが，この時点では単なる統語

(33)　[{J, +R, +N, ga}, φ, が]
　　　[{J, +R, +N, wo}, φ, を]
　　　[{J, +R, +N, ni}, φ, に]

(34)　J-Merge：J の特殊 Merge 規則
　　　　　<xn, [{N, 統語素性 1}, 意味素性 1, body1]>
　　　　　<xm, [{J, +R, 統語素性 2}, φ, body2]>
　⇒ J-Merge
　　　　　<xn, [{NP, 統語素性 1, 統語素性 2}, 意味素性 1, <
　　　　　　<xn, [{N}, φ, body1]>,
　　　　　　<xm, [{J}, φ, body2]>
　　　　　>]>

```
        xn
       /  \
      xn   xm
```

(34)の「特殊」な点は，(i)先行する要素（すなわち N）が主要部になっていること，(ii)Merge 後の範疇素性が（N でも J でもなく）NP と指定されていること，(iii)N の統語素性も J の統語素性も（消えない場合には）構築物に継承されていること，の 3 点である．(i)のように仮定するのは，J-Merge の結果物が次に動詞と Merge する際に，動詞に指定されている意味役割の参与者として書き込まれる指標は，格助詞が持っている指標ではなく名詞が持っている指標であってほしいからである．(ii)の仮定は，名詞は原則的に格助詞がついて初めて動詞に係る表現になれるため，格助詞つきの名詞と格助詞なしの名詞を形式的に区別するためである．また，(34)のように仮定すると，同じ名詞に対して(34)が複数回，適用されることも避けられる[11]．さらに，J の場合には，普通の Merge が適用しては困るので，(33)のように+R という解釈不可能素性を加えておき，J-Merge が適用しなければその+R が削除されずに不適格表示になるようにしてある．

　具体的に例示する[12]．

(35)　Numeration＝{x1, x2, x3, x4, x5}
　　a.　<x1, [{N}, **<x1, {**<*Kind*, 花びん>**}>**, 花びん]>
　　b.　<x2, [{J, +R, +N, ga}, φ, が]>
　　c.　<x3, [{N}, **<x3, {**<*Kind*, 棚>**}>**, 棚]>
　　d.　<x4, [{Z, +N}, <●, {<*Source*, ★>}>, から]>
　　e.　<x5, [{V}, **<x5, {**<*Time*, perfect>, <*Kind*, 落>, <*Theme*, ★ga>**}>**, 落ちた]>

(36)　Merge base＝{(35a), (35b), (35c), (35d), (35e)}
　　(35a)　<x1, [{N}, **<x1, {**<*Kind*, 花びん>**}>**, 花びん]>
　　(35b)　<x2, [{J, +R, +N, ga}, φ, が]>
　⇒ J-Merge

素性として示しておく．

11) ただし，「(急行券は)大阪からが安い」などのように，格助詞が連続することも不可能ではない．本書では，まだ分析案を十分に吟味していないが，格助詞連続を説明するとしたら，2.7.2 節でも述べるように，J-Merge の適用条件を修正することになるだろう．

12) 終.3 節で紹介している web 上のデモプログラムでも，この派生を確認することができる．以下，この注は繰り返さないが，本書に含まれるほとんどの例文にあてはまる．

2.3 J-Merge：名詞と格助詞の Merge   43

<x1, [{NP, ga}, **<x1,{**<Kind, 花びん>**}>**, <
  <x1, [{N}, φ, 花びん]>,
  <x2, [{J}, φ, が]>
>]>

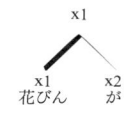

(37) Merge base = {(36), (35c), (35d), (35e)}
  (35c) <x3, [{N}, **<x3,{**<Kind, 棚>**}>**, 棚]>
  (35d) <x4, [{Z, +N}, **<●,{**<Source, ★>**}>**, から]>
⇒ Merge
  <x4, [{Z}, **<●,{**<Source, x3>**}>**, <
    <x3, [{N}, **<x3,{**<Kind, 棚>**}>**, 棚]>,
    <x4, [{Z}, φ, から]>
  >]>

(38) Merge base = {(36), (37), (35e)}
  (37)   <x4, [{Z}, **<●,{**<Source, x3>**}>**, <...略...>]>
  (35e) <x5, [{V}, **<x5,{**<Time, perfect>, <Kind, 落>, <Theme, ★ga>**}>**, 落ちた]>
⇒ Merge
  <x5, [{V}, **<x5,{**<Time, perfect>, <Kind, 落>, <Theme, ★ga>**}>**, <
    <x4, [{Z}, **<x5,{**<Source, x3>**}>**, <...略...>]>,
    <x5, [{V}, φ, 落ちた]>
  >]>

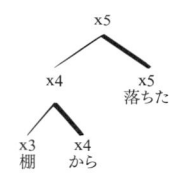

(39) Merge base = {(36), (38)}
  (36)   <x1, [{NP, ga}, **<x1,{**<Kind, 花びん>**}>**, <...略...>]>
  (38)   <x5, [{V}, **<x5,{**<Time, perfect>, <Kind, 落>, <Theme, ★ga>**}>**, <...略...>]>
⇒ Merge
  <x5, [{V}, **<x5,{**<Time, perfect>, <Kind, 落>, <Theme, x1>**}>**, <
    <x1, [{NP, ga}, **<x1,{**<Kind, 花びん>**}>**, <...略...>]>
    <x5, [{V}, φ, <...略...>]>
  >]>

(40) LF 表示（＝PF 表示）
  <x5, [{V}, **<x5,{**<Time, perfect>, <Kind, 落>, <Theme, x1>**}>**, <
    <x1, [{NP, ga}, **<x1,{**<Kind, 花びん>**}>**, <
      <x1, [{N}, φ, 花びん]>,
      <x2, [{J}, φ, が]>
    >]>
    <x5, [{V}, φ, <
      <x4, [{Z}, **<x5,{**<Source, x3>**}>**, <
        <x3, [{N}, **<x3,{**<Kind, 棚>**}>**, 棚]>,
        <x4, [{Z}, φ, から]>

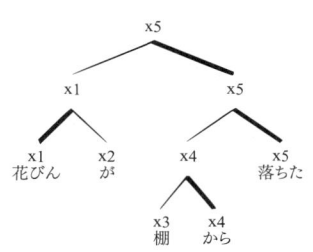

>]>,
                <x5, [{V}, φ, 落ちた]>
            >]>
        >]>

(41) 音連鎖
　　　花びん　が　棚　から　落ちた

(42) LF 意味素性
　　　<x5, {<*Time*, perfect>, <*Kind*, 落>, <*Theme*, x1>}**>**
　　　<x1, {<*Kind*, 花びん>}**>**
　　　<x5, {<*Source*, x3>}**>**
　　　<x3, {<*Kind*, 棚>}**>**

(43) 意味表示
　　　{**<x5,** {<*Time*, perfect>, <*Kind*, 落>, <*Theme*, x1>, <*Source*, x3>}**>**,
　　　　<x1, {<*Kind*, 花びん>}**>**,
　　　　<x3, {<*Kind*, 棚>}**>**}

　2.2 節および本節の分析の場合，最終的な意味表示だけを見ると，その意味役割が動詞の Lexicon 指定から来たものなのか（つまり項なのか），助詞の Lexicon 指定から来たものなのか（つまり付加詞なのか）は区別がつかない．上の例示では，「〜から」を付加詞とみなして Numeration に (44) の語彙項目が含まれていると仮定したが，そのかわりに「〜から」を項とみなして (45) のような語彙項目が含まれていたとしても，結果として生じる意味表示は同じになる．

(44) 　[{Z, +N}, **<●**, {<*Source*, **★**>}**>**, から]
　　　[{V}, **<id**, {<*Time*, perfect>, <*Kind*, 落>, <*Theme*, **★**_ga>}**>**, 落ちた]

(45) 　[{J, +R, +N, kara}, φ, から]
　　　[{V}, **<id**, {<*Time*, perfect>, <*Kind*, 落>, <*Theme*, **★**_ga>, <*Source*, **★**_kara>}**>**, 落ちた]

現時点では，「〜から」を付加詞とみなした (44) の場合と項とみなした (45) の間に何らかの統語的な違いがあるかどうかは判明していないが，この 2 つが別の語彙項目である以上，特性の違いがあったとしても不思議はなく，その結果，さらに複雑な構文においては，派生される LF 表示や意味表示にも違いが生じる可能性がある．このような構造的多様性が，多くの箇所にあることも一因となって，日本語において，ごく単純な文であっても容認性判断が大きくゆれることがあるのではないだろうか．したがって，このような多様性を許す理論のほうが実態に即した記述がしやすいと考えている．以下では，格助詞のヲとガについて，現時点でわかっている範囲で問題点を指摘しておく．

2.4　格助詞ヲと動詞

　格助詞ヲについては，(46)の特性が知られている[13]．

(46)　ヲは，原則的に動詞としか共起しない．(すなわち，形容詞・形容動詞・名詞述語とは共起しない．)

典型的な例としては，(47), (48)があげられる[14]．

(47)　a.　僕は親友の死を悲しんだ．　　　　　　　　　　　(高井 2009a：4.2.2 節，(83a))
　　　b.　*僕は親友の死を悲しい．　　　　　　　　　　　(高井 2009a：4.2.2 節，(83b))

(48)　項をとっていると考えられる場合でも，形容詞・形容動詞ではヲにならない例
　　　　　　　　　　　　　(cf. 高井 2009a：4.2.2 節，脚注 49 中の例文 (v), (vi), (vii))
　　　a.　あのアパレルメーカーは[赤色に／*を]{ふさわしい・詳しい・夢中な}人を探しています．
　　　b.　九大は[子供に／*を]{親切な・やさしい・冷淡な}人を探しています．
　　　c.　私達は[株式投資に／*を]{積極的な・懐疑的な・批判的な・明るい・賛成な}人を探しています．

(49)のように，(46)には少数の例外があるが，(50)に示すように，これらの形容動詞／形容詞の場合でも，必ずしも安定してヲと共起できるわけではない[15]．

(49)　(高井 2009a：4.2.2 節，脚注 49 中の例文 (i), (ii), (iii), (iv))[16]
　　　a.　ジョンはビルを好き／嫌いだ．
　　　b.　僕はビールのおかわりを欲しい．
　　　c.　?九大は，英語を得意な／不得意な学生を探しています．
　　　d.　?九大は，助手を必要な先生を辞めさせています．

(50)　(高井 2009a：4.2.2 節，脚注 49 中の例文 (iii)', (viii), (iv)')[17]

---

13) たとえば，黒田 (1980：42) では，「非動詞文の類としての 1 つの特徴は「を」の句を目的語として伴うものがないということである」と述べられている．
14) ただし，ヲと共起する場合には，通常，状態的とみなされる動詞でも少々動作的な意味合いが強くなることは否めず，純粋に状態的な動詞の場合には，ヲと共起している例がなかなか見つからないのも事実である．
　　(i)　a.　僕らは，こんな時代を生きている．
　　　　b.　??彼らは，3 年の日々を森の中で住んでいた．
　　(ii)　a.　*ジョンの行動は，多くの人が見つめる中を，いつものふるまいとは異なっていた．
　　　　b.　*この筆跡は，特にトメのところを，犯人の筆跡と似ている．
15) (49), (50)のように，動詞以外の場合にヲが許されたり許されなかったりする現象をどのようにとらえるべきか．このことは，ヲの生起を「動詞性」が許していると考えるべきか，それとも動詞以外の述語の場合ヲの生起を阻む特性を持っていると考えるべきかという問題が関与する．前者ならば，(49)の場合の述語は「動詞性」を持ち(50)の場合の述語は「動詞性」を持たない，と考えることになり，逆に後者ならば，(49)の場合の述語は問題になる特性に乏しいのに対して(50)の場合には通常と同様に保持している，と考えることになる．その点で，ガについて 2.5 節の脚注 21 で指摘されている問題と同種の問題である．
16) ただし，(49c, d)の「?」は，上山が付した．

a．?*ジョンは英語を得意だ／不得意だ．
　　　　　cf. ?ジョンは英語を得意なようだ／得意だそうだ．
　　　b．*あの先生は助手を必要だ．

したがって，(49)については，何らかの特例扱いをし，基本的には(46)が成り立つと考えたい．
　さて，もし，「～を」が必ず項でしかないのならば，(46)を説明するために特別な仮定は要らないかもしれない．単にたまたま動詞にしか「<意味役割, ★$_{wo}$>」という素性が含まれないという偶然の結果である可能性もあるからである．しかし，以下の現象を見ると，付加詞としての「～を」もあると考えざるをえない．(51)の「止まる／回る／流れる」などの動詞は，「止める／回す／流す」と，いわゆる**自他対応**をしている動詞であり，その意味で，「止まる／回る／流れる」は自動詞であり，項構造の指定としては「～を」は含まれていないと考えられる．それにもかかわらず，これらの動詞も「～を」と共起可能である．

(51)　a．なぞめいた車が，みんなが見つめる中を，ゆっくりと　止まった．
　　　　　　　　　　　　　　　　　　　　　　　　　　　　　　(高井 2009a：4.2.2 節，(84a))
　　　b．大きな扇風機が　みんなの頭の上を　くるくると　回っている．
　　　　　　　　　　　　　　　　　　　　　　　　　　　　　　(高井 2009a：4.2.2 節，(84b))
　　　c．桜の花びらが　川を　流れている．　　　(cf. 高井 2009a：4.2.2 節，(84c))[18]

(51c)はともかく，少なくとも(51a, b)については，「～を」が項ではなく付加詞であるという意見にも異論はないだろう．また，項とは思えない「～を」は他動詞文にも現れる[19]．

(52)　a．ジョンが　消費税の税率アップを　［財務省が今度の会議でそれを提案したこと］を　知らなかった．
　　　　　　　　　　　　　　　　　　　　　　　　　　　　　　(高井 2009a：4.2.2 節，(85a))
　　　b．ジョンが　十数年前の事件を　マスコミに　その真相を　話した．
　　　　　　　　　　　　　　　　　　　　　　　　　　　　　　(高井 2009：4.2.2 節，(85b))
　　　c．あの建設会社が　那珂川を　その流れを　変えた．(高井 2009a：4.2.2 節，(85c))
　　　d．洪水を防ぐために，吹きすさぶ嵐の中を，堤防の排水溝を広げた．
　　　　　　　　　　　　　　　　　　　　　　　　　　　　　　(高井 2009a：4.2.2 節，(85d))

(53)　a．メアリーは　ジョンのことを　［クラスの中で　彼が一番馬鹿だ］と　思っている．
　　　　　　　　　　　　　　　　　　　　　　　　　　　　　　(Saito 1983：(30))
　　　b．警察は　茂子を　［彼女が　山田の共犯者だった］と　断定した．(Kitagawa 1986：脚注 6)
　　　c．大多数の人が　その法案を　［田中元首相がその発案者だ］と　思い込んでいた．
　　　　　　　　　　　　　　　　　　　　　　　　　　　　　　(Hoji 1991b：(19c))

---

17) ただし，(50)の cf. 文の「?」は，上山が付した．
18) 高井 (2009a：4.2.2 節，(84c)) の文は，次のとおりである．
　　(i)　桜の花びらが　川の上を　流れている．
19) 単一の節に「～を」が複数含まれてはならないとする多重ヲ制約というものが言及されることがあるが，(52)の例が示すように，「～を」が単一の節に複数含まれる文は，必ずしも容認されないわけではない．
　　また，(53)のような「～を～と思う」という構文のヲ名詞句については，Kuno (1972, 1976), Saito (1983), Kitagawa (1986), Hoji (1991b) 等において，ヲ名詞句が埋め込み文の動詞の項であるとは限らないということが論じられてきた．

以上の観察に基づくと，格助詞ヲには，結果的に項になるものと付加詞になるものの両方があると考えるのが妥当である．そして，(54)に示すように，意味的に明らかに付加詞だと思われる場合であっても，「〜を」は動詞以外の述語とは共起できない．

(54) a. *ジョンは，雨の中を，カブトムシに夢中だ．
    b. *ジョンは，みんなが見つめる中を，お年寄りにやさしい．
    c. *ジョンは，他の全員が反対する中を，その法案に賛成だ．

(55) a. ジョンは，雨の中で，カブトムシに夢中だ．
    b. ジョンは，みんなが見つめる中でだけ，お年寄りにやさしい．
    c. ジョンは，他の全員が反対する中で，その法案に賛成だ．

(56) a. ジョンは，雨の中を，カブトムシに夢中になっている．
    b. ジョンは，みんなが見つめる中を，お年寄りにやさしくした．
    c. ジョンは，他の全員が反対する中を，その法案に賛成した．

したがって，(46)の一般化に対して，何らかの明示的な対処をする必要がある．
　以下では，次のように，wo を解釈不可能素性であると仮定する．

(57) wo
　　 継承規定　J-Merge 規則によって，初回のみ（結果的に）非主要部から継承されることになる．
　　 削除規定　Merge 相手が主要部で範疇素性が V の場合に消える．

(58) 結果的に項になる「〜を」
　　　 [{J, +R, +N, wo}, φ, を]

(59) 結果的に付加詞になる「〜を」[20]
　　　 [{Z, +N, wo}, <●, {<意味役割, ★>}>, を]

このように仮定すると，(58)のほうの「〜を」の場合には次のようになる．

(60) <x1, [{NP, wo}, <x1, {<Kind, 花>}>, <...略...>]>
　　 <x3, [{V}, <x3, {<Time, imperfect>, <Kind, 愛する>, <Theme, ★wo>, <Experiencer, ★ga>}>, 愛する]>

　⇒ Merge
　　 <x3, [{V}, <x3, {<Time, imperfect>, <Kind, 愛する>, <Theme, x1>, <Experiencer, ★ga>}>, <
　　　 <x1, [{NP}, <x1, {<Kind, 花>}>, <...略...>]>
　　　 <x3, [{V}, φ, 愛する]>
　　 >]>

---

[20] (59)の「意味役割」をどのように指定するのか，もしくは，デの場合と同様，複数の種類を想定するべきかは，ここではいったん保留にしておく．

この場合には，1回のMerge操作で，x1のwoとx3の★woが削除されている．これに対して(59)の付加詞としての「〜を」の場合には，たとえば次のようになり，Mergeによってx2のwoと●が削除される．

(61) <x2, [{Z, wo}, <●, {<*Path*, x1>}>, <...略...>]>
　　 <x3, [{V}, **<x3, {<*Time*, imperfect>, <*Kind*, 流>, <*Theme*, ★ga>}>**, 流れる]>
　⇒ Merge
　　 <x3, [{V}, **<x3, {<*Time*, imperfect>, <*Kind*, 流>, <*Theme*, ★ga>}>**, <
　　　　 <x2, [{Z}, **<x3, {<*Path*, x1>}>**, <...略...>]>
　　　　 <x3, [{V}, φ, 流れる]>
　　 >]>

これに対して「〜を」のMerge相手がVでない場合には，ヲが(58)であれ(59)であれ，構築物の内側に解釈不可能素性のwoが残ってしまう．

(62) <x1, [{NP, wo}, **<x1, {<*Kind*, 花>}>**, <...略...>]>
　　 <x3, [{A}, **<x3, {<*Time*, imperfect>, <*Kind*, 愛しい>, <*Experiencer*, ★ga>}>**, 愛しい]>
　⇒ Merge
　　 <x3, [{A}, **<x3, {<*Time*, imperfect>, <*Kind*, 愛しい>, <*Experiencer*, ★ga>}>**, <
　　　　 <x1, [{NP, wo}, **<x1, {<*Kind*, 花>}>**, <...略...>]>
　　　　 <x3, [{V}, φ, 愛しい]>
　　 >]>

(63) <x2, [{Z, wo}, <●, {<対象, x1>}>, <...略...>]>
　　 <x3, [{A}, **<x3, {<*Time*, imperfect>, <*Kind*, 愛しい>, <*Experiencer*, ★ga>}>**, 愛しい]>
　⇒ Merge
　　 <x3, [{A}, **<x3, {<*Time*, imperfect>, <*Kind*, 愛しい>, <*Experiencer*, ★ga>}>**, <
　　　　 <x2, [{Z, wo}, **<x3, {<対象, x1>}>**, <...略...>]>
　　　　 <x3, [{V}, φ, 愛しい]>
　　 >]>

構築されたx3全体は別の項目とMergeされる可能性があるが，woがx3全体の統語素性でない以上，それがさらなるMergeによって削除される望みはなく，この派生は不適格となる．

このように，(57)，(58)，(59)を仮定すれば，格助詞ヲに関する(46)の観察を導くことができる．

2.5 時制要素と「〜が」の移動

また，現代日本語の格助詞ガの分布については，(64)のような特性が知られている[21]．

---

21) ガと時制要素との関連については，多くの研究において認められているが，「領域」を正確にどうとらえるかは，分析によって大きく異なっている．

(64) ガは，時制要素のある「領域」にしか生起しない．

(65) （高井 2009a：4.2.1 節，(80)）
    a．*ビルには　[ジョンが帰国]が　信じられなかった．
    b．ビルには　[ジョンの帰国]が　信じられなかった．
    c．ビルには　[ジョンが帰国すること]が　信じられなかった．

この節では，(64) の観察が導かれるような，「〜が」の構築方法を考察していく．

  まず，時制要素というものが文構造の構築において重要な働きを持つものであるならば，上のように時制要素を動詞の一部分としてみなすよりも，時制要素を独立の語彙項目としたほうがよいので，(66) のように仮定する．(66) で +V という解釈不可能素性を仮定しているのは，-ta/-ru は動詞にしか接続しない時制要素だからである[22]．

(66) 時制要素
    [{T, +V}, <★, {<*Time*, perfect>}>, –ta]
    [{T, +V}, <★, {<*Time*, imperfect>}>, –ru]

(67) +V
    削除規定　Merge 相手の範疇素性が V の場合に消える．

そして，wo の場合と同じく ga も解釈不可能素性であると仮定しよう．

(68) ga
    継承規定　J-Merge 規則によって，初回のみ（結果的に）非主要部から継承されることになる．
    削除規定　Merge 相手が主要部で範疇素性が T の場合に消える．

  問題は，「〜が」が項である場合，それを項としてとる動詞（もしくは形容詞／形容動詞）との Merge が必要であるのに加えて，時制要素とも関係を持つためにはどうすればいいかということである．生成文法では，このように，1 つの要素が複数の要素と関係を持つ必要がある場合のために，**移動**（movement）という操作が利用されてきた．つまり，次のような移動が起これば，「〜が」が最初に Merge によって動詞との項関係を構築し，移動後に時制要素との関係を構築するということが可能になる[23]．

    Takezawa (1987) は，時制要素がガ格付与者であるとの分析を提案した．これに対して Saito (1983) は，ガ格付与者となる語彙項目はないという立場であるが，そのかわり，ガ格は S 節点に直接支配される位置でのみ具現する，と仮定している．高井 (2009a) は，以下でも紹介するようにガが持つ解釈不可能素性は T と Merge することによってしか削除できないという分析を提案した．これらの分析は，それぞれ概念的には異なっているが，その経験的予測が大きく異なるわけではない．

    これに対して，Kobayashi (2013) は，ガ格が具現するのは，「(T の領域に存在するというよりも) 名詞句にともなう機能範疇 n の領域に存在しない」ことが条件であるという分析を提案し，このように一見遠回りに見える定義によって初めてガノ交替の現象が適切に説明できると論じた．本書ではガノ交替の現象については特に扱っていないが，今後の課題であるには違いない．

22) 時制要素部分の実際の音韻形式は，動詞語幹の音韻形式によって規則的に変化する．(66) で音韻形式を-ta/-ru とローマ字で書いているのは，音韻変化前の-ta/-ru を代表形として採用しているからである．

23) 通常の Merge が Merge base から 2 つの要素を取り出して 1 つの構築物を作る操作であるのに対して，「移動」は，Merge base から 1 つの要素を取り出し，その内部から取り出した要素と組み合わせて新しい構築物を作る操作であるととらえられる．その点で，Chomsky (1995) などでも，移動を Merge の一種であるとみなし，internal Merge と呼んでいる．その場合，通常の Merge は external Merge と呼ばれる．

(69)

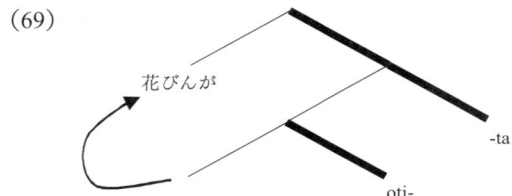

この「移動」という操作は，樹形図で描くと，直観的にわかりやすいが，(69)の場合には，bodyの中に埋め込まれた部分から要素が取り出されているので，規則としてこの操作をそのまま規定しようとすると難しい．その理由で統語論において「移動」という操作を認めるべきでないという立場の研究者もいるが，移動というものを，移動要素を特定する操作と新しい構造的位置に組み込む操作の2つに分けてとらえれば（多少，手順が増えて面倒ではあるが）明示的な定義そのものは可能である．

(70)と(71)が移動の効果を持つ規則の定義である．Pickupとは，解釈不可能素性が残っている内部要素を一時的に統語素性として取り込む操作であり，Landingは，その取り込んだ内部要素をあらためて1つの要素として，本体とMergeする操作である．Pickup後，Landingが起きるまでは，その取り込まれた内部要素としての統語素性は，主要部であれ，非主要部であれ，上位構成素に継承されていくとする[24]．見やすいように，「取り込まれた内部要素」の部分は，網掛けで示すことにする．

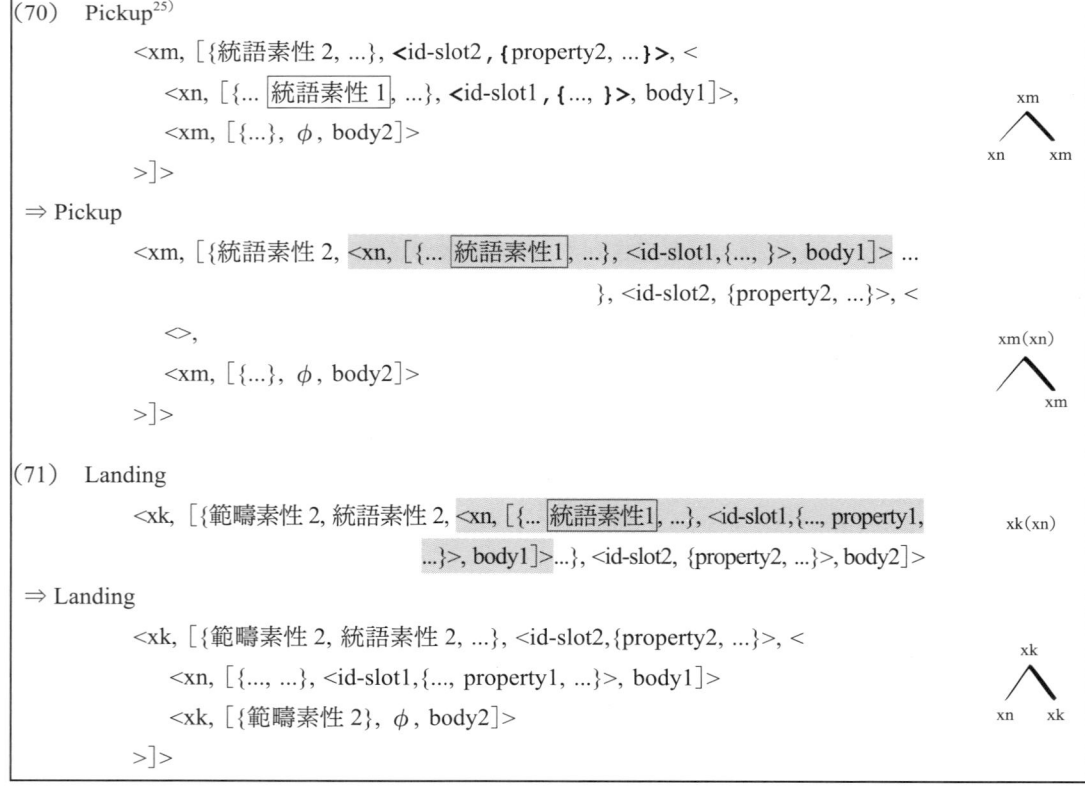

2.5 時制要素と「～が」の移動　51

このように2つのMerge規則の組み合わせでとらえることによって，(69)の操作を形式的に表すことが可能になる．まず，単純な文で例示する[26]．

(72) Numeration＝{x1, x2, x3, x4}
    a. ＜x1, [{N}, **＜x1, {**＜*Kind*, 花びん＞**}＞**, 花びん]＞
    b. ＜x2, [{J, +R, +N, ga}, φ, が]＞
    c. ＜x3, [{V}, **＜x3, {**＜*Kind*, 落＞, ＜*Theme*, ★ga＞**}＞**, oti-]＞
    d. ＜x4, [{T, +V}, ＜★, {＜*Time*, perfect＞**}＞**, -ta]＞

(73) Merge base＝{(72a), (72b), (72c), (72d)}
    (72a) ＜x1, [{N}, **＜x1, {**＜*Kind*, 花びん＞**}＞**, 花びん]＞
    (72b) ＜x2, [{J, +R, +N, ga}, φ, が]＞
⇒ J-Merge
    ＜x1, [{NP, ga}, **＜x1, {**＜*Kind*, 花びん＞**}＞**, ＜
        ＜x1, [{N}, φ, 花びん]＞,
        ＜x2, [{J}, φ, が]＞
    ＞]＞

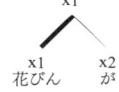

(74) Merge base＝{(73), (72c), (72d)}
    (73) ＜x1, [{NP, ga}, **＜x1, {**＜*Kind*, 花びん＞**}＞**, ＜...略...＞]＞
    (72c) ＜x3, [{V}, **＜x3, {**＜*Kind*, 落＞, ＜*Theme*, ★ga＞**}＞**, oti-]＞
⇒ Merge
    ＜x3, [{V}, **＜x3, {**＜*Kind*, 落＞, ＜*Theme*, x1＞**}＞**, ＜
        ＜x1, [{NP, ga}, **＜x1, {**＜*Kind*, 花びん＞**}＞**, ＜...略...＞]＞
        ＜x3, [{V}, φ, oti-]＞
    ＞]＞

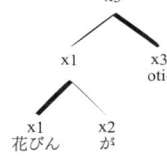

(75) Merge base＝{(74), (72d)}
    (74) ＜x3, [{V}, **＜x3, {**＜*Kind*, 落＞, ＜*Theme*, x1＞**}＞**, ＜
        ＜x1, [{NP, ga}, **＜x1, {**＜*Kind*, 花びん＞**}＞**, ＜...略...＞]＞
        ＜x3, [{V}, φ, oti-]＞
    ＞]＞

---

24) 本書で提案しているPickupは，当該の項目に解釈不可能素性が含まれる場合に限られているので，その点では，Minimal Link Conditon, Last Resort Principleといったキーワードを持つ考え方と共通している．ただし，本書で紹介した分析では，従来の境界理論（bounding theory）や空範疇原理（Empty Category Principle）等で追究されてきた，移動の可能な範囲についての条件は，現時点では組み込まれていない．明らかに，取り込まれた統語素性を上位構成素に継承することが許される場合と許されない場合について，現象をあらためて観察しなおした上で考察が必要である．

25) ここで，解釈不可能素性が残っている場合にのみPickupが起こると考えることによって，いわゆるLast Resort Principleの効果を組み込むことになる．

26) (72)で動詞語幹のところがoti-とローマ字表記になっているのは，脚注22で述べたとおり，oti-という形式を代表形としてみなしているからである．以下，動詞語幹は原則的にローマ字表記とするが，特に，長くて読みづらい場合など，部分的に漢字仮名まじりの表記を用いる場合もある．

52　第 2 章　格助詞

⇒ Pickup
  <x3, [{V, <x1, [{NP, |ga|}, <x1, {<*Kind*, 花びん>}>, <...略...>]>}, <x3, {<*Kind*, 落>, <*Theme*, x1>}>, <

                          x3(x1)
   <>
   <x3, [{V}, φ, oti–]>   x3
  >]>   oti–

(76)　Merge base ＝ {(75), (72d)}
 (75) <x3, [{V, <x1, [{NP, |ga|}, <x1, {<*Kind*, 花びん>}>, <...略...>]>}, <x3, {<*Kind*, 落>, <*Theme*, x1>}>, <...略...>]>
 (72d) <x4, [{T, |+V|}, <|★|, {<*Time*, perfect>}>, –ta]>
⇒ Merge
  <x4, [{T, <x1, [{NP, |ga|}, <x1, {<*Kind*, 花びん>}>, <...略...>]>}, <x3, {<*Time*, perfect>}>, <
   <x3, [{V}, <x3, {<*Kind*, 落>, <*Theme*, x1>}>, <...略...>]>
   <x4, [{T}, φ, –ta]>   x4(x1)
  >]>   x3 x4
                   –ta
                 x3
                 oti–

(76)は通常の Merge であるが，Pickup によって取り込まれた内部要素が上位構成素に継承されている．

(77)　Merge base ＝ {(76)}
 (76) <x4, [{T, <x1, [{NP, |ga|}, <x1, {<*Kind*, 花びん>}>, <...略...>]>}, <x3, {<*Time*, perfect>}>, <...略...>]>
⇒ Landing
  <x4, [{T}, <x3, {<*Time*, perfect>}>, <
   <x1, [{NP}, <x1, {<*Kind*, 花びん>}>, <...略...>]>
   <x4, [{T}, φ, <...略...>]>
  >]>

ここで，Pickup によって取り込まれた要素が Landing によって放出され，あらためて Merge する．放出された要素には解釈不可能素性 ga が含まれているが，その Merge 相手は T であるため，この Merge によって，めでたく ga が削除され，次のような適格な表示が派生する．

(78)　LF 表示（＝PF 表示）
  <x4, [{T}, <x3, {<*Time*, perfect>}>, <
   <x1, [{NP}, <x1, {<*Kind*, 花びん>}>, <
    <x1, [{N}, φ, 花びん]>,
    <x2, [{J}, φ, が]>
   >]>
   <x4, [{T}, φ, <

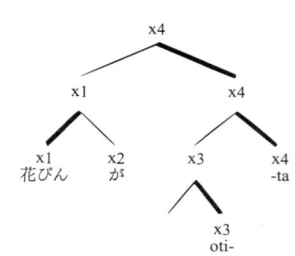

                    <x3, [{V}, **<x3, {**<Kind, 落>, <Theme, x1>**}>**, <
                        <>,
                        <x3, [{V}, φ, oti-]>
                    >]>
                    <x4, [{T}, φ, -ta]>
                >]>
            >]>

(79) 音連鎖
　　　　花びん　が　oti-　　-ta

(80) LF 意味素性
　　　　<x3,{<Time, perfect>**}>**
　　　　<x1,{<Kind, 花びん>**}>**
　　　　<x3,{<Kind, 落>, <Theme, x1>**}>**

(81) 意味表示
　　　　{**<x3,{**<Time, perfect>, <Kind, 落>, <Theme, x1>**}>**,
　　　　 <x1,{<Kind, 花びん>**}>**}

「～を」の場合と同じく，「～が」も項ではない場合がある．

(82) (高井 2009a：4.2.1 節，(81a, b, d))
　　a. 福岡が　一番　九州では　人口が　多い．
　　b. 博多駅が　鳥飯弁当が　よく売れる．
　　c. あの家が　ドアが　鍵が　かかっている．

項ではない「～が」の場合には，動詞（もしくは形容詞等）と Merge する必要がないので，動詞等が T と Merge して全体の範疇素性が T になったものと Merge すればよく，移動の必要はない[27]．

2.6 音形のない「代名詞」

　ここまでで提案したシステムでは，動詞はたとえば(83)のように指定されており，項の数だけ解釈不可能素性を含んでいる．

(83)　[{V}, <id, {<Kind, 追いかける>, <Theme, ★_wo>, <Agent, ★_ga>}>, oikake-]

これらの解釈不可能素性が Merge によってしか削除できないのならば，これらを消して適格な出力を得るためには，項になる Merge 相手の要素が必ず Numeration に含まれていなければならない

---

27) (82)の下線部の「～が」が具体的にどのように解釈されるかは，統語論の出力である意味表示では，特に指定されていないというのが本書の立場である．本書では，まだ詳しい分析は行なっていないが，4.2 節の(37)が適用することになる．

ことになる．たとえば，次のようなNumerationでは，「～を」となる項が足りないため，適格な表示を構築することができない[28]．

(84) Numeration
{<x1, [{N}, **<x1, {**<*Name*, ジョン>**}>**, ジョン]>,
　<x2, [{J, ┼R┼, ┼N┼, ┼ga┼}, φ, が]>,
　<x5, [{V}, **<x5, {**<*Kind*, 追いかける>, <*Theme*, ★wo>, <*Agent*, ★ga>**}>**, oikake-]>,
　<x6, [{T, ┼V┼}, **<★, {**<*Time*, perfect>**}>**, -ta]>}

しかし，日本語では，次のような文はごく普通に許される．

(85) a. ジョンが追いかけた．
　　 b. メアリを追いかけた．
　　 c. あ，追いかけてる！

これらの文が使用可能な条件は，英語の(86)が使用可能な条件と似ているため，日本語には，音形のないゼロ代名詞（zero pronoun／empty pronoun）があると，しばしば言われてきた[29]．

(86) a. John chased her.
　　 b. He chased Mary.
　　 c. Look! He is chasing her!

ゼロ代名詞は，生成文法では「*pro*」「*e*」「*ec*」など，いろいろな書き方で表記されてきた[30]．ゼロ代名詞というものの存在を仮定すると，(85)の文では項が存在しないように見えるものの，たとえば次のように，項となるNPが表示としては存在していることになる．

(87) a. ジョンが（*pro-*を）追いかけた．
　　 b. （*pro-*が）メアリを追いかけた．
　　 c. あ，（*pro-*が）（*pro-*を）追いかけてる！

つまり，仮に(88)のようなNumerationがあったとしたら，適格な表示を構築して音連鎖を(85)に一致させることが可能である．

(88) Numeration
{<x1, [{N}, **<x1, {**<*Name*, ジョン>**}>**, ジョン]>,
　<x2, [{J, ┼R┼, ┼N┼, ┼ga┼}, φ, が]>,
　<x3, [{NP, ┼wo┼}, **<x3, { }>**, φ]>,
　<x5, [{V}, **<x5,** <*Kind*, 追いかける>, <*Theme*, ★wo>, <*Agent*, ★ga>**}>**, oikake-]>,
　<x6, [{T, ┼V┼}, **<★, {**<*Time*, perfect>**}>**, -ta]>}

---

[28] (84)において，指標番号をx1, x2, x5, x6としたのは，以降で紹介する他の分析との比較がしやすいようにという理由しかない．

[29] 本書では便宜的に「ゼロ代名詞」という呼称を用いるが，あくまで記述的にこう呼んでいるだけであり，この要素が理論的概念としての「代名詞（pronoun）」と呼ぶべきものであるかどうかは別の問題である．

[30] 詳しい説明は生成文法の教科書に譲るが，「t」および「PRO」と表記されている場合，それはゼロ代名詞を表さない．

2.6 音形のない「代名詞」   55

　ゼロ代名詞の存在を仮定することは，日本語の統語論においては広く受け入れられてはいるが，Numeration を設定する段階で，どのようなゼロ代名詞がいくつ必要になるかわからないので，適格な表示を得るための準備が難しくなってしまう．そのかわりに，たとえば，次のような zero-Merge という規則を仮定しておけば，(84) の Numeration からでも適格な表示を得ることが可能になる．

(89)　zero-Merge
　　　　　<xn, [{範疇素性 1, ...}, **<xn, {**...,<意味役割 1, ★$_a$／★>, ...**}>**, body1]>
⇒ zero-Merge
　　　　　<xn, [{範疇素性 1, ...}, **<xn, {**...,<意味役割 1, xm>, ...**}>**, <
　　　　　　<xm, [{NP}, **<xm, { }>**, ϕ]>,
　　　　　　<xn, [{範疇素性 1}, ϕ, body1]>
　　　　　>]>

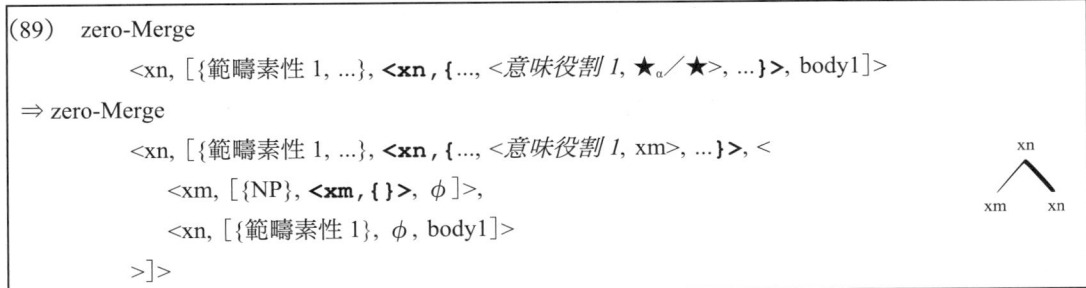

　この規則が行なっていることは，Merge base から xn だけを取り出しておいて，その xn を Merge base に含まれていない新規の要素 xm と Merge させることである．たとえば，(84) の x5 に zero-Merge を適用すると，次のようになる．ゼロ代名詞に相当する要素の指標の番号は何でもかまわない．

(90)　<x5, [{V}, **<x5, {**<*Kind*, 追いかける>, <*Theme*, ★$_{wo}$>, <*Agent*, ★$_{ga}$>**}>**, oikake-]>
⇒ zero-Merge
　　　　<x5, [{V}, **<x5, {**<*Kind*, 追いかける>, <*Theme*, x8>, <*Agent*, ★$_{ga}$>**}>**, <
　　　　　<x8, [{NP}, **<x8, { }>**, ϕ]>,
　　　　　<x5, [{V}, ϕ, oikake-]>
　　　　>]>

　(89) の zero-Merge は便利ではあるが，結果的に解釈不可能素性を Merge base に含まれない要素との Merge で削除している点で，かなり強力な仮定でもある．しかし，この zero-Merge で解釈不可能素性が削除できるのは，★$_a$ もしくは★が relation property の value となっている場合に限られている．実際，日本語の場合，relation property の value が明示的に存在しないという理由で文として成り立たなくなる場合はないようなので，zero-Merge を仮定しても問題はない．別の観点から言えば，zero-Merge があるということが日本語の特徴の 1 つであると言うこともできる．
　このような「危険な」規則を仮定するかわりに，項となる意味役割の value の位置に解釈不可能素性が存在するという仮定を捨てるべきだという意見もあるかもしれない．つまり，Numeration を (91) のようであるとし，(89) の規則を仮定しないという立場である．

(91)　Numeration
　　　{<x1, [{N}, **<x1, {**<*Name*, ジョン>**}>**, ジョン]>,
　　　　<x2, [{J, $\boxed{+R}$, $\boxed{+N}$, $\boxed{ga}$}, ϕ, が]>,
　　　　<x5, [{V}, **<x5, {**<*Kind*, 追いかける>, <*Theme*, __$_{wo}$>, <*Agent*, __$_{ga}$>**}>**, oikake-]>,
　　　　<x6, [{T, $\boxed{+V}$}, <$\boxed{★}$, {<*Time*, perfect>}>, -ta]>}

56   第2章 格助詞

(91)の Numeration から適格な表示を作ると，2.5 節の(72)-(81)とほぼ同じ過程になり，出力は次のようになる．(92)の樹形図で x5 のところにある空の枝は，「ジョンが」が移動した跡の位置であり，この構造の場合には，Theme の項が一切，表されていない．

(92)　LF
　　　<x6, [{T}, **<x5, {**<*Time*, perfect>**}>**, <
　　　　<x1, [{NP}, **<x1, {**<*Name*, ジョン>**}>**, <
　　　　　<x1, [{N}, φ, ジョン]>,
　　　　　<x2, [{J}, φ, が]>
　　　　>]>
　　　<x6, [{T}, φ, <
　　　　<x5, [{V}, **<x5, {**<*Kind*, 追いかける>, <*Theme*, ＿>, <*Agent*, x1>**}>**, <
　　　　　<>,
　　　　　<x5, [{V}, φ, oikake-]>
　　　　>]>
　　　<x6, [{T}, φ, -ta]>
　　　>]>
　　　>]>

(93)　音連鎖
　　　　ジョン　が　oikake-　-ta

(94)　LF 意味素性
　　　　<x5, {<*Time*, perfect>**}>**
　　　　<x1, {<*Name*, ジョン>**}>**
　　　　<x5, {<*Kind*, 追いかける>, <*Theme*, ＿>, <*Agent*, x1>**}>**

(95)　意味表示
　　　　{**<x5, {**<*Time*, perfect>, <*Kind*, 追いかける>, <*Theme*, ＿>, <*Agent*, x1>**}>**,
　　　　 <x1, {<*Name*, ジョン>**}>**}

これに対して，(88)の Numeration から適格な表示を構築した場合には，次のような出力になる[31]．

(96)　LF
　　　<x6, [{T}, **<x5, {**<*Time*, perfect>**}>**, <
　　　　<x1, [{NP}, **<x1, {**<*Name*, ジョン>**}>**, <
　　　　　<x1, [{N}, φ, ジョン]>,
　　　　　<x2, [{J}, φ, が]>
　　　　>]>

---

31) (84)の Numeration から出発して zero-Merge を適用した場合，x4 の格助詞が含まれない点以外は同様の構造になる．

2.6 音形のない「代名詞」   57

```
        <x6, [{T}, φ, <
            <x5, [{V}, x5,{<Kind, 追いかける>, <Theme, x3>, <Agent, x1>}>, <
                <>,
                <x5, [{V}, φ, <
                    <x3, [{NP}, x3,{}>, <
                        <x3, [{N}, φ, φ]>,
                        <x4, [{J}, φ, φ]>
                    >]>,
                    <x5, [{V}, φ, oikake-]>
                >]>
            >]>,
            <x6, [{T}, φ, -ta]>
        >]>
    >]>
```

```
              x6
             /  \
           x1    x6
          /  \   /  \
        x1   x2 x5   x6
        ジョン  が /  \  -ta
                 x5
                / \
               x3  x5
              / \  oikake-
             x3  x4
             φ   φ
```

(97) 音連鎖

　　　　ジョン　が　oikake-　-ta

(98) LF 意味素性

　　　<x5, {<Time, perfect>}**>**
　　　<x1, {<Name, ジョン>}**>**
　　　<x5, {<Kind, 追いかける>, <Theme, x3>, <Agent, x1>}**>**
　　　<x3, {}**>**

(99) 意味表示

　　　{**<x5,** {<Time, perfect>, <Kind, 追いかける>, <Theme, x3>, <Agent, x1>}**>**,
　　　<x1, {<Name, ジョン>}**>**,
　　　<x3, {}**>**}

　(95)の意味表示と(99)の意味表示との違いは，**x3** という OBJECT が含まれているかどうかという点である．**x3** が含まれているとは言っても，(99)ではその property については何も記されていないため，実質的には何も変わらないと思うかもしれないが，(97)のような文に対する意味表示は，(95)よりも(99)のほうが望ましいと解釈できる観察事実が存在する．

　1.4.6 節で述べたように，ソ系列指示詞は，既出の指標しかになうことのできない表現である．それをふまえて，次の例を見てほしい．

(100)　(状況：一人の刑事が犯人を追って，あるアパートの部屋の前に来る．中に踏み込むと，人質だけが残されていた．)
　　　人質：30 分ほど前に，出ていきました．
　　　刑事：そいつは何か言ってましたか？

(101)　(状況：今日，陽子は正男に手作りのケーキをあげた．その晩，正男が陽子に電話をかける．)
　　　正男：実はうっかりバイト先に忘れてきちゃってさあ．

陽子：え，先輩に見つかる前に，それ取りにいかないと．

どちらの例でも，ソイツやソレの先行詞は，発音はされていない．しかし，第1文の意味表示の中に，ゼロ代名詞に相当する OBJECT の指標が含まれているとしたら，ソ系列指示詞がその指標で使用可能であることが説明できる．

これが言語構造の問題ではなく，単に，第1文からそういうモノの存在が推測できるからだと思う人もいるかもしれないが，そうではない．(100)や(101)は，問題となっている「先行詞」が，発話された動詞の項であるからこそ，ソ系列指示詞の使用が可能になるのである．次の例文と比べてほしい．

(102) （状況：一人の刑事が犯人を追って，あるアパートの部屋の前に来る．中に踏み込むと，人質だけが残されていた．）
　　　人質：ここにいるのは，もう私だけです．
　　　刑事：*そいつは何か言ってましたか？
　　　　　（cf. ᵒᵏあいつは何か言ってましたか？）

(103) （状況：今日，陽子は正男に手作りのケーキをあげた．その晩，正男が陽子に電話をかける．）
　　　正男：実はうっかりバイトから手ぶらで帰ってきちゃってさあ．
　　　陽子：*え，先輩に見つかる前にそれ取りにいかないと．
　　　　　（cf. ᵒᵏ先輩に見つかる前にあれ取りにいかないと．）

(102)，(103)でも，ソ系列指示詞で指そうとしているモノの存在が推測できるということについては，(100)，(101)と同様である．それにも関わらず，ソ系列指示詞の容認度がこれほど異なるということは，ソ系列指示詞の使われ方に関する制限は，1.4.6節で述べたように，言語的な問題だということである．

zero-Merge(89)が適用しているとすれば，先行詞が発音されていなくともソ系列指示詞の使用が可能になりうるはずであるが，逆に，ソ系列指示詞が使用できない場合には zero-Merge が適用していないという推論は成り立たない．zero-Merge が適用していても，別の理由でソ系列指示詞が使用できないということがありうるからである．まだ十分に調査が進んでいないため，以下の例文の容認性判断にはいろいろ意見があるだろうが，動詞と名詞で何らかの対立があるのではないかという印象を持っている[32]．

(104) 動詞の場合
　　　A：またジョンに抗議されたらしいよ．
　　　B：（抗議をされている人のことを念頭において）{その人／あの人}も大変だよね．

(105) 名詞の場合
　　　A：またジョンの抗議が貼ってあったらしいよ．
　　　B：（抗議をされている人のことを念頭において）{*その人／あの人}も大変だよね．

(106) 動詞の場合

---

[32] (104)，(105)の例は，備瀬優氏（個人談話，2011年5月）の指摘がきっかけとなり作成されたものである．

A：〈電話で〉もしもし．よく考えてみたら，郵便は信用できないし，やっぱり直接，持っ
　　　　て行くのが望ましいのでは？
　　　B：そうですねえ．{そいつ／あいつ}を時間まで預かってくれるところはありますかね．

(107)　名詞の場合
　　　A：〈電話で〉もしもし．よく考えてみたら，郵便は信用できないし，やっぱり直接の持参
　　　　が望ましいのでは？
　　　B：そうですねえ．{*そいつ／あいつ}を時間まで預かってくれるところはありますかね．

　また，zero-Merge 規則とともにゼロ代名詞の存在も許しているので，いわゆる項でないところにゼロ代名詞があらわれる可能性も否定できない[33]．

(108)　A：おい，どっか食いに行こうぜ．
　　　B：もう，さっきラーメン食べちゃった．
　　　A：そこ，すいてた？

(109)　A：なかなか筆が進まなくて．
　　　B：その本の締め切りはいつなの？

(110)　A：昨日，社長と部長がベンツで訪ねて来ましたよ．
　　　B：そこは，もうかってるんだろうなあ．

　これらの場合も含め，ソ系列指示詞の使用可能性については，さらに考えていく必要があるだろう．
　以上の考察に基づいて，本書では，(85a)のような提示文に対する Numeration は，(88)のようにゼロ代名詞をもともと含んでいるという可能性も残しつつ，Numeration が(84)のようにゼロ代名詞を含んでいない場合でも，(89)の zero-Merge 規則の適用によって適格な表示が得られうると仮定する．

(85a)　ジョンが追いかけた．

(88)　Numeration
　　　{<x1, [{N}, **<x1, {**<Name, ジョン>**}>**, ジョン]>,
　　　<x2, [{J, +R, +N, ga}, φ, が]>,
　　　<x3, [{NP, wo}, **<x3, { }>**, φ]>,
　　　<x5, [{V}, **<x5, {**<Kind, 追いかける>, <Theme, ★wo>, <Agent, ★ga>**}>**, oikake-]>,
　　　<x6, [{T, +V}, **<★, {**<Time, perfect>**}>**, -ta]>}

(84)　Numeration
　　　{<x1, [{N}, **<x1, {**<Name, ジョン>**}>**, ジョン]>,
　　　<x2, [{J, +R, +N, ga}, φ, が]>,
　　　<x5, [{V}, **<x5, {**<Kind, 追いかける>, <Theme, ★wo>, <Agent, ★ga>**}>**, oikake-]>,

---

33) (108)–(110)の例は，2012年2月慶応義塾大学における研究会にて聴衆から指摘されたものである．

<x6, [{T, +V}, <★, {<Time, perfect>}>, -ta]>}

　ここまで提案してきた文法のシステムでは，たとえば(111)の Numeration から生成される適格な文は 1 通りではない．

(111)　Numeration
　　　{<x1, [{N}, <**x1**, {<*Name*, ジョン>}>, ジョン]>,
　　　<x2, [{J, +R, +N, ga}, φ, が]>,
　　　<x3, [{N}, <**x3**, {<*Name*, メアリ>}>, メアリ]>,
　　　<x4, [{J, +R, +N, wo}, φ, を]>,
　　　<x5, [{V}, <**x5**, {<*Kind*, 追いかける>, <*Theme*, ★wo>, <*Agent*, ★ga>}>, oikake–]>,
　　　<x6, [{T, +V}, <★, {<*Time*, perfect>}>, -ta]>}

+N, +V, ga, wo は，Merge 相手の範疇素性が適切でさえあれば削除される解釈不可能素性であり，たとえば，★wo と wo とが「相討ち」しなければならないということが決まっているわけではない．したがって，(111)から適格な表示を作る場合の可能性として，次の 4 つがあることになる．

(112)　a. zero-Merge の適用なし　　　　　　　　→ [〜が][〜を] 他動詞
　　　b. ★wo に対して zero-Merge 適用　　　　　→ [〜が][〜を] *pro* 他動詞
　　　c. ★ga に対して zero-Merge 適用　　　　　→ [〜が] *pro* [〜を] 他動詞
　　　d. ★wo と ★ga に対して zero-Merge 適用　→ [〜が][〜を] *pro pro* 他動詞

zero-Merge を仮定しない理論では，(112)はすべて別の Numeration から出発する派生であるとすることになるが，zero-Merge を仮定している理論では，(112a, b, c, d)はすべて，同一の Numeration から派生することも許すことになる．現時点では，これが予測の違いをもたらすのかどうか判断できないが，この点には留意しておきたい．

2.7　本書で未解決のまま残している問題

2.7.1　格助詞と意味役割の対応

　2.2 節において，付加詞として用いられる場合の助詞の分析を提示したが，その意味役割をどのように記すべきか，そもそも確定ができるものなのか，名詞との組み合わせによって意味役割が変わる事実をどのようにとらえればよいのか，など，具体的に分析を進めていくためには，さらに考察が必要である．
　特に，2.4 節で述べた，付加詞としてのヲの意味役割をどのように記述するべきかも問題であろう．おおまかに考えただけでも，「道を走る」など「場所／通り道」を表す場合，「雨の中を／衆人環視の中を」など「状況」を表す場合，「ジョン（のこと）を〜と思っている」のように埋め込み文の主題のような働きをしている場合，など，かなり大きく異なる用法がいくつかある．これらをすべて，本書で言う「付加詞としてのヲ」という扱いでよいのかどうかも含めて問題である．また，項としてのヲが存在する場合に，付加詞としてのヲが存在できるか，また逆はどうか，という

問題もある．本文では，いわゆる多重ヲ制約（Double o constraint）についても言及しなかった．原則的には，単一の節にヲが複数あっても不適格であるとする必要はないと考えているが，すべて一律に扱っていいかどうかを含めて今後の課題である．

2.7.2　格助詞連続

2.3 節の脚注 11 でふれたように，本書では，格助詞連続の現象は扱えていない．原則的には格助詞が連続しないデザインにした上で，限られた場合について連続が許されるように工夫するという方針をとっているが，それとは逆に，システムとしては格助詞の連続が可能なデザインにしておいた上で，出力されてほしくない場合が排除されるように工夫するという方針もありうるだろう．このことと，J-Merge が適用したあとの範疇素性を NP にするべきかどうかという問題もかかわってくる．

第 3 章
使役構文と受動構文

第 2 章では，格助詞の基本的な特性について考察した．もちろん，第 2 章で提案した仮定だけで格助詞に関わるすべての現象が説明できるわけではないが，今後，それぞれの現象に取り組むにあたって，問題点を整理しやすい素地が与えられているのではないかと考えている．その例の 1 つとして，この章では，使役構文と受動構文について考察する．

3.1 使役構文 1

第 2 章では，動詞によって項につく格助詞は決まっていると述べた．たとえば，(1) の文の場合，動詞は Lexicon において (2a) のような指定をされており，適切に操作が適用されると，最終的に (2b) のような意味表示が得られる．

(1)　　ジョンがメアリを追いかけた

(2)　　a.　[{V}, <id, {<*Kind*, 追いかける>, <*Theme*, ★$_{wo}$>, <*Agent*, ★$_{ga}$>}>, oikake-]
　　　　b.　{<**x2**, {<*Name*, ジョン>}>,
　　　　　　<**x3**, {<*Name*, メアリ>}>,
　　　　　　<**x4**, {<*Kind*, 追いかける>, <*Time*, perfect>, <*Theme*, x3>, <*Agent*, x2>}>}

つまり，この動詞の場合，Theme は格助詞ヲを持ち，Agent は格助詞ガを持つ．

この動詞語幹に使役のサセが後続したとしよう．(3) の文になっても，oikake- というデキゴトにおいて，メアリが追いかけられる Theme で，ジョンが追いかける Agent である点は (1) と同じである．

(3)　　a.　ビルがジョンにメアリを追いかけさせた
　　　　b.　*ビルがジョンがメアリを追いかけさせた

ここで問題になるのは，(3) において，oikake- の Agent が格助詞ニを持っているという事実である．

もちろん，「追いかけさせ」という語彙項目を独立に Lexicon に登録すれば，この事実は説明できることだろう．

(4)　　[{V}, <id, {<*Kind*, 追いかけさせ>, <*Theme*, ★_{wo}>, <*Agent*, ★_{ni}>, <*Causer*, ★_{ga}>}>, oikakesase–]

　私たちの頭の中にある Lexicon の容量にはかなり余裕があるようなので，必ずしも Lexicon への登録件数を最少にすることを第一目標にする必要はないと考えている[1]．しかし，このパターンは，「〜が〜を V」という項構造を持つ動詞ならばおそらく何であっても成り立つものである[2]．

(5)　a. ジョンが花びんを壊した．
　　　b. ビルがジョンに花びんを壊させた．

(6)　a. ジョンが小説を書いた．
　　　b. ビルがジョンに小説を書かせた．

(7)　a. ジョンがメアリを誘った．
　　　b. ビルがジョンにメアリを誘わせた．

(8)　a. ジョンが本を読んだ．
　　　b. ビルがジョンに本を読ませた．

(9)　a. ジョンがメアリを応援した．
　　　b. ビルがジョンにメアリを応援させた．

(10)　a. ジョンがメアリを○×△した．
　　　b. ビルがジョンにメアリを○×△させた．

　特に，(10)のようなワケのわからない表現でさえ，使役形にできるという事実は，一般則を仮定しないと説明できない．そこで，-sase- という独立の語彙項目を立てて分析を考えていきたい[3]．
　(5)-(10)は，使役形でない場合に「〜が〜を V」となる動詞の例であるが，「〜が〜と V」「〜が〜に V」「〜が〜に〜を V」「〜が〜から〜を V」の場合でも，基本的に同様のパターンが見られる[4]．

---

1) たとえば，「落ちる」と「落とす」の関係も，ある種の「使役」と考えられるものである．（「花びんを落とす」＝「花びんが落ちる状態にさせる」）日本語の自他対応の中には，このように使役の関係が含まれるものは多いが，音声形式としてどういう対応をするかには，何種類ものバリエーションがあり，必ずしも規則的にはとらえられない．そういうものについては独立の語彙項目として Lexicon に登録しておくべきであろう．
2) もちろん，実際に他人に「させる」ことが難しい場合はあるだろう．
　　(i)　a. ??ビルがジョンにメアリを尊敬させた．
　　　　 b. ??ビルがジョンにメアリを（偶然）見つけさせた．
　しかし，ビルが催眠術の技術を持っていたり，綿密に策略をはりめぐらしていたりする文脈を想定した上で(i)を読むと，(i)の文の容認性は問題がなくなる．つまり，(i)を見て初めて違和感を感じたとしても，それは現実にそういうことがありえるだろうか，という疑問であり，コトバの問題ではなかったということである．
3) 学校文法では，使役の助動詞として，サセとセの2つを立て，動詞の活用タイプによってどちらの助動詞が使われるかが決まっている，という説明がされているが，動詞語幹に母音で終わるものと子音で終わるものがあると考えれば，このような区別は必要ない．動詞語幹の形態素と助動詞の形態素が組み合わさる際に子音が2つ連続したら，後続したほうの子音を削除する，という規則を1つ仮定すれば広くいろいろな場合をまとめて説明することができる．（上山 1991: 第2章を参照のこと．）以下では，-sase- を使役の助動詞の代表形とみなし，2.5節の脚注22で述べた原則にしたがって，ローマ字で -sase- と表記する．
4) 特に(13), (14)の場合など，意味役割の異なる2つの「〜に」が1つの文中にあるので少し違和感を感じるということはあるだろうが，少し読み方を工夫すれば，すぐに慣れてくる程度だろうと思う．また，脚注2でも述べたように，他人の命令によってその事態が引き起こされることがありうるかどうか，という要因は常に容

(11) a. ジョンがメアリと結婚した.
　　 b. ビルがジョンにメアリと結婚させた.

(12) a. ジョンがメアリとけんかした.
　　 b. ビルがジョンにメアリとけんかさせた.

(13) a. ジョンがメアリに挨拶した.
　　 b. ビルがジョンにメアリに挨拶させた.

(14) a. ジョンがメアリに頼った.
　　 b. ビルがジョンにメアリに頼らせた.

(15) a. ジョンがメアリにチケットを送った.
　　 b. ビルがジョンにメアリにチケットを送らせた.

(16) a. ジョンがメアリに秘密を打ち明けた.
　　 b. ビルがジョンにメアリに秘密を打ち明けさせた.

(17) a. ジョンがメアリからチケットを受け取った.
　　 b. ビルがジョンにメアリからチケットを受け取らせた.

これに対して，動詞に-sase-をつけても「〜が」が「〜に」にならない一連の場合がある.

(18) a. きゅうりが腐った.
　　 b. *ビルがきゅうりに腐らせた.

(19) a. 配達が遅れた.
　　 b. *ビルが配達に遅らせた.

(20) a. うっかりミスが激減した.
　　 b. *ビルがうっかりミスに激減させた.

(21) a. 列車のダイヤが混乱した.
　　 b. *ビルが列車のダイヤに混乱させた.

(18)-(21)は，いわゆる自動詞であるが，自動詞ならば常に(18)-(21)のようになるとは限らない.

(22) a. ジョンが走った.
　　 b. ビルがジョンに走らせた.

(23) a. ジョンが帰った.
　　 b. ビルがジョンに帰らせた.

認性判断に関与している.
(i) a. ??ビルがジョンにメアリと出くわさせた.
　　 b. ??ビルがジョンにメアリに一目惚れさせた.

(24) a. SATが突入した．
    b. ビルがSATに突入させた．

(25) a. ジョンが復帰した．
    b. ビルがジョンに復帰させた．

(18)-(21)と(22)-(25)の違いは，(22)-(25)の動詞の項構造にはAgentが含まれるのに対して，(18)-(21)の動詞の項構造にはAgentが含まれないという点である．あらためて見直してみると，(5)-(17)の動詞においても，項構造にAgentが含まれると考えてよさそうである．つまり，-sase-という語彙項目は，項構造にAgentを含む動詞に適用して，ガをニに変える働きがあるということになる．たとえば，-sase-という語彙項目を(26)のように仮定し，(27)のような特殊Merge規則を仮定すれば，この規則性を記述することができる．

(26) -sase-
    [{V, +R}, <★, {<Causer, ★ga>}>, -sase-]

(27) sase1：-sase-が関わる特殊Merge規則1：
    <xn, [{V, 統語素性1, ...}, <**xn**, {..., <Agent, ★ga>, ...}>, body1]>
    <xm, [{V, +R}, <★, {<Causer, ★ga>}>, -sase-]>
    ⇒ sase1
    <xn, [{V, 統語素性1, ...}, <**xn**, {..., <Agent, ★ni>, <Causer, ★ga>, ...}>, <
        <xn, [{V}, φ, body1]>,
        <xm, [{V}, φ, -sase-]>
    >]>

-sase-に対しては，汎用的なMerge規則が適用してもらいたくないため，(26)のように，特殊Merge規則によってのみ除去できる解釈不可能素性+Rを加えてある．

従来の分析では，使役構文について，しばしば次のような構造が仮定されてきた．（cf. Kuno 1973: 341-345 等）

(28)
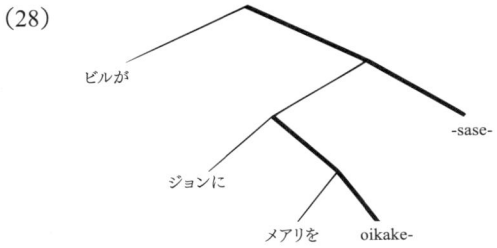

確かに，使役の文の意味は「ジョンがメアリを追いかける，そんな状況をビルが命じて起こさせた」というように言い換え可能ではあるが，だからといって，(28)のような構造にするべきだということにはならない．1つ1つのMerge規則に従って，最終的にどのような意味表示が出力されるかということが重要なのである．-sase-がMergeする際の規則を(27)のように考えるとすると，(28)のような構造ではありえない．(27)は，Agentの格助詞の指定をガからニに変更するものであ

るが，(28)の構造では，-sase- と Merge する前に動詞が Agent（であるところの「ジョン」）と Merge しているため，Agent となる名詞が動詞と Merge する段階では，格助詞の指定はまだガのままということになるからである[5]．

(27)の規則 sase1 を仮定すると，(3a)の文は(29)の Numeration から(30)を経て(31)のような LF 表示になり，最終的な意味表示は(34)のようになる．（派生の全ステップは，付録B.1節もしくは終.3節で紹介する web 上のデモプログラムを参照のこと．）

(29) Numeration ＝ {x1, x2, x3, x4, x5, x6, x7, x8, x9}
 a. <x1, [{N}, **<x1, {**<$Name$, ビル>**}>**, ビル]>
 b. <x2, [{J, +R, +N, ga}, φ, が]>
 c. <x3, [{N}, **<x3, {**<$Name$, ジョン>**}>**, ジョン]>
 d. <x4, [{J, +R, +N, ni}, φ, に]>[6]
 e. <x5, [{N}, **<x5, {**<$Name$, メアリ>**}>**, メアリ]>
 f. <x6, [{J, +R, +N, wo}, φ, を]>
 g. <x7, [{V}, **<x7, {**<$Kind$, 追いかける>, <$Theme$, ★$_{wo}$>, <$Agent$, ★$_{ga}$>**}>**, oikake-]>
 h. <x8, [{V, +R}, <★, {<$Causer$, ★$_{ga}$>}>, -sase-]>
 i. <x9, [{T, +V}, <★, {<$Time$, perfect>}>, -ta]>

(30) (29g) <x7, [{V}, **<x7, {**<$Kind$, 追いかける>, <$Theme$, ★$_{wo}$>, <$Agent$, ★$_{ga}$>**}>**, oikake-]>
 (29h) <x8, [{V, +R}, <★, {<$Causer$, ★$_{ga}$>}>, -sase-]>
 ⇒ sase1
 <x7, [{V}, **<x7, {**<$Kind$, 追いかける>, <$Theme$, ★$_{wo}$>, <$Agent$, ★$_{ni}$>, <$Causer$, ★$_{ga}$>**}>**, <
  <x7, [{V}, φ, oikake-]>,
  <x8, [{V}, φ, -sase-]>
 >]>

(31) LF 表示（＝PF 表示）
 <x9, [{T}, **<x7, {**<$Time$, perfect>**}>**, <
  <x1, [{NP}, **<x1, {**<$Name$, ビル>**}>**, <
   <x1, [{N}, φ, ビル]>,
   <x2, [{J}, φ, が]>
  >]>
  <x9, [{T}, φ, <
   <x7, [{V}, **<x7, {**<$Kind$, 追いかける>, <$Theme$, x5>, <$Agent$, x3>, <$Causer$, x1>**}>**, <

[5) ただし，(27)の規則を適用した場合には(28)のような構造にはならないことは確実であるが，だからといって，日本語の使役構文の構造として(28)がありえないという結論は導かれない．今のところは，(5)-(25)の観察に基づくと(27)の規則を仮定することが最適であると考えているが，別の規則化の方法が思いつけば，(28)のような構造になる可能性もゼロではないだろう．

6) 第2章で，wo と ga については，解釈不可能素性であるという分析を述べた．ni の場合も，その分布に何らかの制限がある可能性があり，それを説明するためには，ni も解釈不可能素性とみなす必要があるかもしれない．しかし，今のところは，「～に」の分布の制限が，あるかどうかも含めて，はっきりとしていないため，とりあえず解釈不可能素性ではないとしておく．

       <>
     <x7, [{V}, φ, <
      <x3, [{NP, ni}, **<x3, {**<*Name*, ジョン>**}>**, <
       <x3, [{N}, φ, ジョン]>,
       <x4, [{J}, φ, に]>
      >]>
      <x7, [{V}, φ, <
       <x5, [{NP}, **<x5, {**<*Name*, メアリ>**}>**, <
        <x5, [{N}, φ, メアリ]>,
        <x6, [{J}, φ, を]>
       >]>
       <x7, [{V}, φ, <
        <x7, [{V}, φ, oikake-]>,
        <x8, [{V}, φ, -sase-]>
       >]>
      >]>
     >]>
    <x9, [{T}, φ, -ta]>
   >]>
 >]>

(32) 音連鎖

  ビル が ジョン に メアリ を oikake- -sase- -ta

(33) LF 意味素性

  <x7, {<*Time*, perfect>**}>**

  <x1, {<*Name*, ビル>**}>**

  <x7, {<*Kind*, 追いかける>, <*Theme*, x5>, <*Agent*, x3>, <*Causer*, x1>**}>**

  <x3, {<*Name*, ジョン>**}>**

  <x5, {<*Name*, メアリ>**}>**

(34) 意味表示

  {**<x7, {**<*Time*, perfect>, <*Kind*, 追いかける>, <*Theme*, x5>, <*Agent*, x3>, <*Causer*, x1>**}>**,

  <x1, {<*Name*, ビル>**}>**,

  <x3, {<*Name*, ジョン>**}>**,

  <x5, {<*Name*, メアリ>**}>**}

本節での分析が正しいならば，-sase-は，既存の動詞に対して項を増やして新たな動詞を作成する接辞としてとらえられることになる．つまり，使役構文と言っても，(34)だけを見れば，単なる3項動詞の場合と区別がつかない．従来の研究においても，脚注1でも指摘したように，使役化ということと自他対応を同種の事象であるという指摘がなされてきており（たとえば，野田(1991)など），この章で提案した分析もその流れに乗ることになる[7]．これに対して，英語の使役動詞 make や let の場合は，しばしば，V ではなく VP を補部にとると提案されており，その場合の構造は，項を増やして別の動詞を作る操作とはまったく異なっている．日本語の sase の場合には，sase1 (27)のような Merge 規則があるという点では，統語的ではあるが，その Merge 相手が VP ではなく V であるという点で語彙的でもあるということになるだろう．

3.2 使役構文 2

3.1 節では，動詞と -sase- が Merge する際に適用する規則 sase1(27)を提案した．

(27) sase1：-sase- が関わる特殊 Merge 規則 1：
  <xn, [{V, 統語素性 1, ...}, <xn, {..., <Agent, ★$_{ga}$>, ...}>, body1]>
  <xm, [{V, +R}, <★, {<Causer, ★$_{ga}$>}>, -sase-]>
⇒ sase1
  <xn, [{V, 統語素性 1, ...}, <xn, {..., <Agent, ★$_{ni}$>, <Causer, ★$_{ga}$>, ...}>, <
   <xn, [{V}, φ, body1]>,
   <xm, [{V}, φ, -sase-]>
  >]>

もし，この規則しかないのであれば，Agent の「～が」を持たない動詞と -sase- は接続しないことになってしまうところであるが，そんなことはない．3.1 節の(18)-(21)では，Agent の「～が」を持たない動詞の場合，「～が」が「～に」にならないということを示したが，このような動詞でも，実は「～を」にすれば -sase- が接続することができる．

(35) a. きゅうりが腐った．
  b. ビルがきゅうりを腐らせた．

(36) a. 配達が遅れた．
  b. ビルが配達を遅らせた．

(37) a. うっかりミスが激減した．
  b. ビルがうっかりミスを激減させた．

(38) a. 列車のダイヤが混乱した．
  b. ビルが列車のダイヤを混乱させた．

---

[7] より自他対応に近いのは，次の 3.2 節で提案する sase2 (39)のほうであるが，ここでポイントにしているのは，できあがった構造が，埋め込み文の形をしておらず，多項動詞文の形になっているという点である．

3.2 使役構文 2   69

高井（2009b）は，-sase- には，もう 1 つの特殊 Merge 規則(39)が適用可能であると解釈できる分析を提案している．

(39)　sase2：-sase- が関わる特殊 Merge 規則 2：
　　　　　<xn, [{V, 統語素性 1, ...}, **<xn, {..., <Theme, ★_{ga}>, ...}>**, body1]>
　　　　　<xm, [{V, +R}, <★, {<Causer, ★_{ga}>}>, -sase-]>
⇒ sase2
　　　　　<xn, [{V, 統語素性 1, ...}, **<xn, {..., <Theme, ★_{wo}>, <Causer, ★_{ga}>, ...}>**, <
　　　　　　<xn, [{V}, φ, body1]>,
　　　　　　<xm, [{V}, φ, -sase-]>
　　　　>]>

この sase2 は，Theme の「〜が」を持つ動詞にのみ適用するものである．

動詞と -sase- が Merge する規則に，sase1(27)と sase2(39)の 2 種類があるとすると，しばしば **ニ使役**（*ni*-causative）と **ヲ使役**（*o*-causative）という名称で呼ばれる現象の一部が説明できる．ニ使役とヲ使役の典型的な例としては(40b, c)があげられる．

(40)　a．ジョンが京都に向かった．
　　　b．ビルが<u>ジョンに</u>京都に向かわせた．（ニ使役）
　　　c．ビルが<u>ジョンを</u>京都に向かわせた．（ヲ使役）

(40b, c)には，その使役が「許容」なのか「強制」なのか，という意味の違いが感じられると言われてきた．たとえば，ニ使役の場合，(41)のように，強制を示す副詞とは相性が悪く，ヲ使役の場合には，(42)のように，許容を示す副詞とは相性が悪い．

(41)　ニ使役
　　　a．??ビルが<u>無理やり</u>ジョンに京都に向かわせた．
　　　b．ビルが<u>黙って</u>ジョンに京都に向かわせた．

(42)　ヲ使役
　　　a．ビルが<u>無理やり</u>ジョンを京都に向かわせた．
　　　b．??ビルが<u>黙って</u>ジョンを京都に向かわせた．

この現象は，いろいろな方向からの説明が試みられているが，sase1(27)と sase2(39)を仮定するならば，「向かう」という動詞に次の 2 つの可能性があり，(43a)に sase1(27)が適用して「〜が」が「〜に」になった結果が(40b)，(43b)に sase2(39)が適用して「〜が」が「〜を」になった結果が(40c)であると考えることができる．

(43)　a．[{V}, <id, {<*Kind*, 向かう>, <*Goal*, ★_{ni}>, <*Agent*, ★_{ga}>}>, mukaw-]
　　　b．[{V}, <id, {<*Kind*, 向かう>, <*Goal*, ★_{ni}>, <*Theme*, ★_{ga}>}>, mukaw-]

すると，(41)-(42)の対立も，「ジョン」が Agent であるか Theme であるか，という違いに帰せられる．「ジョン」を Theme とみなすということは，意思を持つ個人としてみなしていないということになるので，そこから「強制」というニュアンスが生じ，それに対して「ジョン」を Agent とみ

なす場合には，「ジョン」自身に意思があることを認めていることから「許容」というニュアンスが生じているとしても不思議ない．

sase1(27)とsase2(39)の規則は，どのみち必要なものであり，そこから(41)-(42)の違いを説明することができるのは，1つの利点である．そうでなければ，たとえば「強制者」を項に持つ–sase–と「許容者」を項に持つ–sase–を仮定しなければならないことになり，また，たとえ，そのようにいくつかの–sase–を仮定したとしても，「野菜を腐らせる」のような文の場合は「強制」したわけではないので，簡単には一貫した説明が難しい．本章で提案した分析では，(43a)の「向かう」と(43b)の「向かう」の両方を仮定しなければならないが，この2つの区別は，もともと「向かう」の語義を正確に記述するためには必要なものであり，ここでの使役の分析によってもたらされたものではない．同様に，「走る」や「踊る」など，典型的にはAgentをとるとみなされている動詞の場合も，ニ使役とヲ使役の両方が可能なので，その項がAgentの場合とThemeの場合とを仮定することになるが，そもそも「電車が走る」「稲妻が走る」「心が踊る」「天地が踊る」というような表現があることを考えてみても，これらの動詞がAgentを持たない場合もあるという仮定は必ずしも不自然ではないだろう．

3.3　受動構文1

動詞語幹に後続して格助詞のパターンを変えるものとしては，使役構文だけでなく，(44c)のような受動構文もある．

(44)　a．ジョンがメアリを追いかけた．
　　　b．*ジョンにメアリを追いかけた．
　　　c．ビルがジョンにメアリを追いかけられた．
　　　d．*ビルがジョンがメアリを追いかけられた．

(44c)は，どういう状況なのかピンと来にくいかもしれないが，ビルがメアリと付き合っているにもかかわらず，プレイボーイのジョンがメアリにちょっかいを出してきた，という状況を想像してもらえば，すぐに理解ができるだろうと思う．(44)を見ると，受身の–rare–についても，–sase–の場合の特殊Merge規則(27)と同じアプローチで説明できそうである[8]．

(45)　–rare1–
　　　　[{V, +R}, <★, {<*Affectee*, ★$_{ga}$>}>, –rare–]

(46)　rare1：–rare1–が関わる特殊Merge規則：
　　　　<xn, [{V, 統語素性1, ...}, <**xn**, {..., <意味役割1, ★$_{ga}$>, ...}>, body1]>
　　　　<xm, [{V, +R}, <★, {<*Affectee*, ★$_{ga}$>}>, –rare–]>
　　⇒ rare1
　　　　<xn, [{V, 統語素性1, ...}, <**xn**, {..., <意味役割1, ★$_{ni}$>, <*Affectee*, ★$_{ga}$>, ...}>, <
　　　　　<xn, [{V}, φ, body1]>,
　　　　　<xm, [{V}, φ, –rare–]>
　　　　>]>

この(46)の規則は，-rare1-の Merge 相手が「～が」という項を取る動詞ならば何でも適用できる．日本語の動詞で「～が」という項を取らない動詞はないので，結果的にこの規則はすべての動詞に適用可能だということである．(46)を仮定すると，(44c)は，3.1 節の使役構文とほとんど同じ過程で派生されることになる．（派生の全ステップは，付録 B.2 節もしくは終.3 節で紹介する web 上のデモプログラムを参照のこと．）

(47)　Numeration＝{x1, x2, x3, x4, x5, x6, x7, x8, x9}
　　　a.　<x1, [{N}, **<x1, {**<*Name*, ビル>**}**>, ビル]>
　　　b.　<x2, [{J, +R, +N, ga}, φ, が]>
　　　c.　<x3, [{N}, **<x3, {**<*Name*, ジョン>**}**>, ジョン]>
　　　d.　<x4, [{J, +R, +N, ni}, φ, に]>
　　　e.　<x5, [{N}, **<x5, {**<*Name*, メアリ>**}**>, メアリ]>
　　　f.　<x6, [{J, +R, +N, wo}, φ, を]>
　　　g.　<x7, [{V}, **<x7, {**<*Kind*, 追いかける>, <*Theme*, ★wo>, <*Agent*, ★ga>**}**>, oikake-]>
　　　h.　<x8, [{V, +R}, <★, {<*Affectee*, ★ga>}>, -rare-]>
　　　i.　<x9, [{T, +V}, <★, {<*Time*, perfect>}>, -ta]>

(48)　(47g)　<x7, [{V}, **<x7, {**<*Kind*, 追いかける>, <*Theme*, ★wo>, <*Agent*, ★ga>**}**>, oikake-]>
　　　(47h)　<x8, [{V, +R}, <★, {<*Affectee*, ★ga>}>, -rare-]>
　⇒ rare1
　　　<x7, [{V}, **<x7, {**<*Kind*, 追いかける>, <*Theme*, ★wo>, <*Agent*, ★ni>, <*Affectee*, ★ga>**}**>, <
　　　　<x7, [{V}, φ, oikake-]>,
　　　　<x8, [{V}, φ, -rare-]>
　　　>]>

```
         x7
        /  \
       x7   x8
    oikake- -rare-
```

(49)　LF 表示（＝PF 表示）
　　　<x9, [{T}, **<x7, {**<*Time*, perfect>**}**>, <
　　　　<x1, [{NP}, **<x1, {**<*Name*, ビル>**}**>, <
　　　　　<x1, [{N}, φ, ビル]>,
　　　　　<x2, [{J}, φ, が]>
　　　　>]>
　　　　<x9, [{T}, φ, <
　　　　　<x7, [{V}, **<x7, {**<*Kind*, 追いかける>, <*Theme*, x5>, <*Agent*, x3>, <*Affectee*, x1>**}**>, <
　　　　　　<>
　　　　　　<x7, [{V}, φ, <
　　　　　　　<x3, [{NP, ni}, **<x3, {**<*Name*, ジョン>**}**>, <

---

8) 使役の -sase- の場合と同様，受身についても，助動詞ラレ／レの 2 つを想定することはせず，動詞の形態素が母音で終わるか子音で終わるかで，-rare- の具現形が異なるだけであると考えている（3.1 節の脚注 3 も参照のこと）．ただし，本節で説明する受動構文を形成する -rare- と，次の 3.4 節で説明する受動構文を形成する -rare- は，Lexicon における指定が異なる語彙項目であると考えているので，それぞれ -rare1-，-rare2- と書いて区別する．

                    <x3, [{N}, φ, ジョン]>,
                    <x4, [{J}, φ, に]>
                  >]>
                <x7, [{V}, φ, <
                  <x5, [{NP}, **<x5, {**<Name, メアリ>**}>**, <
                    <x5, [{N}, φ, メアリ]>,
                    <x6, [{J}, φ, を]>
                  >]>
                  <x7, [{V}, φ, <
                    <x7, [{V}, φ, oikake-]>,
                    <x8, [{V}, φ, -rare-]>
                  >]>
                >]>
              >]>
            >]>
          <x9, [{T}, φ, -ta]>
        >]>
      >]>

(50) 音連鎖
　　　ビル が ジョン に メアリ を oikake- -rare- -ta

(51) LF 意味素性
        <x7, {<Time, perfect>**}>**
        <x1, {<Name, ビル>**}>**
        <x7, {<Kind, 追いかける>, <Theme, x5>, <Agent, x3>, <Affectee, x1>**}>**
        <x3, {<Name, ジョン>**}>**
        <x5, {<Name, メアリ>**}>**

(52) 意味表示
        {**<x7, {**<Time, perfect>, <Kind, 追いかける>, <Theme, x5>, <Agent, x3>, <Affectee, x1>**}>**,
         <x1, {<Name, ビル>**}>**,
         <x3, {<Name, ジョン>**}>**,
         <x5, {<Name, メアリ>**}>**}

このように，最終的に得られた意味表示に基づくと，oikake- というデキゴトについて，追いかけられている対象がメアリ，追いかけている行為者がジョン，そして，そのデキゴトから影響をこうむっているのがビル，ということになり，これでひとまず基本的な意味が表せていることが確認で

きる．
　日本語の場合，英語で受動文にできない動詞にも -rare- がつきうることが知られている．

(53) a. John kissed Mary.
　　　b. Mary was kissed by John.

(54) a. John left home.
　　　b. *Mary was left home by John.

(55) a. It rained.
　　　b. *Mary was rained.

(56) a. ジョンが家を出て行った．
　　　b. メアリがジョンに家を出て行かれた．

(57) a. 雨が降った．
　　　b. メアリが雨に降られた．

(56b), (57b) の「メアリが」は，当該のデキゴトにおける Affectee である．Affectee とは心理的影響をこうむる主体であるため，原則的に有情物でなければならない．

(58) a. ジョンが雨に降られた．
　　　b. ??道が雨に降られた．　　　　　　　　　　　　　　　　　　　（高井 2009b：(23)）

(59) a. メアリーがジョンに（先に）寝られた．
　　　b. ??ベッドがジョンに寝られた．　　　　　　　　　　　　　　　（高井 2009b：(24)）

これらの観察は，Affectee という意味役割を指定した rare1(46) によって，うまく説明できることである．

3.4　受動構文 2

　rare1(46) によって形成された受動構文においては，「～が」は必ず Affectee である．しかし，-rare- を含む文の中には，明らかに，有情物でないものが「～が」になれる場合がある．

(60) a. ビルのやさしさがクラスのみんなに愛されている．　　　　　　　（高井 2009b：(26b)）
　　　b. キリスト教の精神が多くの犯罪者達に求められている．　　　　　（高井 2009b：(28b)）
　　　c. 信長の遺言が数多くの家臣に守られている．　　　　　　　　　　（高井 2009b：(30b)）

(61) a. ?*ビルのやさしさがクラスのみんなに甘えられている．　　　　　（高井 2009b：(25b)）
　　　b. ??キリスト教の精神が多くの犯罪者達にすがりつかれた．　　　　（高井 2009b：(27b)）
　　　c. ??信長の遺言が数多くの家臣に従われている．　　　　　　　　　（高井 2009b：(29b)）

(60) の「～が」は，有情物でない以上，Affectee とは考えられない．むしろ，(60) の「～が」は，対応する能動文のヲ格と同じ意味役割だと考えるべきだろう．

(62) a. クラスのみんなが<u>ビルのやさしさを</u>愛している． (高井 2009b：(26a))
　　 b. 多くの犯罪者達が<u>キリスト教の精神を</u>求めている． (高井 2009b：(28a))
　　 c. 数多くの家臣が<u>信長の遺言を</u>守っている． (高井 2009b：(30a))

(61)の場合には，対応する能動文が「〜が〜を」ではなく「〜が〜に」という文であるということが注目される．

(63) a. クラスのみんなが<u>ビルのやさしさに</u>甘えている． (高井 2009b：(25a))
　　 b. 多くの犯罪者達が<u>キリスト教の精神に</u>すがりついた． (高井 2009b：(27a))
　　 c. 数多くの家臣が<u>信長の遺言に</u>従っている． (高井 2009b：(29a))

そこで，高井 (2009a) は，Affectee の「〜が」を導入する –rare1– とは別に，Agent と「〜を」を項構造に持つ動詞にだけ接続する，もう 1 つの –rare2– があると主張した．その分析は，次の規則で表すことが可能である．

(64) –rare2–
　　　[{V, $\boxed{+R}$}, ϕ, –rare–]

(65) rare2：–rare2– が関わる特殊 Merge 規則：
　　　<xn, [{V, 統語素性 1, ...}, **<xn, {**..., <意味役割 1, ★$_{wo}$>, <Agent, ★$_{ga}$>, ...**}>**, body1]>
　　　<xm, [{V, $\boxed{+R}$}, ϕ, –rare–]>
　⇒ rare2
　　　<xn, [{V, 統語素性 1, ...}, **<xn, {**..., <意味役割 1, ★$_{ga}$>, <s><Agent, ★$_{ga}$></s>, ...**}>**, <
　　　　<xn, [{V}, ϕ, body1]>
　　　　<xm, [{V}, ϕ, –rare–]>
　　　>]>

この (65) という規則では，結果的に他動詞を自動詞に変換している．つまり，–sase– が項を増やすものであったのに対して，–rare– の場合には，項を増やすものと項を減らすものとがあることになる．

　一般的には，受動構文の分類を語る際，直接受身／間接受身という用語が広く用いられてきた．(56) や (57) は間接受身であり，(60) は直接受身であるが，直接受身／間接受身という用語は必ずしもはっきりと定義されていないため，その分類の切れ目がどこにあるのか，はっきりしていないことが多い．また，Kuroda (1979) では，ニヨッテ受身 (*niyotte*-passive)／ニ受身 (*ni*-passive) という分類が提案されている．Hoji (2008) は，Kuroda (1979) にもとづいているが，Agent の標識による分類は，必ずしも本質的ではないと考え，動詞の項構造に着目した．この章で提案した分析は，基本的に高井 (2009a, b) で提案されているものであり，それは，その中心的な主張において Hoji (2008) を継承するものである．おおまかには，次のような対応関係が見出されるが，それぞれ注目点が異なるため，正確に同じ集合を指しているとは限らない．

(66)

	Kuroda（1979）	Hoji（2008）	本書／高井（2009a, b）
間接受身	ニ受身	argument-taking passive	rare1(46)が適用した受動構文
直接受身	ニヨッテ受身	argument-reducing passive	rare2(65)が適用した受動構文

特に，Kuroda（1979）との違いとしては，ニやニヨッテなど Agent を表す標識をどのように分析するかということが重要になってくる．この章の残りでは，ニおよびニヨッテに関する問題点をあげておこう．

(65) の規則に従うと，(60) の「〜に」は項ではないということになる．rare2 が適用した受動構文であっても，Agent があらわれる文は必ずしも少なくない．それでも，その Agent を項ではないと分析している理由は，それが「〜に」という形であらわれるか「〜によって」という形であらわれるかについて，現時点では確定的な予測ができないからである．受動構文で Agent が「〜に」となるか「〜によって」となるかは，個人差も大きく，使い分けを左右する条件も複雑である．

(67) a. ビルが　ジョンに　助けられた．
　　　b. ビルが　ジョンによって　助けられた．

(68) a. *フェルマーの定理が　ジョンに　証明された．　　　（Kuroda 1979/1992：206, (113)）
　　　b. フェルマーの定理が　ジョンによって　証明された．　（Kuroda 1979/1992：206, (114)）

(69) a. *開会が　議長に　宣言された．　　　　　　　　　（Kuroda 1979/1992：206, (111)）
　　　b. 開会が　議長によって　宣言された．　　　　　　（Kuroda 1979/1992：206, (110)）

(70) a. フェルマーの定理が　すべての研究者に　知られている．
　　　b. ?*フェルマーの定理が　すべての研究者によって　知られている．　（高井 2013：(16d)）

(71) a. 議会の開会が　議員全員に　望まれている．
　　　b. ?*議会の開会が　議員全員によって　望まれている．

ここでは，Agent の意味役割を持って付加詞を作るニとニヨッテがあると考えている．

(72) ［{Z, +N}, <●, {<Agent, ★>}>, に］

(73) ［{Z, +N}, <●, {<Agent, ★>}>, によって］

Kuroda（1979）では，ニヨッテを，Numeration に存在する要素ではなく，受動化によって持ち込まれる表現であるという分析が提案されたが，ニヨッテは，受動構文にしかあらわれないわけではない．その意味役割も Agent であるとは限らず，次のように Cause を示すニヨッテもある．

(74) ［{Z, +N}, <●, {<Cause, ★>}>, によって］

(75) a. 敵軍は　敵部隊の爆撃によって　首都を　破壊した．　（高井 2013：(4b)）
　　　b. 桜山は　堤防の決壊によって　土砂崩れを　引き起こした．　（高井 2013：(4c)）

(76) a. 我が社の社会的信用が　今回の事件によって　失われた．　（高井 2013：(6a)）
　　　b. 多くの欠陥が　検査時間の短縮によって　見過ごされた．　（高井 2013：(6b)）

c. 優勝戦が　台風の上陸によって　延期された． （高井 2013：(6c)）
　　d. 契約の不履行によって，莫大な違約金が　支払われた． （高井 2013：(6d)）
　　e. 海外のテレビ中継が　衛星放送によって　放映された． （高井 2013：(6e)）
　　f. 我がチームは　松井のバッティングによって　打ち負かされた． （高井 2013：(6f)）
　　g. 医学の進歩によって，様々なウイルスが　見つけられた． （高井 2013：(6g)）

(76)の「〜によって」がAgentでない証拠に，能動文にしても「〜が」にならない．

(77)　a. ?*今回の事件が　我が社の社会的信用を　失った． （高井 2013：(7a)）
　　b. ?*検査時間の短縮が　多くの欠陥を　見過ごした． （高井 2013：(7b)）
　　c. ?*台風の上陸が　優勝戦を　延期した． （高井 2013：(7c)）
　　d. ?*契約の不履行が，莫大な違約金を　支払った． （高井 2013：(7d)）
　　e. ?*衛星放送が　海外のテレビ中継を　放映した． （高井 2013：(7e)）
　　f. ??松井のバッティングが　我がチームを　打ち負かした． （高井 2013：(7f)）
　　g. ??医学の進歩が　様々なウイルスを　見つけた． （高井 2013：(7g)）

(76)の受動文に対応する能動文は(78)なのである．

(78)　a. 我々は　今回の事件によって　我が社の社会的信用を　失った． （高井 2013：(8a)）
　　b. 担当官は　検査時間の短縮によって　多くの欠陥を　見過ごした． （高井 2013：(8b)）
　　c. 大会本部が　台風の上陸によって　優勝戦を　延期した． （高井 2013：(8c)）
　　d. あの会社は　契約の不履行によって，莫大な違約金を　支払った． （高井 2013：(8e)）
　　e. NHKが　海外のテレビ中継を　衛星放送によって　放映した． （高井 2013：(8f)）
　　f. ジャイアンツが　松井のバッティングによって　我がチームを　打ち負かした．
　　　　　　　　　　　　　　　　　　　　　　　　　　　　　　　　　（高井 2013：(8d)）
　　g. 人類は　医学の進歩によって，様々なウイルスを　見つけた． （高井 2013：(8g)）

ニヨッテという要素をLexiconに仮定しなければならない以上，(74)だけを認めて(73)を認めないのは不自然な分析と言わざるをえない．
　「〜に」も「〜によって」も，どちらも付加詞であるならば，意味解釈上，問題がなければ両者が共起することもありえる[9]．

(79)　a. ジョンは　ビルに　拳銃によって　脅されている． （高井 2013：(9a)）
　　b. 大衆が　時の権力者に　彼らの悪意ある嘘によって　騙される（ことは歴史上何度も起きている）． （高井 2013：(9b)）

もし，ニやニヨッテが受動構文を生じさせる規則によって導入されるものであるならば，このような文は派生しないはずである．
　Agentという意味役割を持つ付加詞が存在すると考えても，必ずしも過剰生成は問題にならない．Agentと意味的に共起可能な動詞（たとえば，いわゆる他動詞）は，通常，項としてAgentを持ち，その場合には，重複が起こるため，Agentのニヨッテは共起できない．これに対してAgentと

---

　9) また，この場合の-rare-が-rare1-なのか-rare2-なのかという問題もある．

相容れない意味を持つ動詞（たとえば自動詞）は，付加詞であっても，やはり共起しないであろう．

(80) a. *ジョンによって扉が開いた．
     b. *ビルがジョンによって扉を開けた．
     c. ジョンによって扉が開けられた．

意味的に Agent と共起可能であるにも関わらず Agent を項構造に持たないのは，rare2(65) が適用した受動構文の場合だからこそ，その例が目立つのである．付加詞は，統語的にはどのような動詞と共起しても適格となるが，その結果，解釈可能になるかどうかは，また別の問題である．これは受動構文に限った問題ではなく，2.7.1 節で指摘したとおりである．

-rare1- は，どのような動詞とも共起可能なので，場合によっては，-rare1- が関与した受動構文なのか -rare2- が関与した受動構文なのか，区別がつきにくい可能性がある．今後，その違いについても考察していくべきであろう．

3.5 本書で未解決のまま残している問題

3.5.1 "Super-Causer" と項構造

高井 (2009b) では，動詞の項構造に Agent が含まれるか含まれないかによって (81) と (82) の対立が見られることを指摘している[10]．(81) と (82) は，Causer となる参与者だけでなく，その Causer にさらなる命令権を持つ Super-Causer とでも呼ぶべき参与者があらわれた文である．

(81) 動詞の項構造に Agent が含まれている場合：
   a. ［監督が］［コーチに］［選手を］1 時間走らせた．
   b. ［オーナーが］［監督に］［田中を］試合に 復帰させた．
   c. ［校長先生が］［担任の先生に］［生徒を］帰らせた．
   d. ［作戦本部が］［司令官に］［陸戦部隊を］敵の基地に 突入させた．
   e. ［管制塔は］［機長に］［209 便を］強行着陸させた．
   f. ［監督は］［コーチに］［選手達を］まだ泳がせている．

(82) 動詞の項構造に Agent が含まれていない場合：
   a. ?*［隣国の諜報機関が］［工作員に］［我が国の金融システムを］崩壊させた．
   b. ?*［ジョンが］［ビルに］［冷蔵庫の野菜を］腐らせた．
   c. ?*［敵対する組が］［ビルに］毒薬の投与によって［ジョンの体力を］弱らせた．
   d. ?*［交通局が］［運転手に］［電車の到着を］遅れさせた．
   e. ?*［市長が］［署長に］［若年層の犯罪数を］激減させた．
   f. ??［ジョンが］［新人議員に］［議会を］混乱させた．

たとえば，Agent を項構造に含む「走る」に sase1 が適用すると次のようになる．

---

10) (81), (82) の例は，高井 (2009b) による．

78　第 3 章　使役構文と受動構文

(83)　<x8, [{V}, **<x8, {**<*Kind*, 走る>, <*Agent*, ★_{ga}>**}>**, hasir-]>
　　　　<x9, [{V, +R}, <★, {<*Causer*, ★_{ga}>**}>**, -sase-]>
　⇒ sase1
　　　　<x8, [{V}, **<x8, {**<*Kind*, 走る>, <*Agent*, ★_{ni}>, <*Causer*, ★_{ga}>**}>**, <
　　　　　　<x8, [{V}, φ, hasir-]>,
　　　　　　<x9, [{V}, φ, -sase-]>
　　　　>]>

sase1 は，動詞の項構造に Agent が含まれている限り適用可能なので，(83) に再度 sase1 を適用することも不可能ではない．

(84)　<x8, [{V}, **<x8, {**<*Kind*, 走る>, <*Agent*, ★_{ni}>, <*Causer*, ★_{ga}>**}>**, <
　　　　　　<x8, [{V}, φ, hasir-]>,
　　　　　　<x9, [{V}, φ, -sase-]>
　　　　>]>
　　　　<x10, [{V, +R}, <★, {<*Causer*, ★_{ga}>**}>**, -sase-]>
　⇒ sase1
　　　　<x8, [{V}, **<x8, {**<*Kind*, 走る>, <*Agent*, ★_{ni}>, <*Causer*, ★_{ni}>, <*Causer*, ★_{ga}>**}>**, <
　　　　　　<x8, [{V}, φ, <
　　　　　　　　<x8, [{V}, φ, hasir-]>,
　　　　　　　　<x9, [{V}, φ, -sase-]>
　　　　　　>]>
　　　　　　<x10, [{V}, φ, -sase-]>
　　　　>]>

本来，この場合の音韻形式は「走らせさせた」になるはずであるが，-sase-を含む動詞部分の音韻形式は，「作らせていただきます」と言うべきか「作らさせていただきます」と言うべきかが揺れていることにも代表されるように，あまり安定していない．「走らせさせた」の場合も，それが「走らせた」となってしまっていたとしても不思議ないかもしれない．(81) においては，Agent に対応する句が「選手に」ではなく「選手を」という形になっているという問題もあるが，これは付加詞としての「～を」であると考えれば，矛盾はしない．

　この説明そのものは，かなり苦しいものであるが，注目したいのは，動詞の項構造に Agent が含まれない場合には，-sase- と二度 Merge することは，そもそも不可能だという点である．項構造に Agent を含まない動詞が -sase- と Merge すると次のようになる．

(85)　<x8, [{V}, **<x8, {**<*Kind*, 崩壊する>, <*Theme*, ★_{ga}>**}>**, hookais-]>
　　　　<x9, [{V, +R}, <★, {<*Causer*, ★_{ga}>**}>**, -sase-]>
　⇒ sase2
　　　　<x8, [{V}, **<x8, {**<*Kind*, 崩壊する>, <*Theme*, ★_{wo}>, <*Causer*, ★_{ga}>**}>**, <
　　　　　　<x8, [{V}, φ, hookais-]>,
　　　　　　<x9, [{V}, φ, -sase-]>
　　　　>]>

3.5 本書で未解決のまま残している問題   79

(85)をさらに-sase-と Merge させようとしても，項構造に Agent が含まれていないために sase1 は適用できず，また，Theme がガ指定を持っていないため，sase2 も適用できない．この場合には，Numeration に-sase-が 2 つ含まれていたとしても，2 つ目の-sase-の +R を取り除くことができないのである．

このように，"Super-Causer" を含む文の分析については，まだ課題はあるが，(81)と(82)の対立は，-sase-の Merge において動詞の項構造に Agent が含まれるか含まれないかという点が重要であるという主張の証拠とみなすことはできるだろう．

3.5.2　-sase-と-rare-の共起

次のように-sase-と-rare-は共起しうる．((86b)のほうは，容認性が低い文であると感じられる場合が多いだろうが，たとえば，ジョンが非常にメアリをほめたがる人だとして，普段は，メアリがすぐにそれをさえぎってしまうのだが，今回は，ビルがメアリに命じて，ジョンに最後まで言わせるように，いいふくめてある，という状況を想定すれば，容認できるようになるだろう．)

(86)　a. ビルがジョンにメアリをほめさせられた．
　　　 b. ビルがメアリをジョンにほめられさせた．

本章で提案した分析にしたがえば，-sase-に適用する規則が 2 種類，受動構文を作る語彙項目が-rare1-と-rare2-の 2 種類，そして，さらに，各名詞句が項の場合と付加詞の場合という可能性があるので，(86a, b)のような音連鎖が生まれる派生の可能性は，かなり何種類もあるように見えるが，それぞれの操作に適用条件があるので，すべての組み合わせが適用可能であるわけではない．

たとえば，(86a)の場合，語順から見て，動詞 home-は，まず-sase-と Merge しなければならない．sase2 は Theme がガ指定を持っている動詞にしか適用できないので，(87)が-sase-と Merge するには sase1 が適用するしかない．その結果，(88)になる．

(87)　[{V}, <id, {<Kind, ほめる>, <Theme, ★wo>, <Agent, ★ga>}>, home-]

(88)　<x7, [{V}, <x7, {<Kind, ほめる>, <Theme, ★wo>, <Agent, ★ga>}>, home-]>
　　　<x8, [{V, +R}, <★, {<Causer, ★ga>}>, -sase-]>
  ⇒ sase1
　　　<x7, [{V}, <x7, {<Kind, ほめる>, <Theme, ★wo>, <Agent, ★ni>, <Causer, ★ga>}>, <
　　　　<x7, [{V}, φ, home-]>,
　　　　<x8, [{V}, φ, -sase-]>
　　　>]>

(88)は，Agent とヲの指定を持つ動詞になっているが，Agent に対する格指定がニであってガではないため，rare2 は適用できない．つまり，この章の分析によって，(89)が容認されないことについては，正しく予測できる．

(89)　*ビルがジョンに [Theme メアリが] ほめさせられた．

(88)に rare1 を適用した結果が(90)である．

(90)　<x7, [{V}, **<x7, {**<Kind, ほめる>, <Theme, ★wo>, <Agent, ★ni>, <Causer, ★ga>**}>**, <
　　　　<x7, [{V}, φ, home-]>,
　　　　<x8, [{V}, φ, -sase-]>
　　　>]>
　　<x9, [{V, +R}, <★, {<Affectee, ★ga>}>, -rare-]>
⇒ rare1
　　<x7, [{V}, **<x7, {**<Kind, ほめる>, <Theme, ★wo>, <Agent, ★ni>, <Causer, ★ni>, <Affectee, ★ga>**}>**, <
　　　　<x7, [{V}, φ, <
　　　　　<x7, [{V}, φ, home-]>,
　　　　　<x8, [{V}, φ, -sase-]>
　　　　>]>
　　　　<x9, [{V}, φ, -rare-]>
　　　>]>

(90)では4項動詞ができあがっている．この動詞の Theme はメアリ，Causer はジョン，Affectee はビルであるとすると，(86a)の文が派生できる．

(86)　a. ビルがジョンにメアリをほめさせられた．

残る Agent の部分に対しては zero-Merge をしておけば，形としては，つじつまがあうが，実際の(86a)の解釈としては，Agent は普通ビルであろう．どのようにして，そういう解釈が生まれるのか，また，なぜ(91)のような文が容認されないか，現時点では説明がないので，今後の課題である．

(91)　a. *ビルが [Causer φ] [Agent ジョンに] メアリをほめさせられた．
　　　b. *ビルが [Causer ジョンに] [Agent 子分に] メアリをほめさせられた．

また，(86b)の語順の場合には，先に動詞と -rare- が Merge するので，この場合には，rare1 が適用する可能性と rare2 が適用する可能性の両方がある．

(86)　b. ビルがメアリをジョンにほめられさせた．

rare1 の適用結果は(92)である．

(92)　<x7, [{V}, **<x7, {**<Kind, ほめる>, <Theme, ★wo>, <Agent, ★ga>**}>**, home-]>
　　<x8, [{V, +R}, <★, {<Affectee, ★ga>}>, -rare-]>
⇒ rare1
　　<x7, [{V}, **<x7, {**<Kind, ほめる>, <Theme, ★wo>, <Agent, ★ni>, <Affectee, ★ga>**}>**, <
　　　　<x7, [{V}, φ, home-]>,
　　　　<x8, [{V}, φ, -rare-]>
　　　>]>

sase2 は，Theme がガ指定を受けている必要があるので，(92)には適用しない．それに対して，

sase1 は，動詞の項構造に Agent が含まれていれば適用可能であり，その結果は(93)のようになる．

(93)　　<x7, [{V}, **<x7, {**<Kind, ほめる>, <Theme, ★wo>, <Agent, ★ni>, <Affectee, ★ga>**}>**, <
　　　　　　<x7, [{V}, φ, home-]>,
　　　　　　<x8, [{V}, φ, -rare-]>
　　　　　>]>
　　　　<x9, [{V, +R}, <★, {<Causer, ★ga>}>, -sase-]>
⇒ sase1
　　　　<x7, [{V}, **<x7, {**<Kind, ほめる>, <Theme, ★wo>, <Agent, ★ni>, <Affectee, ★ni>, <Causer, ★ga>**}>**, <
　　　　　　<x7, [{V}, φ, <
　　　　　　　　<x7, [{V}, φ, home-]>,
　　　　　　　　<x8, [{V}, φ, -rare-]>
　　　　　　>]>,
　　　　　　<x9, [{V}, φ, -sase-]>
　　　　　>]>

(93)でも，(90)と同様に 4 項動詞ができあがっており，Theme がメアリ，Agent がジョン，Causer がビルであるとすると，(86b)の文が派生できる．

(86)　a.　ビルがメアリをジョンにほめられさせた．

しかし，この文であえて Affectee を探すならば，それはメアリであって，第三者が Affectee としてあらわれている文は，容認性が低い．

(94)　a.　*ビルが [Affectee ジョンに] [Agent φ] メアリをほめられさせた．
　　　b.　*ビルが [Affectee 母親に] [Agent ジョンに] メアリをほめられさせた．

これも現時点では，説明できない．
　また，動詞に先に rare2 が適用した場合には(95)のようになる．

(95)　　<x7, [{V}, **<x7, {**<Kind, ほめる>, <Theme, ★wo>, <Agent, ★ga>**}>**, home-]>
　　　　<x8, [{V, +R}, φ, -rare-]>
⇒ rare2
　　　　<x7, [{V}, **<x7, {**<Kind, ほめる>, <Theme, ★ga>**}>**, <
　　　　　　<x7, [{V}, φ, home-]>,
　　　　　　<x8, [{V}, φ, -rare-]>
　　　　　>]>

この場合は sase2 を適用することが可能であり，その結果は(96)のような 2 項動詞になる．

(96)　　<x7, [{V}, **<x7, {**<Kind, ほめる>, <Theme, ★ga>**}>**, <
　　　　　　<x7, [{V}, φ, home-]>,
　　　　　　<x8, [{V}, φ, -rare-]>

>]>
<x9, [{V, +R}, <★, {<Causer, ★$_{ga}$>}>, -sase-]>
⇒ sase2
<x7, [{V}, **<x7, {**<Kind, ほめる>, <Theme, ★$_{wo}$>, <Causer, ★$_{ga}$>**}>**, <
    <x7, [{V}, φ, <
        <x7, [{V}, φ, home-]>,
        <x8, [{V}, φ, -rare-]>
    >]>
    <x9, [{V}, φ, -sase-]>
>]>

この動詞の Theme がメアリ，Causer がビルであり，「ジョンに」は Agent の意味役割を持つ付加詞であるとすると，(86b)の文が派生できる．

(86) b. ビルがメアリをジョンにほめられさせた．

ただし，もし，-rare-sase- という語順の文で rare2 が関与できるとするならば，「〜を」が有情物でない文も派生できるはずであるが，実際には，そのような文の容認性は低い．

(97) a. *メアリがビルのやさしさを（クラスのみんなに）愛されさせている．
    b. *全能者がキリスト教の精神を（多くの犯罪者達に）求められさせている．
    c. *秀吉が信長の遺言を（数多くの家臣に）守られさせている．

これらが今後の課題ということになるだろう．

第4章

「A（の）B」構文

　ここまでは，動詞を中心とした構造構築を見てきたので，この章では，動詞を含まない「A（の）B」という修飾構文について考えたい．修飾構文は，一見単純に見えるものの，その解釈の可能性の分布は非常に複雑である．以下で示すように，修飾構文「A（の）B」は，次の(1a, b)という2種類の要因によって意味解釈が異なっている．

(1)　　a．A, B の位置をしめる言語表現のタイプの違い
　　　　b．A と B に適用する Merge 規則の違い

(1a, b)のそれぞれは，なるべく単純な形のままで，その組み合わせの結果，複雑なパターンが説明できるという状態をめざしたい．順に説明していく．

4.1　property 記述表現による修飾構文

4.1.1　部分 scale としての property 記述表現

　1.3.2 節で少し言及したように，すべての言語表現が OBJECT に対応しうるわけではない．形容詞や形容動詞は，たいていの場合，主要部の名詞が指す OBJECT の property を記述する役割のみをになっている．以下，この種の表現を property 記述表現，それに対して「ジョン」のような表現を OBJECT 指示表現と呼ぶことにする．

(2)　　**property 記述表現**：id-slot に解釈不可能素性が入っている語彙項目

(3)　　**OBJECT 指示表現**：Lexicon において id-slot に「id」と記されている語彙項目（すなわち，Numeration 以降は，指標と id-slot が同一であるもの）

まず考えておきたいのは，形容詞の意味素性はどのように指定されていると考えるべきかということである．
　たとえば，「若い」の場合，典型的には(4)でいいと思うかもしれない．

(4)　　［{A}, <●, {<*年齢, 若い*>}>, 若い］

ここで，「年齢」という表現が表している概念は，scale という名称で呼ばれることもある．そのこ

とばを使うならば，「若い」という表現は，その年齢という scale 上の特定の範囲の値を指すということになる．つまり，それぞれの表現によって表されているのが scale 上の値の特定の範囲であると考えるならば，当該の語彙項目の意味素性の中に attribute として scale 名があらわれることになる．

しかし，「若い」という表現が使われる場合，常に年齢の話をしているとは限らない．「声が若い」「肌が若い」「服が若い」「気が若い」などさまざまある．上の考え方にしたがうと，これらは，それぞれ scale が異なることになり，それぞれ，別の「意味」の「若い」であるとみなすことになってしまう．

(5)　　[{A}, <●, {<行動パターン, 若い>}>, 若い]
　　　　[{A}, <●, {<ファッション, 若い>}>, 若い]

最終的な理解としては，いろいろな「若さ」があるからと言って，もし，Lexicon において，(4)に加えて(5)も登録しておくことになれば，同じ「若い」という発音で，意味が異なる「同音異義語」であるととらえることになってしまう．さらに，すべての場合を網羅しようと思っても，おそらく，きりがないだろうことが容易に想像できる．それらをすべて別の語として Lexicon に登録しておくという分析は，明らかに私たちの直観に逆行すると言っていいだろう．

そこで，(4)のような指定の仕方のかわりに，(6)のような意味素性の指定の仕方を採用すると，その問題を回避することができる．

(6)　　[{A}, <●, {<若い, ＿>}>, 若い]

「若い」というのは，何か適切な scale（たとえば「年齢」）において「若い」と呼びうる範囲の部分だけを取り出した**部分 scale** につけられた名称であるとし，<若い, ＿>とは，その部分 scale 中のどこかに値がある状態を示すとする．どのような scale について「若い」と言っているのか，また，同じ「年齢」について「若い」と言っていても，スポーツ選手のことを言っている場合と政治家のことを言っている場合では，「若い」の範囲が大きく違っているだろう．最終的には，そういうところまでわからないことには「理解した」と言えないのは事実であるが，それらの違いを Lexicon で指定しわける必要はない．

このように考えると，たとえば「大きい人」は次のようになる[1]．

(7)　　<x1, [{A}, <●, {<大きい, ＿>}>, 大きい]>
　　　　<x2, [{N}, <**x2**, {<*Kind*, 人>}>, 人]>
　⇒ Merge
　　　　<x2, [{N}, <**x2**, {<*Kind*, 人>}>, <
　　　　　　<x1, [{A}, <**x2**, {<大きい, ＿>}>, 大きい]>,
　　　　　　<x2, [{N}, φ, 人]>

---

[1] 日本語では，形容詞は，連用形にすると，動詞を修飾できる形式になる．したがって，「素早い」も「素早く」も Lexicon の中では同じ語彙項目であると考えているが，実際に活用語尾は異なっているのであるから，「連用形を作る語尾」を生み出す仕組みが必要である．おそらく，何か機能範疇（functional category）を想定することになると思うが，本書ではそれについては対処していない．現代日本語では，形容詞の終止形と連体形は同じ形式であることがほとんどであるが，連用修飾の場合と同様に，連体修飾の場合にも，何か機能範疇を介在させるという可能性もあるだろう．

>]>

(8) LF 意味素性

    <x2, {<Kind*, 人>}>**

    <x2, {<大きい*, __>}>**

(9) 意味表示

    {<x2, {<Kind*, 人>, <*大きい*, __>}>}**

(9)だけでは，この **x2** という OBJECT の何がどのぐらい大きいと言っているのかはわからないが，少なくとも，**x2** の何かは「大きい」と表現しうると言っている．これこそが「大きい人」という表現で表されている「文字通りの意味」であり，それ以上の意味付けは，人が「理解」をするために世界知識その他から補っているものだと考えている．

4.1.2 さまざまな property 記述表現と property-Merge

形容詞であるかどうかは，形態的に（すなわち活用によって）決定されるので，必ずしもすべてが property 記述表現であるとは限らない．(10a)の意味が(10b)と同じと考えるならば，いわゆる感情形容詞は OBJECT 指示表現であるという可能性もあるだろう[2]．

(10) a. ジョンは，メアリがうらやましい．
    b. ジョンは，メアリをうらやんでいる．

また，「若い」や「大きい」の場合には，attribute がその言語表現であり value が無指定である property が意味素性に含まれていると考えたが，たとえば「すごい」のような形容詞は，部分スケールではなく，value が指定された property を含んでいると考えたほうがいいだろう．

(11)   [{A}, <●, {<*Degree*, すごい>}>, すごい]

同様に，次の下線部の表現は value を指定する働きを持っていて，「大きい」という形容詞と Merge することで(13)のような意味素性を作り出すものであってほしい．

(12) a. <u>極端に</u>大きい
    b. <u>かなり</u>大きい
    c. <u>少しだけ</u>大きい
    d. <u>そこそこ</u>大きい

---

[2] 逆に，形態的に動詞であっても，「とがった」や「似た」などは，property 記述表現とみなすのが妥当であろう．また，次の文では，それぞれ異なる品詞が用いられているが，その意味内容はほぼ同じであると想定してかまわないかもしれない．
  (i) a. ジョンは，プリンタを買いたがっている．
      b. ジョンは，プリンタが買いたい．
      c. ジョンは，プリンタがほしい．
      d. ジョンには，プリンタが必要だ．

86　第 4 章 「A（の）B」構文

(13)　a.　<●, {<大きい, 極端>}>
　　　b.　<●, {<大きい, かなり>}>
　　　c.　<●, {<大きい, 少しだけ>}>
　　　d.　<●, {<大きい, そこそこ>}>

(13)は，それぞれ，attribute「大きい」で名指しされている部分 scale の中のどの範囲に value があるかということを示している．たとえば，(12)の下線部の表現の特性を(14)のように仮定し，(15)の規則 property-Merge を追加する．

(14)　[{Z}, <●, {<*Degree*, 極端>}>, 極端に]
　　　[{Z}, <●, {<*Degree*, かなり>}>, かなり]
　　　[{Z}, <●, {<*Degree*, 少しだけ>}>, 少しだけ]
　　　[{Z}, <●, {<*Degree*, そこそこ>}>, そこそこ]

(15)　property-Merge
　　　<xn, [{範疇素性 1, ...}, <解釈不可能素性 1, {property1, ...}>, body1]>
　　　<xm, [{範疇素性 2, ...}, <解釈不可能素性 2, {property2, ...}>, body2]>
　　⇒ property-Merge
　　　<xm, [{範疇素性 2, ...}, <解釈不可能素性 2, {property1, property2, ...}>, <
　　　　<xn, [{範疇素性 1}, φ, body1]>,
　　　　<xm, [{範疇素性 2}, φ, body2]>
　　　>]>

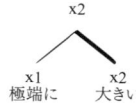

たとえば，「極端に大きい人」の場合には，次のようになる．

(16)　Numeration＝{x1, x2, x3}
　　　a.　<x1, [{Z}, <●, {<*Degree*, 極端>}>, 極端に]>
　　　b.　<x2, [{A}, <●, {<大きい, ＿>}>, 大きい]>
　　　c.　<x3, [{N}, <**x3**, {<*Kind*, 人>}>, 人]>

(17)　(16a)　<x1, [{Z}, <●, {<*Degree*, 極端>}>, 極端に]>
　　　(16b)　<x2, [{A}, <●, {<大きい, ＿>}>, 大きい]>
　⇒ property-Merge
　　　<x2, [{A}, <●, {<大きい, ＿>, <*Degree*, 極端>}>, <
　　　　<x1, [{Z}, φ, 極端に]>,
　　　　<x2, [{A}, φ, 大きい]>
　　　>]>

```
      x2
     /  \
   x1    x2
 極端に  大きい
```

(18)　(17)　<x2, [{A}, <●, {<大きい, ＿>, <*Degree*, 極端>}>, <...略...>]>
　　　(16c)　<x3, [{N}, <**x3**, {<*Kind*, 人>}>, 人]>
　⇒ Merge
　　　<x3, [{N}, <**x3**, {<*Kind*, 人>}>, <
　　　　<x2, [{A}, <**x3**, {<大きい, ＿>, <*Degree*, 極端>}>, <...略...>]>

            <x3, [{N}, φ, 人]>
        >]>

(19) LF 表示（＝PF 表示）
    <x3, [{N}, **<x3, {**<Kind, 人>**}>**, <
        <x2, [{A}, **<x3, {**<大きい, ＿>, <Degree, 極端>**}>**, <
            <x1, [{Z}, φ, 極端に]>,
            <x2, [{A}, φ, 大きい]>
        >]>
        <x3, [{N}, φ, 人]>
    >]>

(20) LF 意味素性
    <x3, {<Kind, 人>**}>**
    <x3, {<大きい, ＿>, <Degree, 極端>**}>**

この上で，たとえば，(21)のような意味素性が(22)のように整理されるものだとするならば，(20)がそのように整理されたあとの意味表示は(23)のようになるだろう．

(21) **<xn, {**..., <α, ＿>, <Degree, β>, ...**}>**

(22) **<xn, {**..., <α, β>, ...**}>**

(23) 意味表示
    {**<x3, {**<Kind, 人>, <大きい, 極端>**}>**}

このように，attribute と value がそれぞれ別の語彙項目に由来している場合でも，意味表示においては最終的に1つの property が形成される場合もあると考えておく．

　同様に，「木製」「フロリダ産」のように，2つの形態素が複合して1つの語彙項目になっている場合は，「-製」「-産」の部分が attribute に相当していると考えられる．

(24) ［{N}, <●, {<材質, 木>}>, 木製］
    ［{N}, <●, {<産地, フロリダ>}>, フロリダ産］

具体的にこのような複合語形成をどのように分析するかは，まだ十分に考察していないが，(24)のような意味素性が形成されるような語形成規則が存在する可能性は十分にあるだろう．(24)の「木製」「フロリダ産」などは property 記述表現であるが，統語範疇としてはNである．他にも property 記述表現の名詞はいくつかある[3]．

(25) a. 木製の椅子
    b. フロリダ産のオレンジ
    c. 特大の皿
    d. 突然の大雨

---

3) (25)の例は，民部 (2012) による．

88　第 4 章 「A（の）B」構文

　格助詞ノは，原則的に名詞と Merge することが求められるので，(26)のような解釈不可能素性 no を持っていると仮定しよう．

(26)　no
　　　継承規定　J-Merge 規則によって，初回のみ（結果的に）非主要部から継承されることになる．
　　　削除規定　（J-Merge 以外での）Merge 相手が主要部で範疇素性が N の場合に消える．

たとえば，「木製の椅子」の派生は次のようになる．

(27)　Numeration = {x1, x2, x3}
　　　a.　<x1, [{N}, <●, {<材質, 木>}>, 木製]>
　　　b.　<x2, [{J, +R, +N, no}, φ, の]>
　　　c.　<x3, [{N}, **<x3**, {<Kind, 椅子>}>, 椅子]>

(28)　Merge base = {(27a), (27b), (27c)}
　　　(27a)　<x1, [{N}, <●, {<材質, 木>}>, 木製]>
　　　(27b)　<x2, [{J, +R, +N, no}, φ, の]>
　⇒ J-Merge
　　　<x1, [{NP, no}, <●, {<材質, 木>}>, <
　　　　　<x1, [{N}, φ, 木製]>,
　　　　　<x2, [{J}, φ, の]>
　　　>]>

(29)　Merge base = {(28), (27c)}
　　　(28)　　<x1, [{NP, no}, <●, {<材質, 木>}>, <...略...>]>
　　　(27c)　<x3, [{N}, **<x3**, {<Kind, 椅子>}>, 椅子]>
　⇒ Merge
　　　<x3, [{N}, **<x3**, {<Kind, 椅子>}>, <
　　　　　<x1, [{NP}, **<x3**, {<材質, 木>}>, <...略...>]>
　　　　　<x3, [{N}, φ, 椅子]>
　　　>]>

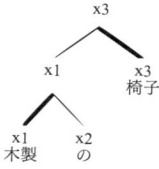

(30)　LF 表示（＝PF 表示）
　　　<x3, [{N}, **<x3**, {<Kind, 椅子>}>, <
　　　　　<x1, [{NP}, **<x3**, {<材質, 木>}>, <
　　　　　　　<x1, [{N}, φ, 木製]>,
　　　　　　　<x2, [{J}, φ, の]>
　　　　　>]>
　　　　　<x3, [{N}, φ, 椅子]>
　　　>]>

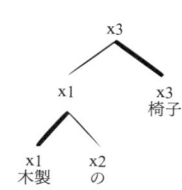

(31)　LF 意味素性
　　　　　<x3, {<Kind, 椅子>}>

           <x3,{<材質, 木>}**>**

(32)   意味表示

           {**<x3,**{<*Kind*, 椅子>, <材質, 木>}**>**}

(31)の場合には，取り出された意味素性がどちらも同じ OBJECT **x3** についてのものであり，これでうまく「木製の椅子」の意味解釈が表現されている．

4.2　OBJECT 指示表現による修飾構文

　第2章において，(33a)の動詞「誘惑する」は(33b)のような指定を持っており，結果として出力される文の意味表示は，(33c)のようになると述べた．

(33)　a．ジョンがメアリを誘惑した
　　　b．［{V}, **<id,**{<*Kind*, 誘惑>, <*Theme*, ★$_{wo}$>, <*Agent*, ★$_{ga}$>}**>**, yuuwakus–］
　　　c．{**<x1,**{<*Name*, ジョン>}**>**,
　　　　　<x2,{<*Name*, メアリ>}**>**,
　　　　　<x3,{<*Kind*, 誘惑>, <*Time*, perfect>, <*Theme*, x2>, <*Agent*, x1>}**>**}

では，(34)の場合にはどうなるだろうか．

(34)　ジョンのメアリの誘惑

明らかに，(34)の「誘惑」は，(33b)と同じ指定を持っていると考えるわけにはいかない．(34)は，ガやヲがなくても適格な表示だからである．また，(34)の場合には(33c)の解釈だけでなく，(35)の解釈になる場合もある．

(35)　{**<x1,**{<*Name*, ジョン>}**>**,
　　　 <x2,{<*Name*, メアリ>}**>**,
　　　 <x3,{<*Kind*, 誘惑>, <*Time*, perfect>, <*Theme*, x1>, <*Agent*, x2>}**>**}

(33a)の文の場合には，決して(35)のような解釈にはならないのであるから，(34)と(33a)では何か大きな違いを想定せざるをえない．
　そこで，名詞の「誘惑」は Lexicon において(36)のような指定を持っているとする．

(36)　［{N}, **<id,**{<*Kind*, 誘惑>, <*Theme*, ＿>, <*Agent*, ＿>}**>**, 誘惑］

つまり，名詞の「誘惑」の場合，Theme や Agent という意味役割を持ちうるが，その value を定めることは統語論としては要求されていないという点が動詞の場合と異なっているとする．さらに，OBJECT 指示表現と OBJECT 指示表現が Merge する際には，次のように，主要部に relation property が書き込まれると仮定する[4]．ここで，α_k とは任意の attribute とする．場合によっては，1つの

---

[4]　(37)のような規則を仮定する以上，「ジョンがメアリを誘惑した」(33)の場合にも，同様に(37)の規則が適用することになるが，この場合の **x3** にはすでに<*Theme*, x2>, <*Agent*, x1>という relation property があるため，{<α_6,

表示の中にこのように追加された property が複数あらわれることがありうるので，k はそれらを区別するための適当な番号である．

(37) OBJECT 指示表現と OBJECT 指示表現の Merge：
   <xn, [{範疇素性 1, 統語素性 1}, **<xn, {**property1, ...**}>**, body1]>
   <xm, [{範疇素性 2, 統語素性 2}, **<xm, {**property2, ...**}>**, body2]>
⇒ Merge
   <xm, [{範疇素性 2, 統語素性 2}, **<xm, {**property2, ..., <u>**<a_k, xn>**</u>**}>**, <
    <xn, [{範疇素性 1, 統語素性 1}, **<xn, {**property1, ...**}>**, body1]>,
    <xm, [{範疇素性 2}, ϕ, body2]>
   >]>

(37)を仮定すると，(34)の派生は次のようになる．

(38) Numeration = {x1, x2, x3, x4, x5}
 a. <x1, [{N}, **<x1, {**<*Name*, ジョン>**}>**, ジョン]>
 b. <x2, [{J, +R, +N, no}, ϕ, の]>
 c. <x3, [{N}, **<x3, {**<*Name*, メアリ>**}>**, メアリ]>
 d. <x4, [{J, +R, +N, no}, ϕ, の]>
 e. <x5, [{N}, **<x5, {**<*Kind*, 誘惑>, <*Theme*, __>, <*Agent*, __>**}>**, 誘惑]>

(39) Merge base = {(38a), (38b), (38c), (38d), (38e)}
 (38a) <x1, [{N}, **<x1, {**<*Name*, ジョン>**}>**, ジョン]>
 (38b) <x2, [{J, +R, +N, no}, ϕ, の]>
⇒ J-Merge
 <x1, [{NP, no}, **<x1, {**<*Name*, ジョン>**}>**, <
  <x1, [{N}, ϕ, ジョン]>,
  <x2, [{J}, ϕ, の]>
 >]>

(40) Merge base = {(39), (38c), (38d), (38e)}
 (38c) <x3, [{N}, **<x3, {**<*Name*, メアリ>**}>**, メアリ]>
 (38d) <x4, [{J, +R, +N, no}, ϕ, の]>
⇒ J-Merge
 <x3, [{NP, no}, **<x3, {**<*Name*, メアリ>**}>**, <
  <x3, [{N}, ϕ, メアリ]>,
  <x4, [{J}, ϕ, の]>
 >]>

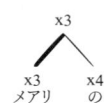

---

 x2>, <a_7, x1>} という property が加えられる必要がない．
(i) **<x1, {**<*Name*, ジョン>**}>**
  <x2, {<*Name*, メアリ>**}>**
  <x3, {<*Kind*, 誘惑>, <*Time*, perfect>, <*Theme*, x2>, <*Agent*, x1>**}>**

(41) Merge base = {(39), (40), (38e)}

(40)　<x3, [{NP, no}, **<x3, {**<Name, メアリ>**}>**, <...略...>]>

(38e)　<x5, [{N}, **<x5, {**<Kind, 誘惑>, <Theme, __>, <Agent, __>**}>**, 誘惑]>

⇒ Merge

<x5, [{N}, **<x5, {**<Kind, 誘惑>, <Theme, __>, <Agent, __>, <α₆, x3>**}>**, <
　　<x3, [{NP}, **<x3, {**<Name, メアリ>**}>**, <...略...>]>,
　　<x5, [{N}, φ, 誘惑]>
>]>

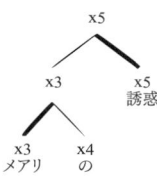

(42) Merge base = {(39), (41)}

(39)　<x1, [{NP, no}, **<x1, {**<Name, ジョン>**}>**, <...略...>]>

(41)　<x5, [{N}, **<x5, {**<Kind, 誘惑>, <Theme, __>, <Agent, __>, <α₆, x3>**}>**, <...略...>]>

⇒ Merge

<x5, [{N}, **<x5, {**<Kind, 誘惑>, <Theme, __>, <Agent, __>, <α₆, x3>, <α₇, x1>**}>**, <
　　<x1, [{NP}, **<x1, {**<Name, ジョン>**}>**, <...略...>]>,
　　<x5, [{N}, φ, <...略...>]>
>]>

(43) LF 表示（=PF 表示）

<x5, [{N}, **<x5, {**<Kind, 誘惑>, <Theme, __>, <Agent, __>, <α₆, x3>, <α₇, x1>**}>**, <
　　<x1, [{NP}, **<x1, {**<Name, ジョン>**}>**, <
　　　　<x1, [{N}, φ, ジョン]>,
　　　　<x2, [{J}, φ, の]>
　　>]>,
　　<x5, [{N}, φ, <
　　　　<x3, [{NP}, **<x3, {**<Name, メアリ>**}>**, <
　　　　　　<x3, [{N}, φ, メアリ]>,
　　　　　　<x4, [{J}, φ, の]>
　　　　>]>,
　　　　<x5, [{N}, φ, 誘惑]>
　　>]>
>]>

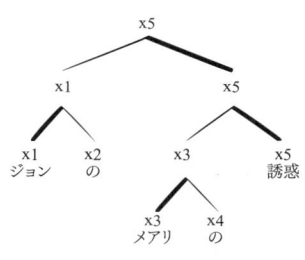

(42)の操作で，Merge base の要素が 1 つになり，かつ，解釈不可能素性がなくなっているため，これは統語的に適格な LF 表示である．(43)の LF 意味素性は次のようになる．

(44)　**<x5, {**<Kind, 誘惑>, <Theme, __>, <Agent, __>, <α₆, x3>, <α₇, x1>**}>**

　　　<x1, {<Name, ジョン>**}>**

　　　<x3, {<Name, メアリ>**}>**

この α₆ や α₇ をどのような形で解決するかは言語使用者にゆだねられている．仮に，α₆=Theme, α₇=Agent とすると(45)のようになり，α₇=Theme, α₆=Agent とすると(46)のようになる．

(45) <**x5**, {<*Kind*, 誘惑>, <*Theme*, x3>, <*Agent*, x1>}>
    <**x1**, {<*Name*, ジョン>}>
    <**x3**, {<*Name*, メアリ>}>

(46) <**x5**, {<*Kind*, 誘惑>, <*Agent*, x3>, <*Theme*, x1>}>
    <**x1**, {<*Name*, ジョン>}>
    <**x3**, {<*Name*, メアリ>}>

あとは、**x1** や **x3** について私たちが知っている背景知識から、どちらが Agent でありどちらが Theme である場面がよりしっくりくるか、という差にすぎない。さらに、このどちらかになるとも限らない。a_6 や a_7 が別の意味役割である可能性もあるからである。仮に(47)のような表現があれば、意味素性を取り出したとき、そこには attribute がわからない property が3つ含まれることになり、その結果、「誘惑される側」「誘惑する側」以外の意味役割を想定する必要が出てくることになる。

(47) ジョンのメアリのトムの誘惑

それだけ(47)は「わかりにくい表現」ではあるが、だからといって、日本語として「間違っている」わけではない。少々読みにくい文章というものは、どのようにその関連づけを解決するべきかが難しいものがよくあり、たとえば国語の試験問題では、そういう箇所が出題されたりするものである。もし、そのような「普通ではない解釈」も原理的に許されるとするならば、(34)の場合でも、そのような手が使えないとは限らない。私たちは、実にさまざまな方法で「行間」を埋めることができるのである。

同様に、(48a)の「A の B」構文の場合、取り出される意味素性は(48b)のようになる。

(48) a. ジョンのパソコン
    b. LF 意味素性
        <**x1**, {<*Name*, ジョン>}>
        <**x3**, {<*Kind*, パソコン>, <a_4, x1>}>

おそらく、最もよくある解釈は(49)のようなものであろう。

(49) {<**x1**, {<*Name*, ジョン>}>,
    <**x3**, {<*Kind*, パソコン>, <*所有者*, x1>}>}

しかし、この解釈しかできないとは限らない。「ジョンが売り払ったパソコン」ということもあるだろうし、極端な場合には、「ジョンが独り立ちしたときにメアリが購入したパソコン」というような、非常に複雑な意味役割である場合もあるかもしれない。

(50)のように固有名詞と固有名詞で「A の B」という表現を作っても、私たちは、たとえば(51)のように考えて、なんとか2つを関連づけてしまう。

(50) メアリのジョン

(51) a. メアリが所有している犬のジョン
    b. メアリが心底憧れているスターのジョン

        c. メアリにいつもつきまとっているジョン
        d. メアリが次に担当する予定になっている顧客のジョン

　(50)の表現そのものからは，(51)のどれであるか，もしくは，これ以外に正解があるのかは，わからない．私たちはいろいろな背景知識から，「メアリ」と「ジョン」がどのような「関わり方」をしているのか，ということを補って「理解」するだけなのである．

　この点で，「A（の）B」構文のAが，OBJECT指示表現であるかproperty記述表現であるか，で，「A（の）B」の意味の曖昧性が大きく異なっている．AがOBJECT指示表現の場合には，BにAが指示するOBJECTに関わるrelation propertyが加えられるだけなので，AとBの関係性には，かなりの幅が許される．これに対して，Aがproperty記述表現である場合，Aに含まれるpropertyは確実にBが指示するOBJECTに加えられる．たとえば，「黄色いマット」という表現が「黄色い花瓶がのっているマット」と解釈されることは普通ない．「黄色い」は必ず「マット」の性質でなければならないのである．これは，「ジョンのパソコン」と言っても，必ずしも，「ジョン」がその「パソコン」の所有者とは限らないという事実と好対照をなしている[5]．

　このように，「AのB」という表現から私たちが最終的にどのようにそれを「理解」するかは，さまざまである．実際のコミュニケーションにおいて，ときにはコストが高いはずの関連づけが起こるのは，Information Databaseのありかたによるのであろう．だからこそ，多くの表現は，「どのような文脈で使われたか」によって，その解釈が大きく異なるのである．同じ日本語の使い手でも，文の解釈が驚くほど人それぞれであるのは，このように，意味素性から意味表示の間にかなりの距離があることが少なくないからである．

4.3　Host property 表現

4.3.1　「鼻」「袖」「エンジン」

　ここまでは，OBJECT指示表現の例として，明らかに独立のOBJECTを指示していると考えられる表現ばかりを使ってきたが，なかには指示されているものが独立のOBJECTとみなしてよいのかどうか迷う場合がある．たとえば，「鼻」「袖」「エンジン」などは，何かのOBJECTの一部を指す表現である．これらは，自立した別個のモノではないかもしれないが，少なくとも言語表現上は，OBJECT指示表現として機能していると考えてよさそうである．

(52)　a. 鼻が｛動いている／曲がっている／かっこいい｝．
　　　b. 袖が｛汚れている／かわいい／伸びきってしまった｝．

---

[5] ただし，花瓶とマットとの間に，花瓶によってマットが識別できるような対応関係が確立している場合には，この解釈は不可能でない可能性もある（坂原茂氏の指摘による，2012年4月）．たとえば，くちばしの色を問題にしているときに，「この鳥は，黄色い」と言えるような意味で「黄色い鳥」と表現する場合がこのケースである．この場合は，「黄色い」は「鳥」の色ではなく「くちばし」の色であるが，その「くちばし」が「鳥」の特性の一部である場合には，「この鳥は，黄色い」と表現しても違和感がない．つまり，あるOBJECTの一部についての記述は，大きな目で見れば，そのOBJECTについての記述とも言える．このようなOBJECTの全体―部分の関係の問題については，第6章で提案するLAYERという概念との関係も大きく，今後，特に発展させていきたい領域の1つである．

c. エンジンが｛故障した／調子いい／一番高かった｝．

　このようなものをOBJECTとみなすかどうかについては，いろいろな考え方があるところだろうが，ここでは，何かの「部分」でしかないものもOBJECTとみなすことにしたい．何が「全体」であり何が「部分」であるかの線引きが不可能であるように思われるからである．ジョンという人間にしても，見方によっては，「人間」という種としての存在物の「一部分」だと言うこともできるし，「エンジン」という部品は，またさらにさまざまな部品でできている．この世の中のあらゆるものが，複雑に「全体」と「部分」の関係を織りなしているので，単純に「全体」か「部分」かに分類するわけにはいかない．ただし，「鼻」が普通，自立できないOBJECTであることも事実なので，たとえば次のような意味表示でその関係性を表してみたい．

(53)　　**<x1**,｛<*Name*, メアリ>｝**>**
　　　　<x2,｛<*Kind*, 鼻>, <*Host*, x1>｝**>**

<*Host*, x1>というのは，当該のOBJECTの「全体」に当たるOBJECTが**x1**であるということを表すrelation propertyである．以下，attributeが*Host*であるpropertyを**Host property**，意味素性の中にHost propertyを含む表現をHost property表現と呼ぶことにする[6]．

　LF意味素性としては(53)のようであっても，「理解」の段階では，(54)のようになると考えてもよい．

(54)　　**<x1**,｛<*Name*, メアリ>, <鼻, x2>｝**>**
　　　　<x2,｛<*Kind*, 鼻>, <*Host*, x1>｝**>**

メアリというx1にとって，「鼻」がx2である，という情報もそのpropertyの1つだからである．一般的に書くと，(55)のような意味素性がある場合，(56)のような意味素性が追加されるということである．

(55)　　**<xn**,｛..., <*Kind*, α>, <*Host*, xm>, ...｝**>**

(56)　　**<xm**,｛<α, xn>｝**>**

　このように，Host property表現は，それ自身がOBJECT指示表現であっても，結果的に別のOBJECTにrelation propertyを追加する働きがあるという点で，典型的なOBJECT指示表現と異なる側面がある．

4.3.2　「サイズ」「色」「年齢」

　「サイズ」「色」「年齢」などの表現の場合，OBJECTの一部と言えば一部であるが，「部分」として切り出すことが難しい．

(57)　　a. サイズが｛間違っている／大きくなった｝．
　　　　b. 色が｛気に入った／あせてしまった｝．

---

[6] その外延が完全に一致するかどうかはともかく，本書でいうHost property表現とは，西山(2003)の非飽和名詞に対応すると考えてよいだろう．

c．年齢が｛ちょうどいい／知りたい｝．

しかし，具体的な「部分」ではなくとも，これらの表現で何らかのモノが指示されていると考えることは可能である．たとえば，(58)の[ ]の部分は(59)のように言い換えられることからもわかるように，たとえば(58a)の「この靴のサイズ」で指示しているのは，その靴という OBJECT のサイズという attribute の value である[7]．

(58)　a．[この靴のサイズ]は，私には大きすぎる．
　　　b．[あの車の色]は，目立ちすぎる．
　　　c．[その女性の年齢]は，僕にはちょうどいい．

(59)　a．[24cm]は，私には大きすぎる．
　　　b．[赤]は，目立ちすぎる．
　　　c．[34歳]は，僕にはちょうどいい．

つまり，「この靴のサイズ」は(60)のような意味表示における x2 を指示していると考えたい．

(60)　**<x1**, {<*Kind*, 靴>, <サイズ, x2>}>

「サイズ」が「鼻」のように Host property を持つ OBJECT 指示表現であると考えれば，「この靴のサイズ」の LF 意味素性が概略(61)のようになり，(55)-(56)と同様の処理を経て，(62)のような意味表示がえられる．

(61)　**<x1**, {<*Kind*, 靴>}>
　　　<x2, {<*Kind*, サイズ>, <*Host*, x1>}>

(62)　{**<x1**, {<*Kind*, 靴>, <サイズ, x2>}>,
　　　<x2, {<*Kind*, サイズ>, <*Host*, x1>}>}

(61)で<*Kind*, サイズ>という property の書き方をしたのは，他の OBJECT 指示表現との平行性を考慮したためである．1.2.2 節で category property を説明するときに出した例において，その言語表現

---

[7] 形容詞や形容動詞から派生した名詞（「甘さ」「若さ」など）は，典型的には Host property 表現である．しかし，次の例文のように，「優しさ」という語は「優しいこと」という解釈になることもある．（この点は，定延氏による質問「"彼の長所は優しさです"から"彼は優しい"は導出できるか？」(2011年8月) に触発されたものである．）
　(i)　a．ジョンの優しさには，驚いた．
　　　b．ジョンの長所は，優しさです．
この用法を含めて，まだ，この種の表現の意味素性については，十分考察していない．
　　Kennedy (1997) 等で指摘されているように，同じ尺度 (scale) に関わる形容詞でも，tall と short, old と young などには非対称性がある．
　(ii)　a．（ジョンの背が低いことを知っていて）How tall is John?
　　　b．（ジョンの背が高いことを知っていて）???How short is John?
　(iii)　a．（十分若い人に向かって）How old are you?
　　　b．（長寿老人に向かって）???How young are you?
日本語でも，寸法を表す場合，どんなものでも「高さ」「長さ」などの名詞は用いることができるが，「低さ」「短さ」などの名詞が用いられる場合は限られている．「高さ」「重さ」「長さ」などは Host property 表現になるのに対して，「低さ」「軽さ」「短さ」などは Host property 表現になりにくいと言ってもいいかもしれない．

がKindもしくはNameというattributeのvalueに対応していたのを思い出してほしい．Host property表現の場合には，それに加えて，その言語表現がHostとなるOBJECTが持つpropertyのattributeにも対応するという点が特徴である．

4.3.3 「弟」「社長」「演出家」

このように考えてくると，逆にOBJECTとしての独立性が高いものの中にもHost propertyを持つものがあることに思い当たる．たとえば，「弟」などの親族名称，「社長」「演出家」などのような役割名詞，「上司」「ライバル」などのような関係名詞である．

(63)　<x1, {<Name, メアリ>, <弟, x2>}>
　　　<x2, {<Kind, 弟>, <Host, x1>}>

「弟」「社長」「演出家」などの場合は，必ずしも「全体」と「部分」の関係ではない．しかし，これらの表現が指示するOBJECTは，「メアリの弟」ならば「メアリ」，「ジョンの弟」ならば「ジョン」という別のOBJECTが軸となって，指示が決定している．その意味で，4.3.1節や4.3.2節で示した表現と共通性があり，(63)のようにHost property表現であるとみなしていいだろう．

4.3.4 項としてのHost

4.2節では，OBJECT指示表現による「AのB」構文について取り上げ，(64)のように，AとBの関連づけについてさまざまな可能性が許されることを見た．

(64)　a. メアリの番組（「メアリが見ている番組」「メアリが出ている番組」「メアリが推薦した番組」...）
　　　b. A社のビル（「A社の社屋ビル」「A社が購入したビル」「A社が施工したビル」...）
　　　c. 『ヴェニスの商人』の俳優（「『ヴェニスの商人』の中に出演していた俳優」「『ヴェニスの商人』役を演じたことのある俳優」「『ヴェニスの商人』役にふさわしそうな俳優」...）

これに対して，(65)のようにHost propertyが関わっている場合には，圧倒的に1つの解釈の可能性が突出している．

(65)　a. メアリの弟（「???メアリが推薦した彼の弟」）
　　　b. A社の社長（「???A社の取引先の社長」）
　　　c. 『ヴェニスの商人』の演出家（「???『ヴェニスの商人』が大好きな，この作品の演出家」）

このことは，「弟」のような表現が，Lexiconでは(66)のように指定されていると考えると説明できる．

(66)　[{N}, <id, {<Kind, 弟>, <Host, ★>}>, 弟]

つまり，「弟」にとって，そのHostは項（argument）であるということである．もちろん，Hostが常に発音されなければならないわけではないが，HostとなるOBJECTが同定されない場合には，Host property表現の理解も止まることがある[8]．

(67)　A：このボタンは，おそらく犯人が落として行ったものだろう．
　　　B：え，何か事件でもあったんですか．

単体で「弟」と使われている場合には，次のように zero-Merge が適用していると考えておけばよい．

(68)　<x3, [{N}, **<x3, {**<Kind, 弟>, <Host, ★>**}>**, 弟]>
　⇒ zero-Merge
　　　<x3, [{N}, **<x3, {**<Kind, 弟>, <Host, x4>**}>**, <
　　　　<x4, [{NP}, **<x4, { }>**, φ]>,
　　　　<x3, [{N}, φ, 弟]>
　　　>]>

このように仮定すると，「メアリの弟」は次のように構築されることになる．

(69)　Numeration = {x1, x2, x3}
　　　a.　<x1, [{N}, **<x1, {**<Name, メアリ>**}>**, メアリ]>
　　　b.　<x2, [{J, +R, +N, no}, φ, の]>
　　　c.　<x3, [{N}, **<x3, {**<Kind, 弟>, <Host, ★>**}>**, 弟]>

(70)　Merge base = {(69a), (69b), (69c)}
　　　(69a)　<x1, [{N}, **<x1, {**<Name, メアリ>**}>**, メアリ]>
　　　(69b)　<x2, [{J, +R, +N, no}, φ, の]>
　⇒ J-Merge
　　　<x1, [{NP, no}, **<x1, {**<Name, メアリ>**}>**, <
　　　　<x1, [{N}, φ, メアリ]>,
　　　　<x2, [{J}, φ, の]>
　　　>]>

(71)　Merge base = {(70), (69c)}
　　　(70)　<x1, [{NP, no}, **<x1, {**<Name, メアリ>**}>**, <...略...>]>
　　　(69c)　<x3, [{N}, **<x3, {**<Kind, 弟>, <Host, ★>**}>**, 弟]>
　⇒ Merge
　　　<x3, [{N}, **<x3, {**<Kind, 弟>, <Host, x1>**}>**, <
　　　　<x1, [{NP}, **<x1, {**<Name, メアリ>**}>**, <...略...>]>
　　　　<x3, [{N}, φ, 弟]>
　　　>]>

(72)　LF 表示（= PF 表示）
　　　<x3, [{N}, **<x3, {**<Kind, 弟>, <Host, x1>**}>**, <
　　　　<x1, [{NP}, **<x1, {**<Name, メアリ>**}>**, <

---

8) ただし，この種の表現にも，たとえば，「この職業には，身長は関係ない」のような，総称的な用法がある．その場合の解釈をどのように表現するべきかは今後の課題の1つである．

                <x1, [{N}, φ, メアリ]>,
                <x2, [{J}, φ, の]>
            >]>
            <x3, [{N}, φ, 弟]>
        >]>

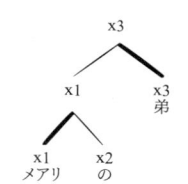

(73)　LF 意味素性
          <x3, {<*Kind*, 弟>, <*Host*, x1>**}>**
          <x1, {<*Name*, メアリ>**}>**

(71)は OBJECT 指示表現と OBJECT 指示表現の Merge であるが，主要部の x3 の側にすでに<*Host*, x1>という relation property があるため，<α₄, x1>というような property を追加する必要がない．だからこそ，x1 と x3 の関係としては，Host 関係という解釈が突出することになる．

もちろん，「A の B」構文でも zero-Merge が適用する場合もあるだろう．たとえば，次のような場合には，主要部となっている名詞が Host property を持ってはいるが，関連づけにさまざまな可能性が許されており，A が B の項として解釈されていないことがうかがえる．

(74)　a.　A 社の弟（「A 社が大好きな弟」「A 社に勤めている弟」「A 社を担当している弟」…）
　　　b.　『ヴェニスの商人』の社長（「『ヴェニスの商人』を彷彿とさせるような社長」「『ヴェニスの商人』の公演に出資している社長」「『ヴェニスの商人』のゲームを製作している社長」…）
　　　c.　メアリの演出家（「メアリがいつも指名する演出家」「メアリをいつも指名する演出家」…）

2.6 節で，動詞の項にゼロ代名詞が用いられているかどうかをソ系列指示詞を使ってテストしたが，Host property 表現の場合も，原則的に同様の結果が観察される．

(75)　A：もしもし，社員数，調べておいてくれた？[9)]
　　　B：えっと，その会社って，どれのことでしたっけ．

ソ系列指示詞は，Numeration において，その談話ですでに用いられた指標をになう必要があるが，(75)では，一見「会社」である OBJECT は出現していないように見える．それにもかかわらず，「その会社」という表現が可能であるのは，A の発話の中の「社員数」という Host property 表現がその Host である OBJECT を項にとるため，それを先行詞にすることができるからである．いわば「もしもし，あそこの社員数，調べておいてくれた？」というのと同様の意味表示が頭の中に生まれていることになる．

また，(75)は，先に Host property 表現が出現し，Host であるその項に対してソ系列指示詞を用いている場合であるが，逆に，「出家とその弟子」のように，先に OBJECT 指示表現を出現させ，それを Host とする表現にソノを付けることもできる．この場合を説明するためには，OBJECT 指示表現としてのソノもあると考えればよい[10)]．

---

9)　「もしもし」とつけることによって，ここが談話の始まりであるという場面設定が固定されることを意図している．
10)　通常のソノは property 記述表現である．8.6 節および第 9 章で，再度，ソ系列指示詞について議論する．

(76) ［{N, +N}, <id, { }>, その］

OBJECT 指示表現ではあっても，解釈不可能素性 +N を持っているため，独立に名詞句となることはできないのである．次の例でも OBJECT 指示表現としてのソノが用いられていると考えられる[11]．

(77) A：絶対に秘密がばれないで最先端の手術が受けられます．(『ブラックジャック』的な文脈で．)
　　 B：その医者は信用できるのかね．

(78) CD ショップで流れていたピアノの演奏に涙が出るほど感動した．そのピアニストは目が見えないそうだ．

(77)，(78) の場合，「医者」「ピアニスト」は典型的には Host property 表現ではないが，それぞれ「手術」「ピアノの演奏」という OBJECT 指示表現が提示されているために，その中の「役割」を果たす表現であるとも解釈可能であることがキーポイントである．その証拠に，次のように普通の OBJECT 指示表現を用いると，ソ系列指示詞が容認不可能になる．

(79) A：絶対に秘密がばれないで最先端の手術が受けられます．(『ブラックジャック』的な文脈で．)
　　 B：*そいつは信用できるのかね．

(80) CD ショップで流れていたピアノの演奏に涙が出るほど感動した．*その人は目が見えないそうだ．

「弟」のような表現は，その指標の OBJECT を意味表示に生起させるという点で，OBJECT 指示表現でもあるが，Host を項としてとるという点で，たとえば「犬」のような OBJECT 指示表現と異なっている．ただし，この区別にはかなり流動性がある．たとえば，「長男」という表現は，普通ならば「○○さんの長男」「××さんの長男」というように，別の OBJECT を軸にして指示が決定する表現なので，Host を項としてとっているとみなすべきだろうが，たとえば「長男会」なるものがあったとして，「今日は，12 人の長男が集まった」といった場合には，その「長男」は，誰の長男であるかということは問題にされていない．後者の場合は，Host を項としてとっているとは考えがたい．逆に，「学生」という表現も，普通は Host property を持たない OBJECT 指示表現として用いられるかもしれないが，文脈によっては，「○○大学の学生」「××大学の学生」のように Host を項としてとる用いられ方をする場合もある．つまり，この違いは(81)と(82)のように表すことができるだろう．

(81) Host が項の場合（Host property 表現）
　　　　<x1, [{N}, <x1, {<Kind, 長男>, <Host, ★>}>, 長男]>

(82) Host が項でない場合
　　　　<x1, [{N}, <x1, {<Kind, 長男>, <Host, ＿>}>, 長男]>

---

[11] (77)と(78)の例文は，もともと酒井弘氏の指摘（個人談話，2009 年 6 月）による．

典型的に Host property を持つ表現の中にも，「サイズ」「年齢」のように，ほぼ安定して Host を項にとる（つまり常に Host property 表現である）ものから，「弟」「社長」のように Host を項としてとらないことが多い（つまり Host property 表現でない場合も多い）ものまで，その度合いはさまざまである．このゆれが，これらの表現の分析を複雑にしていると考えられるので，Host property について，より典型的なふるまいを観察するためには，「サイズ」「年齢」のような表現を用いるのが適切だろう．

4.4　ノ：property-no 規則と N 主要部としてのノ

次の(83)の例を見てほしい．

(83)　a.　<u>バイト</u>の大学生
　　　b.　<u>アメリカ人</u>の大学教授

「バイト」「アメリカ人」という表現は，それだけを見れば object に対応しうるものであり，OBJECT 指示表現であると考えられるにもかかわらず，(83)の例では，property 記述表現と同じような意味解釈をもたらしている．

(84)　a.　**<x3,** {<*Kind*, バイト>, <*Kind*, 大学生>**}>**
　　　b.　**<x7,** {<*Kind*, アメリカ人>, <*Kind*, 大学教授>**}>**

そこで，ノは，OBJECT 指示表現を property 記述表現に変える働きを持つことがあると考えたい．

(85)　<xn, [{N}, **<xn,** {property1, ...}**>**, body1]>
　　　<xm, [{J, +R , +N , no }, φ, body2]>
⇒ property-*no*
　　　<xn, [{N, no }, <●, {property1, ...}>, <
　　　　<xn, [{N}, φ, body1]>
　　　　<xm, [{J}, φ, body2]>
　　　>]>

この property-*no* 規則を考慮に入れると，「A の B」構文の解釈の可能性がまた増える．たとえば，「奥さん」という表現は，Host property を持たない「既婚婦人」という意味の場合と，Host property を持つ「○○さんの配偶者」という意味の場合とがあるが，後者に限った場合でも，(86)には 2 つの異なる解釈がある．

(86)　医者の奥さん

1 つは(87)のような意味表示，もう 1 つは(88)のような意味表示である．また，文脈を工夫すれば(89)のような解釈も無理ではない．

(87)　「医者」が「奥さん」の項である場合
　　　　　{**x1**, {<*Kind*, 医者>, <奥さん, x3>**}>**,

4.4 ノ：property-*no* 規則と N 主要部としてのノ   101

    <x3,{<*Kind*, 奥さん>, <*Host*, x1>}**>**}

(88) 「医者」が「奥さん」の項ではなく，property-*no* 規則が適用した場合
    {**<x3,**{<*Kind*, 医者>, <*Kind*, 奥さん>, <*Host*, x4>}**>**,
    <x4,{ }**>**}

(89) 「医者」が「奥さん」の項ではなく，property-*no* 規則も適用しなかった場合
    {**<x1,**{<*Kind*, 医者>}**>**,
    <x3,{<*Kind*, 奥さん>, <*Host*, x4>, <a_5, x1>}**>**,
    <x4,{ }**>**}

(87)と(88)/(89)の違いは，「医者」を「奥さん」の項（Host）として Merge するか，それとも，「奥さん」の項をゼロ代名詞とするかである．さらに，後者の場合，property-*no* 規則が適用するかどうかで結果が 2 種類となる．

(90) <xn, [{N}, **<xn,**{property1}**>**, body1]>
   <xm, [{J, +R , +N , no }, φ, body2]>
 ⇒ property-*no*
   <xn, [{N, no }, <●, {property1}**>**, <
    <xn, [{N}, φ, body1]>
    <xm, [{J}, φ, body2]>
   >]>

　このように，「A の B」構文には，いろいろな要因による曖昧性があり，たとえば(91)は実際に新聞で使われていた例であるが，一見，どのように構築すればいいか，迷っても当然だろう．

(91) (大相撲の野球賭博問題で，警視庁組織犯罪対策 3 課は 19 日までに，恐喝容疑などで，)［現役力士の実兄の元力士］（を立件する方針を固めた）

まず，「現役力士」「実兄」「元力士」はすべて OBJECT 指示表現であるが，その中で「実兄」は Host property 表現でもある．

(92) Numeration
   {<x1, [{N}, **<x1,**{<*Kind*, 現役力士>}**>**, 現役力士]>,
   <x2, [{J, +R , +N , no }, φ, の]>,
   <x3, [{N}, **<x3,**{<*Kind*, 実兄>, <*Host*, ★>}**>**, 実兄]>,
   <x4, [{J, +R , +N , no }, φ, の]>,
   <x5, [{N}, **<x5,**{<*Kind*, 元力士>}**>**, 元力士]>}

そして，これは「A の B の C」という形をしているので，この 3 つの名詞にどの順番で Merge 規則が適用するかで，おおまかに言って次の 2 つの構造の可能性がある．

(93) a.

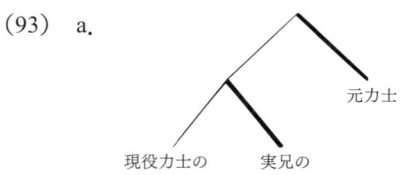

b.

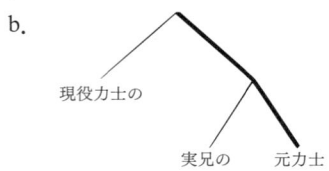

(93b)の場合には,「実兄」を主要部として Merge していないので,その項（Host）はゼロ代名詞でしかありえないが,(93a)の場合には,「実兄」の項が「現役力士」である可能性がある.(93a)の場合でも,「実兄」の項が「現役力士」でない可能性はあるが,その場合,言語使用者が独自に文脈から情報を集めて「現役力士」と「実兄」の関係性を解決しなければならないため,ずっと負荷が高くなる.したがって,「実兄」に関して解釈の負荷がもっとも少ないのは,(93a)の構造で,「実兄」の項が「現役力士」となる場合である.さらに,(93a)の構造でも,「実兄」と「元力士」が Merge で結合される場合には,「実兄」と「元力士」の間の関係性を言語使用者が自力で解決する必要があるが,もし,property-no 規則が適用したとすると,結果的に「実兄」＝「元力士」という解釈が可能になる.このようにして,(91)で通常,とられる解釈とは,「現役力士」に「実兄」がおり,その「実兄」が「元力士」である,という解釈なのである.

　ノには,逆に property 記述表現を OBJECT 指示表現に変えたかのような働きを持つものもある[12].これはたとえば,(94)の下線部のような表現の場合である.

(94) a. <u>からいの</u>は,持って行ってください.
　　　b. <u>大きいの</u>は,1つ買っておくと便利ですよ.

このノは,ここまでのノと同じ語彙項目であると考えるよりも,(95)のような,名詞としてのノがあると考えたほうがいいだろう.

(95) <xm, [{N}, **<xm, { }>**, の]>

そうすれば,結果的に(94)の場合には,形容詞が表す property だけを持った OBJECT が指示されることになる.また,(96)のように,別の OBJECT 指示表現にこのノが後続した場合には,OBJECT 指示表現と OBJECT 指示表現の Merge(37)が適用するので,(97)のように追加された relation property だけを持った意味表示が出力されることになる.

(96) a. <u>ジョンの</u>は,もっと大きかった.
　　　b. <u>子供の</u>は,角をけずっておきましょう.

---

[12] ノについては,ほかに,いわゆる～ノダ構文の場合のノや,「～のを見た」という場合のノについても区別する必要があるかもしれないが,本書ではまだ分析を確定していない.

(97)   {<**x1**,{<*Name*, ジョン>}>,
       <**x2**,{<a_3, x1>}>}

(94)の場合も(96)の場合も，Merge規則としては特別なものを仮定する必要はない．

4.5　本書で未解決のまま残している問題

4.5.1　格助詞連続:「〜からの」

本章で提示した分析は，2.2節で説明したような，意味役割の指定を持った格助詞がノに接続する場合にも拡張可能である．たとえば，「ジョンからの手紙」は次のようになる．

(98)　Numeration = {x1, x2, x3, x4}
　　　a.　<x1, [{N}, <**x1**,{<*Name*, ジョン>}>, ジョン]>
　　　b.　<x2, [{Z, +N}, <●,{<*Source*, ★>}>, から]>
　　　c.　<x3, [{J, +R, +N, no}, φ, の]>
　　　d.　<x4, [{N}, <**x4**,{<*Kind*, 手紙>}>, 手紙]>

(99)　Merge base = {(98a), (98b), (98c), (98d)}
　　　(98a)　<x1, [{N}, <**x1**,{<*Name*, ジョン>}>, ジョン]>
　　　(98b)　<x2, [{Z, +N}, <●,{<*Source*, ★>}>, から]>
　⇒ Merge
　　　<x2, [{Z}, <●,{<*Source*, x1>}>, <
　　　　<x1, [{N}, <**x1**,{<*Name*, ジョン>}>, ジョン]>,
　　　　<x2, [{Z}, φ, から]>
　　　>]>

(100)　Merge base = {(99), (98c), (98d)}
　　　(99)　<x2, [{Z}, <●,{<*Source*, x1>}>, <...略...>]>
　　　(98c)　<x3, [{J, +R, +N, no}, φ, の]>
　⇒ J-Merge
　　　<x2, [{NP, no}, <●,{<*Source*, x1>}>, <
　　　　<x2, [{Z}, φ, <...略...>]>
　　　　<x3, [{J}, φ, の]>
　　　>]>

(101)　Merge base = {(100), (98d)}
　　　(100)　<x2, [{NP, no}, <●,{<*Source*, x1>}>, <...略...>]>
　　　(98d)　<x4, [{N}, <**x4**,{<*Kind*, 手紙>}>, 手紙]>
　⇒ Merge
　　　<x4, [{N}, <**x4**,{<*Kind*, 手紙>}>, <

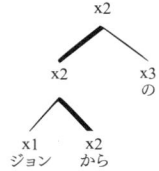

     <x2, [{NP}, **x4**, {<Source, x1>}, <...略...>]>
     <x4, [{N}, φ, 手紙]>
    >]>

(102) LF 表示（＝PF 表示）
   <x4, [{N}, **x4**, {<Kind, 手紙>}>, <
    <x2, [{NP}, **x4**, {<Source, x1>}>, <
     <x2, [{Z}, φ, <
      <x1, [{N}, **x1**, {<Name, ジョン>}>, ジョン]>,
     <x2, [{Z}, φ, から]>
     <x3, [{J}, φ, の]>
     >]>
    <x4, [{N}, φ, 手紙]>
   >]>

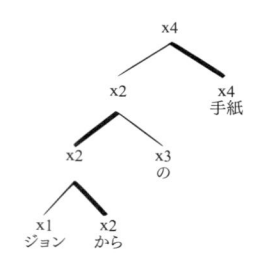

(103) LF 意味素性
   <**x4**, {<Kind, 手紙>}>
   <**x4**, {<Source, x1>}>
   <**x1**, {<Name, ジョン>}>

(104) 意味表示
   {<**x4**, {<Kind, 手紙>, <Source, x1>}>,
    <**x1**, {<Name, ジョン>}>}

この場合にも，**x4** にすでに<Source, x1>という property があるため，解釈の幅は生じない．

ただし，2.3 節の注 11 で述べたように，このように分析するためには，J-Merge の適用対象やノの分布制限などを調整する必要がある．

4.5.2 property-*no* 規則の適用条件

名詞によっては，property-*no* 規則が適用されないものがある[13]．

(105) a. *<u>メアリのアメリカ人</u>（「アメリカ人のメアリ」という意味では容認不可）
   b. *<u>あの女の子のアメリカ人</u>（「アメリカ人のあの女の子」という意味では容認不可）
   c. *<u>その女の子のアメリカ人</u>（「アメリカ人のその女の子」という意味では容認不可）
   d. *<u>医者たち</u>のジョンとメアリは，この時期，忙しくて大変だ． (cf. 川添 2001)

また，(83)の場合，(106)のような語順にしても，結果として得られる解釈にはほとんど違いがなく，結果的に作られる意味表示は(83)と(106)で同じになる．

[13)] この指摘も川添 (2001) による．また，名詞に〜タチが後続した場合の意味の記述については，Kurafuji (2004) や Nakanishi & Tomioka (2004) にも見られる．

(83) a. バイトの大学生
 b. アメリカ人の大学教授

(106) a. 大学生のバイト
 b. 大学教授のアメリカ人

ただし，常に(83)と(106)のような言い換えができるとは限らず，(107)の場合には，同じ意味だとすると(107b)のほうが座りが悪く，(108b)も(108a)と同じ意味には解釈しがたい．

(107) a. アメリカ人の先生
 b. ??/?*先生のアメリカ人

(108) a. メガネの学生
 b. ?*学生のメガネ

これは，おそらく，同じOBJECTの異なるpropertyを示す表現がいくつかある場合，どのpropertyを意味素性に含む表現をOBJECT指示表現として用いるのがより適切かという序列が文化／使用頻度的に決まっており，「AのB」においては，主要部であるBのほうがAよりも，その序列において上位であるほうが落ち着きがいいという条件があるのだろう．(83)と(106)の場合は，おそらく，その序列における順位に大きな差がないために，どちらの言い方も容認可能なのではないだろうか．また，たとえば，Nameのpropertyは序列の最上位に位置するものである可能性があり，だからこそ，(109b)が(109a)と同じ意味として解釈できないのかもしれない．

(109) a. 先生のメアリ
 b. *メアリの先生

(105b, c)のように，ア系列指示詞やソ系列指示詞もproperty記述表現になれない点については，同定の必要性や指標に対する条件などで，説明できる可能性があるであろう．ただし，以上の点については，まだ十分に検討できているわけではない．

第 5 章
「A は／が B（だ）」構文

前章で見たように，「A（の）B」という構文においては，(1a,b)の 2 つの要因があいまって，複雑なパターンを作り出していた．

(1) a. A, B の位置をしめる言語表現のタイプの違い
    b. A と B に適用する Merge 規則の違い

言語表現には(2)の 3 種類のタイプがあり，A, B それぞれがどのタイプの表現であるかによって，「A（の）B」が構築される際に関わる規則は，(3)の 4 種類の可能性があった．

(2) a. property 記述表現
    b. （通常の）OBJECT 指示表現
    c. Host property 表現

(3) a. (relation property を追加しない，普通の) Merge
    b. (relation property を追加する) Merge
    c. property-Merge
    d. property-*no*

本章では，「A（の）B」と同じく，動詞が関わらない構文として，「A は／が B（だ）」という叙述構文を取り上げる．(2)の 3 種類のタイプの違いは，「A は／が B（だ）」構文にも影響するに違いない．「A（の）B」に関わる Merge 規則は(3)の 4 種類であったが，「A（の）B」は全体として名詞句であるのに対して，「A は／が B（だ）」は全体として文であるという違いがあるため，「A は／が B だ」構文には，「A（の）B」構文には見られない性質も観察されることを示していく．

5.1　property 記述表現の id-slot に対する条件

(4)はどれも，A が property 記述表現の「A の B 構文」の例である．

(4) a. 木製の椅子
    b. フロリダ産のオレンジ
    c. 特大の皿
    d. 突然の大雨

ここで注目してほしいのは，この場合，語順を入れ替えると解釈不可能になるという事実である．

(5) a. *椅子の木製
    b. *オレンジのフロリダ産
    c. *皿の特大
    d. *大雨の突然

「ジョンのパソコン」と「パソコンのジョン」で意味が異なるのと同様に，語順を入れ替えたら変わるのは当然だと思うかもしれない．しかし，(4)の場合の意味表示では，2つのpropertyは並置されており，意味表示としては，その間には非対称性が見られないということを思い出してほしい．

(6) a. <**x1**,{<*材質*, 木>, <*Kind*, 椅子>}>
    b. <**x2**,{<*産地*, フロリダ>, <*Kind*, オレンジ>}>
    c. <**x3**,{<*特大*, __>, <*Kind*, 皿>}>
    d. <**x4**,{<*突然*, __>, <*Kind*, 大雨>}>

非対称性がないならば，語順が入れ替わっていても解釈が成り立ってもいいところである．ところが，現実として，私たちの頭の中の言語は，(5)に解釈を与えることを拒否している．これは，統語論の働きであると考えるしかない．

意味素性としては非対称性が見られなくとも，property記述表現かOBJECT指示表現かという点，そしてMergeの際に主要部になるか非主要部になるかという点には非対称性が見られる．つまり，日本語で用いられているMerge規則は右側の要素が主要部であり，かつ，property記述表現のid-slotがMerge相手の指標番号に置き換わるためには，Merge相手が主要部でなければならないという制約があるとすれば(5)が説明できる．

(7) id-slotがMerge相手の指標に置き換わるためには，Merge相手が主要部でなければならない．

このように，結果として得られる意味解釈に非対称性があるかどうかとは独立に，どちらを主要部としてMerge規則が適用するかには，必ず非対称性があるのである．

5.2 Tの特異性

ところが，実はこれまでに提示してきた分析の中に，(7)に従っていない場合が存在している．2.5節で提案したように，時制要素を動詞と別の語彙項目と仮定したときのMergeの場合である．

(8) <x3, [{V, <x1, [{NP, ga}, <**x1**,{<*Kind*, 花びん>}>, <...略...>]>}, <**x3**,{<*Kind*, 落>, <*Theme*, x1>}>, <...略...>]>
    <x4, [{T, +V}, <★,{<*Time*, perfect>}>, -ta]>
    ⇒ Merge
    <x4, [{T, <x1, [{NP, ga}, <**x1**,{<*Kind*, 花びん>}>, <...略...>]>}, <**x3**,{<*Time*, perfect>}>, <

```
       <x3, [{V}, <x3, {<Kind, 落>, <Theme, x1>}>, <...略...>]>
       <x4, [{T}, φ, -ta]>
  >]>
```

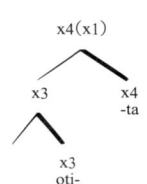

　V と T が Merge する際には，T を主要部として Merge が起きている．T を主要部として Merge しないことには解釈不可能素性 ga を削除することができないからである．しかし，時制要素に指定された特性は，T の Merge 相手である動詞が表すデキゴトについての特性と考えるしかない．したがって，T そのものは，id-slot に解釈不可能素性が入った property 記述表現であり，主要部である T が非主要部である V から id-slot に指標をもらっている形になっている．そこで，T の場合には例外であると考え，(7)を(9)のように改訂する．

(9)　　id-slot が Merge 相手の指標に置き換わるためには，Merge 相手が主要部でなければならない．ただし，その property 記述表現の範疇素性が T の場合だけは，この制限はあてはまらない．

　言い換えれば，「A（の）B」構文の場合には B が主要部であるという効果がはっきりと観察されるのに対して，「A は／が B（だ）」構文においては，非対称性は必ずしも明らかには見られないことになる[1]．そこで，以下では，この点に注意して，「A は／が B（だ）」構文の特徴について考察していきたい．

5.3　「A は／が B（だ）」構文

　(10)は，「A は／が B（だ）」という叙述構文であるが，(11)のようにダを範疇素性 T の語彙項目であると仮定すれば，「メアリはかわいい」の場合と同様に分析できる．

(10)　a.　椅子は木製だ．
　　　b.　オレンジがフロリダ産だった．

---

1)　「A の B」構文においては，B が OBJECT 指示表現でなければならないと述べたが，(i)はその反例に見える．
　(i)　　a.　お姉ちゃんのバカ！
　　　　b.　太郎のいじっぱり！
(i)では，A が OBJECT を指示し，B がその property を述べているように思われるからである．しかし，(i)のような例は，名詞句として使われると，容認性がかなり下がる．
　(ii)　　a.　?*その時，お姉ちゃんのバカがやってきた．
　　　　b.　?*太郎のいじっぱりが何て言ってきたの？
つまり，この構文の容認性が(i)のように高いのは，「A の B」をそれだけで文として使ったときに限られるとすれば，(i)のような構文が許されるということも，T の特異性に帰することが可能かもしれない．
　ちなみに，この構文は常に可能であるとは限らない．
　(iii)　　a.　*おまえの食いしん坊！
　　　　b.　*あの子のわからず屋！
　　　　c.　*そいつの根性なし！
この構文が可能になる条件について，そして，この構文をどのように分析するべきか，どちらについても，今後，検討する必要がある．

5.3 「A は／が B（だ）」構文　109

(11) Numeration = {x1, x2, x3, x4}
　　 a.　<x1, [{N}, **<x1,{**<*Kind*, 椅子>**}>**, 椅子]>
　　 b.　<x2, [{J}, φ, は]>
　　 c.　<x3, [{N}, **<●,{**<材質, 木>**}>**, 木製]>
　　 d.　<x4, [{T, +N}, **<★,{**<*Time*, present>**}>**, だ]>

(12) Merge base = {(11a), (11b), (11c), (11d)}
　　 (11c)　<x3, [{N}, **<●,{**<材質, 木>**}>**, 木製]>
　　 (11d)　<x4, [{T, +N}, **<★,{**<*Time*, present>**}>**, だ]>
　⇒ property-Merge
　　 <x4, [{T}, **<★,{**<材質, 木>, <*Time*, present>**}>**, <
　　　　 <x3, [{N}, φ, 木製]>
　　　　 <x4, [{T}, φ, だ]>
　　 >]>

(13) Merge base = {(11a), (11b), (12)}
　　 (11a)　<x1, [{N}, **<x1,{**<*Kind*, 椅子>**}>**, 椅子]>
　　 (11b)　<x2, [{J}, φ, は]>
　⇒ J-Merge
　　 <x1, [{NP}, **<x1,{**<*Kind*, 椅子>**}>**, <
　　　　 <x1, [{N}, φ, 椅子]>,
　　　　 <x2, [{J}, φ, は]>
　　 >]>

(14) Merge base = {(13), (12)}
　　 (13)　<x1, [{NP}, **<x1,{**<*Kind*, 椅子>**}>**, <...略...>]>
　　 (12)　<x4, [{T}, **<★,{**<材質, 木>, <*Time*, present>**}>**, <...略...>]>
　⇒ Merge
　　 <x4, [{T}, **<x1,{**<材質, 木>, <*Time*, present>**}>**, <
　　　　 <x1, [{NP}, **<x1,{**<*Kind*, 椅子>**}>**, <...略...>]>,
　　　　 <x4, [{T}, φ, <...略...>]>
　　 >]>

(15) LF 表示（＝PF 表示）
　　 <x4, [{T}, **<x1,{**<材質, 木>, <*Time*, present>**}>**, <
　　　　 <x1, [{NP}, **<x1,{**<*Kind*, 椅子>**}>**, <
　　　　　　 <x1, [{N}, φ, 椅子]>,
　　　　　　 <x2, [{J}, φ, は]>
　　　　 >]>,
　　　　 <x4, [{T}, φ, <
　　　　　　 <x3, [{N}, φ, 木製]>
　　　　　　 <x4, [{T}, φ, だ]>
　　　　 >]>

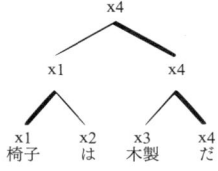

110　第5章　「AはかB(だ)」構文

　　　　　　　>]>
　　　　>]>

　この場合も，(14)では，id-slot に解釈不可能素性を持った要素のほうが主要部として Merge しているが，この場合の主要部の範疇素性が T であるため許される．

(16) 音連鎖
　　　　椅子　は　木製　だ

(17) LF 意味素性
　　　　<**x1**,{<材質, 木>, <*Time*, present>}>
　　　　<**x1**,{<*Kind*, 椅子>}>

(18) 意味表示
　　　　{<**x1**,{<*Kind*, 椅子>, <材質, 木>, <*Time*, present>}>}

　また，(19)のような形容詞が用いられている場合も，(20)のように A である「かわいい」が主要部となって「メアリは」と Merge するような構造であると考えてはならないことになる．

(19)　メアリは　かわいい

(20)
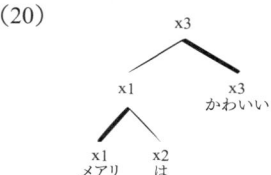

　そこで，動詞の場合と同様に，(21)のように時制要素を独立させた Numeration を想定し，x4 を主要部として(22)のように Merge すると考えてみよう．(+Aとは，+N や +V と同様，Merge 相手の範疇素性が A の場合に消える解釈不可能素性であるとする．)[2]

(21)　a.　<x1, [{N}, **x1**,{<*Name*, メアリ>}>, メアリ]>
　　　b.　<x2, [{J, +R }, φ, は]>
　　　c.　<x3, [{A}, <★,{<かわいい, __>}>, かわい-]>
　　　d.　<x4, [{T, +A }, <★,{<*Time*, present>}>, -い]>

(22)
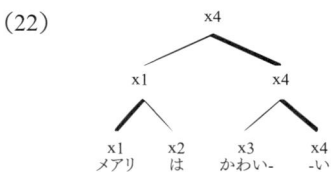

────────
[2] 動詞の場合，時制要素を -ta/-ru というようにローマ字表記にしたのならば，形容詞の場合にもローマ字表記にしたほうが適切かもしれないが，この場合には音韻変化もないので，読みやすさを優先して，ローマ字表記は用いなかった．

5.3 「AはノがB（だ）」構文　111

x3 と x4 の Merge では，どちらの要素の id-slot にも★があるので，4.1.2 節で導入した property-Merge が適用する．すると，(22) の Merge は，次のような表示を生むことになる．

(23)　Merge base = {(21a), (21b), (21c), (21d)}
　　　(21c)　<x3, [{A}, <★, {<かわいい, __>}>, かわい-]>
　　　(21d)　<x4, [{T, +A}, <★, {<Time, present>}>, -い]>
　⇒ property-Merge
　　　<x4, [{T}, <★, {<かわいい, __>, <Time, present>}>, <
　　　　<x3, [{A}, φ, かわい-]>,
　　　　<x4, [{T}, φ, -い]>
　　　>]>

(24)　Merge base = {(21a), (21b), (23)}
　　　(21a)　<x1, [{N}, <**x1**, {<Name, メアリ>}>, メアリ]>
　　　(21b)　<x2, [{J, +R}, φ, は]>
　⇒ J-Merge
　　　<x1, [{NP}, <**x1**, {<Name, メアリ>}>, <
　　　　<x1, [{N}, φ, メアリ]>,
　　　　<x2, [{J}, φ, は]>
　　　>]>

(25)　Merge base = {(24), (23)}
　　　(24)　<x1, [{NP}, <**x1**, {<Name, メアリ>}>, <...略...>]>
　　　(23)　<x4, [{T}, <★, {<かわいい, __>, <Time, present>}>, <...略...>]>
　⇒ Merge
　　　<x4, [{T}, <**x1**, {<かわいい, __>, <Time, present>}>, <
　　　　<x1, [{NP}, <**x1**, {<Name, メアリ>}>, <...略...>]>,
　　　　<x4, [{T}, φ, <...略...>]>
　　　>]>

(26)　LF 表示（= PF 表示）
　　　<x4, [{T}, <**x1**, {<かわいい, __>, <Time, present>}>, <
　　　　<x1, [{NP}, <**x1**, {<Name, メアリ>}>, <
　　　　　<x1, [{N}, φ, メアリ]>,
　　　　　<x2, [{J}, φ, は]>
　　　　>]>,
　　　　<x4, [{T}, φ, <
　　　　　<x3, [{A}, φ, かわい-]>,
　　　　　<x4, [{T}, φ, -い]>
　　　　>]>
　　　>]>

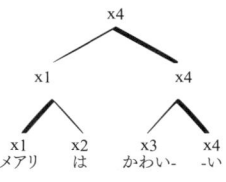

(25)では，id-slot に★を持った要素のほうが主要部として Merge しているが，この場合の主要部の範疇素性が T であるため許される．

(27) 音連鎖
　　　　メアリ　は　かわい-　-い

(28) LF 意味素性
　　　　<**x1**, {<*かわいい*, __>, <*Time*, *present*>}>
　　　　<**x1**, {<*Name*, メアリ>}>

(29) 意味表示
　　　　{<**x1**, {<*Name*, メアリ>, <*かわいい*, __>, <*Time*, *present*>}>}

このように，時制要素を独立させることによって，叙述構文の解釈も修飾構文と同じように説明できるようになる[3]．

(29)の意味表示では，結果的に，<*Time*, *present*>が「メアリ」の property であることを表す表示になっている．これに対して，「メアリ」が持つ「かわいい」という property が有効であるのは<*Time*, *present*>であるという事実が表示されるべきだという考え方もあるかもしれない．しかし，ここでは，(29)の意味表示でよいと主張する．(29)の **x1** という OBJECT は，<*Time*, *present*>における「メアリ」という存在物であり，その property として「かわいい」があるのである．このような表示があれば，「10年前のメアリはかわいかった」というような表現も扱うことが可能になる．

5.4　property-*da* 規則

また，ノの場合，OBJECT 指示表現を property 記述表現に変える働きを持つ場合があると仮定したが，同じ機能をダについても認めた方がよさそうである[4]．

(30)　a.　メアリは，バイトだ．
　　　b.　ジョンは，アメリカ人だ．

とりあえず，(31)のように仮定しておく．(31)で，ダという音韻形式を指定せずに body2 と書いているのは，ダの場合にはノとは異なり，活用形がさまざまあるからである．また，同様の理由で，この規則が適用される語彙項目は，統語素性 da を持つと仮定する．

---

[3] このように，本来，形容詞語幹と時制要素は別の語彙項目であると考えているが，以下の議論で形容詞の部分の派生が特に問題にならない場合には，派生が過度に複雑にならないように，「かわいい」全体で1つの語彙項目であるような扱いをした．
[4] (30)の例の場合には，<*Kind*, バイト>もしくは<*Kind*, アメリカ人>のような category property のままで id-slot が変わって property 記述表現になると考えられるが，たとえば，「美人」「子供」などの表現の場合，ダが後続することによって，<*美人*, __>, <*子供*, __>のような，部分 scale に相当する degree property になる可能性もある．このような転換については，統語的に説明するべきかどうかを含めて，まだ意見が固まっていない．

(31)　　　<xn, [{N}, **<xn, {property1, ...}>**, body1]>
　　　　　<xm, [{T, +N, da}, <★, {property2, ...}>, body2]>
　⇒ property-*da*
　　　　　<xm, [{T, da}, <★, {property1, property2, ...}>, <
　　　　　　<xn, [{N}, φ, body1]>
　　　　　　<xm, [{T}, φ, body2]>
　　　　　>]>

　もちろんのことながら，ダ類が OBJECT 指示表現に後続する場合，必ず property-*da* 規則が適用するというわけではない．「ジョンは学生だ」という文は，通常は，ジョンという名で呼ばれている，その OBJECT が <*Kind*, 学生> という property を持っていると解釈するだろうが，ジョン自身は学生ではなく，「学生担当だ」という意味で「ジョンは学生だ（から，早めに現地でスタンバイしておいてくれ）」という場合もないとは言えないだろう．4.2 節で，「ジョンのパソコン」や「メアリのジョン」という例をあげて，「A（の）B」構文は，A も B も OBJECT 指示表現である場合，文脈によってさまざまな解釈を許しうるということを述べたが，同じことが「A は／が B（だ）」構文についてもあてはまる．次のように，関連づけの方法が自明ではない文の場合でも，たとえば(32a)の場合，「ジョン」と呼ばれている人と「メアリが家出した」というデキゴトとの間に何らかの関連づけが存在するということを述べているには違いない．

(32)　a．ジョンは，メアリが家出した．
　　　b．僕はウナギだ．

私たちの頭は，このような叙述が理解できる仕組みになっているのである[5]．
　4.5.2 節で指摘したように，property-*no* 規則の場合には，Merge 相手が次のような表現のときには適用できなかった．

(33)　a．*メアリのアメリカ人（「アメリカ人のメアリ」という意味では容認不可）
　　　b．*あの女の子のアメリカ人（「アメリカ人のあの女の子」という意味では容認不可）
　　　c．*その女の子のアメリカ人（「アメリカ人のその女の子」という意味では容認不可）
　　　d．*医者たちのジョンとメアリは，この時期，忙しくて大変だ．　　　　　（cf. 川添 2001）

また，次のような非対称性も見られた．

(34)　a．アメリカ人の先生
　　　b．??/?*先生のアメリカ人

これに対して，property-*da* 規則の場合には，同様の制限の効果は，少なくともかなり弱い．

(35)　a．あの子はメアリだ．
　　　b．あのアメリカ人は先生だ．

---

5) (32)をそのまま叙述構文として表現できない言語もあるだろうが，それは，その言語の仕組みの問題であって，私たちの理解の仕組みの限界を示していると解釈するべきではない．

(36)　a.　?メアリは，あの女の子です．
　　　　　　cf. メアリ（というの）は，あの女の子です．
　　　b.　?メアリは，その女の子です．
　　　　　　cf. メアリ（というの）は，その女の子です．

このことは，「Aは／がB（だ）」構文において，AとBをつないでいる主要部はTであり，Bが直接主要部となってAとMergeしているわけではないということと関係があるに違いない．
　また，川添（2001）で指摘されているように，「まだ＿＿である／だ」や「＿＿である（／だ）らしい」の場合は，＿＿の部分が必ず，property記述表現でなければならないので，OBJECT指示表現が生起した場合には，property-da規則が適用していなければならない．

(37)　a.　ジョンは，まだ中学生だ．
　　　b.　ジョンは，金持ちらしい．

「〜たち」に対しては，property-no規則のときと同様，property-da規則は適用されないので，次のような文は容認できないのである．

(38)　a.　*太郎と花子は学生たちだ．　　　　　　　　　　（川添 2001：(11a)）
　　　b.　*太郎と花子は，まだ学生たちだ．　　　　　　　（川添 2001：(11b)）
　　　c.　*山田たちは，とても男たちらしい．　　　　　　（川添 2001：(19b)）

5.5　英語と日本語の相違点と共通点

　日本語では，「〜は〜が...」という構文がよく用いられるが，その中の多くのものは，ガ格名詞がHost property表現になっている．

(39)　a.　太郎は背が高い．
　　　b.　桜は見た目がきれいだ．
　　　c.　キリスト教は信者が多い．
　　　d.　彼は様子がおかしい．
　　　e.　この高校は合格者が少ない．
　　　f.　あの国は税率が高い．
　　　g.　新幹線は料金が高い．
　　　h.　スーパーマンは力が強い．
　　　i.　このリンゴは酸味が強い．

(40)　a.　象は鼻が長い．
　　　b.　ジョンは目が青い．
　　　c.　この車はエンジンが静かだ．

(41)　a.　ジョンは父親が弁護士だ．
　　　b.　あの会社は社長が有名だ．

c. 『オセロ』は主役が大事だ．

Host property 表現が述語部分にあらわれる場合も時々ある．

(42) a. 姉はジョギングが日課だ．
b. 今年は茶色が流行です．

これらの文は，英語に直訳しにくいことでも知られている．これまでは，もっぱらハという助詞の機能に関して，その特異性が論じられてきたことが多かったが，上記のように分析してくると，むしろ特殊性を持っているのは，Host property 表現のほうではないかと思われてならない．もちろん，英語においても，age とか weight は Host property 表現とみなすべきであろうと考えているが，少なくとも，(39)-(42)のような構文には使えない．

逆に，英語にあって日本語にはない構文として，(43)のようなものがある．

(43) a. John is [three years old].
b. This pool is [two meters deep].

たとえば，(43a)の場合，<old, __>と<Degree, three years>という property を含む語が Merge した結果，<old, three years>というような property が構築されれば意味が表示されるように思われるが，その合成規則がどのようになっているかということに加えて，(43a)の文では，「John is old」という含意が失われているという点も説明を要するところである．形容詞が関わる構文については，日本語と英語の間にいろいろな違いがあることが知られているが，attribute をどのように表現するかという違いがその根底にあると思われてならない．

このように英語と日本語とでは，使用可能な構文には違いがあるものの，英語の(45)が容認されないのと同じく，日本語の(47)も容認されない．

(44) a. a blue-eyed girl
b. a shakey-legged table

(45) a. *an eyed girl
b. *a legged table

(46) a. 青い目の少女
b. グラグラの脚のテーブル

(47) a. *目の少女
b. *脚のテーブル

「目」や「脚」は Host property 表現であり，(44)-(47)はどちらの言語においても，Host property 表現の特性によって説明するべきであろう．関係する現象の記述を5.6.2節でもしておく．

5.6 本書で未解決のまま残している問題

5.6.1 修飾構文と叙述構文

　本章では，修飾構文と叙述構文では何が主要部になるかという点が異なっているという立場で説明を試みたが，その違いに敏感な語彙項目がある可能性もある．たとえば，英語などでは，修飾構文にあらわれることができる表現と叙述構文にあらわれることができる表現は必ずしも一致しないことが知られている．

(48)　a.　the <u>former</u> president
　　　b.　*The president is <u>former</u>.

日本語では，このような例はあまり多くないが，存在しないとも限らない[6]．西山佑司氏（個人談話，2012年2月）は，たとえば(49)のような表現は，修飾構造にあらわれたときのみ慣用的な解釈になると指摘している．

(49)　a.　<u>ふざけた</u>男
　　　b.　<u>とんだ</u>カップル

また，坂原茂氏（個人談話，2014年6月）は，(50b)の意味での「新しい」は，(51)に示すように，叙述構文にはあらわれないことを指摘している．

(50)　a.　新しい下宿は気持ちがよい．（＝新築の下宿）
　　　b.　太郎の新しい下宿は，築50年のボロ家だ．

(51)　太郎の下宿は新しい．（新築の解釈しかない）

次の例も同様である．

(52)　a.　太郎の新しい車は，1950年発売のクラシックカーだ．
　　　b.　太郎の車は新しい．（新車の解釈しかない）

　同じように，「今度の」という表現は修飾構文では用いることができるが叙述構文では用いることができないことも注目される．

---

6) 次に示すように，かなり複雑なパターンが観察される．
　(i)　a.　人が多い
　　　 b.　*多い人
　　　 c.　多くの人
　(ii)　a.　人がたくさんだ
　　　 b.　たくさんの人
　(iii)　a.　人が少ない
　　　 b.　*少ない人
　　　 c.　*少なくの人

(53)　a.　太郎の今度の下宿は，築50年のボロ家だ．
　　　b.　*太郎の下宿は今度だ．

ただし，(54)に見られる「古い」の多義性の場合には，叙述構文でも同様に多義性が観察される．

(54)　「これは，古い八つ橋だ」
　　　a.　調理してから時間がたって古くなった八つ橋
　　　b.　以前から親しまれているタイプの八つ橋

(55)　「この八つ橋は古い」
　　　a.　この八つ橋は，調理してから時間がたって古くなっている．
　　　b.　この八つ橋は，(作りたてではあるが)以前から親しまれているタイプの八つ橋である．

とはいえ，「新しい」が「今度の」と同じ意味を持てるのとは異なり，「古い」が「以前の」の意味にはならず，さまざまな個別性があることがうかがわれる．

(56)　a.　*太郎の古い勤め先（≠太郎の転職前の勤め先）
　　　　　cf. 太郎の新しい勤め先
　　　b.　*太郎の古い担任の先生（≠太郎の以前の担任の先生）
　　　　　cf. 太郎の新しい担任の先生

5.6.2　「*サイズの靴」「24cmのサイズの靴」「サイズが24cmの靴」

valueを表す表現は，property記述表現として「AのB」のAとしてあらわれることが可能である．

(57)　a.　[24cmの靴]は，私には大きすぎる．
　　　b.　[赤の車]は，目立ちすぎる．
　　　c.　[34歳の女性]は，僕にはちょうどいい．

これに対して，Host property表現は，最終的にはそのvalueを指示していると考えられるにもかかわらず，そのままでは「AのB」のAにすると，非常に解釈しにくい表現になる．

(58)　a.　*サイズの靴（≠「24cmの靴」）
　　　b.　*色の車（≠「赤の車」）
　　　c.　*年齢の女性（≠「34歳の女性」）

Host property表現であっても，OBJECT指示表現であるには違いないので，「ジョンのパソコン」や「ジョンのメアリ」などのように文脈に依存した解釈の幅があってもよさそうなものであるのに，なぜか(58)の解釈は容認されない．

もちろん，Host property表現がOBJECT指示表現を主要部としてMergeできないわけではない．

(59)　a.　サイズの測定
　　　b.　色の追加
　　　c.　年齢のごまかし

(58)との違いは，(59)では，Host property 表現の Host となるものと主要部である名詞が指示している OBJECT は別ものであるという点である．言い換えれば，(58)の問題は，Host と主要部とが同一である点である．

ただし，(58)は解釈不能でも，(60)ならば「妹のメアリ」「社長のジョン」と同様，容認可能になる[7]．

(60) a. 24cm のサイズの靴
 (= {**x1**, {<*Kind*, 靴>, <サイズ, x2>}>,
  x2, {<*Kind*, サイズ>, <*Degree*, 24cm>, <*Host*, x1>}>})
 b. 赤の色の車
 (= {**x1**, {<*Kind*, 車>, <色, x2>}>,
  x2, {<*Kind*, 色>, <*Degree*, 赤>, <*Host*, x1>}>})
 c. 34 歳の年齢の女性
 (= {**x1**, {<*Kind*, 車>, <年齢, x2>}>,
  x2, {<*Kind*, 年齢>, <*Degree*, 34 歳>, <*Host*, x1>}>})

(58)と(60)の対立だけならば，(58)では修飾部分に特に情報価値がないから，などの説明も可能かもしれないが，(61)の語順の場合には，この効果は見られない．

(61) a. *サイズの 9 号の服
 (≠ {**x1**, {<*Kind*, 服>, <サイズ, x2>}>,
  x2, {<*Kind*, サイズ>, <*Degree*, 9 号>, <*Host*, x1>}>})
 b. *身長の 170cm の男
 (≠ {**x1**, {<*Kind*, 男>, <身長, x2>}>,
  x2, {<*Kind*, 身長>, <*Degree*, 170cm>, <*Host*, x1>}>})
 c. *横幅の 1m の板 （cf. 1m の横幅の板）
 (≠ {**x1**, {<*Kind*, 板>, <横幅, x2>}>,
  x2, {<*Kind*, 横幅>, <*Degree*, 1m>, <*Host*, x1>}>})
 d. *内容量の 500g の缶詰 （cf. 500g の内容量の缶詰）
 (≠ {**x1**, {<*Kind*, 缶詰>, <内容量, x2>}>,
  x2, {<*Kind*, 内容量>, <*Degree*, 500g>, <*Host*, x1>}>})

また，(60)では Degree が指定されているが，Degree 以外にも次のような例が見られる．

(62) a. *名前の男の子
 b. 珍しい名前の男の子

(63) a. *成績のメアリ
 b. ずば抜けた成績のメアリ

---

[7] (58)と(60)の対立は，民部（2012）の指摘によるものである．(62)-(73)の例文も民部（2012）からの引用である．

(64) a. *味の料理
　　 b. 独特な味の料理

(65) a. *動機の通り魔事件
　　 b. 理不尽な動機の通り魔事件

(66) a. *大きさの靴
　　 b. ちょうどいい大きさの靴

(67) a. *性格の太郎
　　 b. 穏やかな性格の太郎

(68) a. *作り方のプラモデル
　　 b. 複雑な作り方のプラモデル

(69) a. *長所のジョン
　　 b. 人懐っこさが長所のジョン

(70) a. *順位の決勝レース
　　 b. 過去最高の順位の決勝レース

(71) a. *犯人の連続殺人事件
　　 b. 残忍な犯人の連続殺人事件

(72) a. *日程の文化祭
　　 b. 例年通りの日程の文化祭

(73) a. *点数の合格者
　　 b. 最高の点数の合格者

一方，似た関係のように見えるにも関わらず，次の場合には依然として容認不可能である．

(74) a. *フロリダの産地のオレンジ
　　　 (≠ {**x1**, {<*Kind*, オレンジ>, <*産地*, x2>}>,
　　　　　 <x2, {<*Kind*, 産地>, <*Name*, フロリダ>, <*Host*, x1>}>})
　　 b. *ジョンの社長の会社
　　　 (≠ {**x1**, {<*Kind*, 会社>, <*社長*, x2>}>,
　　　　　 <x2, {<*Kind*, 社長>, <*Name*, ジョン>, <*Host*, x1>}>})
　　 c. *独身の兄のジョン
　　　 (≠ {**x1**, {<*Name*, ジョン>, <*兄*, x2>}>,
　　　　　 <x2, {<*Kind*, 兄>, <*Kind*, 独身>, <*Host*, x1>}>})

この違いは，どうやら Host property を持つ OBJECT に degree property が含まれているかどうかであると考えられる．情報を加えているという点では同じ(74)が容認不可能であるということは，(60)，(62)–(73)は何らかの特殊な統語的操作が適用していると考えざるをえない．
　さらに，ほぼ同じ意味で(75)のような言い方でも解釈が可能になる．

(75)　a.　サイズが 24cm の靴
　　　b.　色が赤の車
　　　c.　年齢が 34 歳の女性

そして，この構文の場合には，(74)に対応する例でも何の問題もなく解釈でき，(61)とは異なり，(77)を(78)のように語順を変えても，少し不自然ではあるものの，完璧に容認不可能というほどではない．

(76)　a.　産地がフロリダのオレンジ
　　　　　（＝{**<x1,**{<*Kind,* オレンジ>, <*産地,* x2>}**>**,
　　　　　　　<x2,{<*Kind,* 産地>, <*Name,* フロリダ>, <*Host,* x1>}**>**}）
　　　b.　社長がジョンの会社
　　　　　（＝{**<x1,**{<*Kind,* 会社>, <*社長,* x2>}**>**,
　　　　　　　<x2,{<*Kind,* 社長>, <*Name,* ジョン>, <*Host,* x1>}**>**}）
　　　c.　兄が独身のジョン
　　　　　（＝{**<x1,**{<*Name,* ジョン>, <*兄,* x2>}**>**,
　　　　　　　<x2,{<*Kind,* 兄>, <*Kind,* 独身>, <*Host,* x1>}**>**}）

(77)　a.　横幅が 1m の板
　　　b.　内容量が 500g の缶詰

(78)　a.　??/?*1m が横幅の板
　　　b.　??/?*500g が内容量の缶詰

この違いは，ガ格名詞句の特性に帰するべきではないかと考えているが，まだ具体的な分析案を考案できていない[8]．

[8) また，叙述構文を解釈するときに用いている規則と修飾構文を解釈するときに用いている規則がほぼ同じであるとするならば，(i)の修飾構文が可能であるのに対して(ii)のような叙述構文がどうして言えないのかは，現時点では説明できない．
　(i)　a.　超特大の皿
　　　b.　本当に突然の大雨
　(ii)　a.　*特大が超の皿
　　　 b.　*突然が本当の大雨

第 6 章
Predication と Partitioning

　ここまでは，ごく基本的な構文について，統語意味論の分析をひととおり見てきた．本章では，1970 年代以降，理論言語学において頻繁に議論されてきた，スコープ解釈と呼ばれる現象を取り上げる．日常のコミュニケーションではあまり用いることのない，少し特殊な解釈であるが，統語意味論の枠組みでこの現象がどのようにとらえられるかを紹介することによって，本書の考え方の特徴を明らかにすることができればと考えている．

6.1 数量表現

　日本語では，「A の B」構文によって，(1) のように B の性質を記述するだけでなく，(2) のように B の量や数についての情報も記述することができる[1]．

(1) 　a. アメリカ人の女の子
　　　b. 木製の椅子

(2) 　a. 2 人の女の子
　　　b. たくさんの本
　　　c. 100 ml の水
　　　d. 3 組の夫婦

量や数は，個々のメンバーが持っている property ではない．その点で，色や形とは異なる側面もあるが，(1) と (2) の平行性を見る限り，量や数も property として扱うことができることは望ましいと考えている．そのため，統語意味論では，単数でも複数でも，可算物でも不可算物でも，OBJECT と認めていきたい．そうすれば，(2) の意味を扱う際にも特別な装置は必要なく，(2) の表現はそれぞれ，ほぼ (3) のような OBJECT を指示していると考えればよい．

(3) 　a. **<xn,**{<*Kind*, 女の子>, <人数, 2>}**>**
　　　b. **<xn,**{<*Kind*, 本>, <量, たくさん>}**>**
　　　c. **<xn,**{<*Kind*, 水>, <*ml 数*, 100>}**>**

---

[1] ある OBJECT の量や数を記述するには，「A の B」構文以外の方法もあるが，どの表現の場合にどのような構文が使用可能かは，かなり複雑である．詳しくは，Hayashishita & Ueyama (2012) を参照のこと．

    d. **<xn, {**<*Kind*, 夫婦>, <*組数*, 3>**}>**

「2 人」「100 ml」のような表現は，明らかに数値と単位／助数詞が組み合わさってできているが，単位／助数詞は property 記述表現であると考え，数字はその項であると考えれば，量を表現することができる．仮に，数字は Num という範疇素性を持ち，助数詞表現は＋Num という解釈不可能素性を持っていると考えてみよう．たとえば，次のようになる[2]．

(4)   <x1, [{Num}, **<x1, {**<*Degree*, 2>**}>**, 2]>
         <x2, [{N, +Num}, <●, {<*Kind*, 人>, <*Quantity*, ★>}>, 人]>
  ⇒ Merge
         <x2, [{N}, <●, {<*Kind*, 人>, <*Quantity*, x1>}>, <
             <x1, [{Num}, **<x1, {**<*Degree*, 2>**}>**, 2]>
             <x2, [{N}, φ, 人]>
         >]>

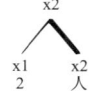

これで，(3)の<人数, 2>という property と同等の情報内容を持つ意味表示が得られることになる．
  量を表す修飾表現の中には，次のように割合を表すものもある．

(5)   a. 大学のほとんど
        b. 4 年生の 60%
        c. 外資系企業の半分以上
        d. アンケートに答えた人の 5%
        e. 回答者のすべて

割合を表す表現であっても，結果的に何らかのグループを指示しているという点は変わらない．

(6)   ジョンが［大学のほとんど／大学の 85%］を 訴えた．
        ［それらの大学］は，現在，対応策を話し合っている．

ただし，割合である以上，母集団の OBJECT と該当物の OBJECT の 2 つがあるので，このような表現の意味は Host property を活用して表すことができる[3]．たとえば次のように，「大学」は「ほ

---

[2] 付録 B.8 節は 9.3 節で言及する例文の派生を示したものであるが，この種の表現が含まれている．
[3] 割合を表す表現の場合，意味の理解に必ず母集団がかかわるというのは，Barwise & Cooper (1981) 以来，よく知られたことである．割合を示す表現が Host property 表現であるとした場合，その項が必須であるならば，ソ系列指示詞の先行詞になれるかどうかのテストをしてみるという方法もあるだろう．たとえば，唐突に指示詞が出てくる状況に慣れるために，ア系列指示詞の場合から練習してみる．
   (i)   それにひきかえ，この学校では，たった 2% の学生しか応募しなかった．<u>あの子たちは</u>，まだ 1 年生で，チャレンジさえすれば可能性があったかもしれないのに，惜しいことをした．
      (ここで，「それにひきかえ，この学校では」という但し書きをつけたのは，その母集団となる学生たちを直接導入するような表現が，この文章の前に出てきたという推測を抑えるためである．)(i)では，応募しなかった学生たちも含めて，母集団となる学生たちを「あの子たち」で指す解釈は十分可能であろう．これに対して，ソ系列指示詞を用いた(ii)はどうだろうか．
   (ii)   それにひきかえ，この学校では，たった 2% の学生しか応募しなかった．<u>その子たちは</u>，まだ 1 年生で，チャレンジさえすれば可能性があったかもしれないのに，惜しいことをした．
      (ii)では，「その子たち」は，応募した学生たちを指す解釈しかできず，全体の文意が不自然になってしまう．もちろん，表現として，母集団を表すものがあれば，ソ系列指示詞を用いることもできる．

とんど」の項（Host）として Merge することになる[4)].

(7) Numeration＝{x1, x2, x3}
 a. <x1, [{N}, **<x1, {**<Kind, 大学>**}>**, 大学]>
 b. <x2, [{J, +N, +R, no}, φ, の]>
 c. <x3, [{N}, **<x3, {**<占有率, ほとんど>, <Host, ★>**}>**, ほとんど]>

(8) Merge base＝{(7a), (7b), (7c)}
 (7a) <x1, [{N}, **<x1, {**<Kind, 大学>**}>**, 大学]>
 (7b) <x2, [{J, +N, +R, no}, φ, の]>
⇒ J-Merge
 <x1, [{NP, no}, **<x1, {**<Kind, 大学>**}>**, <
  <x1, [{N}, φ, 大学]>,
  <x2, [{J}, φ, の]>
 >]>

(9) Merge base＝{(8), (7c)}
 (8) <x1, [{NP, no}, **<x1, {**<Kind, 大学>**}>**, <…略…>]>
 (7c) <x3, [{N}, **<x3, {**<占有率, ほとんど>, <Host, ★>**}>**, ほとんど]>
⇒ Merge
 <x3, [{N}, **<x3, {**<占有率, ほとんど>, <Host, x1>**}>**, <
  <x1, [{NP}, **<x1, {**<Kind, 大学>**}>**, <…略…>]>
  <x3, [{N}, φ, ほとんど]>
 >]>

(10) LF 表示（＝PF 表示）
 <x3, [{N}, **<x3, {**<占有率, ほとんど>, <Host, x1>**}>**, <
  <x1, [{NP}, **<x1, {**<Kind, 大学>**}>**, <

(iii) この学校の学生たちは，初めからあきらめており，たった 2%の学生しか応募しなかった．その子たちは十分に能力があるので，チャレンジさえすれば可能性があったかもしれないのに，惜しいことをした．

もし，割合表現の母集団である Host が必須項であるならば，それがソ系列指示詞の先行詞になってもいいところであるが，個人的には，(iv)で問題になっている解釈が容認できない．

(iv) a. この大学に目を転じてみると，4 年生の 60%が応募した．その 4 年生たちは，全員が説明会に出席したにもかかわらず，4 割は応募しなかったことになる．
  （「その 4 年生たち」＝「この大学の 4 年生全体」という解釈は難しい）
 b. これに対して，外資系企業の半分以上は，当初，その呼びかけに応じなかった．それらの企業全体がこの事業にあまり関心を持っていなかった証拠である．
  （「それらの企業」＝「外資系企業の全体」という解釈は難しい）
 c. この問いに正解したのは，アンケートに答えた人の 5%だけだった．その人たちは皆，普段あまりテレビを見ないのであろう．
  （「その人たち」＝「アンケートに答えた人」という解釈は難しい）

ただし，この(iv)のテストの結果は，かなり個人差が大きく，まだこの例文で何を判断しているかということが十分にはわかっていないということがうかがえる．現時点では，これらの例文の評価を留保しておきたい．

4) 「仕事はほとんど終わった」のような場合の「ほとんど」の意味も，この場合と平行的な分析が可能であろうと考えているが，まだ具体的には分析できていない．

                    <x1, [{N}, φ, 大学]>,
                    <x2, [{J}, φ, の]>
                >]>
                <x3, [{N}, φ, ほとんど]>
        >]>

(11) 音連鎖
   　　大学　の　ほとんど

(12) LF 意味素性
   　　<x3, {<*占有率*, ほとんど>, <*Host*, x1>**}>**
   　　<x1, {<*Kind*, 大学>**}>**

(13) 意味表示
   　　{**<x3, {**<*占有率*, ほとんど>, <*Host*, x1>**}>**,
   　　 <x1, {<*Kind*, 大学>**}>**}

「ほとんど」のような表現は(5)のような語順だけでなく，(14)のような語順でも，ほぼ同じ意味を表すことができる．

(14) a. ジョンが［ほとんどの大学］を 訴えた．
     b. ジョンが［85％の大学］を 訴えた．
     c. ジョンが［すべての大学］を 訴えた．

この場合は，property-*no* 規則が適用していると考えればよい．

(15) Numeration = {x1, x2, x3}
     a. <x1, [{N}, **x1, {**<*占有率*, ほとんど>, <*Host*, ★>**}>**, ほとんど]>
     b. <x2, [{J, +N, +R, no}, φ, の]>
     c. <x3, [{N}, **x3, {**<*Kind*, 大学>**}>**, 大学]>

(16) Merge base = {(15a), (15b), (15c)}
     (15a) <x1, [{N}, **x1, {**<*占有率*, ほとんど>, <*Host*, ★>**}>**, ほとんど]>
⇒ zero-Merge
     <x1, [{N}, **x1, {**<*占有率*, ほとんど>, <*Host*, x4>**}>**, <
         <x4, [{NP}, **x4, { }>**, φ]>,
         <x1, [{N}, φ, ほとんど]>
     >]>

(17) Merge base = {(16), (15b), (15c)}
     (16)   <x1, [{N}, **x1, {**<*占有率*, ほとんど>, <*Host*, x4>**}>**, <...略...>]>
     (15b) <x2, [{J, +N, +R, no}, φ, の]>

6.1 数量表現　125

⇒ property-*no*
<x1, [{N, no}, <●, {<*占有率*, ほとんど>, <*Host*, x4>}>, <
　　<x1, [{N}, φ, <...略...>]>
　　<x2, [{J}, φ, の]>
>]>

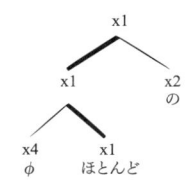

(18)　Merge base = {(17), (15c)}
　(17)　<x1, [{N, no}, <●, {<*占有率*, ほとんど>, <*Host*, x4>}>, <...略...>]>
　(15c)　<x3, [{N}, **<x3, {<*Kind*, 大学>}>**, 大学]>
⇒ Merge
<x3, [{N}, **<x3, {<*Kind*, 大学>}>**, <
　　<x1, [{N}, **<x3, {<*占有率*, ほとんど>, <*Host*, x4>}>**, <...略...>]>,
　　<x3, [{N}, φ, 大学]>
>]>

(19)　LF 表示（＝PF 表示）
<x3, [{N}, **<x3, {<*Kind*, 大学>}>**, <
　　<x1, [{N}, **<x3, {<*占有率*, ほとんど>, <*Host*, x4>}>**, <
　　　<x1, [{N}, φ, <
　　　　<x4, [{NP}, **<x4, { }>**, φ]>,
　　　　<x1, [{N}, φ, ほとんど]>
　　　>]>
　　　<x2, [{J}, φ, の]>
　　>]>,
　　<x3, [{N}, φ, 大学]>
>]>

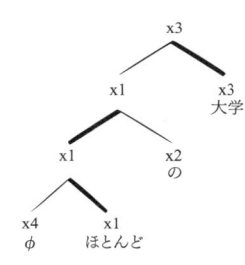

(20)　音連鎖
　　　ほとんど　の　大学

(21)　LF 意味素性
　　　<x3, {<*Kind*, 大学>}>
　　　<x3, {<*占有率*, ほとんど>, <*Host*, x4>}>
　　　<x4, { }>

(22)　意味表示
　　　{**<x3, {<*Kind*, 大学>, <*占有率*, ほとんど>, <*Host*, x4>}>**,
　　　<x4, { }>}

　上で，複数のモノから成る OBJECT を仮定するべきだと述べたが，そこには次のような問題も関わっている．述語論理学を用いた従来の意味論では，次のような「意味」のとらえ方が標準的であった．

(23) a. Every student came.
　　 b. $\forall (P(x) \to Q(x))$
　　 c. every(x=student)(x came)

(24) a. Some student came.
　　 b. $\exists (P(x) \& Q(x))$
　　 c. some(x=student)(x came)

このとらえ方では，every student の「意味」は「student の一人一人について，[x came] という条件を満たしているかどうか確認していくと，一つ残らず，その条件を満たしていた」というデキゴトとして，そして，some student の「意味」は「student の一人一人について，[x came] という条件を満たしているかどうか確認していくと，なかに，その条件を満たしている場合があった」というデキゴトとして，とらえることになり，直接，その「学生たち」を指示しない．しかし，明らかに私たちはこれらの表現をとおして「複数のモノから成る OBJECT」を認識することができる．

(25) 3人の学生がやってきた．そいつらは，騒がしかった．

量化子というものは，その定義上，指示的ではない概念であるため，量化子を用いたとらえ方をしている限り，(25)のようにソ系列指示詞を用いて当該の OBJECT を指示することができるという事実が，深刻な問題となってしまう[5]．

　この問題は，operator という概念を利用して意味を表示しようとするところに端を発している．逆に，(25)の「3人の学生」がもともと OBJECT 指示表現であると考えれば，上の問題は生じない．OBJECT は，単数を基本にしているとは限らず，私たちが「ひとまとまり」と思っているもの何でも OBJECT と認めうると考えるべきなのである．

(26) [3人の学生]$_{x1}$ がやってきた．[そいつら]$_{x1}$ は，騒がしかった．

従来の形式意味論では，「指示」ということと「同定」ということとが混同されてきたきらいがある．本書で示してきた意味の理論では，OBJECT に相当する，ということと，その OBJECT が同定されるということとは，まったく独立の概念であるから，同定されない OBJECT 指示表現があっても何も困らない．

6.2　OBJECT と LAYER

　さて，ここで注目するのは，たとえば(27)のような文である．

(27) [3人の男の子]が[2人の女の子]を誘った．

この文は，ストレートに読めば，単に男の子が3人いて，女の子は2人いて，男の子が女の子を

---

[5] 同様の現象は英語においても観察されるものであり，これまでも議論の対象になってきた問題である（cf. Evans 1980）．しかし，英語においては，代名詞の先行詞が言語的に表現されなければならないという制約がないため，この照応関係は，純粋に言語的な関係であるとみなされていないことが多い（cf. Cooper 1979）．

誘った，という解釈かもしれない．しかし，(28)のような状況を想定した上で再度(27)を読むと，男の子1人につき，誘った女の子がそれぞれ2人，という解釈も可能であることがわかる．

(28) このクラスの男子は，パーティを盛り上げるために，なるべく多くの女子に参加してもらおうと奔走している．なかなか誘いに応じてくれる女子が見つからず，多くの男子は，女の子が1人見つかるかどうかというなか，猛者が3人いた．
[3人の男の子]が[2人の女の子]を誘った．

男の子1人につき誘った女の子がそれぞれ2人という解釈の場合，誘われた女の子は（重複がない限り）全部で6人いることになる．(27)の文では，「2人の女の子」という表現になっているが，全部で6人いるのならば，「2人」という特性は，明らかに，女の子全体の特性ではない．

(28)のような状況を想定したときの(27)の解釈は，次のように図示してもよい．

(29)
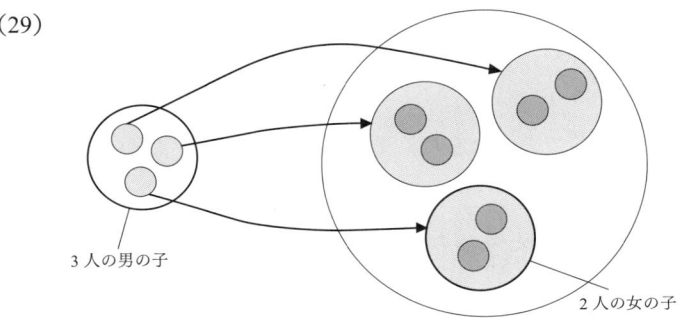

「3人の男の子」の「3人」は，その男の子全員に対応するOBJECT，すなわち，(29)の図の左の円全体の特性であるのに対して，「2人の女の子」の「2人」は，男の子に誘われた女の子全体に対応するOBJECT，すなわち，図の右の円全体ではなく，右の円の中の太線部分の特性である．そこで，このような場合，1つのOBJECTをLAYER（層）に分けてとらえており，「2人」は，1つ下位のLAYERの特性である，という言い方をすることにする．

これまで，OBJECTとは，指標とpropertyの集合との対であると仮定してきた．

(30) **<x4,** {<*Kind*, 男の子>, <人数, 3>}**>**
　　　<x9, {<*Kind*, 女の子>, <人数, 2>}**>**

ここで，あらたにLAYERという概念を導入したので，次のような記法を用いることにする．

(31) OBJECT全体に対応するLAYERが持つ特性の場合
　　　<x4-1, {<*Kind*, 男の子>, <人数, 3>}**>**

(32) 全体から見て1つ下位のLAYERが持つ特性の場合
　　　<x9-2, {<*Kind*, 女の子>, <人数, 2>}**>**

ここで指標番号に後続する「-1」「-2」はLAYER番号と呼ぶこととし，1つ下位の「部分」について語る場合には，LAYER番号が+1となるとする．たとえば，(29)の図について，人数の特性をすべて書き出すとすると，次のようになるだろう．

(33)　<x4-1, {<*Kind*, 男の子>, <人数, 3>}>
　　　<x4-2, {<*Kind*, 男の子>, <人数, 1>}>
　　　<x9-1, {<*Kind*, 女の子>, <人数, 6>}>
　　　<x9-2, {<*Kind*, 女の子>, <人数, 2>}>
　　　<x9-3, {<*Kind*, 女の子>, <人数, 1>}>

(34)
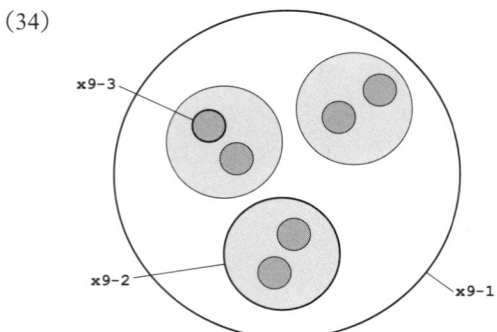

LAYER 番号が異なっていても指標番号が同じであるならば，それは同じ OBJECT についての記述である．そこで，OBJECT の定義を次のように修正する．

(35)　a. OBJECT の指標番号 xn と LAYER 番号-m を組み合わせて xn-m としたものを LAYER id と呼ぶ．
　　　b. LAYER id とその property（特性）の集合との対が LAYER である．
　　　c. OBJECT とは，OBJECT の指標番号 xn と，LAYER id に xn を含む LAYER の集合との対である．

たとえば，(33)のような意味素性の集合がある場合には，それは(36)のような意味表示に対応することになる．

(36)　{<x4,{**<x4-1, {**<*Kind*, 男の子>, <人数, 3>**}>**, **<x4-2, {**<*Kind*, 男の子>, <人数, 1>**}>**}>,
　　　<x9,{**<x9-1, {**<*Kind*, 女の子>, <人数, 6>**}>**, **<x9-2, {**<*Kind*, 女の子>, <人数, 2>**}>**, **<x9-3,
　　　{**<*Kind*, 女の子>, <人数, 1>**}>**}>}

このように書いても，意味表示が OBJECT の集合である点は，これまでと同じである．（以下，LAYER の関わらない OBJECT の場合には，適宜，これまでと同じ表記も用いて行くことにする．）
　さて，LAYER という概念を用いると，ようやく(27)で問題にしている意味を記述することができる．(28)の文脈で問題にしている解釈は，概略，(37)のような意味表示で書き表すことができる．

(27)　［3 人の男の子］が［2 人の女の子］を誘った．

(37)　{<x4,{**<x4-1, {**<*Kind*, 男の子>, <人数, 3>**}>**}>,
　　　<x9,{**<x9-2, {**<*Kind*, 女の子>, <人数, 2>**}>**}>,
　　　<x11,{**<x11-2, {**<*Kind*, 誘った>, <*Theme*, x9-2>, <*Agent*, x4-2>**}>**}>}

6.3 Predication 素性と Partitioning

　実は，私たちは，あるグループの特性を述べる際，そのグループが何らかの点で均質的であると仮定した上で，一人のメンバーを代表にとって，そのメンバーの特性を述べることによってグループ全体の特性とみなす，ということを常々行なっている．つまり，OBJECT の特性を述べるにあたって，1つ下位の LAYER の特性を述べていることになる．

(38)　a.　このグループの学生には，彼女がいる．
　　　b.　We have a car.

これだけを見れば，単に目的語の LAYER が下位になっていると思うかもしれないが，次の例を見ると，どの LAYER の特性の記述になるかは，句ごとに個別に選択できるわけではないということがわかる．

(39)　状況：何人かの（互いに兄弟ではない）学生がいて，それぞれガールフレンドがいる．全員
　　　　　　で話し合って，休暇中にそれぞれが帰省し，母親にガールフレンドを紹介しようと
　　　　　　約束し，その約束が無事，果たされた．
　　　a.　［このグループの学生が］［自分の彼女を］［自分の母親に］引き合わせた．
　　　b.　［このグループの学生が］［自分たちの彼女を］［自分たちの母親に］引き合わせた．
　　　c.　*［このグループの学生が］［自分の彼女を］［自分たちの母親に］引き合わせた．
　　　d.　*［このグループの学生が］［自分たちの彼女を］［自分の母親に］引き合わせた．

(39a)では，「［自分の彼女を］［自分の母親に］引き合わせた」という部分は，単数で述べられていることから，1つ下位の LAYER の特性であることがうかがえる．それに対して，(39b)の場合には，「［自分たちの彼女を］［自分たちの母親に］引き合わせた」という部分は，複数で述べられていることから，OBJECT 全体の特性であることがうかがえる．そして，(39c, d)のように，それらが入り混じると，極端に解釈が難しくなるのである．つまり，(38)，(39)で示されているのは，1つ下位の LAYER への移行は，いわゆる「述部」の範囲において見られる現象だということである．ここまでの説明で示してきた構造構築においては，もっぱら規則が適用される2つの構成素の素性を処理することしかしてこなかったが，このように，ある種の領域を作るというのも，やはり構造構築の結果なので，このような情報も構造表示の中に記録しておきたい．そこで，どの範囲が上の意味での「述部」となるのかということも，（ここまで用いてきた統語素性とは少し異質であるが）統語素性の1つとして加えていきたい．
　もちろん，そうするためには，その「述部」という領域をどのようにして形式的にとらえるかということが問題になる．そこで，2.5節において，格助詞ガの分布を説明するために，ガは T と Merge することによって初めて削除される解釈不可能素性 ga を持つと仮定したことを思い出してほしい．

(40)　Numeration = {x1, x2, x3, x4, x5, x6}

130　第6章　Predication と Partitioning

　　　a.　<x1, [{N}, **<x1, {**<*Name*, ジョン>**}>**, ジョン]>
　　　b.　<x2, [{J, +N, +R, ga}, φ, が]>
　　　c.　<x3, [{N}, **<x3, {**<*Name*, メアリ>**}>**, メアリ]>
　　　d.　<x4, [{J, +N, +R, wo}, φ, を]>
　　　e.　<x5, [{V}, **<x5, {**<*Kind*, 追いかける>, <*Theme*, ★_wo>, <*Agent*, ★_ga>**}>**, oikake-]>
　　　f.　<x6, [{T, +V}, **<★, {**<*Time*, perfect>**}>**, -ta]>

(41)　LF 表示（＝PF 表示）
　　　<x6, [{T}, **<x5, {**<*Time*, perfect>**}>**, <
　　　　<x1, [{NP}, **<x1, {**<*Name*, ジョン>**}>**, <
　　　　　<x1, [{N}, φ, ジョン]>,
　　　　　<x2, [{J}, φ, が]>
　　　　>]>
　　　<x6, [{T}, φ, <
　　　　<x5, [{V}, **<x5, {**<*Kind*, 追いかける>, <*Theme*, x3>, <*Agent*, x1>**}>**, <
　　　　　<>,
　　　　　<x5, [{V}, φ, <
　　　　　　<x3, [{NP}, **<x3, {**<*Name*, メアリ>**}>**, <
　　　　　　　<x3, [{N}, φ, メアリ]>,
　　　　　　　<x4, [{J}, φ, を]>
　　　　　　>]>
　　　　　　<x5, [{V}, φ, oikake-]>
　　　　　>]>
　　　　>]>
　　　　<x6, [{T}, φ, -ta]>
　　　>]>
　　>]>

(42)　音連鎖
　　　　ジョン　が　メアリ　を　oikake-　-ta

(43)　LF 意味素性
　　　<x5, {<*Time*, perfect>**}>**
　　　<x1, {<*Name*, ジョン>**}>**
　　　<x5, {<*Kind*, 追いかける>, <*Theme*, x3>, <*Agent*, x1>**}>**
　　　<x3, {<*Name*, メアリ>**}>**

(44)　意味表示
　　　{**<x5, {**<*Time*, perfect>, <*Kind*, 追いかける>, <*Theme*, x3>, <*Agent*, x1>**}>**,
　　　 <x1, {<*Name*, ジョン>**}>**,
　　　 <x3, {<*Name*, メアリ>**}>**}

(41) の LF 表示は，6.2 節で導入した LAYER の書き方ならば(45)のようになる．

(45)　LF 表示（＝PF 表示）
　　　　<x6-1, [{T}, **<x5-1, {**<*Time*, perfect>**}>**, <
　　　　　　<x1-1, [{NP}, **<x1-1, {**<*Name*, ジョン>**}>**, <
　　　　　　　　<x1-1, [{N}, φ, ジョン]>,
　　　　　　　　<x2-1, [{J}, φ, が]>
　　　　　　>]>
　　　　<x6-1, [{T}, φ, <
　　　　　　<x5-1, [{V}, **<x5-1, {**<*Kind*, 追いかける>, <*Theme*, x3-1>, <*Agent*, x1-1>**}>**, <
　　　　　　　　<>,
　　　　　　　　<x5-1, [{V}, φ, <
　　　　　　　　　<x3-1, [{NP}, **<x3-1, {**<*Name*, メアリ>**}>**, <
　　　　　　　　　　<x3-1, [{N}, φ, メアリ
　　　　　　　　　　　　]>,
　　　　　　　　　　<x4-1, [{J}, φ, を]>
　　　　　　　　　>]>
　　　　　　　　<x5-1, [{V}, φ, oikake-]>
　　　　　　　>]>
　　　　　>]>
　　　　<x6-1, [{T}, φ, -ta]>
　　　　>]>
　　>]>

ここで，x6-1 である時制要素-ta は，まず最初に x5-1 と Merge し，そのあと x1-1 と Merge している．この x1-1 と x5-1 は，いわゆる主部（Subject）・述部（Predicate）に相当しているので，この点に注目すれば，主部／述部／叙述関係（Predication）というものを形式的にとらえることが可能になる．

そこで，時制要素には，統語素性として次のように **Predication 素性**というものが含まれていると考えることにする[6]．「☆」とは，1 回 Merge したあと★に置き換えられる解釈不可能素性である

---

6) この統語関係を Predication と呼び，そして，その 2 つの構成要素をそれぞれ Subject, Predicate と呼ぶのは，明らかに，S.-Y. Kuroda の一連の judgment theory に関する議論（Kuroda 1972, 1990, 1992）の影響である．
　Kuroda は，自身が Subject と呼ぶ概念について，いわゆる文法的な意味での subject とは異なるものとして，「Subject」という表記を用いた．
(i)　In order to differentiate these senses of 'subject', it might be appropriate to refer to the first, as opposed to the second and the third, by the term 'subject in the logical sense'. However, the terms 'logical subject' and 'grammatical subject' have long been used among grammarians to differentiate the latter two senses of subject. The term 'subject in the logical sense', besides being awkward, may easily be confused with 'logical subject'. Lacking a better alternative, I have hence decided not to make up a[n] expression with a qualifying term, but rather to capitalize the word 'Subject'. Correlatively, I also capitalize the word 'Predicate' and derivationally related words when they are used with the sense that correlates with the sense of Subject. In contrast, I use 'subject' (without a capital) to indicate 'subject' in a syntactic sense, general[l]y not distinguishing between 'logical' and 'grammatical' (or, 'deep' and 'surface') 'subject'. (Kuroda 1992 : 18-20, section 1. 4 より)

とする．

(46) <xn, [{T, +V, <xn, <Subject, ☆>, <Predicate, ★>>}, <★, {<*Time*, perfect>}>, -ta]>[7]

Predication 素性とは，<xn, <Subject, xm>, <Predicate, xk>> という形式を持つ素性であり，この素性があると，xm が Subject, xk が Predicate として Predication の関係が成り立っているということを示す．先頭の xn という指標は，この Predication 関係そのものを指す場合に用いる指標である．

これで，問題となる領域を特定することができたので，この領域に対して，下位 LAYER に言及するようにする操作 Partitioning を次のように定義する．

---

(47) Partitioning
　　　Predication 素性 <xa, <Subject, xb>, <Predicate, xc>> がある場合，Predicate である xc の領域に含まれるすべての指標 xn−m を xn−(m + 1) に変えよ．

操作そのものは上のように定義されるとしても，では，この操作はどうやって引き起こされるのだろうか．そのためには，やはり何らかの解釈不可能素性が必要なので，Predication 素性 xa に対する Partitioning は，<xa, partitioning> という解釈不可能素性によって引き起こされるとする．

---

(48) <xa, partitioning>
　　　継承規定　非主要部からも継承される．
　　　削除規定　Predication 素性 xa に対して Partitioning が適用されたら削除される．

「3人の男の子が2人の女の子を誘った」という文を，「全体として2人の女の子」というように解釈するか，「男の子1人1人につき2人の女の子」と解釈するかは，結果的に，「3人の男の子」というものを全体でひとかたまりの OBJECT であるととらえたまま，その特性を記述するか，下位 LAYER である男の子1人1人の特性を記述しようとするのか，という違いに起因しているので，Partitioning の引き金となる (48) の素性は，最終的に Subject となる要素がになうと考えたい[8]．そ

　　ただし，Kuroda が Predication と呼んでいるものと，本書で Predication と呼んでいるものが同じ概念であるとは考えないほうがいいらしい．私としては，同じ目標をめざしつつ，表現の仕方や理論の位置づけが異なるだけではないかと考えてきたからこそ，これらの用語を現在でも用いているのであるが，Kuroda 氏本人は生前，私（上山）は Kuroda 理論を誤解していると語っていたと，人づてに聞いている．2006年前後のことなので，統語意味論もまだこの形にはなっていない頃であり，私の考えのほうがうまく届いていなかった可能性もあるかもしれない．現在の形での統語意味論に対して Kuroda 氏がどのような印象を持つのか確認できなくなってしまったのは実に残念なことである．

　　S.-Y. Kuroda の judgment theory にならって，Subject を OBJECT 指示表現に限るという可能性もあるが，現時点では，その仮説はとっていない．
　(ii) The categorical judgment involves apprehension of substance as a Subject, and association of a Predicate to the Subject.（Kuroda 1992 : section 12 より）

7) 日本語では，1つの節の中に Predication が多重に存在することも可能であることが知られている．
　(i) 文明国は男性が平均寿命が短い．(Kuno 1973 : 71 (27c))
　この場合には，(ii) のような空の時制要素を仮定する方法もあるだろうが，本書ではまだ十分な分析は展開していない．
　(ii) [{T, <id, <<Predicate, ★>, <Subject, ☆>>}, φ, φ]
　特に，「ジョンは目がいい」の「目がいい」の部分のような，Host property 表現がかかわる場合については，Predication が形成されるかどうかが，この節で説明した場合とは異なる可能性もあるかもしれないので，慎重に考察するべきであると考えている．

8) Subject となるものが distributor の役割を持つという仮定は，従来の研究においてもいろいろなところで見られ

こで，Numeration において次のように<★[Predication], partitioning>という素性が追加されうると仮定し，★[Predication] で指定した場所には，その要素の指標が Predication 素性に書き込まれたときの Predication 素性の指標に置き換わるとする[9]．

(49) <x4-1, [{N, <★[Predication], partitioning>}, **<x4-1,** {<*Kind*, 男の子>}**>**, 男の子]>

(50) ★[Predication]
      削除規定　自分の指標が xb もしくは xc で，Merge の結果，Merge 相手の Predication 素性が<xa, <Subject, xb>, <Predicate, xc>>である場合，xa で置き換えられる．

たとえば，(27)の場合ならば，(51)の Numeration から(52)のように構造が構築され，それに Partitioning が適用する[10]．

(27) [3 人の男の子]が[2 人の女の子]を誘った．

(51) Numeration = {x1-1, x2-1, x3-1, x4-1, x5-1, x6-1, x7-1, x8-1, x9-1, x10-1, x11-1, x12-1}
    a. <x1-1, [{Num}, **<x1-1,** {<*Degree*, 3>}**>**, 3]>
    b. <x2-1, [{N, +Num}, <●, {<*Kind*, 人>, <*Quantity*, ★>}>, 人]>
    c. <x3-1, [{J, +N, +R, no}, φ, の]>
    d. <x4-1, [{N, <★[Predication], partitioning>}, **<x4-1,** {<*Kind*, 男の子>}**>**, 男の子]>
    e. <x5-1, [{J, +N, +R, ga}, φ, が]>
    f. <x6-1, [{Num}, **<x6-1,** {<*Degree*, 2>}**>**, 2]>
    g. <x7-1, [{N, +Num}, <●, {<*Kind*, 人>, <*Quantity*, ★>}>, 人]>
    h. <x8-1, [{J, +N, +R, no}, φ, の]>
    i. <x9-1, [{N}, **<x9-1,** {<*Kind*, 女の子>}**>**, 女の子]>
    j. <x10-1, [{J, +N, +R, wo}, φ, を]>
    k. <x11-1, [{V}, **<x11-1,** { <*Kind*, 誘う>, <*Theme*, ★wo>, <*Agent*, ★ga>}**>**, sasow-]>
    l. <x12-1, [{T, +V, <x12-1, Subject, ☆>, <Predicate, ★>>}, <★, {<*Time*, perfect>}>, -ta]>

(52) Partitioning 適用前
      <x12-1, [{T, <x12-1, <Subject, x4-1>, <Predicate, x11-1>>, x12-1, partitioning}, **<x11-1,**
                   {<*Time*, perfect>}**>**, <
          <x4-1, [{NP}, **<x4-1,** {<*Kind*, 男の子>}**>**, <
              <x4-1, [{N}, φ, <
                  <x2-1, [{N}, **<x4-1,** {<*Kind*, 人>, <*Quantity*, x1-1>}**>**, <
                      <x2-1, [{N}, φ, <
                          <x1-1, [{Num}, **<x1-1,** {<*Degree*, 3>}**>**, 3]>

る．この<xa, partitioning>素性は，従来，distributor と呼ばれてきた機能を別の形で具現化したものだということも可能である．
9) 語彙項目によっては義務的に Partitioning を引き起こすという特性を持ったものもある．たとえば，8.5 節で分析するモは，その一例である．
10) 派生の全ステップについては，付録 B.3 節を参照のこと．

                    <x2-1, [{N}, φ, 人]>
                >]>
                <x3-1, [{J}, φ, の]>
            >]>
            <x4-1, [{N}, φ, 男の子]>
        >]>
        <x5-1, [{J}, φ, が]>
    >]>
    <x12-1, [{T}, φ, <
        <x11-1, [{V}, **<x11-1, {**<Kind, 誘う>, <Theme, x9-1>, <Agent, x4-1>**}>**, <
            <>
            <x11-1, [{V}, φ, <
                <x9-1, [{NP}, **<x9-1, {**<Kind, 女の子>**}>**, <
                    <x9-1, [{N}, φ, <
                        <x7-1, [{N}, **<x9-1, {**<Kind, 人>, <Quantity, x6-1>**}>**, <
                            <x7-1, [{N}, φ, <
                                <x6-1, [{Num}, **<x6-1, {**<Degree, 2>**}>**, 2]>
                                <x7-1, [{N}, φ, 人]>
                            >]>
                            <x8-1, [{J}, φ, の]>
                        >]>
                        <x9-1, [{N}, φ, 女の子]>
                    >]>
                    <x10-1, [{J}, φ, を]>
                >]>
                <x11-1, [{V}, φ, sasow-]>
            >]>
        >]>
        <x12-1, [{T}, φ, -ta]>
    >]>
>]>

6.3 Predication 素性と Partitioning　135

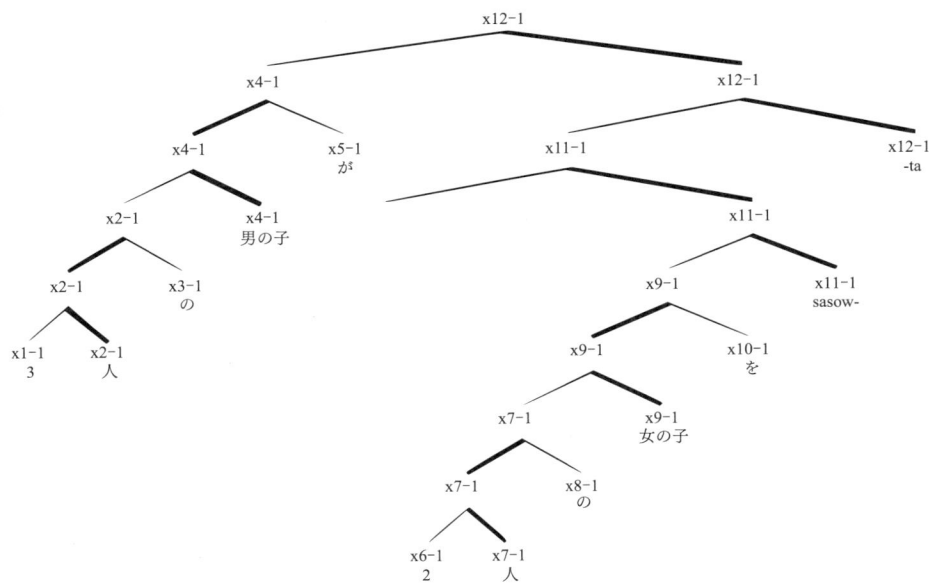

(53)　Partitioning 適用後：LF 表示（= PF 表示）

<x12-1, [{T, <x12-1, <Subject, x4-1>, <Predicate, x11-2>>}, **<x11-1, {**<*Time*, perfect>**}>**, <

　　<x4-1, [{NP}, **<x4-1, {**<*Kind*, 男の子>**}>**, <

　　　　<x4-1, [{N}, φ, <

　　　　　　<x2-1, [{N}, **<x4-1, {**<*Kind*, 人>, <*Quantity*, x1-1>**}>**, <

　　　　　　　　<x2-1, [{N}, φ, <

　　　　　　　　　　<x1-1, [{Num}, **<x1-1, {**<*Degree*, 3>**}>**, 3]>

　　　　　　　　　　<x2-1, [{N}, φ, 人]>

　　　　　　　　>]>

　　　　　　　　<x3-1, [{J}, φ, の]>

　　　　　　>]>

　　　　　　<x4-1, [{N}, φ, 男の子]>

　　　　>]>

　　　　<x5-1, [{J}, φ, が]>

　　>]>

　　<x12-1, [{T}, φ, <

　　　　<x11-2, [{V}, **<x11-2, {**<*Kind*, 誘う>, <*Theme*, x9-2>, <*Agent*, x4-2>**}>**, <

　　　　　　<>

　　　　　　<x11-2, [{V}, φ, <

　　　　　　　　<x9-2, [{NP}, **<x9-2, {**<*Kind*, 女の子>**}>**, <

　　　　　　　　　　<x9-2, [{N}, φ, <

　　　　　　　　　　　　<x7-2, [{N}, **<x9-2, {**<*Kind*, 人>, <*Quantity*, x6-2>**}>**, <

　　　　　　　　　　　　　　<x7-2, [{N}, φ, <

　　　　　　　　　　　　　　　　<x6-2, [{Num}, **<x6-2, {**<*Degree*, 2>**}>**, 2]>

```
                              <x7-2, [{N}, φ, 人]>
                        >]>
                              <x8-2, [{J}, φ, の]>
                        >]>
                              <x9-2, [{N}, φ, 女の子]>
                        >]>
                              <x10-2, [{J}, φ, を]>
                        >]>
                              <x11-2, [{V}, φ, sasow-]>
                  >]>
           >]>
                  <x12-1, [{T}, φ, -ta]>
     >]>
>]>
```

6.4 Partitioning 適用後の意味解釈

(53)の LF 表示からは，(54)のように Predication 素性と LF 意味素性が取り出される．

(54) Predication 素性と LF 意味素性
　　　<x12-1, <Subject, x4-1>, <Predicate, x11-2>>

　　　<x11-1, {<*Time*, perfect>}**>**
　　　<x4-1, {<*Kind*, 男の子>}**>**
　　　<x4-1, {<*Kind*, 人>, <*Quantity*, x1-1>}**>**
　　　<x1-1, {<*Degree*, 3>}**>**
　　　<x11-2, {<*Kind*, 誘う>, <*Theme*, x9-2>, <*Agent*, x4-2>}**>**
　　　<x9-2, {<*Kind*, 女の子>}**>**
　　　<x9-2, {<*Kind*, 人>, <*Quantity*, x6-2>}**>**
　　　<x6-2, {<*Degree*, 2>}**>**

Predication 素性そのものは統語素性であるが，間接的に意味解釈にも影響を与えるので，意味表示に次のように意味素性を追加することにする．

(55) Predication 素性<xn, <Subject, xm>, <Predicate, xk>>がある場合，xm が OBJECT の指標ならば **<xm,** {<*Predicate*, xk>}**>** という意味素性を，xk が OBJECT の指標ならば **<xk,** {<*Subject*, xm>}**>** という意味素性を追加する．

たとえば，(54)の Predication 素性の場合には，(56)のような意味素性が追加される．

(56)　**<x4-1,** {<*Predicate*, x11-2>}**>**
　　　<x11-2, {<*Subject*, x4-1>}**>**

その結果，(57)の意味表示が派生する．

(57) 意味表示
　　　{<x11, {**<x11-1,** {<*Time*, perfect>}**>**, **<x11-2,** {<*Kind*, 誘う>, <*Theme*, x9-2>, <*Agent*, x4-2>,
　　　　<*Subject*, x4-1>}**>**>,
　　　<x4, {**<x4-1,** {<*Kind*, 男の子>, <*Kind*, 人>, <*Quantity*, x1-1>, <*Predicate*, x11-2>}**>**}>,
　　　<x1, {**<x1-1,** {<*Degree*, 3>}**>**}>,
　　　<x9, {**<x9-2,** {<*Kind*, 女の子>, <*Kind*, 人>, <*Quantity*, x6-2>}**>**}>,
　　　<x6, {**<x6-2,** {<*Degree*, 2>}**>**}>}

<x4-1, {<*Predicate*, x11-2>}**>** の場合，**x4-1** と **x11-2** がどのような関係であるかは，自明ではない．**x11-2** に対して **x4-2** は参与者の関係であるが，それに基づいて **x11-2** と **x4-1** が関連づけられるためには，**x4-2** という下位 LAYER の特性が **x4-1** 全体に関わるものだという推論をする必要がある．(27)において，「どの男の子」についても，「2 人の女の子を誘った」という行為の Agent になるという全称量化的な解釈がされるのは，まさにこのためである．

(57)の意味表示で述べられているのは，(58)の実線の部分だけである．

(58)

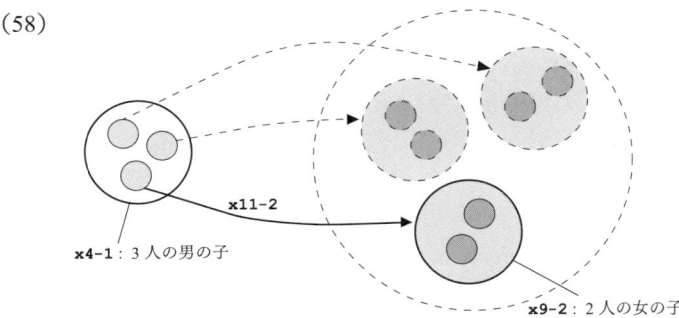

これだけの関係がわかれば，**x9** 全体としては女の子が 6 人いるということが明示的に述べられていなくても，(59)のように，いくつかの推論の結果，計算して導くことができる．

(59) a. **x4-1** は<*Quantity*, x1-1>という property を持っており，**x1-1** は<*Degree*, 3>なので，**x4-1** のメンバーの数は 3 であるとみなされる．
　　b. **x4-1** が<*Predicate*, x11-2>という property を持っているということは，メンバーである **x4-2** の持つ性質がグループ全体の **x4-1** の性質とみなせるということである．
　　c. **x11-2** は，**x4-2** と **x9-2** との間に成り立つデキゴトである．
　　d. すると，**x4-2** と **x9-2** との間に成り立つデキゴト **x11-2** が，**x4-1** 全体に関わるのであるから，**x4-1** と **x9-1** は，メンバーの数が同じだろうと推測される．
　　e. **x9-2** は<*Quantity*, x6-2>という property を持っており，**x6-2** は<*Degree*, 2>なので，**x9-2** のメンバーの数は 2，**x9-1** 全体の人数としては，2 人× 3＝6 人だろうという推測が導かれる．

つまり，意味表示としては，**x9-1** についての直接の記述は含んでいないが，**x9-2** についての記述があることによって，間接的にその全体像が「理解」されていると考えればよい．

(60)において「その女の子たち」の人数が6人であるという理解がされうるのも，そのためである．

(60) [3人の男の子]$_{x4}$ が [2人の女の子]$_{x9}$ を誘った．
　　 [その女の子たち]$_{x9}$ は，みんな喜んでいた．

この場合，通常は「その女の子たち」が「代表となる男の子が誘った2人の女の子」という意味にはならないので，次のような原則があることになる．

(61) Numeration では，原則的に，LAYER 番号は 1 である．

　ここで，重要なのは，**x9-1** と **x9-2** とでは，注目している側面は異なるものの，同じ **x9** という OBJECT について述べているということである．(60)では，厳密に言うと，「2人の女の子」は「その女の子たち」の先行詞とは言いにくい．「2人の女の子」は **x9-2** に相当し，「その女の子たち」は **x9-1** に相当しているからである．しかし，これは，1.4.6 節で述べたソ系列指示詞の特性の違反にはなっていない．

(62) モノを指示するソ系列指示詞は，Numeration において，その談話ですでに使われた番号の指標をになわなければならない．

言い換えれば，直接の「先行詞」がないにも関わらず「その女の子たち」というソ系列指示詞を用いることができるのは，その表現が担っている指標が，「2人の女の子」という表現によって，すでにこの談話の中に持ち込まれているからなのである．

6.5　本書で未解決のまま残している問題

6.5.1　ガ格名詞句以外が Subject となる場合

　ガ句とヲ句がそれぞれ異なる LAYER の記述になっている場合については，上に提案した方法で対処できるが，ニ句とヲ句の間でも異なる LAYER の記述になることがある．

(63)　3人の男の子が2人の女の子に5本のバラを贈った．

つまり，この文において，男の子と女の子とバラのそれぞれの総数は，次の(64a, b)だけでなく，(64c)の可能性もある．

(64)　a. 男の子3人　　女の子2人　　バラ5本
　　　b. 男の子3人　　女の子6人　　バラ15本
　　　c. 男の子3人　　女の子6人　　バラ30本

(64c)の解釈は，男の子1人につき，女の子が2人おり，その女の子それぞれについてバラが5本ずつ，という解釈であるから，「3人の男の子が」が LAYER 1 の記述，「2人の女の子に」が LAYER 2 の記述，「5本のバラを」が LAYER 3 の記述であるとすると，この解釈が出てもいいことになる．(47)では，Partitioning が起こるのは Predication の Predicate の領域であると仮定した．

(47) Partitioning
Predication 素性 <xa, <Subject, xb>, <Predicate, xc>>がある場合，Predicate である xc の領域に含まれるすべての指標 xn-m を xn-(m＋1)に変えよ．

この仮定を保持するならば，「2人の女の子に」を Subject として「5本のバラを」を含む Predicate が作られる操作があることになる．

仮に，「〜に」と「〜を」がいったん Subject–Predicate 関係を形成した上で動詞と Merge するという派生が可能なシステムになっていれば，上のような現象も説明できる．実際，数量表現の解釈の問題とは独立に，日本語では，(65)や(66)のような構文が可能であるという事実が，以前から注目されていた．

(65) a. メアリーがあげたのは［ジョンにリンゴを3つ］だ． (Koizumi 2000：234)
 b. ジョンがあげたのは［本をメアリーに］だ． (Takano 2002：257)
 c. 本をあげたのは［ジョンがメアリーに］だ． (川添 2005：ch. 6, (14))

(66) ［太郎がリンゴ（を3つ）］と［次郎がミカンを（2つ）］買う． (川添 2005：ch. 1, (9))

(66)については，いくつかの派生方法が提案されていたが，川添(2005)は，特に(67)のような例はそれまでの動詞繰り上げ分析や PF 音連鎖削除分析では説明できないことを指摘し，(68)のように，2つの名詞句が「音声的にゼロの主要部（small p）」によって構成素となる分析を提案した[11]．

(67) a. {α[太郎が大阪で1回]と[花子が神戸で2回]} {β[ジョンにたこ焼きを1人前]と[メアリーに明石焼きを2人前]}ごちそうした． (川添 2005：ch. 2, (10a))
 b. {α[A会場で大学生が2人]と[B会場で高校生が1人]} {β[手刀で瓦を20枚]と[蹴りで板を10枚]}割った． (川添 2005：ch. 2, (10b))

(68)

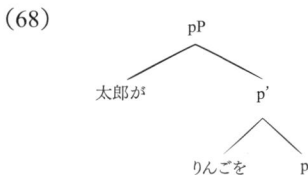

また，(69)の文が(70)の解釈だけでなく(71)の解釈も許すという事実は，(72a)に加えて(72b)の構造も可能だと考えれば説明できる可能性がある．

(69) 太郎が花子にしかクリスマスプレゼントをあげなかった（こと） (川添 2005：ch. 6, (3))

---

11) Koizumi (2000) などの動詞繰り上げ分析の問題点については川添(2005)の第2章で，Fukui & Sakai (2003) などの PF 音連鎖削除分析の問題点については川添(2005)の第3章で，また，Takano (2002) などの NP 付加移動分析の問題点については川添(2005)の第4章で述べられている．川添(2005)の第5章補遺 A では，次のような文の意味解釈についても議論している．
 (i) a. ［太郎が男子学生1人］と［次郎が女子学生1人を］お互いの先生に紹介した． (川添 2005：ch. 2, (24))
  b. ［ジョンがリンゴを1つ］と［ビルがバナナを1本］ 同じ／違う人に買った． (Takano 2002：274 (86))
  c. ［太郎がリンゴを1つ］と［花子がみかんを1つ］(それぞれ)ジョンとメアリーにあげた．
 (川添 2005：ch. 2, (28))

(70) 太郎は花子にクリスマスプレゼントをあげたが，それ以外に太郎が誰かにクリスマスプレゼントをあげるということはなかった．
NO x (x≠hanako) [taro gave x a Christmas present] （川添 2005：ch. 6, (4)）

(71) 太郎が花子にクリスマスプレゼントをあげたが，それ以外に誰かが誰かにクリスマスプレゼントをあげるということはなかった．
NO <x, y> (x≠taro & y≠hanako) [x gave y a Christmas present] （川添 2005：ch. 6, (5)）

(72) a. 太郎が [花子に]-しか　クリスマスプレゼントをあげなかった． （川添 2005：ch. 6, (7)）
　　 b. [太郎が花子に]-しか　クリスマスプレゼントをあげなかった． （川添 2005：ch. 6, (8)）

このことは，(68)のような構成素ができるのが等位接続構文に限らないということを示唆している．

もし，(68)の「音声的にゼロの主要部」が本書で述べている Predication を形成するものであるならば，この構造が形成された場合に Partitioning が多重に起きて，(63)の文に対して(64c)の解釈を生むことは十分に考えられる．川添 (2005) で提案されている統語論の分析は，格助詞の扱い方が本書とは若干異なるため，組み込むには少し調整が必要であるが，意味表示の構築方法については共通の精神に基づいているので，根本的な問題はないと考えている．

6.5.2　主語／目的語の非対称性

本書で提案した分析では，(27)の文の場合，(57)のような意味表示は可能であるが，(73)のような意味表示は派生されない．

(27) [3人の男の子]が[2人の女の子]を誘った．

(57) 意味表示
{<x11, {<**x11-1**, {<*Time*, perfect>}>, <**x11-2**, {<*Kind*, 誘う>, <*Theme*, x9-2>, <*Agent*, x4-2>, <*Subject*, x4-1>}>}>,
<x4, {<**x4-1**, {<*Kind*, 男の子>, <*Kind*, 人>, <*Quantity*, x1-1>, <*Predicate*, x11-2>}>}>,
<x1, {<**x1-1**, {<*Degree*, 3>}>}>,
<x9, {<**x9-2**, {<*Kind*, 女の子>, <*Kind*, 人>, <*Quantity*, x6-2>}>}>,
<x6, {<**x6-2**, {<*Degree*, 2>}>}>}

(73) {<x11, {<**x11-1**, {<*Time*, perfect>}>, <**x11-2**, {<*Kind*, 誘う>, <*Theme*, x9-2>, <*Agent*, x4-2>, <*Subject*, x9-1>}>}>,
<x4, {<**x4-2**, {<*Kind*, 男の子>, <*Kind*, 人>, <*Quantity*, x1-2>}>}>,
<x1, {<**x1-2**, {<*Degree*, 3>}>}>,
<x9, {<**x9-1**, {<*Kind*, 女の子>, <*Kind*, 人>, <*Quantity*, x6-1>, <*Predicate*, x11-2>}>}>,
<x6, {<**x6-1**, {<*Degree*, 2>}>}>}

(73)は，人数が 3 というのが **x4-2** の特性であるということなので，すなわち，男の子が全部で 6 人いるという解釈である．

問題は，(27)で実際にその解釈が可能かということである．これは実はこれまでの日本語研究においても意見の分かれているところであり，無理にまとめると次のようになる．

(74) a. (27)に対する解釈として，(57)と(73)を比べると，はっきりと(57)のほうが優先的な解釈である．
　　　b. (73)が絶対に不可能かというと，それほどでもない．

もともと英語においては，(27)に相当する構文で(57)に相当する解釈も(73)に相当する解釈も可能であるとされていたため，これが言語の違いによるものなのかどうかという問題も引き起こした．私としては，(27)の文の場合，(57)の意味表示は出てきても(73)の意味表示は出てこないと考えており，それにもかかわらず(73)のような解釈が不可能でないように思えるという事実は別の方法で説明されるべきだと考えているが，その分析については，個別の論文で論じていきたい．

第 7 章
連体修飾

　第 4 章では「A（の）B」という構文について考察したが，この章では，名詞の主要部に対して節が修飾している**連体修飾節**について考える．スコープ解釈と比べて，連体修飾節はごく一般的な構文であるが，第 6 章で導入した Predication 素性が関わるため，ここで紹介する．また最後に，連体修飾と連用修飾の違いについてもふれる．

7.1 連体修飾節

　英語の関係節の場合，原則的に，関係節の中に主要部に対応する空所が必要である．

(1)　a.　[the girl [who John saw ＿ yesterday]]
　　　b.　[the candy [I bought ＿ at the supermarket]]

これに対して，日本語の連体修飾節では，(1)と同様に見える場合もある一方，必ずしもそのような空所が必要であるとは限らない[1]．

(2)　　　[[ジョンが ＿ 見かけた]女の子]

(3)　a.　[[給料が上がった]社員]
　　　b.　[[父が楽しそうに笑っている]写真]
　　　c.　[[ギョウザをうまく作る]コツ]
　　　d.　[[ギターを弾いている]音]
　　　e.　[[ジョンが出て行った]メアリ]
　　　f.　[[毎日，素振りをしていた]手]

---

[1] 日本語の連体修飾節の構築方法は，1 種類なのか複数の種類が混在しているのか．英語の場合には，wh 語が関わる関係節と，(such) that による名詞修飾節とは，明らかに異なるふるまいがあるので，構築方法が異なっていると考えるのが妥当であろう．しかし，日本語の連体修飾節の場合には，今のところ，特に複数種類の構文が関わっている証拠がないため，本書では 1 種類の構築方法ですべてに適用できるものを提案した．日本語にも英語の wh 語が関わる関係節のような，制限の強い構築方法が存在しない証拠はないが，複数種類の構築方法が関わると仮定するのは，（その言語において）1 種類の構築方法では説明できない現象が存在するということを確認した後にするべきであると考えている．

もし，(2)を構築する方法として(1)の場合と同じような規則が関わっているとすると，その同じ規則では(3)を派生することはできないので，連体修飾節を構築する規則として2種類仮定することになる．逆に，(3)を派生する規則があるならば，それを使って(2)を派生することは可能である．空所の部分は，2.6節のzero-Mergeによって処理すればいいからである．現時点では，(2)と(3)を区別するべきという積極的な根拠を知らないので，本書では(2)用の規則を特別に設定することはしないでおく．

　ここで注目したいのは，連体修飾節は，6.3節で導入したPartitioningの適用領域だと考えられるということである．

(4)　　［2人の女の子を誘った］3人の男の子

(4)では，その3人の男の子それぞれが女の子を2人ずつ誘っているという解釈も可能である．そこで，連体修飾節が形成される際には，次のような形でPredication素性が追加されると考えたい[2]．

---

(5)　　rel-Merge：連体修飾節のMerge規則
　　　　　<xm1, [{T, ...}, **<xm2, {property1, ...}>**, body1]>
　　　　　<xn, [{N, ...}, **<xn, {property2, ...}>**, body2]>
⇒ rel-Merge
　　　　　<xn, [{N, <xk, <Subject, xn>, <Predicate, xm1>>...}, **<xn, {property2, <u>$<a_n, xm2>$</u>, ...}>**, <
　　　　　　　<xm1, [{T, ...}, **<xm2, {property1, ...}>**, body1]>,
　　　　　　　<xn, [{N}, ϕ, body2]>
　　　　　>]>

追加されたPredication素性とは，<xk, <Subject, xn>, <Predicate, xm1>>という部分であり，ここで，xkは新しい指標，xnは主要部名詞の持つ指標，xm1は連体修飾節の持つ指標である．また，4.2節で提案したのと同じ理由で，主要部の名詞の意味素性には，$<a_n, xm2>$というpropertyが追加されている．xm2というのは，連体修飾節のid-slotを占める指標である．連体修飾節そのものの指標ではなくid-slotの指標をとっているのは，連体修飾節の（統語的）主要部となっているのは通常，時制要素というproperty記述表現だからである．$<a_n, xm2>$というrelation propertyでは，valueとしてOBJECTに対応する指標が入らなければ解釈できないので，ここではid-slotの指標をとっている．

　たとえば，(6)のNumerationから形成される連体修飾節の場合には，**<x5, {$<a_n, x3>$}>**という意味素性が加わるので，**x3**と**x5**にどのような関係があるかが世界知識等も使いつつ確認されることになる．（派生の全ステップは付録B.4節を参照のこと．）

(6)　　Numeration＝{x1, x2, x3, x4, x5}

---

[2] 名詞主要部と連体修飾節の関係が，主題―陳述の関係を想起させるという指摘は，以前から日本語学においてなされているものである．ただし，ここでは，ひとまず連体修飾節に対して下位分類がないものとして話を進めているが，さらに観察が進んだときに，連体修飾節にいくつかの区別が必要になる可能性は十分に考えられる．その際に，すべての連体修飾節に対してPredication素性の追加が起こるかどうかは，吟味するべき事項である．

第 7 章　連体修飾

a. <x1, [{N}, **<x1, {**<Name, ジョン>**}>**, ジョン]>
b. <x2, [{J, +N, +R, ga}, φ, が]>
c. <x3, [{V}, **<x3, {**<Kind, 見かける>, <Theme, ★_wo>, <Agent, ★_ga>**}>**, mikake-]>
d. <x4, [{T, +V, <x4, <Subject, ☆>, <Predicate, ★>>}, <★, {<Time, perfect>}>, -ta]>
e. <x5, [{N} **<x5, {**<Kind, 女の子>**}>**, 女の子]>

(7) LF 表示（=PF 表示）

<x5, [{N, <x7, <Subject, x5>, <Predicate, x4>>}, **<x5, {**<Kind, 女の子>, <a_8, x3>**}>**, <
　<x4, [{T, <x4, <Subject, x1>, <Predicate, x3>>}, **<x3, {**<Time, perfect>**}>**, <
　　<x1, [{NP}, **<x1, {**<Name, ジョン>**}>**, <
　　　<x1, [{N}, φ, ジョン]>,
　　　<x2, [{J}, φ, が]>
　　>]>,
　　<x4, [{T}, φ, <
　　　<x3, [{V}, **<x3, {**<Kind, 見かける>, <Theme, x6>, <Agent, x1>**}>**, <
　　　　<>,
　　　　<x3, [{V}, φ, <
　　　　　<x6, [{NP}, **<x6, { }>**, φ]>,
　　　　　<x3, [{V}, φ, mikake-]>
　　　　>]>
　　　>]>,
　　　<x4, [{T}, φ, -ta]>
　　>]>
　>]>,
　<x5, [{N}, φ, 女の子]>
>]>

(8) 音連鎖
　　　ジョン　が　mikake-　-ta　女の子

(9) Predication 素性と LF 意味素性
　　<x7, <Subject, x5>, <Predicate, x4>>
　　<x4, <Subject, x1>, <Predicate, x3>>

　　<x5, {<Kind, 女の子>, <a_8, x3>**}>**
　　<x3, {<Time, perfect>**}>**
　　<x1, {<Name, ジョン>**}>**
　　<x3, {<Kind, 見かける>, <Theme, x6>, <Agent, x1>**}>**
　　<x6, { }>

この場合，**x6**=**x5** と仮定すると，**x6** は **x3** の Theme であるから **x5** と **x3** の間の関係性が成立する．**x6** については，(9)では何も意味素性が指定されていないのであるから，**x6**=**x5** と仮定する

ことによる負荷はない．その結果得られる意味表示は次のようになる[3]．

(10) 意味表示

   {**x1**,{<*Name*, ジョン>, <*Predicate*, x3>}>,
    <**x3**,{<*Kind*, 見かける>, <*Theme*, x5>, <*Agent*, x1>, <*Subject*, x1>, <*Time*, perfect>}>,
    <**x5**,{<*Kind*, 女の子>, <α_8, x3>, <*Predicate*, x4>}>}

 同様に，次の(11)–(16)の(a)の文のLF表示から取り出された意味素性は(b)であり，それはたとえば(c)のような意味表示を生みうる．言語使用者が世界知識等を利用して「理解」のために追加したpropertyは下線で表記してある．当然ながら，この下線の部分については，これでなければならないわけではなく，単なる一例にすぎない．

(11) a. [[給料が上がった]社員]
  b. Predication 素性と LF 意味素性
   <x7, <*Subject*, x5>, <*Predicate*, x4>>
   <x4, <*Subject*, x1>, <*Predicate*, x3>>

   <**x1**,{<*Kind*, 給料>, <*Host*, x6>}>
   <**x6**,{ }>
   <**x3**,{<*Time*, perfect>}>
   <**x3**,{<*Kind*, 上がる>, <*Theme*, x1>}>
   <**x5**,{<*Kind*, 社員>, <α_8, x3>}>

  c. 意味表示（**x6**=**x5**）
   {<**x1**,{<*Kind*, 給料>, <u><*Host*, x5></u>, <*Predicate*, x3>}>,
    <**x3**,{<*Kind*, 上がる>, <*Theme*, x1>, <*Time*, perfect>, <*Subject*, x1>}>,
    <**x5**,{<*Kind*, 社員>, <u><給料, x1></u>, <α_8, x3>, <*Predicate*, x4>}>}

(12) a. [[父が楽しそうに笑っている]写真]
  b. Predication 素性と LF 意味素性
   <x8, <*Subject*, x6>, <*Predicate*, x5>>
   <x5, <*Subject*, x1>, <*Predicate*, x4>>

   <**x6**,{<*Kind*, 写真>, <α_9, x4>}>
   <**x4**,{<*Time*, imperfect>}>
   <**x4**,{<楽しそう, __>}>
   <**x1**,{<*Kind*, 父>, <*Host*, x7>}>
   <**x4**,{<*Kind*, 笑う>, <*Agent*, x1>}>
   <**x7**,{ }>

---

3) (9)の x4 は Predication 素性の指標のため，<*Subject*, x5>というpropertyが意味表示に追加されることはない．ただし，本書で示したシステムでは，Predication 素性の指標が意味表示にあらわれることはあり，それが何を表しているのか，意味表示を見ただけでは，よくわからない事態になってしまっている．これは，現システムが Predication というものを意味表示の中にどのように位置づけるかという問題について，まだ十分に考察しきれていないことを示していると言わざるをえないだろう．

c. 意味表示

{**x1**,{<*Kind*, 父>, <*Host*, x7>, <*Predicate*, x4>}>,
 x7,{<父, x1>}>,
 x4,{<*Kind*, 笑う>, <*Agent*, x1>, <*Subject*, x1>, <楽しそう, ＿>, <*Time*, imperfect>, <u><*Location*, x6></u>>,
 x6,{<*Kind*, 写真>, <α₉, x4>, <*Predicate*, x5>}>}

(13) a. [[ギョウザをうまく作る]コツ]
 b. Predication 素性と LF 意味素性
  <x9, <*Subject*, x6>, <*Predicate*, x5>>
  <x5, <*Subject*, x8>, <*Predicate*, x4>>

  x6,{<*Kind*, コツ>, <*Host*, x5>, <α₁₀, x4>}>
  x4,{<*Time*, imperfect>}>
  x8,{ }>
  x7,{ }>
  x4,{<うまい, ＿>}>
  x1,{<*Kind*, ギョウザ>}>
  x4,{<*Kind*, 作る>, <*Theme*, x1>, <*Agent*, x7>}>
 c. 意味表示（**x8＝x7**）
  {**x1**,{<*Kind*, ギョウザ>}>,
   x4,{<*Kind*, 作る>, <*Theme*, x1>, <*Agent*, x7>, <*Subject*, x7>, <うまい, ＿>, <*Time*, imperfect>}>,
   x7,{<*Predicate*, x4>}>,
   x6,{<*Kind*, コツ>, <*Host*, x5>, <α₁₀, x4>, <*Predicate*, x5>}>}

(14) a. [[ギターを弾いている]音][4)
 b. Predication 素性と LF 意味素性
  <x8, <*Subject*, x5>, <*Predicate*, x4>>
  <x4, <*Subject*, x7>, <*Predicate*, x3>>

  x5,{<*Kind*, 音>, <α₉, x3>}>
  x3,{<*Time*, imperfect>}>
  x1,{<*Kind*, ギター>}>
  x3,{<*Kind*, 弾く>, <*Theme*, x1>, <*Agent*, x6>}>
  x7,{ }>
  x6,{ }>
 c. 意味表示（**x7＝x6**）
  {**x1**,{<*Kind*, ギター>}>,
   x6,{<*Predicate*, x3>}>,

---

4) 本書では時制について詳しく分析していないので，とりあえず <*Time*, imperfect> とだけしてあるが，V テイルの分析によって，このあたりの property は修正されるべきであろう．以降の例においても同様である．

  <**x3**, {<*Kind*, 弾く>, <*Theme*, x1>, <*Agent*, x6>, <*Subject*, x6>, <*Time*, imperfect>, <音, x5>}>,
  <**x5**, {<*Kind*, 音>, <*Host*, x3>, <α_9, x3>, <*Predicate*, x4>}>}

(15) a. [[ジョンが出て行った]メアリ]
 b. Predication 素性と LF 意味素性
   <x7, <Subject, x5>, <Predicate, x4>>
   <x4, <Subject, x1>, <Predicate, x3>>

   <**x5**, {<*Name*, メアリ>, <α_8, x3>}>
   <**x3**, {<*Time*, perfect>}>
   <**x1**, {<*Name*, ジョン>}>
   <**x6**, {}>
   <**x3**, {<*Kind*, 出て行く>, <*Location*, x6>, <*Agent*, x1>}>
 c. 意味表示
   {<**x1**, {<*Name*, ジョン>, <*Predicate*, x3>}>,
   <**x3**, {<*Kind*, 出て行く>, <*Agent*, x1>, <*Subject*, x1>, <*Time*, perfect>, <*Location*, x6>}>
   <**x6**, {<*Kind*, 家>, <*Host*, x5>}>,
   <**x5**, {<*Name*, メアリ>, <家, x6>, <α_8, x3>, <*Predicate*, x4>}>}

(16) a. [[毎日，素振りをしていた]手]
 b. Predication 素性と LF 意味素性
   <x10, <Subject, x6>, <Predicate, x5>>
   <x5, <Subject, x8>, <Predicate, x4>>

   <**x6**, {<*Kind*, 手>, <*Host*, x9>, <α_{11}, x4>}>
   <**x8**, {}>
   <**x4**, {<*Time*, perfect>}>
   <**x4**, {<*頻度*, 毎日>}>
   <**x7**, {}>
   <**x2**, {<*Kind*, 素振り>}>
   <**x4**, {<*Kind*, する>, <*Theme*, x2>, <*Agent*, x7>}>
   <**x9**, {}>
 c. 意味表示（**x9**=**x8**=**x7**）
   {<**x2**, {<*Kind*, 素振り>}>,
   <**x4**, {<*Kind*, する>, <*Theme*, x2>, <*Agent*, x7>, <*Subject*, x7>, <*Time*, perfect>, <*頻度*, 毎日>}>,
   <**x7**, {<*Predicate*, x4>, <手, x6>}>,
   <**x6**, {<*Kind*, 手>, <*Host*, x7>, <α_{11}, x4>, <*Predicate*, x5>}>}

7.2　連体修飾が複数ある場合

 修飾表現は，直後の語彙項目に係るとは限らない．たとえば，(17)の場合，(18)のように，「か

148　第 7 章　連体修飾

わいい」が「リボン」に係っていて，「リボンをつけた」が「犬」に係る解釈だけでなく，(19)のように，「かわいい」も「リボンをつけた」も「犬」に係る解釈も可能である．

(17)　かわいい　リボンをつけた　犬を抱いた　女の子が立っている．

(18)　「かわいい」が「リボン」に係っている．「リボンをつけた」が「犬」に係っている．
　　a.

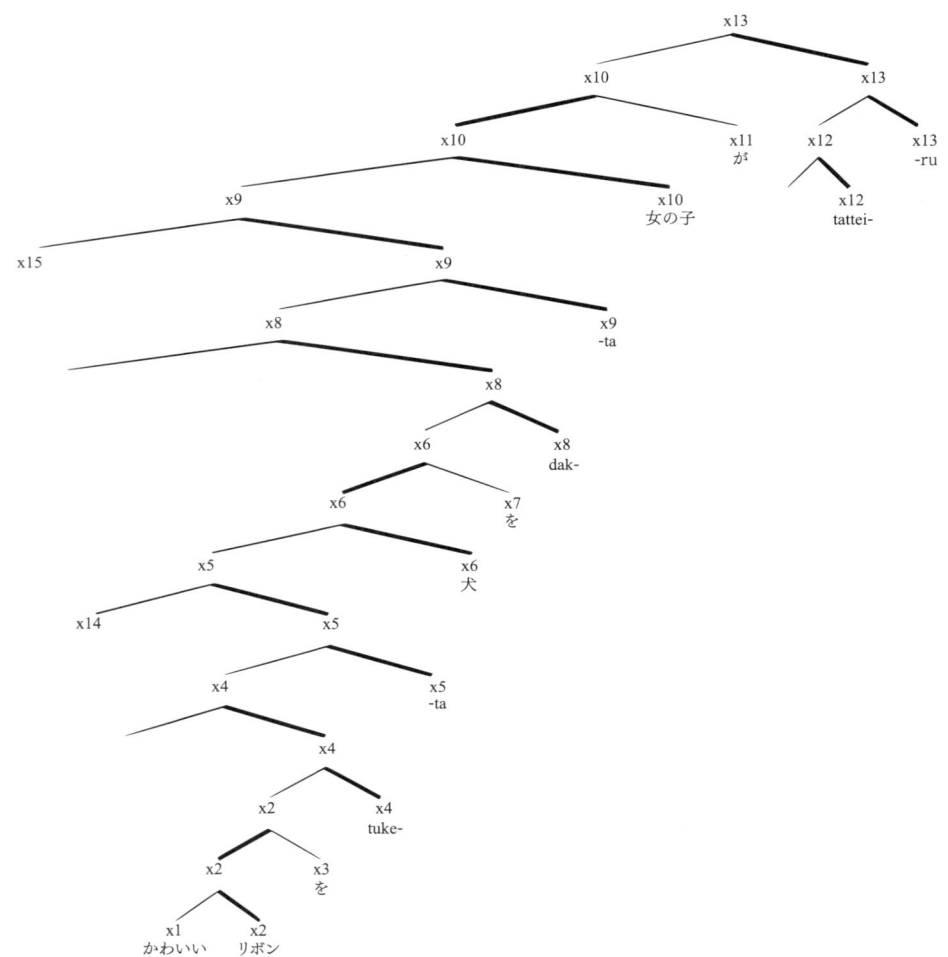

　　b.　Predication 素性と LF 意味素性
　　　　<x13, <Subject, x10>, <Predicate, x12>>
　　　　<x18, <Subject, x10>, <Predicate, x9>>
　　　　<x9, <Subject, x15>, <Predicate, x8>>
　　　　<x16, <Subject, x6>, <Predicate, x5>>
　　　　<x5, <Subject, x14>, <Predicate, x4>>

　　　　<x12, {<*Time*, imperfect>**}>**

<**x12**, {<*Kind*, 立っている>, <*Agent*, x10>}>

<**x10**, {<*Kind*, 女の子>, <*α₂₂*, x8>}>

<**x8**, {<*Time*, perfect>}>

<**x8**, {<*Kind*, 抱く>, <*Theme*, x6>, <*Agent*, x15>}>

<**x6**, {<*Kind*, 犬>, <*α₂₀*, x4>}>

<**x4**, {<*Time*, perfect>}>

<**x4**, {<*Kind*, つける>, <*Theme*, x2>, <*Location*, x14>}>

<**x2**, {<*Kind*, リボン>}>

<**x2**, {<かわいい, ＿>}>

c. 意味表示（**x15**＝**x10**；**x14**＝**x6**）

{<**x2**, {<*Kind*, リボン>, <かわいい, ＿>}>,

<**x4**, {<*Kind*, つける>, <*Theme*, x2>, <*Location*, x6>, <*Time*, perfect>, <*Subject*, x6>}>,

<**x5**, {<*Subject*, x6>}>,

<**x6**, {<*Kind*, 犬>, <*α₂₀*, x4>, <*Predicate*, x4>, <*Predicate*, x5>}>,

<**x8**, {<*Kind*, 抱く>, <*Theme*, x6>, <*Agent*, x10>, <*Time*, perfect>, <*Subject*, x10>}>,

<**x9**, {<*Subject*, x10>}>,

<**x10**, {<*Kind*, 女の子>, <*α₂₂*, x8>, <*Predicate*, x8>, <*Predicate*, x9>, <*Predicate*, x12>}>,

<**x12**, {<*Kind*, 立っている>, <*Agent*, x10>, <*Subject*, x10>, <*Time*, imperfect>}>}

150　第7章　連体修飾

(19) a.

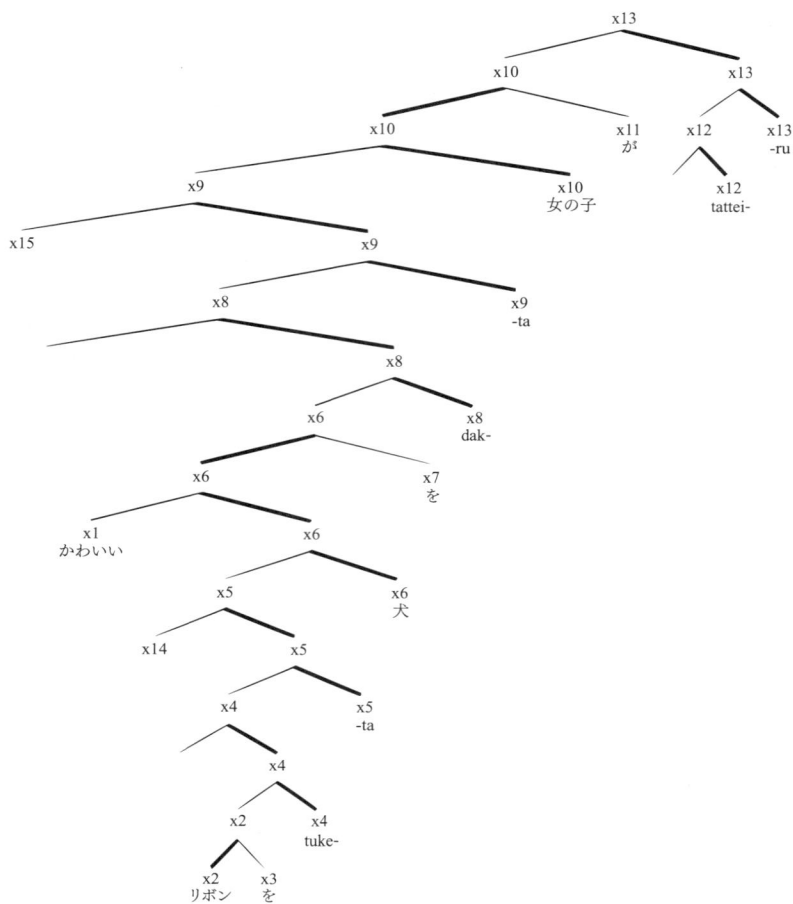

b. Predication 素性と LF 意味素性

<x13, <Subject, x10>, <Predicate, x12>>

<x17, <Subject, x10>, <Predicate, x9>>

<x9, <Subject, x15>, <Predicate, x8>>

<x16, <Subject, x6>, <Predicate, x5>>

<x5, <Subject, x14>, <Predicate, x4>>

<x12, {<*Time*, imperfect>}**>**

<x12, {<*Kind*, 立っている>, <*Agent*, x10>}**>**

<x10, {<*Kind*, 女の子>, <α_{22}, x8>}**>**

<x8, {<*Time*, perfect>}**>**

<x8, {<*Kind*, 抱く>, <*Theme*, x6>, <*Agent*, x15>}**>**

<x6, {<*Kind*, 犬>, <α_{20}, x4>}**>**

<x4, {<*Time*, perfect>}**>**

<x4, {<*Kind*, つける>, <*Theme*, x2>, <*Location*, x14>}**>**

<x2, {<*Kind*, リボン>}**>**

7.2 連体修飾が複数ある場合   151

　　　　<**x6**,{<かわいい,　__>}>
　c. 意味表示（**x15**＝**x10**；**x14**＝**x6**）
　　　{<**x2**,{<*Kind*, リボン>}>,
　　　<**x4**,{<*Kind*, つける>, <*Theme*, x2>, <*Location*, x6>, <*Time*, perfect>, <*Subject*, x6>}>,
　　　<**x5**,{<*Subject*, x6>}>,
　　　<**x6**,{<*Kind*, 犬>, <かわいい, __>, <a_{20}, x4>, <*Predicate*, x4>, <*Predicate*, x5>}>,
　　　<**x8**,{<*Kind*, 抱く>, <*Theme*, x6>, <*Agent*, x10>, <*Time*, perfect>, <*Subject*, x10>}>,
　　　<**x9**,{<*Subject*, x10>}>,
　　　<**x10**,{<*Kind*, 女の子>, <a_{22}, x8>, <*Predicate*, x8>, <*Predicate*, x9>, <*Predicate*, x12>}>,
　　　<**x12**,{<*Kind*, 立っている>, <*Agent*, x10>, <*Time*, imperfect>, <*Subject*, x10>}>}

(20)は,「リボンをつけた」が「犬」に係ったまま,「かわいい」が「女の子」に係った場合である.

(20)　a.

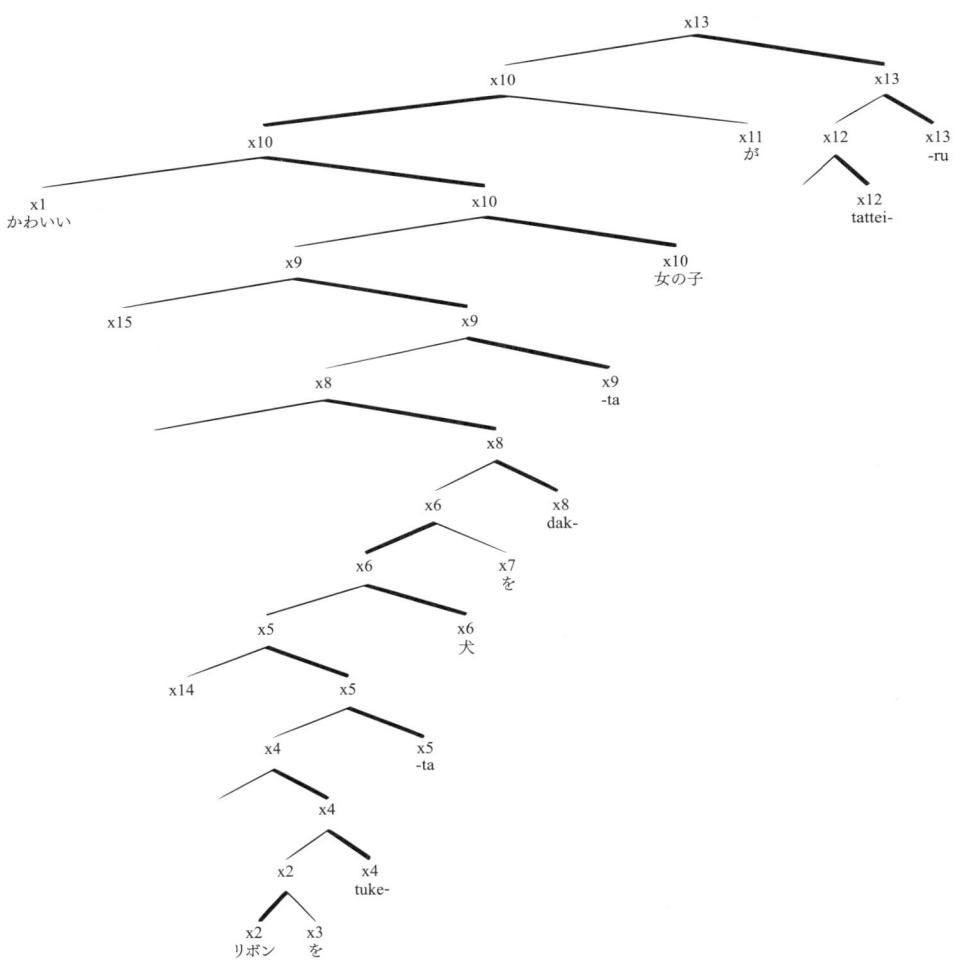

b. Predication 素性と LF 意味素性

  <x13, <Subject, x10>, <Predicate, x12>>
  <x17, <Subject, x10>, <Predicate, x9>>
  <x9, <Subject, x15>, <Predicate, x8>>
  <x16, <Subject, x6>, <Predicate, x5>>
  <x5, <Subject, x14>, <Predicate, x4>>

  <x12, {<*Time*, imperfect>}**>**
  <x12, {<*Kind*, 立っている>, <*Agent*, x10>}**>**
  <x10, {<*Kind*, 女の子>, <α_{22}, x8>}**>**
  <x8, {<*Time*, perfect>}**>**
  <x8, {<*Kind*, 抱く>, <*Theme*, x6>, <*Agent*, x15>}**>**
  <x6, {<*Kind*, 犬>, <α_{20}, x4>}**>**
  <x4, {<*Time*, perfect>}**>**
  <x4, {<*Kind*, つける>, <*Theme*, x2>, <*Location*, x14>}**>**
  <x2, {<*Kind*, リボン>}**>**
  <x10, {<かわいい, __>}**>**

c. 意味表示（**x15**＝**x10** ; **x14**＝**x6**）

  {**<x2,** {<*Kind*, リボン>}**>**,
  <x4, {<*Kind*, つける>, <*Theme*, x2>, <*Location*, x6>, <*Time*, perfect>, <*Subject*, x6>}**>**,
  <x5, {<*Subject*, x6>}**>**,
  <x6, {<*Kind*, 犬>, <α_{20}, x4>, <*Predicate*, x4>, <*Predicate*, x5>}**>**,
  <x8, {<*Kind*, 抱く>, <*Theme*, x6>, <*Agent*, x10>, <*Time*, perfect>, <*Subject*, x10>}**>**,
  <x9, {<*Subject*, x10>}**>**,
  <x10, {<*Kind*, 女の子>, <α_{22}, x8>, <*Predicate*, x8>, <*Predicate*, x9>, <*Predicate*, x12>, <かわいい, __>}**>**,
  <x12, {<*Kind*, 立っている>, <*Agent*, x10>, <*Time*, imperfect>, <*Subject*, x10>}**>**}

(21)は，「かわいい」が「リボン」に係っていて，その「かわいいリボンをつけた」が「女の子」に係っている場合である．

7.2 連体修飾が複数ある場合　153

(21)　a.

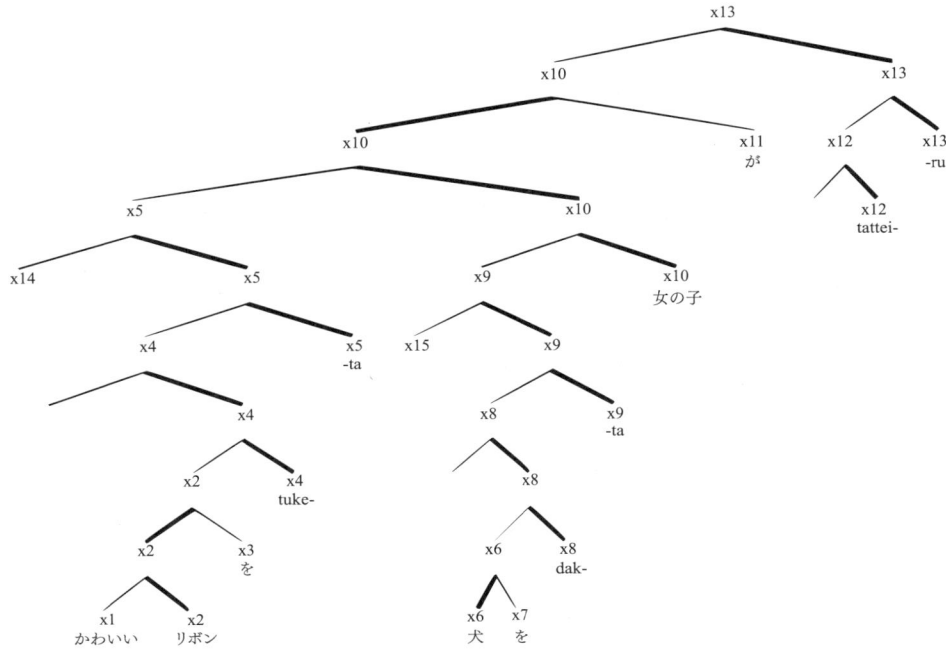

b. Predication 素性と LF 意味素性

<x13, <Subject, x10>, <Predicate, x12>>
<x17, <Subject, x10>, <Predicate, x5>>
<x16, <Subject, x10>, <Predicate, x9>>
<x9, <Subject, x15>, <Predicate, x8>>
<x5, <Subject, x14>, <Predicate, x4>>

<x12, {<*Time*, imperfect>**}>**
<x12, {<*Kind*, 立っている>, <*Agent*, x10>**}>**
<x10, {<*Kind*, 女の子>, <α_{22}, x8>, <α_{20}, x4>**}>**
<x8, {<*Time*, perfect>**}>**
<x8, {<*Kind*, 抱く>, <*Theme*, x6>, <*Agent*, x15>**}>**
<x6, {<*Kind*, 犬>**}>**
<x4, {<*Time*, perfect>**}>**
<x4, {<*Kind*, つける>, <*Theme*, x2>, <*Location*, x14>**}>**
<x2, {<*Kind*, リボン>**}>**
<x2, {<かわいい, ＿>**}>**

c. 意味表示（**x15＝x10**；**x14＝x10**）

{**<x2, {**<*Kind*, リボン>, <かわいい, ＿>**}>**,
　<x4, {<*Kind*, つける>, <*Theme*, x2>, <*Location*, x10>, <*Time*, perfect>, <*Subject*, x10>**}>**,
　<x5, {<*Subject*, x10>**}>**,
　<x6, {<*Kind*, 犬>**}>**,

154　第 7 章　連体修飾

<x8,{<*Kind*, 抱く>, <*Theme*, x6>, <*Agent*, x10>, <*Time*, perfect>, <*Subject*, x10>}>,
<x9,{<*Subject*, x10>}>,
<x10,{<*Kind*, 女の子>, <α₂₂, x8>, <α₂₀, x4>, <*Predicate*, x4>, <*Predicate*, x5>, <*Predicate*, x8>, <*Predicate*, x9>, <*Predicate*, x12>}>,
<x12,{<*Kind*, 立っている>, <*Agent*, x10>, <*Time*, imperfect>, <*Subject*, x10>}>

さらに，(22) のように，「かわいい」も「リボンをつけた」も「女の子」に係るという解釈も可能である．

(22)　a.

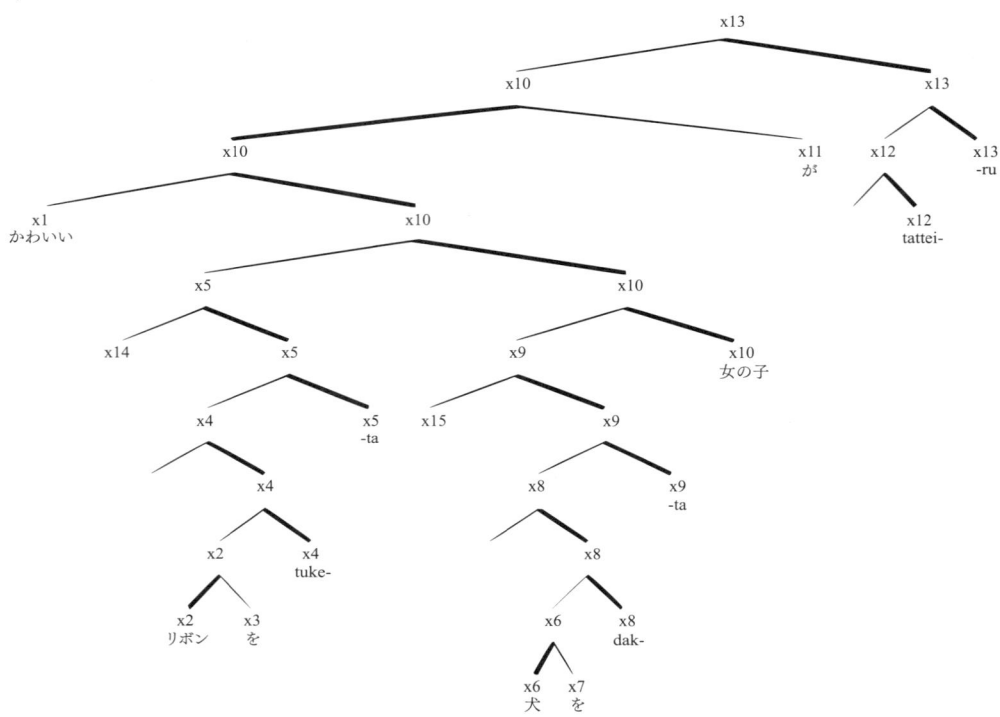

b.　Predication 素性と LF 意味素性

<x13, <*Subject*, x10>, <*Predicate*, x12>>
<x17, <*Subject*, x10>, <*Predicate*, x5>>
<x16, <*Subject*, x10>, <*Predicate*, x9>>
<x9, <*Subject*, x15>, <*Predicate*, x8>>
<x5, <*Subject*, x14>, <*Predicate*, x4>>

<x12,{<*Time*, imperfect>}>
<x12,{<*Kind*, 立っている>, <*Agent*, x10>}>
<x10,{<*Kind*, 女の子>, <α₂₂, x8>, <α₂₀, x4>}>
<x8,{<*Time*, perfect>}>
<x8,{<*Kind*, 抱く>, <*Theme*, x6>, <*Agent*, x15>}>

         <**x6**,{<*Kind*, 犬>}>
         <**x4**,{<*Time*, perfect>}>
         <**x4**,{<*Kind*, つける>, <*Theme*, x2>, <*Location*, x14>}>
         <**x2**,{<*Kind*, リボン>}>
         <**x10**,{<かわいい, __>}>
    c. 意味表示（**x15＝x10**；**x14＝x10**）
         {<**x2**,{<*Kind*, リボン>}>,
         <**x4**,{<*Kind*, つける>, <*Theme*, x2>, <*Location*, x10>, <*Time*, perfect>, <*Subject*, x10>}>,
         <**x5**,{<*Subject*, x10>}>,
         <**x6**,{<*Kind*, 犬>}>,
         <**x8**,{<*Kind*, 抱く>, <*Theme*, x6>, <*Agent*, x10>, <*Time*, perfect>, <*Subject*, x10>}>,
         <**x9**,{<*Subject*, x10>}>,
         <**x10**,{<*Kind*, 女の子>, <かわいい, __>, <a_{22}, x8>, <a_{20}, x4>, <*Predicate*, x4>, <*Predicate*, x5>,
              <*Predicate*, x8>, <*Predicate*, x9>, <*Predicate*, x12>}>,
         <**x12**,{<*Kind*, 立っている>, <*Agent*, x10>, <*Time*, imperfect>, <*Subject*, x10>}>}

このように，(17)という「1つの文」であっても，さまざまな解釈が可能であり，それぞれ構造は異なっているのである．

7.3 連体修飾と語順

　(17)の場合，「かわいい」の可能な係り先は「リボン」「犬」「女の子」の3つあり，「リボンをつけた」の場合は「犬」と「女の子」の2つあるので，組み合わせだけからすると次の6つの可能性があってもいいはずである．

(23)　a.「かわいい」が「リボン」に係っている．「リボンをつけた」が「犬」に係っている．
　　　b.「かわいい」が「犬」に係っている．「リボンをつけた」が「犬」に係っている．
　　　c.「かわいい」が「女の子」に係っている．「リボンをつけた」が「犬」に係っている．
　　　d.「かわいい」が「リボン」に係っている．「リボンをつけた」が「女の子」に係っている．
　　　e.「かわいい」が「女の子」に係っている．「リボンをつけた」が「女の子」に係っている．
　　　f.「かわいい」が「犬」に係っている．「リボンをつけた」が「女の子」に係っている．

ところが，実際には，この文には(23f)の解釈はない．(23f)のような解釈になるように Merge をすると，どうしても次のような語順になる．

156　第 7 章　連体修飾

(24)　「かわいい」が「犬」に係っている．「リボンをつけた」が「女の子」に係っている．

a.

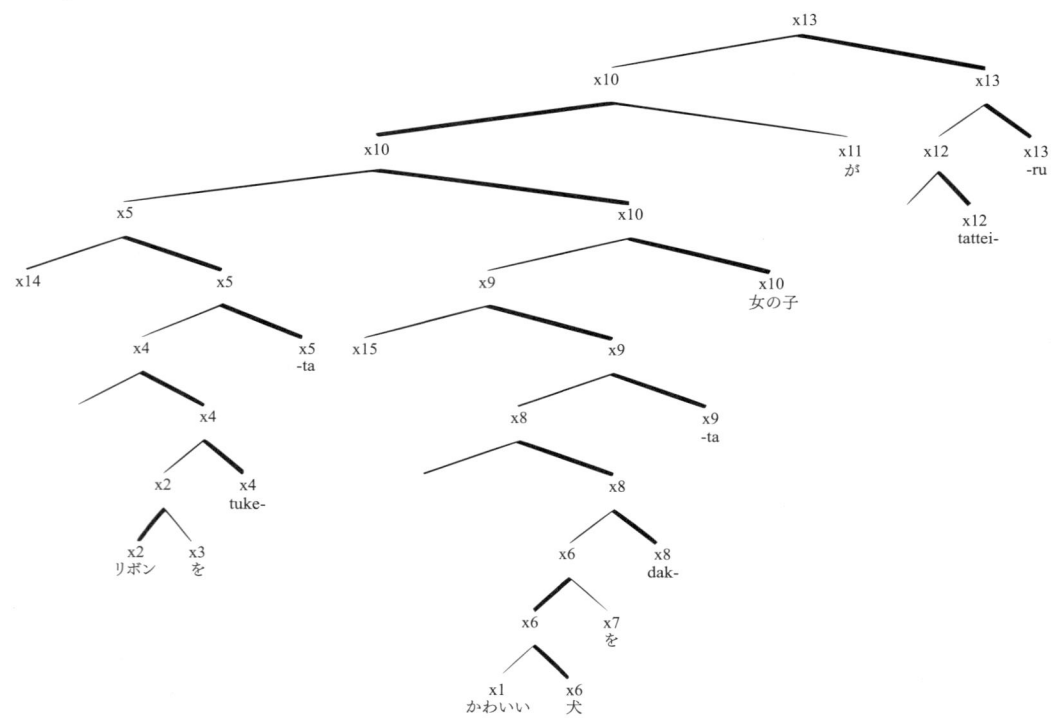

b. 音連鎖

リボン　を　tuke-　-ta　かわいい　犬　を　dak-　-ta　女の子　が　tattei-　-ru

c. Predication 素性と LF 意味素性

<x13, <Subject, x10>, <Predicate, x12>>

<x17, <Subject, x10>, <Predicate, x5>>

<x16, <Subject, x10>, <Predicate, x9>>

<x9, <Subject, x15>, <Predicate, x8>>

<x5, <Subject, x14>, <Predicate, x4>>

<x12, {<*Time*, imperfect>}**>**

<x12, {<*Kind*, 立っている>, <*Agent*, x10>}**>**

<x10, {<*Kind*, 女の子>, <α_{22}, x8>, <α_{20}, x4>}**>**

<x8, {<*Time*, perfect>}**>**

<x8, {<*Kind*, 抱く>, <*Theme*, x6>, <*Agent*, x15>}**>**

<x6, {<*Kind*, 犬>}**>**

<x4, {<*Time*, perfect>}**>**

<x4, {<*Kind*, つける>, <*Theme*, x2>, <*Location*, x14>}**>**

<x2, {<*Kind*, リボン>}**>**

<x6, {<かわいい, ＿>}**>**

7.3 連体修飾と語順   157

　　d.　意味表示（**x15**＝**x10**；**x14**＝**x10**）
　　　　{**<x2,**{<*Kind*, リボン>}**>**,
　　　　<**x4,**{<*Kind*, つける>, <*Theme*, x2>, <*Location*, x10>, <*Time*, perfect>, <*Subject*, x10>}**>**,
　　　　<**x5,**{<*Subject*, x10>}**>**,
　　　　<**x6,**{<*Kind*, 犬>, <かわいい, ＿>}**>**,
　　　　<**x8,**{<*Kind*, 抱く>, <*Theme*, x6>, <*Agent*, x10>, <*Time*, perfect>, <*Subject*, x10>}**>**,
　　　　<**x9,**{<*Subject*, x10>}**>**,
　　　　<**x10,**{<*Kind*, 女の子>, <$α_{22}$, x8>, <$α_{20}$, x4>, <*Predicate*, x4>, <*Predicate*, x5>, <*Predicate*, x8>,
　　　　　　<*Predicate*, x9>, <*Predicate*, x12>}**>**,
　　　　<**x12,**{<*Kind*, 立っている>, <*Agent*, x10>, <*Time*, imperfect>, <*Subject*, x10>}**>**}

つまり，(17)の語順のままで(23f)の解釈を出すように Merge することは不可能だということであり，だからこそ，(23)の 6 つの可能性の中で(23f)だけが現実に容認されない解釈なのである．

　(17)の語順の場合に(24)のような解釈が不可能なのは，係り関係が交差（cross）しているからだとされ，この観察はしばしば crossing effects と呼ばれている．

(25)　解釈が不可能な crossing の場合
　　　　かわいい　リボンをつけた　犬を抱いた　女の子が立っている．

たいていの統語解析器では，このような解析を行なわないように設計されているが，自然言語においては，係り関係が交差しているにも関わらず容認可能な場合がある．(26a)と同じ意味で(26b)の語順が可能であるということに注目してほしい．

(26)　解釈が可能な crossing の場合
　　a.　田中警部は[犯人がこの村にひそんでいる]と考えている．
　　b.　この村に，田中警部は[犯人が　ひそんでいる]と考えている．

(25)について上で見たように，(26b)の語順のままでは，この係り関係を樹形図にすることができない．それにもかかわらず(26b)の文が(26a)と同じ解釈を得られるということは，LF 表示は(26a)の語順に対応する構造である一方，音連鎖のもととなる PF 表示のほうは，(26a)から「この村に」が文頭に移動した上で出力されるということを示している．従来の研究にしたがって，このような操作を**かき混ぜ（scrambling）**と呼ぶならば，(26b)の文は，(26a)の文にかき混ぜが適用していると考えざるをえない．そして，(25)が解釈不可能であるということは，(24a)の「かわいい」に対しては，かき混ぜが適用できないということなのである．

　かき混ぜがどのような条件のもとで適用可能であるかを明らかにするのは今後の課題であるとしても，1 つ明らかなのは，係り関係の crossing を情報処理の観点だけから一様に排除するのは間違っているということである．

　(26a)が(26b)と同じ解釈であるならば，かき混ぜ移動は「必要に迫られた」移動ではないということになる[5]．解釈不可能素性を削除するためではない移動規則を Computational System の中に認める以上，(24)でなぜ「かわいい」にそれが適用しないのかを保証しなければならない．まだ解決

しなければならない問題もあるが，現時点では，ヲ格名詞句やニ格名詞句のような「連用修飾」の要素はかき混ぜが適用可能であるのに対して，形容詞やノ格名詞句，連体修飾節のような連体修飾の場合には，かき混ぜが適用不可能ということになる[6]．

---

5) つまり，(26b) での移動は，2.5 節で提案した，ga という解釈不可能素性が引き起こす移動とは，大きく性質が異なった操作であるということになる．

「〜を／に〜が動詞」という語順の文は，「〜が〜を／に動詞」という語順の文から，かき混ぜによって派生されると分析されていたこともあったが，このように節境界を越えない場合については，実は解釈の違いがあることが明らかになってきている．「〜を／に〜が動詞」という語順の文が「〜が〜を／に動詞」という語順の文には出すことができない解釈を持つのであれば，その解釈を出すための「必要に迫られた」語順の変異である可能性があり，解釈不可能素性が関わっている分析が成り立ちうる．これに対して，(26) の場合には，そのような解釈の違いが観察されず，したがって，解釈不可能素性が関わる語順の変異であると考える直接の証拠がない．

6) 本章でかき混ぜが適用すると述べているのは，Ueyama (1998, 2003) の用語で言うところの Surface OS 構文に関わる場合である．Deep OS 構文がどのように構築されるかについては，まだ考察しなければならない点が残っている．また，Saito (1985) は，ガ格の名詞句にはかき混ぜ移動が適用しないという仮定を提案している．この点についても，さらに検討が必要である．

第 8 章
疑問文と不定語

不定語（indeterminate）とは，「誰／何／いつ」およびド系列の指示表現（たとえば，「どれ／どいつ／どこ／どの学生／...」）を指す語である．「誰／何／いつ」と見ると，「疑問詞」と思うかもしれないが，この章で述べるように，不定語が使われるのは疑問文の場合だけとは限らない．さらに，その不定語が「疑問詞」として機能しているのかそうでないのかは，不定語の前後だけを見ても判断がつかない場合がある．離れた位置に，カやモなどがある場合には，それらとの長距離依存（long distance dependency）の関係を仮定して初めて，不定語を含む文全体の解釈を説明することができる．以下では，同じ語でありながら，どのようにして，さまざまな異なる解釈の一部となることができるのかということ，そして，隣接していない要素とどのようにして関係を成り立たせることができるのかという点に注目して，分析を考えてみたい．

8.1 「誰」「何」「どこ」

まず初めに，不定語があらわれる疑問文の意味解釈について考える．疑問文の意味をとらえる場合，留意するべき点が3つある．まず1つ目は，不定語が疑問の意味になる場合，助詞のカとの関係が成り立つ必要があるということである[1]．

(1) a. [**誰が**本を買った]<u>か</u>　ジョンが　知りたがっています．
　　b. [ジョンは　**誰が**本を買ったと　思っています]<u>か</u>．

(2) a. *[ジョンが本を買った]<u>か</u>　**誰が**　知りたがっています．
　　b. *誰が　[ジョンが本を買った]<u>か</u>　知りたがっています．

(2)を見ればわかるように，単に不定語を含む文の中にカが含まれていればよいということではなく，不定語は，カが Merge する相手の中にすでに Merge されている必要がある．このように隣接していないものの間に関係が成り立っていることを保証するためには，解釈不可能素性をうまく利用する必要がある．隣接していないとは言っても，不定語が Merge した要素は，その後，カと

[1) 「どこに行きます？」のようにカが発音されない疑問文もあるが，ここでは，LF表示としては，「どこに行きますか？」と同様の位置にカに相当する語彙項目があると仮定しておく．また，不定語は，カの領域ではなく，「も」の領域にあらわれることもある（たとえば，「どこに行っても，混んでるにちがいない」）が，それについては，8.5節で述べる．

Merge するのであるから，不定語が Numeration に持ち込んだ素性が Merge 後，カに出会うまで継承されていけば，不定語が Merge 済みであるという情報を運ぶことができる．不定語は，必ずしも主要部であるとは限らないので，次の(3)が成り立つように素性の付与を工夫すればよい．

(3) a. 不定語が非主要部からも継承される解釈不可能素性 α を持つ．
　　b. カが（継承されることのない）解釈不可能素性 β を持つ．
　　c. α を持つ要素と β を持つ要素とが Merge されたとき，α も β も削除される．

2つ目は，(4)のように疑問節が埋め込まれている場合，主節の動詞の目的語に相当するものは，疑問節が表すデキゴトというよりも，不定語が指示している OBJECT だと考えるのがよいのではないかということである[2]．

(4) a. ジョンが[どこが勝ったか]知りたがっている．（＝勝者が X であるということを知りたがっている）
　　b. ジョンがメアリに[どこが勝ったか]教えた．（＝「(勝者は) X だ」と教えた）

このことは，カが OBJECT 指示表現であり，その指示対象を不定語から引き継げる仕組みがあれば表現可能である．

3つ目は，不定語というものはもともとどのような OBJECT を指示しているか，あまり情報を持っていないが，動詞と結びつくことで，自分が何者であるかという情報が増えると考えられること，つまり，その不定語がどのような意味役割を果たしているかということがその OBJECT を決定する一番の手がかりとなっているという点である．

(5) a. ジョンが[どこが勝ったか]知りたがっている．（＝X は勝者）
　　b. ジョンがメアリに[日本がどこに勝ったか]教えた．（＝X は日本が勝った相手）
　　c. ジョンがビルに[メアリがどこに行ったか]尋ねた．（＝X はメアリの行先）

この3点をとらえるために，まず，カを(6)のように考えてみる．カが持つ意味素性をどのように記述するかは問題であるが，仮に，*Focus* という attribute を置き，これはその value に対して注目を要求する意味素性であると仮定しておこう．

(6) 　カ
　　　　［{N}, <id, {<*Focus*, ★<ind>>}>, か］

(7) 　★<ind>
　　　削除規定　Merge 相手が統語素性<ind, xn>を持っているとき，xn で置き換えられる．

---

[2] これまでの形式意味論では，疑問節というものは，可能世界の集合をその答えに沿って分割したものであると考えられている．疑問節を世界の集合（もしくは，その集合の分割の仕方）だと考えるならば，たとえば，「どこが勝ったか」と「どこが勝たなかったか」は同じ「意味」であるということになる．そうすると，「どこが勝ったかは聞きたいが，どこが勝たなかったかは聞きたくない」という文は「A は聞きたいが A は聞きたくない」という文と同様，矛盾を含んだものになるはずであるが，実際には，この文は十分に理解可能なものである．少なくとも，言語使用者が感じている文の意味を対象とした研究にとっては，疑問節の意味を世界の集合に対応づけてとらえる考え方は適切でないと考えている．（この注の内容は，J.-R. Hayashishita 氏の指摘（2015年2月）によっている．）

意味素性をどのように書くかは問題であるが，ここでは，ひとまずカが範疇素性 N であり，何か不明の集合を指す OBJECT 指示表現であると仮定してみている．カが「名詞」だと言われると，かなり違和感があるだろうが，このシステムで用いている範疇素性 N は，純粋に統語規則の適用可否を決定する印であり，カが N であると仮定したのは，(8)に示すように，J-Merge が適用するからである．

(8) a. どこに行くかが問題だ．
　　 b. 誰と一緒に来たかを聞いているんだ．

もちろん，カが単独で名詞句の役割を果たすことはできないが，(9)が許されないことは，(6)の解釈不可能素性★$_{<ind>}$ が残留してしまうからだと説明できる[3]．

(9) a. *かが問題だ．
　　 b. *かを聞いているんだ．

この★$_{<ind>}$ に対応する素性 <ind, xn> を不定語が持っていてくれれば，最終的に，不定語が指示する OBJECT がカの意味素性に入ってくれることになる．

　本書では，不定語を次のように OBJECT 指示表現であるととらえている[4]．

(10) 疑問の不定語
　　　[{N, Kind, <ind, id>}, <id, {<Kind, 人>, <Identity, unknown>}>, 誰]
　　　[{N, Kind, <ind, id>}, <id, {<Kind, もの>, <Identity, unknown>}>, 何]
　　　[{N, Kind, <ind, id>}, <id, {<Kind, 団体>, <Identity, unknown>}>, どこ]

不定語が OBJECT 指示表現であるというのは一見，矛盾があるように思うかもしれない．確かに，<Identity, unknown> という property のせいで，不定語は同定されることがなく，通常は，ア系列指示詞がともなうこともない．

(11) a. *あの誰
　　 b. *あの何

しかし，たとえば「あの誰かさん」という表現ならば成り立つし，また，不定語はソ系列指示詞の先行詞になりうる．

(12) a. ジョンが[どの会社がそこの取引先をおとしいれた]か知りたがっている．
　　　　（= x という会社が x の取引先をおとしいれた．ジョンは，その x の identity を知りたがっている．）
　　 b. [どの大学の学生がその大学の卒業生を訪ねました]か．
　　　　（= x 大学の学生が x 大学の OB を訪問したような，そういう大学をリストアップしてください．）
　　 c. [ジョンは，メアリがどの男子を連れてきても，そいつを認めない]．

---

[3] つまり，★や★$_a$ は zero-Merge で削除することができるが，★$_{<a>}$ は zero-Merge で削除することができないということである．
[4] 次の 8.2 節では，<Quantity, unknown>という property を持つ不定語についてもふれる．

(＝メアリが A 君を連れてくればジョンは A 君を認めず，B 君を連れてくれば B 君を認めず，C 君を連れてくれば C 君を認めない．)

(12)のようにソ系列指示詞の先行詞になれるということは，OBJECT 指示表現であると統語意味論では考える[5]．

このように，(3a)の α に相当するのが<ind, xn>であり，(3b)の β に相当するのが★$_{<ind>}$ である．(3c)にも述べたように，<ind, xn>と★$_{<ind>}$ は，両者が出逢うことで削除される．

(13) <ind, xn>
　　　継承規定　非主要部からも継承される．
　　　削除規定　Merge 相手の★$_{<ind>}$ を置き換えたら削除される．

最後に，(5)で示した点を表すための仮定が(14)の Kind であり，その削除規定に相当する統語規則が(15)である．

(14) Kind
　　　継承規定　非主要部からも継承される．
　　　削除規定　Kind-addition の適用により削除される．

(15) Kind-addition
　　　　<xn, [{..., β, ..., Kind, ...}, **<xn, {**<*attribute1*, value1>, ...**}>**, body1]>
　　　　<xm, [..., **<xm, {**..., <α, ★$_\beta$>**}>**, body2]>
　　⇒ Kind-addition
　　　　<xm, [..., **<xm, {**..., <α, xn>**}>**, <
　　　　　　<xn, [{..., β, ..., ~~Kind~~, ...}, **<xn, {**<*attribute1*, value1>, ..., <*Kind*, α(xm)>**}>**, body1]>,
　　　　　　<xm, [..., ϕ, body2]>
　　　　>]>

(15)の Kind-addition は，xn が xm の項（argument）となることによって，その意味役割に言及した category property を得る，というものであるが，これらの仮定がどのように働いているかを，具体的に(4a)の文の派生を例にして説明しよう．（派生の全ステップは，付録 B.5 節を参照のこと．）(16c)は(10)に従ったもの，(16g)は(6)に従ったものである[6]．

(16) Numeration＝{x1, x2, x3, x4, x5, x6, x7, x8, x9}
　　a. <x1, [{N}, **<x1, {**<*Name*, ジョン>**}>**, ジョン]>
　　b. <x2, [{J, +N, +R, ga}, ϕ, が]>
　　c. <x3, [{N, Kind, <ind, x3>}, **<x3, {**<*Kind*, 団体>, <*Identity*, unknown>**}>**, どこ]>
　　d. <x4, [{J, +N, +R, ga}, ϕ, が]>
　　e. <x5, [{V}, **<x5, {**<*Kind*, 勝つ>, <*Agent*, ★$_{ga}$>**}>**, kat-]>
　　f. <x6, [{T, +V, <x6, <Subject, ☆>, <Predicate, ★>>}, **<**★, **{**<*Time*, perfect>**}>**, -ta]>

---

5) (12)の文の解釈については，8.6 節以降で詳しく論じる．
6) ここでは便宜的に，Numeration においてカに統語素性 wo が付与されていると仮定しておく．その結果，この間接疑問文の内容が「知りたがっている」の Theme であると解釈されている．

8.1 「誰」「何」「どこ」　163

  g. <x7, [{N, wo}, **<x7, {**<*Focus*, ★_{<ind>}>**}>**, か]>
  h. <x8, [{V}, **<x8, {**<*Kind*, 知りたがっている>, <*Theme*, ★_{wo}>, <*Agent*, ★_{ga}>**}>**, siritagattei-]>
  i. <x9, [{T, +V}, <x9, <*Subject*, ☆>, <*Predicate*, ★>>}, <★, {<*Time*, imperfect>}>, -ru]>

(15)のKind-additionが適用するのは，次の場面である．

(17) <x3, [{NP, ga, Kind, <ind, x3>}, **<x3, {**<*Kind*, 団体>, <*Identity*, unknown>**}>**, <...略...>]>

  (16e) <x5, [{V}, **<x5, {**<*Kind*, 勝つ>, <*Agent*, ★_{ga}>**}>**, kat-]>

⇒ Kind-addition

  <x5, [{V, <ind, x3>}, **<x5, {**<*Kind*, 勝つ>, <*Agent*, x3>**}>**, <
   <x3, [{NP, ga}, **<x3, {**<*Kind*, 団体>, <*Identity*, unknown>, <*Kind*, Agent(x5)>**}>**, <...略...>]>,
   <x5, [{V}, φ, kat-]>
  >]>

```
         x5
        /  \
       x3   x5
            kat-
      / \
     x3  x4
     どこ が
```

(17)では，統語素性Kindを持つx3がMerge相手x5の<*Agent*, ★_{ga}>を<*Agent*, x3>に置き換える，すなわち，x3がx5のAgentの項となることによって，x3のpropertyとして<*Kind*, Agent(x5)>が追加されている．この<*Kind*, Agent(x5)>というpropertyは，attributeは*Kind*というcategory propertyに見られるものになっているが，そのvalueの「Agent(x5)」は**x5**というOBJECTが持つ<*Agent*, x3>というpropertyに基づいて派生的に作成されている．これは，いわば「y＝x×3」から「x＝y÷3」を派生させるのと同種の操作である．以下，このように他のOBJECTのrelation propertyから派生的に作成されたvalueを**派生複合value**（derived complex value）と呼ぶことにする[7]．

そして，<ind, x3>は上位の構成素に継承されていき，カとMergeする際に次のように，★_{<ind>}と同時に削除される．

(18) <x6, [{T, <x6, <*Subject*, x3>, <*Predicate*, x5>>, <ind, x3>}, **<x5, {**<*Time*, perfect>**}>**, <...略...>]

  (16g) <x7, [{N, wo}, **<x7, {**<*Focus*, ★_{<ind>}>**}>**, か]>

⇒ Merge

  <x7, [{N, wo}, **<x7, {**<*Focus*, x3>, <α₁₀, x6>**}>**, <
   <x6, [{T, <x6, <*Subject*, x3>, <*Predicate*, x5>>}, **<x5,
   {**<*Time*, perfect>**}>**, <...略...>]>
   <x7, [{N}, φ, か]>
  >]>

```
              x7
             /  \
            x6   x7
           /  \   か
          x3   x6
         / \   / \
        x3 x4 x5  x6
        どこ が    -ta
              |
              x5
              kat-
```

---

7) 疑問文で疑問詞が前置される英語では，(i-a)のような語順にならなければならないことが知られている．
 (i) a. [Whose teacher] did you recommend?
   b. *[Whose] did you recommend [teacher]?
これはつまり，派生複合valueが追加されるOBJECTに<ind, xn>素性が継承されてきたタイミングでPickupされるということを示している．英語のwh移動については，まだ分析を考えていないが，<ind, xn>素性が直接Pickupされるわけではないことがうかがえる．

ここで，**<x7, {**<*Focus*, x3>**}>**という意味素性は，**x7**というOBJECTが，（正体不明ながら）x3を指示している，ということを表すとする．このようにすることによって，「知りたがっている」が「どこ」と直接Mergeしていないにもかかわらず，その関係を打ち立てることができ，第2点の説明となる．この**x7**を項にとるデキゴトが無い文は直接疑問文であり，そうでなければ間接疑問文である．

最終的に得られる表示は次のとおりである．

(19) LF表示（＝PF表示）

<x9, [{T, <x9, <Subject, x1>, <Predicate, x8>>}, **<x8, {**<*Time*, imperfect>**}>**, <
 <x1, [{NP}, **<x1, {**<*Name*, ジョン>**}>**, <
  <x1, [{N}, φ, ジョン]>,
  <x2, [{J}, φ, が]>
 >]>
 <x9, [{T}, φ, <
  <x8, [{V}, **<x8, {**<*Kind*, 知りたがっている>, <*Theme*, x7>, <*Agent*, x1>**}>**, <
   <>,
   <x8, [{V}, φ, <
    <x7, [{N}, **<x7, {**<*Focus*, x3>, <α₁₀, x6>**}>**, <
     <x6, [{T, <x6, <Subject, x3>, <Predicate, x5>>}, **<x5, {**<*Time*, perfect>**}>**, <
      <x3, [{NP}, **<x3, {**<*Kind*, 団体>, <*Identity*, unknown>, <*Kind*, *Agent*(x5)>**}>**, <
       <x3, [{N}, φ, どこ]>
       <x4, [{J}, φ, が]>
      >]>,
      <x6, [{T}, φ, <
       <x5, [{V}, **<x5, {**<*Kind*, 勝つ>, <*Agent*, x3>**}>**, <
        <>,
        <x5, [{V}, φ, kat-]>
       >]>,
       <x6, [{T}, φ, -ta]>,
      >]>
     >]>
     <x7, [{N}, φ, か]>
    >]>,
    <x8, [{V}, φ, siritagattei-]>
   >]>
  >]>
  <x9, [{T}, φ, -ru]>
 >]>
>]>

8.1 「誰」「何」「どこ」　165

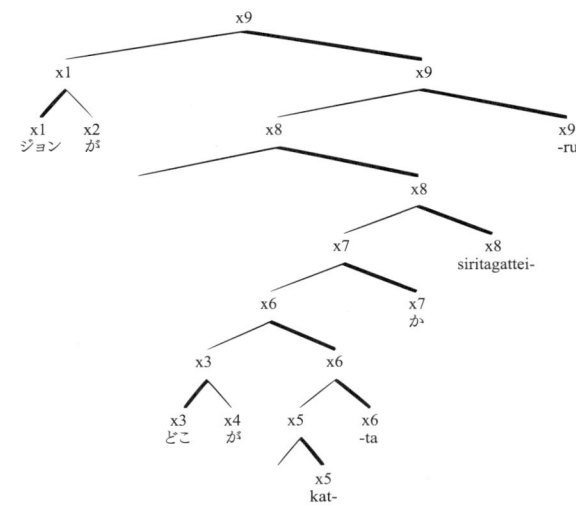

(20) 音連鎖
　　　ジョン　が　どこ　が　kat-　-ta　か　siritagattei-　-ru

(21) Predication 素性と LF 意味素性
　　　<x9, <Subject, x1>, <Predicate, x8>>
　　　<x6, <Subject, x3>, <Predicate, x5>>

　　　<x8,{<*Time*, imperfect>}**>**
　　　<x1,{<*Name*, ジョン>}**>**
　　　<x8,{<*Kind*, 知りたがっている>, <*Theme*, x7>, <*Agent*, x1>}**>**
　　　<x7,{<*Focus*, x3>, <*α₁₀*, x6>}**>**
　　　<x5,{<*Time*, perfect>}**>**
　　　<x3,{<*Kind*, 団体>, <*Identity*, unknown>, <*Kind, Agent*(x5)>}**>**
　　　<x5,{<*Kind*, 勝つ>, <*Agent*, x3>}**>**

(22) 意味表示
　　　{**<x1,**{<*Name*, ジョン>, <*Predicate*, x8>}**>**,
　　　<x8,{<*Kind*, 知りたがっている>, <*Theme*, x7>, <*Agent*, x1>, <*Subject*, x1>, <*Time*, imperfect>}**>**,
　　　<x7,{<*Focus*, x3>, <*α₁₀*, x6>}**>**,
　　　<x3,{<*Kind*, 団体>, <*Identity*, unknown>, <*Kind, Agent*(x5)>, <*Predicate*, x5>}**>**,
　　　<x5,{<*Kind*, 勝つ>, <*Agent*, x3>, <*Subject*, x3>, <*Time*, perfect>}**>**}

このように，不定語が<ind, xn>を，カが★<ind>を持っており，それぞれの削除規定によって，<ind, xn>は★<ind>を，★<ind>は<ind, xn>を求めるため，第1点の(1)，(2)の関係性がとらえられる[8]．また，カの意味素性は，結果的に，不定語が指示する OBJECT の指標になるため，第2点がとらえられる．そして，第3点をとらえるための仮定が(15)の規則である．

---

8) 不定語を含まない真偽疑問文や，不定語が複数含まれる疑問文については，8.4節を参照のこと．

8.2 「どの～」「何人の～」

「誰」「何」「どこ」以外の疑問詞の場合も特に分析を変える必要はない．たとえば，ドノという表現は，普通の名詞に接続して，それに不定語の特性を加えるものであると考えればよい．

(23) 　[{Z, +N, Kind, <ind, ★>}, <★, {<*Identity*, unknown>}>, どの]

(23)がたとえば「チーム」という名詞と Merge すると，次のようになる．

(24) 　<x3, [{Z, +N, Kind, <ind, ★>}, <★, {<*Identity*, unknown>}>, どの]>
　　　<x4, [{N}, **<x4, {**<*Kind*, チーム>**}>**, チーム]>
　⇒ Merge
　　　<x4, [{N, Kind, <ind, x4>}, **<x4, {**<*Kind*, チーム>**}>**, <
　　　　<x3, [{Z}, **<x4, {**<*Identity*, unknown>**}>**, どの]>,
　　　　<x4, [{N}, φ, チーム]>
　　　>]>

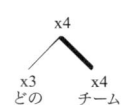

(24)の Merge 後の構成素は，「誰」「何」「どこ」と同じ形をしているので，名詞句全体として疑問語として働くことがわかる．

また，次のような疑問文も同様に分析できる．

(25) 　ジョンが[**何人の学生が**勝った**か**]知りたがっている．

「何人」は property 記述表現の不定語であり，Lexicon において(26)のような指定をされているとする．

(26) 　[{N, Kind, <ind, ●>}, <●, {<*Kind*, 人>, <*Quantity*, unknown>}>, 何人]

このように仮定すると，「何人の学生」の部分の Merge は，(27)-(28)のようになり，最終的に(25)に対する LF 表示から取り出された意味素性は(29)，意味表示は(30)となる．

(27) 　<x3, [{N, Kind, <ind, ●>}, <●, {<*Kind*, 人>, <*Quantity*, unknown>}>, 何人]>
　　　<x4, [{J, +N, +R, no}, φ, の]>
　⇒ J-Merge
　　　<x3, [{NP, no, Kind, <ind, ●>}, <●, {<*Kind*, 人>, <*Quantity*, unknown>}>, <
　　　　<x3, [{N}, φ, 何人]>,
　　　　<x4, [{J}, φ, の]>
　　　>]>

(28) 　<x3, [{NP, no, Kind, <ind, ●>}, <●, {<*Kind*, 人>, <*Quantity*, unknown>}>, <...略...>]>
　　　<x5, [{N}, **<x5, {**<*Kind*, 学生>**}>**, 学生]>
　⇒ Merge
　　　<x5, [{N, Kind, <ind, x5>}, **<x5, {**<*Kind*, 学生>**}>**, <
　　　　<x3, [{NP}, **<x5, {**<*Kind*, 人>, <*Quantity*, unknown>**}>**, <

                <x3, [{N}, φ, 何人]>,
                <x4, [{J}, φ, の]>
            >]>
            <x5, [{N}, φ, 学生]>
        >]>

(29) Predication 素性と LF 意味素性

    <x11, <Subject, x1>, <Predicate, x10>>
    <x8, <Subject, x5>, <Predicate, x7>>

    <x10, {<*Time*, imperfect>}>
    <x1, {<*Name*, ジョン>}>
    <x10, {<*Kind*, 知りたがっている>, <*Theme*, x9>, <*Agent*, x1>}>
    <x9, {<*Focus*, x5>, <*α$_{12}$*, x8>}>
    <x7, {<*Time*, perfect>}>
    <x5, {<*Kind*, 学生>, <*Kind*, *Agent*(x7)>}>
    <x5, {<*Kind*, 人>, <*Quantity*, unknown>}>
    <x7, {<*Kind*, 勝つ>, <*Agent*, x5>}>

(30) 意味表示

    {**<x1**, {<*Name*, ジョン>, <*Predicate*, x10>}>,
    <x10, {<*Kind*, 知りたがっている>, <*Theme*, x9>, <*Agent*, x1>, <*Subject*, x1>,<*Time*, imperfect>}>,
    <x9, {<*Focus*, x5>, <*α$_{12}$*, x8>}>,
    <x5, {<*Kind*, 学生>, <*Kind*, 人>, <*Quantity*, unknown>, <*Kind*, *Agent*(x7)>, <*Predicate*, x7>}>,
    <x7, {<*Kind*, 勝つ>, <*Agent*, x5>, <*Subject*, x5>, <*Time*, perfect>}>}

8.3 「どの N の〜」

 不定語が直接，動詞の項となっている場合には，Kind-addition によって，その不定語に派生複合 value が追加されることになるが，(31)の文のような場合には，動詞の項となるのは「どの大学」ではなく「学生」のほうなので，派生複合 value が追加されるのも「学生」のほうである．（派生の全ステップは，付録 B.6 節を参照のこと．）

(31) ［どの大学の学生］が来ましたか

(32) Numeration＝{x1, x2, x3, x4, x5, x6, x7, x8}
  a. <x1, [{Z, +N, Kind, <ind, ★>}, <★, {<*Identity*, unknown>}>, どの]>
  b. <x2, [{N}, **<x2**, {<*Kind*, 大学>}>, 大学]>
  c. <x3, [{J, +N, +R, no}, φ, の]>

d. <x4, [{N}, **x4, {**<Kind, 学生>**}**, 学生]>
　　　e. <x5, [{J, +N, +R, ga}, φ, が]>
　　　f. <x6, [{V}, **x6, {**<Kind, 来る>, <Agent, ★ga>**}**, kimasi-]>
　　　g. <x7, [{T, +V, <x7, <Subject, ☆>, <Predicate, ★>>}, <★, {<Time, perfect>}>, -ta]>
　　　h. <x8, [{N}, **x8, {**<Focus, ★<ind>>**}**, か]>

「どの大学の学生」という句は次のように形成される．

(33)　　　　　<x2, [{NP, Kind, <ind, x2>, no}, **x2, {**<Kind, 大学>**}**, <...略...>]>
　　(32d)　　<x4, [{N}, **x4, {**<Kind, 学生>**}**, 学生]>
⇒ Merge
　　　　<x4, [{N, Kind, <ind, x2>}, **x4, {**<Kind, 学生>, <α₉, x2>**}**, <
　　　　　<x2, [{NP}, **x2, {**<Kind, 大学>**}**, <...略...>]>
　　　　　<x4, [{N}, φ, 学生]>
　　　　>]>

<ind, x2>という素性は，(13)で指定したように，非主要部からでも継承されるので，「どの大学の学生」全体が，この素性を持つことになり，これが動詞と Merge する際に Kind-addition が適用されることになる．

(34)　　　　　<x4, [{NP, Kind, <ind, x2>, ga}, **x4, {**<Kind, 学生>, <α₉, x2>**}**, <...略...>]>
　　(32f)　　<x6, [{V}, **x6, {**<Kind, 来る>, <Agent, ★ga>**}**, kimasi-]>
⇒ Kind-addition
　　　　<x6, [{V, <ind, x2>}, **x6, {**<Kind, 来る>, <Agent, x4>**}**, <
　　　　　<x4, [{NP, ga}, **x4, {**<Kind, 学生>, <α₉, x2>, <Kind,
　　　　　　Agent(x6)>**}**, <...略...>] >
　　　　　<x6, [{V}, φ, kimasi-]>
　　　　>]>

最終的な表示は次のようになる．

(35)　LF 表示（＝PF 表示）
　　　　<x8, [{N}, **x8, {**<Focus, x2>, <α₁₀, x7>**}**, <
　　　　　<x7, [{T, <x7, <Subject, x4>, <Predicate, x6>>}, **x6, {**<Time, perfect>**}**, <
　　　　　　<x4, [{NP}, **x4, {**<Kind, 学生>, <α₉, x2>, <Kind, Agent(x6)>**}**, <
　　　　　　　<x4, [{N}, φ, <
　　　　　　　　<x2, [{NP}, **x2, {**<Kind, 大学>**}**, <
　　　　　　　　　<x2, [{N}, φ, <
　　　　　　　　　　<x1, [{Z}, **x2, {**<Identity, unknown>**}**, どの]>,
　　　　　　　　　<x2, [{N}, φ, 大学]>

8.3 「どのNの〜」   169

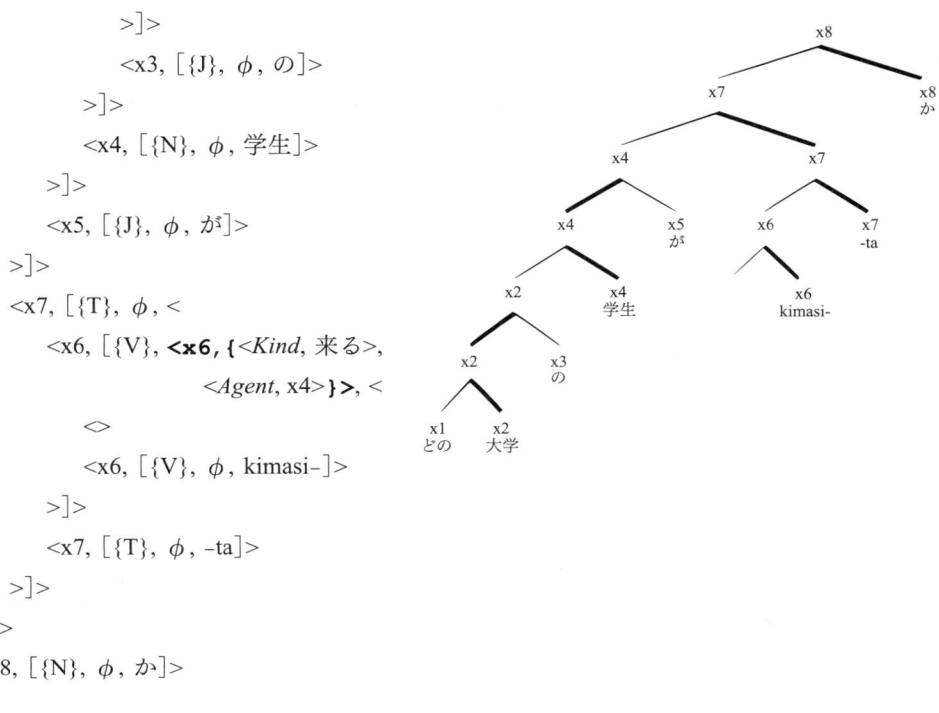

```
                    >]>
                <x3, [{J}, φ, の]>
              >]>
            <x4, [{N}, φ, 学生]>
          >]>
        <x5, [{J}, φ, が]>
      >]>
    <x7, [{T}, φ, <
      <x6, [{V}, <x6, {<Kind, 来る>,
                      <Agent, x4>}>, <
        <>
        <x6, [{V}, φ, kimasi-]>
      >]>
      <x7, [{T}, φ, -ta]>
    >]>
  >]>
  <x8, [{N}, φ, か]>
>]>
```

(36) 音連鎖

　　　どの　大学　の　学生　が　kimasi-　-ta　か

(37) Predication 素性と LF 意味素性

　　　<x7, <Subject, x4>, <Predicate, x6>>

　　　<x8, {<Focus, x2>, <α$_{10}$, x7>**}>**

　　　<x6, {<Time, perfect>**}>**

　　　<x4, {<Kind, 学生>, <α$_9$, x2>, <Kind, Agent(x6)>**}>**

　　　<x2, {<Kind, 大学>**}>**

　　　<x2, {<Identity, unknown>**}>**

　　　<x6, {<Kind, 来る>, <Agent, x4>**}>**

最終的な意味表示は次のようになり，(31)の文の意味が適切に表示されていることがわかる．

(38) 意味表示

　　　{**<x8, {**<Focus, x2>, <α$_{10}$, x7>**}>**,
　　　<x4, {<Kind, 学生>, <Kind, Agent(x6)>, <α$_9$, x2>, <Predicate, x6>**}>**,
　　　<x2, {<Kind, 大学>, <Identity, unknown>**}>**,
　　　<x6, {<Kind, 来る>, <Agent, x4>, <Subject, x4>, <Time, perfect>**}>**}

このように，「どの大学の学生が〜」というタイプの不定語疑問文の場合には，意味表示において派生複合 value を含む property が追加された OBJECT（**x4**）と value に「unknown」を持つ OBJECT（**x2**）とが異なっている．

8.4 さまざまなタイプの疑問文

8.1 節で提案した分析においては，離れた位置にある不定語とカとの間の関係性をどのようにうちたてるか，ということにばかり注目していたが，不定語とカとは必ずしも 1 対 1 対応で生起するとは限らない．疑問文という構文を考える場合，どのような点に留意しなければならないか述べておこう．

8.4.1 カが不定語と共起しない場合

疑問文は不定語を含んでいない場合もある．

(39)　a.　ジョンは家に帰りましたか．
　　　b.　昨日は雨でしたか．

現時点では，どの分析方法がより望ましいか決定するための手がかりを見つけていないため，仮の候補にすぎないが，たとえば，<ind, xn>素性を，Numeration の段階で動詞に追加するのを認めるという方法があるかもしれない．すなわち，(39)の場合，動詞「帰る」に<ind, xn>が追加されたとすると，最終的にカの★$_{<ind>}$ は，「帰る」の指標で置き換えられることになり，その結果，カが持つ property <*Focus*, __>の value が「帰る」になる．さらに，<ind, xn>素性が加わった場合に自動的に <*Reality*, unknown>というような意味素性が加わるとするならば，「帰ったか帰らなかったか」ということが問題になる真偽疑問文の解釈としてふさわしいものになる可能性がある．

8.4.2 多重疑問文

逆に，1 つのカに対して不定語が複数ある場合もある．いわゆる多重 wh 疑問文の場合である．

(40)　ジョンは，[ビルが**誰**に**何**を渡した]か，知らない．

このような構文の場合には，カの Merge 相手は，<ind, xn>素性を複数持っていることになる．1 つの可能性としては，カの Merge 相手が，<ind, xn> と <ind, xm> を持っている場合には，カの「★$_{<ind>}$」を「<xn, xm>」で置き換える，というふうに考えることであろう．実際，多重疑問文の返答というものは，しばしば，(41)のようにペアとしてとらえられるということが知られている[9]．

(41)　ビルは，{<メアリにバラを>, <トムにチケットを>, <ジョンに日記を>}渡した．

ただし，(40)のような間接疑問文の場合，問題になっているのは，「渡した」というデキゴトについて，Goal となる OBJECT のグループと Theme となる OBJECT のグループだけではなく，その 2 つのグループ間にどういう対応関係があるかということである．つまり，たとえばビルから何かをもらった人が{メアリ，トム，ジョン}であり，ビルが渡したものが{バラ，チケット，日記}であるということをジョンが知っていたとしても，その対応関係が(41)のようになっているということを

---

9) この点についても，6.5.1 節で紹介した川添 (2005) の分析が参考になる可能性が大きいだろう．

知らない場合には，やっぱり「ジョンは，ビルが誰に何を渡したか，知らない」ということが成り立つと言ってよいだろう．その点をどのように表示するかは，今後の課題である．

8.4.3 問い返し疑問文／クイズ疑問文

また，上の分析では，「何」のような不定語が<Identity, unknown>のようなpropertyを持っていると仮定した．典型的には，疑問文を発する場合には，問題となっているOBJECTを同定したいだろうと考えられるからである．しかし，同じ疑問文であっても，(42a)と(42b)とでは，使われる状況がかなり異なっている．

(42) a. 誰が来ましたか？
b. 誰が来たんですって？

(42b)のような疑問文は，問い返し疑問文（echo question）と呼ばれることがある．英語の場合，問い返し疑問文は，たとえば(43b)のように，通常の疑問文とは語順が異なることが知られている．

(43) a. What did you buy?
b. You bought what?

日本語の場合にも，(42a)と(42b)を区別するべきかどうか，慎重に考察する必要がある．

また，構文としては疑問文の形をとっていても，クイズの出題文の場合には，通常の疑問文の場合とは知識状態が異なっており，疑問文を発する人物は，明らかに答えを知っており，回答者も発問者が答えを知っているということがわかっている．

(44) コロンブスがアメリカを発見したのは西暦何年でしょうか．

このようなクイズ疑問文の場合にも，通常の単純な疑問文とは，構文としての特徴が異なっていることが知られている．統語的にどのような区別をしていくべきか，観察を深めつつ考察していく必要があるだろう．

8.5 不定語＋モ

ここまでは，不定語が疑問文に用いられる場合であったが，不定語は（カではなく）モと組み合わされたときには，全称量化（universal quantification）が関わっているような解釈になるということが知られている[10]．

(45) メアリが誰もにあいさつしていた．
＝[メアリがxにあいさつしていた]ということが，すべての人についてあてはまる．

---

10) 不定語にモがつくと常に全称量化のような解釈が容認されるとは限らず，不定語の種類や格助詞との共起に関して，かなり複雑な条件があるが，本書では，詳しい記述はしない．必要があれば，Hayashishita & Ueyama (2012) の10.3.1節を参照してほしい．

(45)の場合には，不定語に直接モが後続しているが，モが不定語からは離れたところに生起する場合でも同様の解釈が生まれる．

(46) ジョンは，メアリが誰を誘っても，パーティに行く．
　　　＝[メアリが x を誘ったときにジョンがパーティに行く]ということが，すべての人についてあてはまる．

(45)や(46)を見ればわかるように，モ句が非主要部として部分構成要素となっている部分が，その全称量化の領域となっている．そして，モの場合も，カの場合と同様，不定語はモが Merge する相手の中に含まれている必要がある．

(47) a. [**誰が**本を買って]も ジョンは驚かない．
　　　b. [メアリが**何を**買って]も ジョンは驚かない．
　　　c. [メアリが**どこに**行って]も ジョンは驚かない．
　　　d. [メアリが**何人のお客を**招待して]も ジョンは驚かない．
　　　e. [メアリが　**誰が**本を買ったと　思っていて]も ジョンは驚かない．

(48) a. *[ジョンが本を買って]も　**誰が**驚かない．
　　　b. *誰が [ジョンが本を買って]も　驚かない．

したがって，モの場合も，カの場合と同じく，(49)のように仮定したい．

(49) a. 不定語が非主要部からも継承される解釈不可能素性 α を持つ．
　　　b. モが（継承されることのない）解釈不可能素性 β を持つ．
　　　c. α を持つ要素と β を持つ要素とが Merge されたとき，α も β も削除される．

上で，不定語は「非主要部からも継承される解釈不可能素性」として<ind, xn>を持つと考えたのであるから，モにも★<ind> が含まれているとすると，不定語＋カの構文と不定語＋モの構文の共通性がとらえられることになる．

そこで，不定語に対する指定は，これまでと同じにしたままで，モを以下のように仮定する．モが Merge する位置と，どの範囲で Partitioning が起こるかが決まるのであるから，モ自体が Predication 素性を持っており，その Predication 素性に対して Partitioning が起きなければならないという解釈不可能素性も持つと考える．「○」は，1 回 Merge したあと「●」になる素性であるとする．

(50) モ
　　　　　[{P, <id, <Subject, ★<ind>>, <Predicate, ○>>, <id, partitioning>}, φ, も]

(51) <xn, <Subject, xk>, <Predicate, xm>>
　　　継承規定　Predication 素性が成立したあと，xn が主要部である間は継承される．

(50)では，モの範疇素性を「P」と指定した[11]．モは助詞ではあるが，NP を形成するわけではなく，むしろ範疇素性には影響を与えないと考えたほうが都合が良さそうなので，次の P-Merge が適用すると仮定しておく．

---

11) この「P」は，particle（小辞）の頭文字をとったものである．

8.5 不定語＋モ   173

(52)　P-Merge：P の特殊 Merge 規則
　　　　　<xn, [{X, ...}, 意味素性 1, body1]>
　　　　　<xm, [{P, ...}, φ, body2]>
⇒ P-Merge
　　　　　<xn, [{X, ...}, 意味素性 1, <
　　　　　　<xn, [{X, ...}, φ, body1]>,
　　　　　　<xm, [{P}, φ, body2]>
　　　　　>]>

```
    xn
   /  \
  xn   xm
```

　これらの仮定がどのように働いているかを，(46) の文の派生を例にして見てみる．((46) の派生の全ステップは，付録 B.7 節を参照のこと．)(53i) は (50) にしたがったものである．

(53)　Numeration = {x1, x2, x3, x4, x5, x6, x7, x8, x9, x10, x11, x12, x13}
　　a.　<x1, [{N}, **<x1, {**<*Name*, ジョン>**}>**, ジョン]>
　　b.　<x2, [{J, +R}, φ, は]>
　　c.　<x3, [{N}, **<x3, {**<*Name*, メアリ>**}>**, メアリ]>
　　d.　<x4, [{J, +N, +R, ga}, φ, が]>
　　e.　<x5, [{N, Kind, <ind, x5>}, **<x5, {**<*Kind*, 人>, <*Identity*, unknown>**}>**, 誰]>
　　f.　<x6, [{J, +N, +R, wo}, φ, を]>
　　g.　<x7, [{V}, **<x7, {**<*Kind*, 誘う>, <*Theme*, ★_wo>, <*Agent*, ★_ga>**}>**, sasow−]>
　　h.　<x8, [{T, +V, <x8, <Subject, ☆>, <Predicate, ★>>}, <★, {}>, −te]>
　　i.　<x9, [{P, <x9, <Subject, ★_<ind>>, <Predicate, ○>>, <x9, partitioning>}, φ, も]>
　　j.　<x10, [{N}, **<x10, {**<*Kind*, パーティ>**}>**, パーティ]>
　　k.　<x11, [{J, +N, +R, ni}, φ, に]>
　　l.　<x12, [{V}, **<x12, {**<*Kind*, 行く>, <*Goal*, ★_ni>, <*Agent*, ★_ga>**}>**, ik−]>
　　m.　<x13, [{T, +V, <x13, <Subject, ☆>, <Predicate, ★>>}, <★, {<*Time*, imperfect>}>, −ru]>

「誰を誘って」がモと Merge する際は，P-Merge が適用して全体が T になる．

(54)　　　<x8, [{T, <ind, x5>, <x8, <Subject, x3>, <Predicate, x7>>}, **<x7, {}>**, <...略...>]>
　　(53i)　<x9, [{P, <x9, <Subject, ★_<ind>>, <Predicate,
　　　　　○>>, <x9, partitioning>}, φ, も]>
⇒ P-Merge
　　　　　<x8, [{T, <x8, <Subject, x3>, <Predicate, x7>>}, <x9,
　　　　　<Subject, x5>, <Predicate, ●>>, <x9, partitioning>}, **<x7, {}>**, <
　　　　　<x8, [{T}, φ, <...略...>]>
　　　　　<x9, [{P}, φ, も]>
　　　　>]>

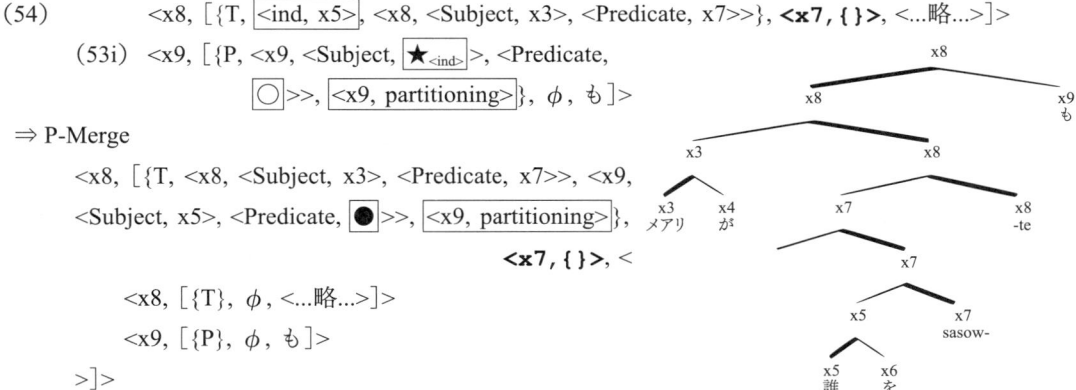

そして，Predication 素性が完成するのは次の Merge のときである．

174　第 8 章　疑問文と不定語

(55)　<x8, [{T, <x8, <Subject, x3>, <Predicate, x7>>, <x9, Subject, x5>, <Predicate, ●>>, [x9, partitioning]},
　　　　　　　　　　　　　　　　　　　　　　　　　　　　　　　　　　　　　　　<x7,{}>, <...略...>]>
　　　　<x12, [{V}, **<x12, {**<Kind, 行く>, <Goal, x10>, <Agent, ★$_{ga}$>**}>**, <...略...>]>
　⇒ Merge
　　　　<x12, [{V, <x9, <Subject, x5>, <Predicate, x12>>, [x9, partitioning]}, **<x12, {**<Kind, 行く>,
　　　　　　　　　　　　　　　　　　　　　　　　　　　　<Goal, x10>, <Agent, ★$_{ga}$>, <α$_{14}$, x8>**}>**, <
　　　　<x8, [{T, <x8, <Subject, x3>, <Predicate, x7>>}, **<x7,{}>**, <...略...>]>
　　　　<x12, [{V}, φ, <...略...>]>
　　　　>]>

```
                                          x12
                                       ／    ＼
                                     x8        x12
                                  ／    ＼   ／    ＼
                                x8       x9  x10    x12
                             ／   ＼     も  ／  ＼   ik-
                           x3      x8      x10   x11
                         ／ ＼   ／  ＼   パーティ  に
                        x3  x4  x7    x8
                       メアリ が ／ ＼  -te
                              x7
                            ／  ＼
                           x5    x7
                         ／ ＼   sasow-
                        x5  x6
                        誰   を
```

Partitioning が適用した後，最終的な LF 表示は(56)のようになり，(59)のような意味表示が出力する．

(56)　LF 表示（= PF 表示）
　　　　<x13-1, [{T, <x13-1, <Subject, x1-1>, <Predicate, x12-2>>}, **<x12-2, {**<Time, imperfect>,
　　　　　　　　　　　　　　　　　　　　　　　　　　　　　　　　　　　　　　<α$_{16}$, x1-1>**}>**, <
　　　　　<x1-1, [{NP}, **<x1-1, {**<Name, ジョン>**}>**, <
　　　　　　<x1-1, [{N}, φ, ジョン]>
　　　　　　<x2-1, [{J}, φ, は]>
　　　　　>]>
　　　　<x13-1, [{T}, φ, <
　　　　　<x12-2, [{V, <x9-1, <Subject, x5-1>, <Predicate, x12-2>>}, **<x12-2, {**<Kind, 行く>,
　　　　　　　　　　　　　　　　　　　　　　　　　<Goal, x10-2>, <Agent, x15-2>, <α$_{14}$, x8-2>**}>**, <
　　　　　　<x15-2, [{NP}, **<x15-2,{}>**, φ]>
　　　　　　<x12-2, [{V}, φ, <
　　　　　　　<x8-2, [{T, <x8-2, <Subject, x3-2>, <Predicate, x7-2>>}, **<x7,{}>**, <
　　　　　　　　<x8-2, [{T}, φ, <
　　　　　　　　　<x3-2, [{NP}, **<x3-2, {**<Name, メアリ>**}>**, <
　　　　　　　　　　<x3-2, [{N}, φ, メアリ]>
　　　　　　　　　　<x4-2, [{J}, φ, が]>
　　　　　　　　　>]>
　　　　　　　　<x8-2, [{T}, φ, <

$<$x7-2, $[\{V\}$, **<x7-2,{**$<$*Kind*, 誘う$>$, $<$*Theme*, x5-2$>$, $<$*Agent*, x3-2$>$**}>**, $<$
 $\diamondsuit$
 $<$x7-2, $[\{V\}$, ϕ, $<$
  $<$x5-2, $[\{NP\}$, **<x5-2,{**$<$*Kind*, 人$>$, $<$*Identity*, unknown$>$, $<$*Kind*, *Theme*(x7-2)$>$**}>**, $<$
   $<$x5-2, $[\{N\}$, ϕ, 誰$]>$
   $<$x6-2, $[\{J\}$, ϕ, を$]>$
  $>$$]$$>$
  $<$x7-2, $[\{V\}$, ϕ, sasow–$]>$
 $>$$]$$>$
 $>$
 $<$x8-2, $[\{T\}$, ϕ, –te$]>$
 $>$$]$$>$
 $>$$]$$>$
 $<$x9-2, $[\{P\}$, ϕ, も$]>$
$>$$]$$>$
$<$x12-2, $[\{V\}$, ϕ, $<$
 $<$x10-2, $[\{NP, ni\}$, **<x10-2,{**$<$*Kind*, パーティ$>$**}>**, $<$
  $<$x10-2, $[\{N\}$, ϕ, パーティ$]>$
  $<$x11-2, $[\{J\}$, ϕ, に$]>$
 $>$$]$$>$
 $<$x12-2, $[\{V\}$, ϕ, ik–$]>$
 $>$$]$$>$
 $>$$]$$>$
$>$$]$$>$
$<$x13-1, $[\{T\}$, ϕ, –ru$]>$
$>$$]$$>$
$>$$]$$>$

176　第 8 章　疑問文と不定語

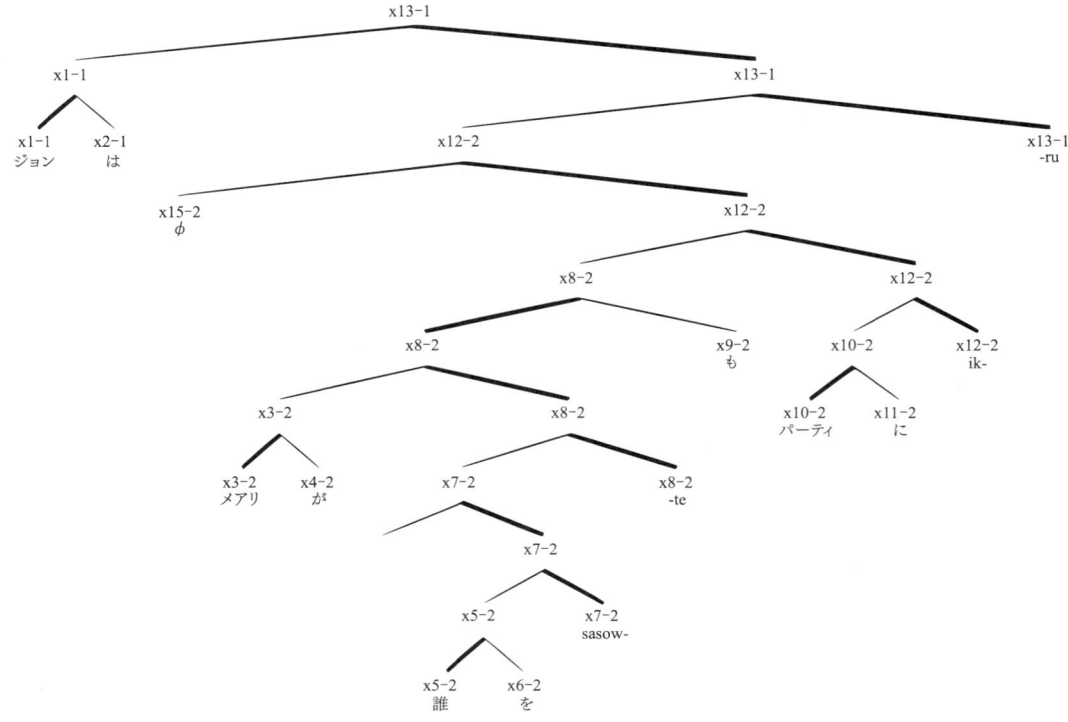

(57) 音連鎖

　　　ジョン　は　メアリ　が　誰　を　sasow-　-te　も　パーティ　に　ik-　-ru

(58) Predication 素性と LF 意味素性

　　　　　<x8-2, <Subject, x3-2>, <Predicate, x7-2>>
　　　　　<x9-1, <Subject, x5-1>, <Predicate, x12-2>>
　　　　　<x13-1, <Subject, x1-1>, <Predicate, x12-2>>

　　　　　<x12-2, {<*Time*, imperfect>, <α_{16}, x1-1>}**>**
　　　　　<x1-1, {<*Name*, ジョン>}**>**
　　　　　<x12-2, {<*Kind*, 行く>, <α_{14}, x8-2>, <*Goal*, x10-2>, <*Agent*, x15-2>}**>**
　　　　　<x15-2, { }**>**
　　　　　<x3-2, {<*Name*, メアリ>}**>**
　　　　　<x7-2, {<*Kind*, 誘う>, <*Theme*, x5-2>, <*Agent*, x3-2>}**>**
　　　　　<x5-2, {<*Kind*, 人>, <*Identity*, unknown>, <*Kind*, *Theme*(x7-2)>}**>**
　　　　　<x10-2, {<*Kind*, パーティ>}**>**

(59) 意味表示（**x15-2＝x1-2**）

　　　　　{<x1, {**<x1-1,** {<*Name*, ジョン>, <*Predicate*, x12-2>}**>**, **<x1-2,** { }**>**}>,
　　　　　<x3, {**<x3-2,** {<*Name*, メアリ>, <*Predicate*, x7-2>}**>**}>,
　　　　　<x5, {**<x5-1,** {<*Predicate*, x12-2>}**>**, **<x5-2,** {<*Kind*, 人>, <*Identity*, unknown>, <*Kind*, *Theme*(x7-2)>}**>**}>,
　　　　　<x7, {**<x7-2,** {<*Kind*, 誘う>, <*Theme*, x5-2>, <*Agent*, x3-2>, <*Subject*, x3-2>}**>**}>,

       <x10, {<**x10-2**, {<*Kind*, パーティ>}>}>,
       <x12, {<**x12-2**, {<*Time*, imperfect>, <*Kind*, 行く>, <*α₁₄*, x8-2>, <*Goal*, x10-2>, <*Agent*, x1-2>, <*α₁₆*, x1-1>, <*Subject*, x1-1>, <*Subject*, x5-1>}>}>}

この意味表示で注目するべきところは，「メアリが誰かを誘う（**x7-2**）」「ジョンがパーティに行く（**x12-2**）」という2つのデキゴトがどちらもLAYER 2であるということである．LAYERは1が基本の階層なので，そのメンバーであるLAYER 2について述べられているということは，必ずLAYER 1という上位LAYERの存在，すなわち，他の「誘う」デキゴトを含む**x7-1**と，他の「行く」デキゴトを含む**x12-1**が想起されることになる．さらに，不定語の誰（**x5-2**）の上位LAYERである**x5-1**は，LAYERの異なる**x12-2**を，そのPredicateとして指定されている．これは，「**x5-1**のメンバーの1つである**x5-2**がThemeとなっている**x7-2**と関わりのある**x12-2**というデキゴト」を，**x5-1**という集団全体の特性としてみなすということである．本来，1つのメンバーについて成り立つ特性があるからと言って，それを集団全体の特性とみなすというのは，ずいぶん乱暴な話である．しかし，「**x5-1**の他のメンバーについても同様のことが成り立つ」という仮定を加えさえすれば，<**x5-1**, {<*Predicate*, x12-2>}>という特性が十分納得できることになる．この文に(46)で読み下したような解釈が生じるというのは，推論によって加えられる仮定が全称量化を含んでいるからだというのが，ここでの分析である[12]．

(46)　ジョンは，メアリが誰を誘っても，パーティに行く．
　　　＝［メアリがxを誘ったときにジョンがパーティに行く］ということが，すべての人についてあてはまる．

(59)の意味表示の中には，「全称量化」が直接に表示されていないため，従来の量化子を用いた意味表示に慣れていると，非常に婉曲的な表示に感じられるに違いない．しかし，意味表示を(59)以上に，特定的なものにしないことによって，用法の違いをこえた不定語の共通性をとらえることが可能になる．不定語は，たとえば(60)の「誰」のようにKind素性と<ind, xn>素性を持っている．

(60)　<x5, [{N, Kind, <ind, x5>}, <**x5**, {<*Kind*, 人>, <*Identity*, unknown>}>, 誰]>

Kind素性は，不定語が項になった時点で，派生複合valueを作る役割をになっている．<ind, xn>素

---

[12] 8.4.1節で，カが不定語と共起しない場合について述べたが，同様の考え方は，モの場合にも適用できる可能性がある．
　(i)　ジョンも来た．
　　仮に「ジョン」に<ind, xn>素性がNumerationで追加されたとすると，この文の意味表示は，ほぼ次のようになる．
　(ii)　意味表示
　　　　{<x3, {<**x3-1**, {<*Predicate*, x5-2>}>, <**x3-2**, {<*Name*, ジョン>}>}>,
　　　　<x5, {<**x5-1**, {<*Time*, perfect>}>, <**x5-2**, {<*Kind*, 来る>, <*Agent*, x3-2>, <*Subject*, x3-1>}>}>}
　モがPartitioningを引き起こすため，「ジョン」が**x3**というOBJECTのLAYER 2（すなわち**x3-2**）になっている．ということは，「ジョン」をメンバーとして含むグループ**x3-1**が想定されるということである．そして，その**x3-1**のPredicateとして，**x3-2**がAgentとなっているデキゴト**x5-2**が指定されているということは，この文は，「ジョンが来た」ということを伝えているだけでなく，そのことが，「ジョン」をメンバーとして含むグループ**x3-1**全体の特徴とみなせるということを述べていることになる．「ジョンも来た」という文は，しばしば，「ジョンのほかにも来た人がいる」という含意を持っていると言われるが，そのような含意は，(ii)のような意味表示を「理解」しようとするなかで生まれたものなのではないだろうか．

性は，Merge にともなって継承されていき，★<ind> 素性を持った上位の構成素に xn を受け渡す役割をになっている．★<ind> 素性を持っている要素としては，助詞のカとモがある．

(61) a. ［{N}, <id, {<Focus, ★<ind>>}>, か］
    b. ［{P, <id, <Subject, ★<ind>>, <Predicate, ○>>, <id, partitioning>}, φ, も］

不定語としての特性は同じでも，その受け皿となる ★<ind> 素性を持つ要素の特性が異なっているため，疑問文になったり全称量化的な解釈になったり，その結果が大きく異なってくる．

　統語意味論では，各語彙項目の特性とそれを組み合わせていく際にどういう変化が起きるかを明らかにすることを重要視しているので，意味表示がこのように婉曲的になる場合があることを容認している．あえて，そのことを肯定する立場を強調するならば，文から直接読み取ることのできる意味表示とは，必ずしも論理的に透明なものではなく，言語使用者は，そこに見られる不明瞭さ／曖昧さを解決するために，推論を補うことを余儀なくされていると言ってもよい．実際の言語使用においては，どのような仮定を補えば筋が通るかということが習慣づけられてしまっているため，まるで，それが「文字通りの意味」であるように感じられることすらある．それぞれの言語の「構文」とみなされるものは，しばしば，その「不明瞭さを解決するために補われる推論」の部分も含めてパッケージになっている．

8.6　不定語との連動読みと照応記述制約

　8.1 節で少し言及したように，不定語は，何を指しているか同定（identification）はされないが，ソ系列指示詞を用いることによって，その指示物を指すことはできる．

(12) a. ジョンが［どの会社がそこの取引先をおとしいれた］か知りたがっている．
    （＝x という会社が x の取引先をおとしいれた．ジョンは，その x の identity を知りたがっている．）
  b. ［どの大学の学生がその大学の卒業生を訪ねました］か．
    （＝x 大学の学生が x 大学の OB を訪問したような，そういう大学をリストアップしてください．）
  c. ［ジョンは，メアリがどの男子を連れてきても，そいつを認めない］．
    （＝メアリが A 君を連れてくればジョンは A 君を認めず，B 君を連れてくれば B 君を認めず，C 君を連れてくれば C 君を認めない．）

1.4.6 節で述べたように，ソ系列指示詞には，次のような特性がある[13]．

(62)　OBJECT 指示表現であるソ系列指示詞は，Numeration において，その談話ですでに使われた指標をになわなければならない．

(12a, b) では，それぞれのソ系列指示詞は，不定語が指示している OBJECT が何であれ，その同じ

---

13) 第 1 章では，まだ「OBJECT 指示表現」という用語が導入されていなかったため，「モノを指示するソ系列指示詞」という表現を用いていたが，同じ趣旨である．

ものを指している[14]．特に(12c)では，モが Partitioning を引き起こすため，不定語「どの男子」と対応しうるものは複数あるが，ソ系列指示詞も同じ LAYER 番号を持っているため，結果的に，「a なら a，b なら b...」という解釈となる．このような「1 対 1 対応」の解釈のことを，以下では，**連動読み**という名称で呼ぶことにする．

同じような解釈はア系列指示詞では不可能である．

(63) a. ジョンが[どの会社があそこの取引先をおとしいれた]か知りたがっている．
(≠x という会社が x の取引先をおとしいれた．ジョンは，その x の identity を知りたがっている．)
b. [どの大学の学生があの大学の卒業生を訪ねました]か．
(≠x 大学の学生が x 大学の OB を訪問したような，そういう大学をリストアップしてください．)
c. ジョンは，メアリがどの男子を連れてきても，あいつを認めない．
(＝メアリが a 君を連れてきてもジョンは x 君を認めず，b 君を連れてきても x 君を認めず，c 君を連れてきても x 君を認めない．)

これは，1.4.3 節で述べたとおり，ア系列指示詞には(64)の条件がかかっているからである．

(64) 発話者がア系列指示詞を用いるためには，それが，その人が直接体験によって知っているモノによって同定されていなければならない．

不定語の場合，同定が行なわれないため，不定語とア系列指示詞が同じ OBJECT を指示することはありえない．

位置的にどの範囲にあるソ系列指示詞が連動読みを持つことができるかは，★<ind> を持つのがカなのかモなのかで異なる．カの場合には，不定語の<ind, xn>素性の xn が value となる relation property が作られるだけなので，ソ系列指示詞は(62)に違反しない限り，どのような位置にあっても連動読みになりうるが，モの場合には，xn が Subject となる Predication が作られた後，その Predicate に対して Partitioning が行なわれるため，ソ系列指示詞は，その Predicate に含まれていない限り連動読みにはならない．いくら同じ指標番号でも，LAYER 番号が異なると「連動」しないからである．

(65) カと共起する不定語の場合
a. [どの人が代表する]かを，その人の連絡先を添えて報告してください．
b. 「ジョンが，どの人が代表するかを連絡してきました．」
「その人の所属先は，どこでしょうか．」

(66) モと共起する不定語の場合

---

[14] ソレ／ソコ／ソイツなどの場合には，そのソ系列指示詞自体が「すでに使われた指標番号」を持てばよいが，ソノ～の場合には，ソノに後続する名詞句の指標が「すでに使われた指標番号」である必要がある．ドノにならって，ソノの指定が次のようになっていると仮定したとすると，id-slot に★があるため，ソノ～全体の指標を問題にすることが可能になる．
(i) [{Z, +N}, <★,{ }>, その]
このように考えるならば，(62)で問題になるべきは id-slot に入る指標のほうだということになるだろう．

a. [トヨタがどの自動車会社を訴えても，そこの経営状況は影響を受ける].
b. *[どの自動車会社もリストラを計画している]と，そこの労働組合が訴えている.
c. [どの自動車会社がリストラを計画しても，そこの労働組合が訴えるだろう].

ただし，次の例文ではソ系列指示詞が使われているにもかかわらず，連動読みができないことに気がつくだろう.

(67) a. ジョンが[誰がそのディーラーの取引先をおとしいれた]か知りたがっている.
（≠x というディーラーが x の取引先をおとしいれた．ジョンは，その x の identity を知りたがっている.）
b. [どこの学生がその大学の卒業生を訪ねました]か.
（≠x 大学の学生が x 大学の OB を訪問したような，そういう大学をリストアップしてください.）
c. ジョンは，メアリが誰を連れてきても，その男性を認めない.
（≠メアリが a 君を連れてくればジョンは a 君を認めず，b 君を連れてくれば b 君を認めず，c 君を連れてくれば c 君を認めない.）

(12)と(67)だけを見比べたら，「どの〜」では連動読みができて，「誰」「どこ」ではできないというように見えるかもしれないが，そういうわけではない．(68)の場合ならば，「誰」や「どこ」でも連動読みが可能である.

(68) a. ジョンが[誰がその人の取引先をおとしいれた]か知りたがっている.
（＝x というディーラーが x の取引先をおとしいれた．ジョンは，その x の identity を知りたがっている.）
b. [どこの学生がそこの卒業生を訪ねました]か.
（＝x 大学の学生が x 大学の OB を訪問したような，そういう大学をリストアップしてください.）
c. ジョンは，メアリが誰を連れてきても，そいつを認めない.
（＝メアリが a 君を連れてくればジョンは a 君を認めず，b 君を連れてくれば b 君を認めず，c 君を連れてくれば c 君を認めない.）

このように見てくると，この場合の連動読みの容認可能性を決定しているのは，不定語とソ系列指示詞の表現の組み合わせであることがわかってくる．次の例も見てほしい．例文に付されている印は，連動読みの容認可能性を示したものである.

(69) a. どの心臓外科医も　その心臓外科医の手術の成功例のリストを提出した.
b. どの医者も　その医者の手術の成功例のリストを提出した.
c. どの外資系銀行がその外資系銀行の頭取の天下りを隠していたか，教えてください.
d. どの政令都市の職員がその政令都市の条例に一番通じているか，競い合ってみましょう.

(70) a. どの心臓外科医も　その外科医の手術の成功例のリストを提出した.
b. どの心臓外科医も　その医者の手術の成功例のリストを提出した.
c. どの外資系銀行がその銀行の頭取の天下りを隠していたか，教えてください.

d. どの政令都市の職員がその都市の条例に一番通じているか，競い合ってみましょう．

(71) a. *どの医者も　その心臓外科医の手術の成功例のリストを提出した．
b. *どの医者も　その外科医の手術の成功例のリストを提出した．
c. ?*どの銀行がその外資系銀行の頭取の天下りを隠していたか，教えてください．
d. ?*どの都市の職員がその政令都市の条例に一番通じているか，競い合ってみましょう．

(72a)の表現の意味素性は，どちらも(72b)の property を含み，(73a)の表現の意味素性は，どちらも(73b)の property を含んでいる．

(72) a. ある心臓外科医，その心臓外科医
b. <*Kind*, 心臓外科医>

(73) a. ある医者，その医者
b. <*Kind*, 医者>

(74)のような知識があるとすれば，(75)のような推論関係が成り立つことになる．

(74) 心臓外科医⊆医者

(75) **<xn, {**<*Kind*, 心臓外科医>**}>** ⇒ **<xn, {**<*Kind*, 医者>**}>**
<xn, {<*Kind*, 医者>**}>** ⇏ **<xn, {**<*Kind*, 心臓外科医>**}>**

したがって，(67)-(71)の観察は，(76)のように仮定することで説明できる[15]．この制約を**照応記述制約**と呼ぶことにする[16]．

(76) 照応記述制約：
その談話の中ですでに使われた指標をになう表現 α は，その意味素性が先行詞 β の意味素性から導出されるものでなければならない．

照応記述制約は，原則的に，不定語以外の表現とソ系列指示詞との間でも成り立つが，先行詞が同定される場合には，同定と同時に Information Database 中の property も先行詞に加わるため，照

---

[15] ただし，ソ系列指示詞に対する制約(62)と照応記述制約だけでは，以下の例文での連動読みの容認不可能性が説明できるかどうかは明らかではない．
 (i) a. *その心臓外科医の手術の成功例のリストを　どの心臓外科医も　提出した．
    b. *その医者の手術の成功例のリストを　どの医者も　提出した．
 (ii) a. *その外科医の手術の成功例のリストを　どの心臓外科医も　提出した．
    b. *その医者の手術の成功例のリストを　どの心臓外科医も　提出した．
 (iii) a. *その心臓外科医の手術の成功例のリストを　どの医者も　提出した．
    b. *その外科医の手術の成功例のリストを　どの医者も　提出した．
 (i)-(iii)では，ソ系列指示詞が不定語に先行していることが問題であると思われるが，Numeration の段階では，この語順の文と(69)，(70)とが区別できるとは限らないからである．この問題は，Ueyama (1998) でも指摘されているもので，LF 表示が同一であっても，PF 表示の語順が異なっているだけで容認性が異なると論じられている．
[16] Hoji et al. (2003) では，このような効果を持つ制約を Condition D'［コンディション D プライム］と呼んでいたが，わかりにくい名称なので，このように変更しておく．この現象の記述は，田窪 (1989)，田窪・金水 (1996)，Takubo & Kinsui (1997) 等の一連の談話管理理論の中に端を発しているが，いわゆる Condition D 現象との違いが明確にされたのは，Hoji et al. (2003) からであると理解している．

応記述制約の効果がはっきり観察されないこともある．(77b)–(79b)の例文では「ある医者」の解釈の仕方によっては，照応記述制約の効果が観察されにくい場合もある[17]．以下の例では，少しでもその効果を感じやすくするために，ア系列指示詞を用いた例を比較のためにあげておく[18,19]．

(77) a. ある心臓外科医の助手が，その医者の患者を連れて，訪ねてきた．
　　 b. *ある医者の助手が，その心臓外科医の患者を連れて，訪ねてきた．
　　　　cf. あの医者の助手が，あの心臓外科医の患者を連れて，訪ねてきた．

(78) a. ある心臓外科医と対立していた男が，急に，その医者の仕事をほめはじめた．
　　 b. *ある医者と対立していた男が，急に，その心臓外科医の仕事をほめはじめた．
　　　　cf. あの医者と対立していた男が，急に，あの心臓外科医の仕事をほめはじめた．

(79) a. ある心臓外科医が，うちの医局に赴任してきた．その医者は大変な自信家で，数々の軋轢を生み出した．
　　 b. *ある医者が，うちの医局に赴任してきた．その心臓外科医は大変な自信家で，数々の軋轢を生み出した．
　　　　cf. あいつが，うちの医局に赴任してきた．あの心臓外科医は大変な自信家で，数々の軋轢を生み出した．

(80a)のように，先行詞が固有名詞の場合には，さらにはっきりと，同定によって照応記述制約の効果が失われてしまう．

(80) a. 宮崎駿が姿をあらわした．その監督は，興奮した様子で話し続けていた．
　　 b. ?*宮崎駿という人が姿をあらわした．その監督は，興奮した様子で話し続けていた．
　　 c. 宮崎駿という監督が姿をあらわした．その監督は，興奮した様子で話し続けていた．

(80a)に対して(80b)で照応記述制約の効果が保たれているのは，「〜という」という表現が用いられることによって，同定されないだろうという話者の想定が表されているからである．(80c)では，先行詞に「監督」という表現が含まれているため，ソ系列指示詞の意味素性が導出される状態になっており，「〜という」という表現が使われていても，問題はない．

このように，照応記述制約の効果は，同定によって大きく影響を受けてしまう．不定語の場合に

---

[17] Ueyama (1998) では，同定が起こる表現は D-1, D-2 という形式の D-index を持ち，同定が起こらない表現は，I-1, I-2 という形式の I-index を持つと仮定していたが，ここでの例が示しているように，同定が起こるかどうかが決まっていない表現も多いため，統語意味論においては言語表現が持つ指標は1系列しか仮定していない．そのかわり，1.4節で論じたように，Information Database の構成要素である object と意味表示の構成要素である OBJECT を区別することによって，ア系列指示詞とソ系列指示詞の違いを説明している．ア系列指示詞を使った場合に照応記述制約の効果が見られないのは，ア系列指示詞は新しい番号の指標をになうことが許されており，かつ，意味表示での2つの OBJECT が同じ object と同定されることが不可能ではないからであろう．

[18] (77)–(78)の例は，Hoji et al. (2003) の(28)–(29)をベースにしている．

[19] (79b)のかわりに(i)のように言えば，何の問題もない．
　(i) ある医者が，うちの医局に赴任してきた．その医者は心臓外科医だったのだが，大変な自信家で，数々の軋轢を生み出した．
　「心臓外科医だった」という表現によって，先行詞からは導出されない意味素性を加えることが可能なのは，第5章で述べたように，叙述構文の述語部分は，語彙項目の指標が先行詞の指標と異なっていても，id-slot が主語部分と同じ指標をになえるからである．そのため，(i)は照応記述制約には抵触しない．

は，<Identity, unknown>というpropertyがあるために同定がさまたげられ，その結果，照応記述制約の効果が明瞭にあらわれるのである．

8.7 本書で未解決のまま残している問題

8.7.1. 不定語を用いない不定OBJECTの指示

「弟」「犯人」のようなHost property表現は，それ自体が指示するOBJECTが簡単に同定できないものであっても，HostとなるOBJECTからたぐりよせていくことで指示対象物にたどりつける可能性のあるものである．おそらく，その性質と無関係ではないと考えているが，いわゆる「不定」のOBJECTについて語る場合に，よく活躍することがある[20]．

たとえば，(81)の下線部のようなHost property表現は，疑問節で言い換えが可能であり，具体的にどのようなOBJECTを指すかは伏せたままで話を進めることができる．

(81) a. ジョンは，メアリに年齢をたずねた．（＝何歳なのかたずねた）
　　 b. 値段を教えてください．（＝いくらなのか教えてください）
　　 c. 深さが問題ですね．（＝どのぐらい深いかが問題ですね）
　　 d. 結末は知りません．（＝どのような結末だったかは知りません）
　　 e. あとで寝心地をうかがいます．（＝寝心地がどうだったかをうかがいます）

(81)のような構文は，しばしばconcealed questionと呼ばれてきた．concealed questionとはBaker (1968)で初めに用いられた用語で，(82)のように，疑問詞が含まれていないにもかかわらず，wh疑問文とほぼ同じ意味を表す（Baker 1968, Karttunen 1977, Grimshaw 1979）[21]．

(82)　Only Harold knew/found out [the kind of candy Jill likes].
　　　cf. Only Harold knew/found out [what kind of candy Jill likes].

---

20) 本書では，「不定」という表現を特に定義しないまま用いた．言語学において「不定」という概念は，定義されて用いられる場合でも，その定義は一様ではない．本書では，「不定」という概念を理論上の概念として定義しようとしているわけではなく，あくまでも，従来，「不定」という語を用いてしばしば語られた対象／事態が，Host propertyを用いることで，より明示的にとらえられるということを示したい．
21) (i)のように，疑問節をとらない動詞の場合には，同様の名詞句を続けても，疑問文の意味にはならないことが知られている．
　(i)　　*Harold firmly believed/asserted [the kind of candy Jill likes].
　　　cf. *Harold firmly believed/asserted [what kind of candy Jill likes].
Grimshaw (1979) は，この観察をとりあげ，動詞がどのような項をとるかは，品詞の別ではなく意味特性で定めるべきだということを論じた．
　(ii)　a. John asked what height the building was.　　　　　　　　　　（Grimshaw 1979: 299, (76)）
　　　　b. John asked the height of the building.　　　　　　　　　　　（Grimshaw 1979: 299, (74)）
ただし，その分析は，Lexiconにおいて，疑問節の解釈になる語彙が指定可能であることが前提となっている．(83)のように語彙的にはHost property表現がかかわっていない場合にも同様の解釈ができるということは，疑問節と同じ解釈ができることをLexiconにおける指定の問題であると考えるわけにはいかないということである．

(81)だけを見ると，下線部の名詞に対して，Lexiconで疑問文としての意味が指定されているという分析の方向もありうると思うかもしれないが，(82)に見られる言い換えは，明らかにLexiconに直接指定しておくわけにはいかない．

(82)は英語の例だが，日本語でも，連体修飾節がともなう名詞句が疑問文と同じ意味に解釈される場合がある[22]．

(83) a. ジョンが<u>勝ったチーム</u>を知りたがっている．(＝どのチームが勝ったかを知りたがっている)
b. ジョンがメアリに<u>昨日行った場所</u>をたずねた．(＝昨日どこに行ったのかたずねた)
c. ジョンが<u>買った花びん</u>を教えてください．(＝ジョンがどの花びんを買ったのか教えてください)
d. <u>買った人</u>が問題ですね．(＝誰が買ったかが問題ですね)

たとえば(83a)は，(84)とは意図されている解釈がはっきりと異なっている．

(84) a. ジョンが2004年に勝ったチームのことを知りたがっている．
b. {**<x1**,{<*Name*, ジョン>}**>**,
　　<x4,{<*Kind*, 勝つ>, <*Time*, perfect>, <*Agent*, x6>}**>**,
　　<x6,{<*Kind*, チーム>}**>**,
　　<x8,{<*Kind*, 知りたがる>, <*Time*, imperfect>, <*Theme*, x6>, <*Agent*, x1>}**>**}

そこで，何らかの方法で，次のような意味表示が派生される仕組みが望まれる．

(85) {**<x1**,{<*Name*, ジョン>}**>**,
　　<x4,{<*Kind*, 勝つ>, <*Time*, perfect>, <*Agent*, x6>}**>**,
　　<x6,{<*Kind*, チーム>, <*Identity*, unknown>, <*Kind*, *Agent*(x4)>}**>**,
　　<x8,{<*Kind*, 知りたがる>, <*Time*, imperfect>, <*Theme*, x6>, <*Agent*, x1>}**>**}

(85)の場合には，「知りたがる」対象になっているのが「**x4**のAgentであるところのチーム」ということになり，(83a)と(84)の意味の違いが表示可能になる[23]．

8.7.2 カ

(4)の文の派生を説明する際には，便宜的にカがNumerationで統語素性woを付与されると仮定した．「〜か」という間接疑問節がそのまま項として解釈がされている場合はあるので，そのような場合には，このような処置でよいだろうと考えている．

---

[22] 日本語では，「これ，ほしい人！」「(問題が)解けた人！」のように，英語ならばwh疑問文を用いるだろう場面で，この構文が使われることがよくある．
[23] さらに言えば，固有名詞であっても同様の分析が適用可能であるべきかもしれない．次の(i-a)が(i-b)と同じ解釈になれるとすると，「太郎」というような固有名詞でも，このような交替をしうるということになる．
　(i) a. 僕が太郎を当てて見せます．
　　　b. 僕が誰が太郎か当てて見せます．
　おそらく，本書での分析と同様に扱えるのではないかと考えているが，まだ十分に考察しきれていない．

(86) a. 誰が参加する予定か教えてください．
　　　b. 参加予定者を教えてください．

(87) a. 何人が合格したか調べてきました．
　　　b. 合格者数を調べてきました．

ただし，疑問節のカには格助詞のヲが後続する場合もあり，ガやニの項に相当する場合もあるので，Lexicon からヲを指定しておくわけにはいかない[24]．

(88) a. 誰が参加する予定かを教えてください．
　　　b. 何人が合格したかを調べてきました．

(89) a. 誰が行くべきか（が）問題だ．
　　　b. いつから現在のような形になったのか（に）関心があります．

また，次のような疑問節は，項としての役割を果たしているとも考えがたい．

(90) a. 何か嫌なことを思い出したのか，太郎は急に黙り込んだ．
　　　b. 何が見つかるか，箱を探ってみたい．

カの語彙特性をどのように考えるべきかについては，このようなさまざまな場合を考慮に入れていく必要がある．

8.7.3　束縛条件 C

本文で述べたように，同定がかかわると，一般的に，照応記述制約の効果が見られなくなるが，先行詞が Subject であり，それと同じ指標の表現が Predicate に含まれている場合だけは，容認可能性が低くなる．

(91) a. [Subject 高橋課長が] [Predicate 課長の部下にあいさつしている]（ところを目撃した人がいるらしい．）
　　　b. *[Subject 課長が] [Predicate 高橋課長の部下にあいさつしている]（ところを目撃した人がいるらしい．）
　　　c. [Subject 課長の部下が] [Predicate 高橋課長の奥さんにあいさつしている]（ところを目撃した人がいるらしい．）

(92) a. [Subject 課長が] [Predicate 彼の奥さんに文句を言っている]（ところを目撃した人がいるらしい．）
　　　b. *[Subject 彼が] [Predicate 課長の奥さんに文句を言っている]（ところを目撃した人がいるらしい．）
　　　c. [Subject 彼のお姉さんが] [Predicate 課長の奥さんに文句を言っている]（ところを目撃した人がいるらしい．）

---

[24] また，(88)，(89) の場合に J-Merge が適用していると考えるべきなのかどうかも問題である．もし，J-Merge が適用しているとすると，カの範疇素性をどのように仮定するかという点も問題としなければならないことになる．

(93) a. [Subject太郎が][Predicateあいつの先生になぐりかかった]（ところを目撃した人がいるらしい．）
　　 b. *[Subjectあいつが][Predicate太郎の先生になぐりかかった]（ところを目撃した人がいるらしい．）
　　 c. [Subjectあいつの弟分が][Predicate太郎の先生になぐりかかった]（ところを目撃した人がいるらしい．）

(94) a. [Subject太郎が][Predicate彼の母親に文句を言った]（ところを目撃した人がいるらしい．）
　　 b. *[Subject彼が][Predicate太郎の母親に文句を言った]（ところを目撃した人がいるらしい．）
　　 c. [Subject彼の一番の親友が][Predicate太郎の母親に文句を言った]（ところを目撃した人がいるらしい．）

(95) a. [Subject花子が][Predicate彼女の友達にあやまった]（ところを目撃した人がいるらしい．）
　　 b. *[Subject彼女が][Predicate花子の友達にあやまった]（ところを目撃した人がいるらしい．）
　　 c. [Subject彼女の代理人が][Predicate花子の友達にあやまった]（ところを目撃した人がいるらしい．）

(96) a. [Subjectあの心臓外科医が][Predicateあの医者の患者を連れて，訪ねてきた]．
　　 b. *[Subjectあの医者が][Predicateあの心臓外科医の患者を連れて，訪ねてきた]．
　　 c. [Subjectあの医者の昔からの患者は][Predicateあの心臓外科医の話になると急に饒舌になる]．

この観察は，生成文法では束縛条件Cによって説明されると言われてきたものであるが，その条件をどのように記述するべきかは，必ずしも明らかではない．

(97) Lasnik（1976：16（38））

　　 If NP_1 precedes and kommands NP_2 and NP_2 is not a pronoun, then NP_1 and NP_2 are disjoint in reference.

(98) Lasnik（1991：19（51））

　　 A less referential expression may not bind a more referential one.

(99) Ueyama（1998：204（64）-（65））

　　 Nominal expressions α and β must be disjoint in reference if $\alpha<\beta$ [i.e., α is 'less referential' than β] and α c-commands β, where α and β stand in the relation of $\alpha<\beta$, iff
　　 (i)　for every x, x an individual which can be expressed by β, x can be expressed by α, and,
　　 (ii)　for some y, y an individual which can be expressed by α, y cannot be expressed by β.

Reinhart（1983）でも指摘されているように，この現象は，形式的な指標の問題というよりは，最終的に同じobjectと同定されるかどうかに関わる条件であり，純粋にComputational Systemの問題ととらえるのは難しい側面がある．

第9章
さまざまな連動読み

8.6 節で連動読みという解釈を紹介した．これも，日常のコミュニケーションではあまり用いることのない特殊な解釈の1つであるが，自分の頭の中で組み上げつつ，少しずつ慣れていってほしい．興味深いのは，慣れたからといって，どのような文でも連動読みができるようになるわけではないということである．「使われているのを聞いたことがない」という点では同じ2つの文でも，一方は慣れると連動読みができ，他方は，いつまでたっても連動読みができるようにならない，という状況がしばしば生じる．このように，文の容認性というものは，単に「慣れ」だけで決まっているわけではないという点が言語の仕組みの最も不思議な側面の1つなのである．慣れるまでは，違和感が大きいかもしれないが，少し辛抱をして，その先の「新しい世界」を体験してほしい．

9.1 同一指標による連動読みと依存語による連動読み

8.6 節で不定語とソ系列指示詞の間に連動読みが可能な場合があるということを見た．

(1) a. ジョンが[どの会社がそこの取引先をおとしいれた]か知りたがっている．
   (＝x という会社が x の取引先をおとしいれた．ジョンは，その x の identity を知りたがっている．)
   b. [どの大学の学生がその大学の卒業生を訪ねました]か．
   (＝x 大学の学生が x 大学の OB を訪問したような，そういう大学をリストアップしてください．)
   c. ジョンは，メアリがどの男子を連れてきても，そいつを認めない．
   (＝メアリが A 君を連れてくればジョンは A 君を認めず，B 君を連れてくれば B 君を認めず，C 君を連れてくれば C 君を認めない．)

これは，不定語とソ系列指示詞が Numeration において同一指標を持つことによって起こる連動読みである．

しかし，Numeration において同一指標を持つ場合にしか同じ OBJECT への指示が起こらないとすると，少し問題がある．たとえば英語を初めとするさまざまな言語の研究において，(2)のような文で John と his が同一人物を指すと解釈される場合にも，その表示は 2 種類あるべきだということが，多くの研究で指摘されてきている．

(2)　　John took his picture.

(2)の文だけでは，そのような区別をするべきかどうかはまったく明らかではないが，(2)の文のあとに(3)を続けた場合，(3)の解釈に(4)のように2通りあることが知られているのである．

(3)　　Bill wanted to, too.

(4)　　a.　ビルも，ジョンの写真が撮りたかった．
　　　　b.　ビルも，自分の写真が撮りたかった．

本書で提示している理論は，まだ省略構文を扱えるところまで進められていないが，(4a)というのは，(2)の his が John と同じ指標であるとすれば，出てきて当然の解釈である．それに対して，(4b)は，(2)の his が take の Agent と同じものであるとされている場合に出てくる解釈である．8.1節で Agent(xn) という派生複合 value が作成される場合があるという分析を提案したが，(2)の his が派生複合 value によって値が決まっているとすると，(3)においては，(3)の（省略された）take の Agent を指す，という解釈を作る可能性が出てくる[1]．

そこで本章では，2つの要素 A, B が同じ OBJECT に対応するという状況は，次の2種類の異なる方法によって，もたらしうるという分析を提案する．

(5)　　a.　A も B も同じ指標 xn を持っている．
　　　　b.　B の指標が α(xm) という形式で表されており，その派生複合 value の値が A の指標 xn に等しい．

以下では，(5b)のタイプの連動読みにおける B を **依存語**（dependent term）と呼ぶことにする．

9.2　ソコの単数性

連動読みは，不定語が含まれない文でも観察される．

(6)　　a.　（その不祥事の後）かなりの数の大学が［そこを支持していた人］に　あやまった．
　　　　b.　（その不祥事の後）すべての大学が［そこを支持していた人］に　あやまった．
　　　　c.　トヨタとニッサンが［そこの取引先］を　訴えた（ら，太郎は責任をとらなければならない）．

たとえば(6a)で可能な連動読みは，「A 大学が A 大学を支持していた人に謝り，B 大学が B 大学を支持していた人に謝り，…というようなことが，かなりの数の大学で起こった」というものである．

---

[1] (2)において同じ OBJECT に対する指示の仕方に2種類あるという分析は，Sag (1976), Reinhart (1976), Williams (1977), Evans (1980) を初めとして多くの研究に見られるものである．これらの研究においては，ほとんどの議論が(3)の省略構文にもとづいたものであるが，Hoji (1995) は，9.4.3節で述べる束縛原理 B に関わる現象の観察に基づいて，同じ OBJECT に対する指示の仕方に2種類あるという分析を提案している．
　また，本文で述べた派生複合 value を用いた区別の仕方は，表現の仕方は大きく異なるものの，Fiengo & May (1994) における β-occurrence という概念にきわめて近い．ただし，Fiengo & May (1994) では，文構造に factorization という操作を行ない，直接 John と his の間の依存関係を定義しようとしているのに対して，本書では，意味役割を利用した派生複合 value を作成しているので，Fiengo & May (1994) よりも見やすい分析が作れるはずではないかと考えている．

(6)の連動読みは，「1対1対応」という点では(1)と同様であるが，(1)では問題となっている集合を作る作用がカやモにあったのに対して，(6)では，「先行詞」に相当する名詞句において，問題となっている母集団が導入されているという点が異なっている．

(1)の連動読みを説明するために，8.6節では下線部の2つの名詞句が同じ指標番号と同じLAYER番号を持っていると仮定した．しかし，(6)の連動読みを説明しようとする場合，下線部の2つの名詞句が同じLAYER番号を持っていると考えるわけにはいかない．「かなりの数の大学」「すべての大学」「トヨタとニッサン」が明らかに複数のOBJECTであるのに対して，ソコという表現は，単数のOBJECTしか指せないことが以下の事実からわかるからである．

たとえばカレラ，アイツラ，ソイツラなどは，複数を指す表現である．これらの表現が複数のものを指しうるということは，(7)-(8)の例でも明らかに示されている．（ここでは仮に，NP_{1+2}という表記法で，その指示対象が$\{x_1, x_2\}$であることを表すこととする．）

(7) a. 太郎$_1$は　次郎$_2$に　彼ら$_{1+2}$の先生の奥さんを　紹介した．
    b. 太郎$_1$は　次郎$_2$に　探偵が　彼ら$_{1+2}$を　尾行していると言った．
    c. 今回は，この出展枠に[3人の学生]$_1$から応募があった．選抜するのも面倒なので，[彼ら]$_1$にやってもらうことにしよう．

(8) a. トヨタ$_1$は　ニッサン$_2$に　その2社$_{1+2}$の合同パーティの会場を　提案した．
    b. トヨタ$_1$は　ニッサン$_2$に　税務署が　その2社$_{1+2}$を　調査していると伝えた．
    c. 今回は，この出展枠に[3つの会社]$_1$から応募があった．選抜するのも面倒なので，[その3社]$_1$にやってもらうことにしよう．

これに対して，アソコ，ソコのような表現は，基本的に「単数」のモノを指す表現である[2]．したがって，(8)のような表現の場合とは異なり，(9)-(11)では意図されている解釈が容認されない．

(9) a. *トヨタ$_1$は　ニッサン$_2$に　あそこ$_{1+2}$の合同パーティの会場を　提案した．
    b. *トヨタ$_1$は　ニッサン$_2$に　税務署が　あそこ$_{1+2}$を　調査していると伝えた．
    c. 今回は，この出展枠に[3つの会社]$_1$から応募があった．*選抜するのも面倒なので，[あそこ]$_1$にやってもらうことにしよう．

(10) a. *トヨタ$_1$は　ニッサン$_2$に　そこ$_{1+2}$の合同パーティの会場を　提案した．
     b. *トヨタ$_1$は　ニッサン$_2$に　税務署が　そこ$_{1+2}$を　調査していると伝えた．
     c. 今回は，この出展枠に[3つの会社]$_1$から応募があった．*選抜するのも面倒なので，[そこ]$_1$にやってもらうことにしよう．

(11) a. *太郎$_1$は　次郎$_2$に　その人$_{1+2}$の先生の奥さんを　紹介した．
     b. *太郎$_1$は　次郎$_2$に　探偵が　その人$_{1+2}$を　尾行していると言った．
     c. 今回は，この出展枠に[3人]$_1$から応募があった．*選抜するのも面倒なので，[その人]$_1$にやってもらうことにしよう．

---

2) ソコという表現が単数のものに対応するということは，なかば当然と思われてきており，特に証拠が必要だと考えられていないことも多かった．(9)-(11)のように，その先行詞が2つの名詞句で表現されている構文を用いると，そのことが「示せる」ということを初めて指摘したのは，Hoji (1995) である．

「あそこ／そこ／その人」という表現には，必ず単数のものに対応しなければならないという性質があるということがわかる[3]．それにもかかわらず，(6)では，ソコが明らかに複数の OBJECT を指示する表現と「連動」している．したがって，(6)の場合には，モのように Partitioning を義務的に引き起こす要素は文中に含まれていないが，ソコの単数性のため，Partitioning を引き起こす素性を持つ要素がなければ理解可能な LF 表示にならないことになる．

(12) Partitioning
Predication 素性 <xa, <Subject, xb>, <Predicate, xc>> がある場合，Predicate である xc の領域に含まれるすべての指標 xn–m を xn–(m＋1) に変えよ．

9.3 統語素性 Bind と Merge 規則 Binding

では，(5b)のタイプの連動読みの場合，どのようにして，B の指標が派生複合 value となるか考えてみよう．

(5)　b．B の指標が $\alpha(xm)$ であり，その派生複合 value の値が A の指標 xn に等しい．

通常，語彙項目の指標は xn の形式であり，派生複合 value にはならない．そこで，依存語は，(13)のように，指標が変数の形で生まれ，(15)の Binding という Merge 規則が適用したときに，その変数の値が派生複合 value になると考える[4]．k は β が複数ある場合に区別する指標である．

(13) <βk, [{N, βk=■}, ϕ, そこ]>

(14) βk=■
　　　継承規定　非主要部からも継承される．
　　　削除規定　Binding の適用によって，■ が派生複合 value に置き換えられる．その結果できた等式は LF 意味素性として書き出される．

(15) <xm, [{..., Bind, α}, <xm, {...}>, body1]>
　　　<xn, [{..., βk=■}, <xn, {..., <Attribute, ★$_a$>, ...}>, body2]>
⇒ Binding
　　　<xn, [{..., βk=$Attribute$(xn)}, <xn, {..., <Attribute, xm>, ...}>, <
　　　　<xm, [{..., α}, <xm, {...}>, body1]>
　　　　<xn, [{...}, ϕ, body2]>
　　　>]>

---

[3] 一般的には，ソレはソレラと対立する形式で単数だと思われがちであるが，この同一指示のテストをしてみると，この「常識」がそれほど明らかではないことがわかる．
　(i) 今日，あの3冊の本を図書館で借りてきてくれただろうね．あとで見るから，それを書斎の机の上に置いておいてくれ．
これは，ソレという言語表現そのものの問題なのか，ソレという表現で指しうる対象物の個別性の問題なのか，微妙な面はあるが，ひとまず，ソレの単数性はソコの単数性ほど明らかではないという事実の認識にとどめておく．

(16) Bind
　　　継承規定　主要部からしか継承されない．
　　　削除規定　Binding の適用により削除される．

先行詞と依存語の関係は，カ／モと不定語との関係と同じく，長距離の関係であるが，不定語の場合と同様，依存語の素性が非主要部からも継承されると考えればよい．Bind という素性を持った構成素（xm）が，依存語を含んだ構成素（xn）の項になる場合，Binding という Merge 規則が発動され，その結果，その項の意味役割によって，「$\beta k = Agent(xn)$」とか「$\beta k = Theme(xn)$」のような等式が生まれるのである[5]．

たとえば(6a)の連動読みが派生するためには，(17)のような Numeration から出発することになる．この場合，x3-1 が Bind という統語素性と Partitioning のための素性を付与されているので，これが「先行詞」となる予定の要素である．（全ステップの派生は付録B.8節を参照のこと．）

(6)　a．（その不祥事の後）かなりの数の大学が［そこを支持していた人］に　あやまった．

(17)　Numeration = {x1-1, x2-1, x3-1, x4-1, β5, x6-1, x7-1, x8-1, x9-1, x10-1, x11-1, x12-1}
　　a．<x1-1, [{N}, <●, {<$Quantity$, かなり>}>, かなりの数]>
　　b．<x2-1, [{J, +N, +R, no}, ϕ, の]>
　　c．<x3-1, [{N, Bind, <★[Predication], partitioning>}, <x3-1, {<$Kind$, 大学>}>, 大学]>
　　d．<x4-1, [{J, +N, +R, ga}, ϕ, が]>
　　e．<β5, [{N, β5 = ■}, ϕ, そこ]>
　　f．<x6-1, [{J, +N, +R, wo}, ϕ, を]>
　　g．<x7-1, [{V}, <x7-1, {<$Kind$, 支持している>, <$Theme$, ★wo>, <$Agent$, ★ga>}>, sizisitei–]>
　　h．<x8-1, [{T, +V, <x8-1, <$Subject$, ☆>, <$Predicate$, ★>>}, <★, {<$Time$, perfect>}>, –ta]>
　　i．<x9-1, [{N}, <x9-1, {<$Kind$, 人>}>, 人]>
　　j．<x10-1, [{J, +N, +R, ni}, ϕ, に]>
　　k．<x11-1, [{V}, <x11-1, {<$Kind$, 謝る>, <$Goal$, ★ni>, <$Agent$, ★ga>}>, ayamar–]>
　　l．<x12-1, [{T, +V, <x12-1, <$Subject$, ☆>, <$Predicate$, ★>>}, <★, {<$Time$, perfect>}>, –ta]>

Binding が適用するのは，「かなりの数の大学が」が「謝る」の Agent として Merge する，次のタイミングである．

(18)　<x3-1, [{NP, Bind, <★[Predication], partitioning>, ga}, <x3-1, {<$Kind$, 大学>}>, <…略…>]>
　　　<x11-1, [{V, β5 = ■}, <x11-1, {<$Kind$, 謝る>, <$Goal$, x9-1>, <$Agent$, ★ga>}>, <…略…>]>

---

4) Binding が「Merge 規則」であるというのは違和感を持つ人もいるかもしれないが，Reinhart（1983）の coindexation, Higginbotham（1983）の linking, Hoji（1997a, b）等の Formal Dependency など，束縛関係のある種のものを統語操作によって関連づけるという分析は，これまでにもあった考え方である．
5) この Binding 規則は，派生複合 value を形成するという点で，8.1節で導入した Kind と共通性がある．Kind は，非主要部からでも継承されると仮定したが，ここでは，Bind は主要部からしか継承されないとしておく．ただ，Bind も非主要部から継承可能と仮定すれば，いわゆる Spec-binding の現象を説明できる可能性がある．現時点では，Spec-binding が可能になる条件が必ずしも十分に観察されているとは判断していないため，この点を保留にしておく．

⇒ Binding

<x11-1, [{V, β5＝Agent(x11-1), <★[Predication], partitioning>}, **<x11-1, {**<*Kind*, 謝る>, <*Goal*, x9-1>, <*Agent*, x3-1>**}>**, <
<x3-1, [{NP}, ga, **<x3-1, {**<*Kind*, 大学>**}>**, <...略...>]>
<x11-1, [{V}, φ, <...略...>]>
>]>

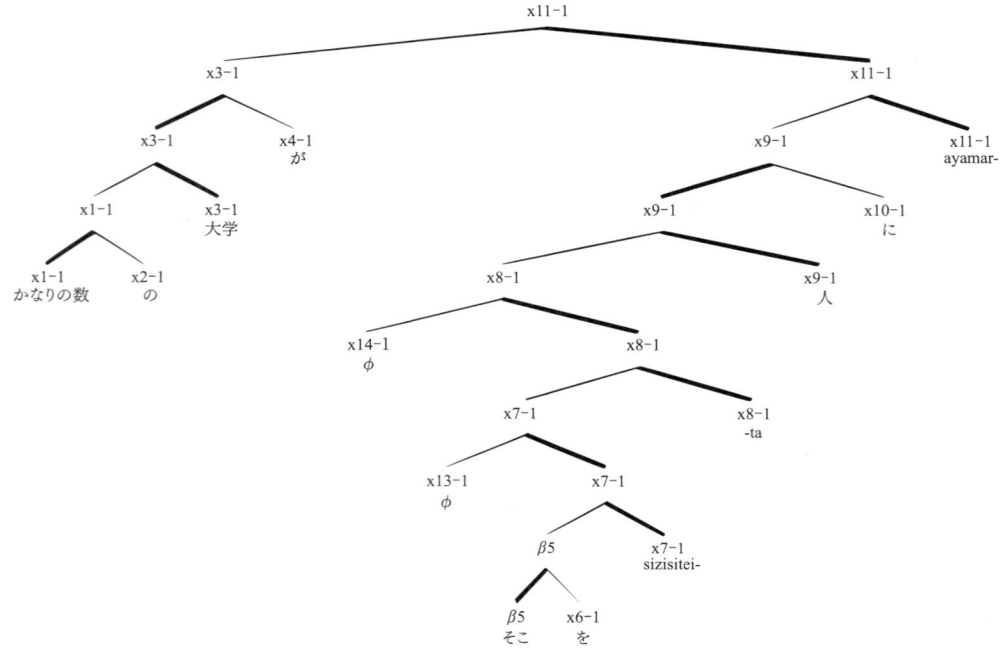

ここで，「β5＝Agent(x11-1)」という等式ができているが，のちほど，これを含む領域に Partitioning が適用することになるので，最終的な LF 表示は次のようになる[6]．

(19) LF 表示（＝PF 表示）

<x12-1, [{T, <x12-1, <Subject, x3-1>, <Predicate, x11-2>>}, **<x11-1, {**<*Time*, perfect>**}>**, <
<x3-1, [{NP}, **<x3-1, {**<*Kind*, 大学>**}>**, <
<x3-1, [{N}, φ, <
<x1, [{NP}, **<x3-1, {**<*Quantity*, かなり>**}>**, <
<x1, [{N}, φ, かなりの数]>,
<x2, [{J}, φ, の]>
>]>
<x3-1, [{N}, φ, 大学]>
>]>

---

6) ここでは，統語素性 Bind と Partitioning が共起している派生を取り上げたが，この 2 つの共起は義務的ではない．Subject と依存語がどちらも単数だったり，どちらも複数だったりする場合には，Partitioning は不要だからである．ここであげている例の場合のように，Subject が複数で依存語が単数の場合には，Partitioning が生起しないと解釈に矛盾が生じて排除されるだけである．

9.3 統語素性 Bind と Merge 規則 Binding   193

                <x4-1, [{J}, ϕ, が]>
           >]>
        <x12-1, [{T}, ϕ, <
           <x11-2, [{V, $\beta 5 = Agent(x11-2)$}, **<x11-2, {**<Kind, 謝る>, <Goal, x9-2>, <Agent, x3-2
                                                                                            >**}>**, <
              <>
                 <x11-2, [{V}, ϕ, <
                    <x9-2, [{NP, ni, <x15-2, <Subject, x9-2>, <Predicate, x8-2>>}, **<x9-2, {**<Kind,
                                                                                   人>, <α_{16}, x7-2>**}>**, <
                       <x9-2, [{N}, ϕ, <
                          <x8-2, [{T, <x8-2, <Subject, x14-2>, <Predicate, x7-2>>}, **<x7-2, {**<Time,
                                                                                           perfect>**}>**, -ta]>
                             <x14-2, [{NP}, **<x14-2, {}>**, ϕ]>,
                          <x8-2, [{T}, ϕ, -ta]>
                             <x7-2, [{V}, **<x7-2, {**<Kind, 支持している>, <Theme, $\beta 5$>, <Agent,
                                                                                            x13-2>**}>**, <
                                <x13-2, [{NP}, **<x13-2, {}>**, ϕ]>,
                                <x7-2, [{V}, ϕ, <
                                   <$\beta 5$, [{NP}, ϕ, <
                                      <$\beta 5$, [{N}, ϕ, そこ]>
                                      <x6-2, [{J}, ϕ, を]>
                                   >]>
                                   <x7-2, [{V}, ϕ, sizisitei-]>
                                >]>
                             >]>
                          <x8-2, [{T}, ϕ, -ta]>
                       >]>
                    >]>
                    <x9-2, [{N}, ϕ, 人]>
                 >]>
                 <x10-2, [{J}, ϕ, に]>
              >]>
              <x11-2, [{V}, ϕ, ayamar-]>
           >]>
        >]>
        <x12-1, [{T}, ϕ, -ta]>
     >]>
  >]>

194　第9章　さまざまな連動読み

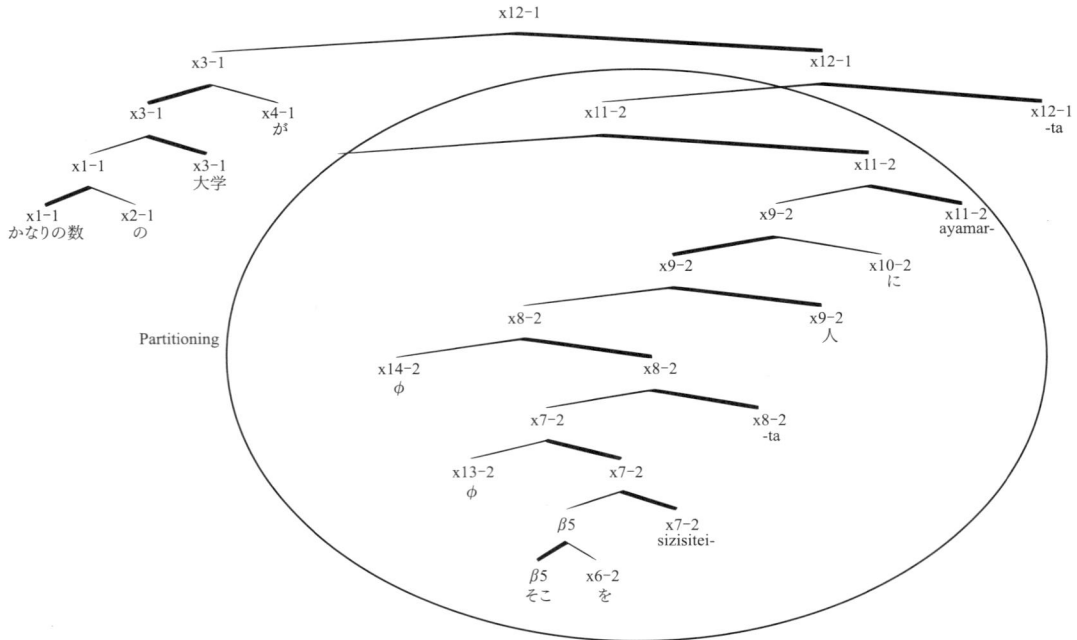

(20) 音連鎖

　　　　かなりの数　の　大学　が　そこ　を　sizisitei-　-ta　人　に　ayamar-　-ta

x11-2 のところに「$\beta 5 = Agent(\text{x11-2})$」という等式が生まれていることがわかる．この等式は，統語素性のところに書かれているが，次のように LF 意味素性として書き出されると仮定する．

(21) Predication 素性と LF 意味素性

　　　　<x12-1, <Subject, x3-1>, <Predicate, x11-2>>
　　　　<x8-2, <Subject, x14-2>, <Predicate, x7-2>>
　　　　<x15-2, <Subject, x9-2>, <Predicate, x8-2>>

　　　　<x11-1, {<Time, perfect>**}>**
　　　　<x3-1, {<Kind, 大学>**}>**
　　　　<x3-1, {<Quantity, かなり>**}>**
　　　　$\beta 5 = Agent(\text{x11-2})$
　　　　<x11-2, {<Kind, 謝る>, <Goal, x9-2>, <Agent, x3-2>**}>**
　　　　<x9-2, {<Kind, 人>, <α_{16}, x7-2>**}>**
　　　　<x7-2, {<Time, perfect>**}>**
　　　　<x13-2, { }>
　　　　<x14-2, { }>
　　　　<x7-2, {<Kind, 支持している>, <Theme, $\beta 5$>, <Agent, x13-2>**}>**

依存語は，それ自身の意味素性を持っていないが，$\beta 5$ として★を削除した際に，x7-2 のところに「<Theme, $\beta 5$>」という property を作っていたのが，この等式を受けて「<Theme, Agent(x11-2)>」と

書き換えられることになる．つまり，「支持」の Theme に相当するものは「謝る」の Agent だということであり，これがまさに(6a)の文の意味である．

(6)　　a．（その不祥事の後）かなりの数の大学が［そこを支持していた人］に　あやまった．

さらに，zero-Merge で生まれた **x13-2**, **x14-2** をそれぞれ，**x9-2** と等しいと仮定することによって **x7-2** と **x9-2** も適切に関連づけられ，(22)の意味表示が導き出される．

(22)　意味表示（**x13-2**＝**x9-2**；**x14-2**＝**x9-2**）
　　　　　　{<x3, {**<x3-1**, {<Kind, 大学>, <Quantity, かなり>, <Predicate, x11-2>}>}>,
　　　　　　<x7, {**<x7-2**, {<Kind, 支持している>, <Theme, Agent(x11-2)>, <Agent, x9-2>, <Time, perfect>, <Subject, x9-2>}>}>,
　　　　　　<x8, {**<x8-2**, {<Subject, x9-2>}>}>,
　　　　　　<x9, {**<x9-2**, {<Kind, 人>, <α_{16}, x7-2>, <Predicate, x8-2>}>}>,
　　　　　　<x11, {**<x11-1**, {<Time, perfect>}>, **<x11-2**, {<Kind, 謝る>, <Goal, x9-2>, <Agent, x3-2>, <Subject, x3-1>}>}>}

ここでも，6.4 節の場合と同様，注目するべきところは，「**x3-2** が **x9-2** に謝った（**x11-2**）」という LAYER 2 のデキゴトが，**x3-1** の Predicate として指定されているという点である．これは，1 つの **x3-2** が Agent となっている **x11-2** というデキゴトを，**x3-1** という集団全体の特性としてみなすということなので，この **<x3-1, {**<Predicate, x11-2>**}>** という特性を成り立たせるために，「**x3-1** の他のメンバーについても同様のことが成り立つ」という仮定を加えた結果，全称量化の解釈が生まれることになる．

このように，依存語は，(13)のように，自身の指標が変数の状態で Numeration に入る．

(13)　<$\beta 5$, [{N, $\beta 5$=■}, ϕ, そこ]>

「$\beta 5$=■」という部分は，非主要部からでも継承されていく．この■を削除する働きを持つ素性が Bind である．Bind は，主要部からのみ継承される統語素性で，その要素の指標で★$_\alpha$／★が削除される際に，派生複合 value を作り，■を置き換える．逆に言うと，依存語は，この Bind と出会える位置にしか生起できないということになる．さらに，依存語が単数性を持っている場合には Partitioning が適用しないと理解可能な意味表示にならないので，結果的に，■の置き換えが可能なのは，Subject の主要部が統語素性 Bind と Partitioning を持っており，依存語がその Predicate 内に含まれているときということになる．そのため，(23)のような連動読みは可能であるのに対して，(24)のような構文では連動読みが許されない[7]．

(23)　かなりの数の単科大学が　そこの院生を　推薦した．

(24)　a．＊そこの院生がかなりの数の単科大学を推薦した．
　　　b．＊その不祥事の後，［そこを支持していた人］が　かなりの数の大学に　あやまった．

---

7)　(24)において連動読みが成り立たないという観察は，従来の生成文法ではしばしば weak crossover effect（弱交差現象）という名称で呼ばれた（Postal 1971, Wasow 1972, Chomsky 1976, Hoji 1985）．「弱交差」という呼び名は歴史的な経緯によるものなので，ここでは，なぜその名称で呼ばれたのかという説明はしないでおく．

　　　　c. *かなりの数の単科大学が参加した会で，そこの学長が議長になった．

9.4　2種類の連動読みの違い

　以上，連動読みを出す過程に，同一指標による場合と依存語が関わる場合の2種類があるという分析を提示してきた[8]．最終的に得られる解釈としては区別しがたいものであっても，それぞれ素性の持ち方，および，解釈不可能素性の削除条件が異なるため，連動読みが得られる条件が異なってくる．以下，3つの点について，この2種類の方法がどう異なっているかを示す．

9.4.1　語順による制約

　8.6節において，同一指標による連動読みでは，次のような〜ヲ〜モ（ガ）…という語順が許されないということを指摘した．

(25)　*[その自動車会社の労働組合をどの自動車会社も調査した]．

次のように名詞の組み合わせをどのようにしても容認性が上がらないということは，照応記述制約は無関係だということである．

(26)　a. *その心臓外科医の手術の成功例のリストを　どの心臓外科医も　提出した．
　　　b. *その医者の手術の成功例のリストを　どの医者も　提出した．

(27)　a. *その外科医の手術の成功例のリストを　どの心臓外科医も　提出した．
　　　b. *その医者の手術の成功例のリストを　どの心臓外科医も　提出した．

(28)　a. *その心臓外科医の手術の成功例のリストを　どの医者も　提出した．
　　　b. *その外科医の手術の成功例のリストを　どの医者も　提出した．

現時点では，なぜ，この語順での連動読みができないのか，原理的な説明ができないが[9]，注目したいのは，依存語による連動読みの場合，この語順に対する制限がないということである．次のように，〜ヲ／ニ〜ガ…という語順でも，連動読みが可能なのである．

(29)　a. （その不祥事の後）[そこを支持していた人]に　かなりの数の大学が　あやまった．
　　　b. （その不祥事の後）[そこを支持していた人]に　すべての大学が　あやまった．

---

[8] Hoji (1995) において，主に9.4.3節の束縛原理Bに関するふるまいの違いに基づいて，連動読みが生じる表示には2種類あるということが主張された．その後，9.4.1節や9.4.2節の観察を加えて，2つの方法の違いについて述べたのが Ueyama (1998) の主旨である．具体的な分析は，その後，発展したものであるが，基本的な観察はほとんど変わっていない．英語においても同様の違いが観察されることが，9.4.1節や9.4.2節の観察については Ueyama (1998) で，9.4.3節の観察については Hoji (1995) で報告されている．

[9] 1つの可能性は，1.4.6節の(63)に関連づけて説明するという方法だろう．
　(i)　OBJECT 指示表現であるソ系列指示詞は，Numeration において，その談話ですでに使われた指標をになわなければならない．（=1.4.6節(63)）
　しかし，(i)が Numeration の作り方に対する制限であると考えるならば，そのあとどのような語順の文が構築されるかにはかかわらないはずなので，(i)に基づいて語順の制限を説明するという案に踏み切れないでいる．

c. そこの取引先を　トヨタとニッサンが　訴えた（ら，太郎は責任をとらなければならない）．

(29)では，語順としてはソ系列指示詞が先行しているものの，連動読みが可能なのであるから，意味解釈の基盤となる LF 表示においては，依存語が Partitioning の領域にあると考えなければならない．そこで，Ueyama（1998）では，(29)の例文においては PF 表示を派生する際に移動規則が適用しているという分析を提案した．Computational System において PF 移動という選択肢があるならば，(25)-(28)の同一指標による連動読みの場合にも，LF 表示においては依存語が Partitioning の領域にありうることになる．それでも，実際には連動読みができないのであるから，文の解釈の容認可能性が PF 表示のありかたに影響を受けると考えざるをえない．上で，「現時点では，なぜ，この語順での連動読みができないのか，原理的な説明ができない」と書いたのは，そのためである[10]．

このように，原理的な説明にはいたっていないものの，記述的に，(30)の違いがあることは十分に示されている．

(30) a. 同一指標による連動読みにおいては，ソ系列指示詞が（表層的な語順において）不定語に先行してはならない．
　　　b. 依存語は，（表層的な語順において）「先行詞」よりも前に生起しても連動読みが可能な場合がある．

この事実は，同一指標による連動読みと依存語による連動読みの表示が異なっていることを強く示唆している．

9.4.2　依存語の意味内容

　ここまで，依存語としてはソコしか用いてこなかったが，どのような表現が依存語になれるかには，少し個人差があるようである．たとえば，人によってはソイツが簡単に依存語として用いることができる一方，人によっては非常に違和感が強いらしい[11]．

(31) a. ?/??/?*かなりの数の学生が　そいつの恋人を連れてきた．
　　　b. ?/??/?*かなりの数の金持ちが　そいつの資産を隠している（に違いない）．
　　　c. ?/??/?*ジョンとトムがそいつの先生に会いに行った．

---

10) Ueyama（1998）においては，同一指標を持つ要素が文中に複数ある場合には，その語順がチェックされなければならない，という規定（stipulation）を行なったが，明らかに，これでは問題の解決にはほど遠い．現在でも，何らかの方法で規定が必要である状況は変わっていない．
11) おそらくソイツという表現が使える対象が「ぞんざいに扱っていい人」に限られているという点が関係しているのであろう．また，日本語において「彼」が多くの人にとって依存語になりにくいという観察は，よく知られたものである．（たとえば，Hoji（1991a）を参照．）
　(i) a. ??/?*かなりの数の学生が　彼の恋人を連れてきた．
　　　b. ??/?*かなりの数の金持ちが　彼の資産を隠している（に違いない）．
　　　c. ??/?*ジョンとトムが彼の先生に会いに行った．
　「彼」が依存語になりにくい理由については，意味内容の大きさに帰するべきではないと考えている．1つの理由は，省略構文に関する Hoji（1997a, b）において示されているように，Partitioning が関わらない場合には，「彼」が依存語になれると考えたほうが説明しやすい現象が観察されるからである．

Ueyama（1998）では，ある表現が依存語になれる条件として，それが本来持っている意味内容が少なければ少ないほどよい，という観察を指摘した．ここでの分析に沿って言うと，依存語は，(13)のように，それ自身の意味素性が含まれない形で定義されている．

(13) <βk, [{N, βk＝■}, ϕ, そこ]>

つまり，ソイツを依存語として用いるならば，この表現に普段つきまとう「ぞんざいに扱っていい人」というニュアンスをになわせる場所がないわけで，そのことに対して違和感を感じるかどうかで(31)の容認可能性が異なってくるのである．さらに，次の例のようにした場合には，おそらく，ほとんどの人が違和感を強く感じるに違いない．

(32) a. *その不祥事の後，<u>かなりの数の大学</u>が［<u>その有名大学</u>を支持していた人に］あやまった．
　　 b. *その不祥事の後，<u>すべての大学</u>が［<u>その外国語大学</u>を支持していた人に］あやまった．
　　 c. *<u>トヨタとニッサン</u>が　<u>その自動車会社</u>の取引先を　訴えたら，太郎は責任をとらなければならない．

これに対して，同一指標による連動読みでは，（照応記述制約に違反しない限り）ソ系列指示詞の意味内容が大きくてもかまわない．

(33) a. <u>どの自動車会社</u>も<u>そこ</u>の労働組合を調査した．
　　 b. <u>どの自動車会社</u>も<u>その会社</u>の労働組合を調査した．
　　 c. <u>どの自動車会社</u>も<u>その自動車会社</u>の労働組合を調査した．
　　 d. *<u>どの会社</u>も<u>その自動車会社</u>の労働組合を調査した．

この事実も，同一指標による連動読みと依存語による連動読みが異なる表示であることを示している．

実は，不定語を用いた連動読みであっても，〜ヲ〜ガ...の語順で連動読みが可能な場合があるが，その容認度は「意味内容の少なさ」に比例している．

(34) a. <u>そこ</u>の労働組合を<u>どの自動車会社</u>も調査した．
　　 b. ?<u>その会社</u>の労働組合を<u>どの自動車会社</u>も調査した．

つまり，この語順の連動読みが許されるためには，ソ系列指示詞の意味内容が十分少なくなければならないのである．ここまでの考察に基づけば，(34)の連動読みが可能であるならば，その場合には，依存語の関わる連動読みになっている，すなわち，「どの自動車会社も」という表現が，全体として「すべての自動車会社が」などの表現と同じ役割をはたしているに違いない．つまり，この場合には，モの特別な統語素性の指定がなくなり，「どの自動車会社も」が（「すべての自動車会社が」と同様に）複数の要素から成るグループを指示する表現として用いられ，それが統語素性 Bind および Partitioning を引き起こす素性を持っていると仮定したい[12]．だからこそ，不定語とモが連

---

[12] Hayashishita & Ueyama（2012）の10.3.1節で指摘されているように，不定語にモが連続した形式には不規則性がかなり見られる．それも，この形式が派生的に生まれたものだからではないだろうか．つまり，統語的なふるまいの規則性という点から見ると，不定語とモが連続していない用法のほうが本来的であり，不定語にモが接続して「誰も」「いつも」などの形になっているものは派生的なのではないかと思われるが，この点は，明ら

続していない構文では，たとえソコであっても，やはり語順が連動読みの容認可能性に影響する．(35)では可能であった連動読みが，(36)のような語順では容認できなくなってしまう．

(35) ［トヨタが<u>どの自動車会社</u>を訴えても，<u>そこ</u>の経営状況は影響を受ける］．

(36) *［<u>そこ</u>の経営状況は，トヨタが<u>どの自動車会社</u>を訴えても，影響を受ける］．

このように，その分布は複雑であるが，連動読みが可能な場合，その表示には2種類あると考えなければ説明できないことがいろいろある．

9.4.3　束縛原理 B

また，連動読みに2通りの分析を仮定することで，従来の研究では単に仮定するしかなかった原理に説明を与えることができる可能性がある[13]．生成文法では，束縛原理 B というものがよく取り上げられてきた．

(37)　Binding Principle B（束縛原理 B）
　　　　Pronouns must not be bound in its local domain.

(37)はいくつも特殊用語をふくむ文であるが，不正確になることを恐れずに非常に平たく言うと，これは her や him のような代名詞が目的語の位置を占める場合，その節の主語が同じ OBJECT を指していてはいけないということを述べている．

(38)　*<u>John</u> recommended <u>him</u>.

Reinhart (1983), Higginbotham (1983), Hoji (1997a, 1998) 等で，この効果が確実に見られるのは，同じ動詞の項同士（たとえば，Agent と Theme）の間であり，かつ，(5)で言うと，(5b)の場合（つまり，依存語が関わる場合）のみであるということが示されてきた[14]．問題は，なぜ，(5b)の場合に限って，そして，同じ動詞の項同士の間でこのような制限が見られるのかということである．

　ここでの依存語の分析に従うと，その問いにある種の答えを提供することができる．(38)で，John が統語素性 Bind を持っており，him が依存語の場合，最終的に派生する意味表示は，おおよそ(39)のようになる．

(39)　{<**x1**,{<*Name*, John>}>,
　　　　<**x2**,{<*Kind*, recommended>, <*Agent*, x1>, <*Theme*, *Agent*(x2)>}>}

これに対して，(5a)の関係の場合ならば，意味表示は次のようになる．

(40)　{<**x1**,{<*Name*, John>}>,
　　　　<**x2**,{<*Kind*, recommended>, <*Agent*, x1>, <*Theme*, x1>}>}

　　　かに歴史的な検証が必要な部分である．
13)　この節の残りの部分は，かなり込み入った議論になるので，従来の生成文法における束縛理論の議論について知らない人は，とばしてもらってかまわない．
14)　詳しくは，Hoji (1998) にまとめられている．特に英語の場合，さまざまな要因が交錯していて複雑な状況であるが，ここでは，そのあたりを捨象して，単純な(38)を例にとり，ポイントだけを説明する．

ここで注目されるのは，(39)の場合，**x2**というOBJECTのpropertyの中にAgent(x2)という派生複合valueが含まれているということである．つまり，**x2**は，自分の特性記述の中で，みずからに言及することになり，(37)とは，このような自己言及の事態を禁じるものなのではないかという説明である．

　従来の研究では，どのようにして(5a)の場合と(5b)の場合とを区別するかということが一時期，頻繁に論じられた．そこで，問題として提示されたのが，図式的に言うと，次のような構文である[15]．

(41)　(Hoji 1998：(56))
　　a.　[トヨタとニッサン（と）が [そこがそこを推薦した] と発表した]（のを聞いて驚いた）
　　b.　政府が　トヨタとニッサンに [そこがそこを推薦するべきだ] と伝えた（こと）

もし，束縛原理Bというものが，1つのOBJECTが1つの動詞の2つの項にあらわれてはいけないというのならば，(41)のような構文でも連動読みができないはずであるが，実際には，この解釈は可能である．そしてHoji (1998) は，(41)においては，2つのソコという依存語が同じ動詞の項になっているものの，束縛原理Bが禁じているのは，先行詞と依存語が同じ動詞の項になることであるとして，この事実を説明した．本書で提案した分析では，この結論に対して，さらに論拠を与えることができる．(39)は，自己言及があるために禁じられると説明したが，(41)の場合の関与する部分の意味表示は，おおよそ(42)のようになる．

(42)　{**x1-1**, {<Member, トヨタ>, <Member, ニッサン>}>,
　　　<**x2-2**, {<Kind, 発表した>, <Agent, x1-2>, <Theme, x3-2>}>,
　　　<**x3-2**, {<Kind, 推薦した>, <Agent, Agent(x2-2)>, <Theme, Agent(x2-2)>}>}

(42)においても，派生複合valueが含まれている点では(39)と同じであるが，(42)では，自己言及は一切起きていない．**x3-2**の2つの項が同じvalueを与えられているが，それは，(40)と同じことであり，本来の束縛原理Bの排除対象にはならないのである[16]．

---

[15] (41)の例文の元になったのは，Heim (1992) の次のような例である．(Higginbotham (1992：4.2節) にも，この構文についての言及がある．)
　　(i)　(based on Heim (1992：(20)))
　　　Everyone said that what he had in common with his siblings was that his sister admired him, his brother admired him, and he (himself) admired him.
　　英語の場合には，(i)のように，かなりのお膳立てをして初めて最後の節のheとhimの連動読みが可能になるらしいが，Hoji (1998) は，日本語では，そのような文脈の操作がなくとも，(41)では簡単に連動読みができるということ，そして，(41)では連動読みであるにもかかわらず束縛原理Bの効果が見られないということを指摘した．

[16] 束縛原理Bをどのようにとらえるかという問題は，観察される現象を精緻によりわけて，説明対象を慎重に見極める必要があり，本書では，ごくおおまかなことしか紹介できない．傍士 (2013) には，この問題に関係する論文がいくつも再録されている．

9.5 疑似連動読み

9.5.1 Host property の解釈

次のような文にも，ある種の「連動読み」が含まれているように思うかもしれないが，このようにソ系列指示詞が含まれていない文での「連動読み」には気をつけなければならない．(43)の意味表示は，たとえば(44)のようになる．

(43) みんなが教え子を推薦した．

(44) **x1**,{<*Kind*, みんな>, <教え子, x3>}>
　　　x3,{<*Kind*, 教え子>, <*Host*, x1>}>
　　　x5,{<*Kind*, 推薦する>, <*Theme*, x3>, <*Agent*, x1>, <*Time*, perfect>}>

この場合，**x1** も **x3** も複数のまま，その2つのOBJECTの間に「教え子」という関係が成り立っているということになるので，Partitioningが適用せずとも，なんとなく「1対1対応」になっているのではないかという理解が生まれたとしても不思議ではない．

このようにHost propertyを介しての関係の場合には，構造的条件が関係ないため，Host property 表現がSubjectで，そのHostにあたる表現がPredicateに含まれている場合でも，同様に「なんとなく1対1対応」の理解ができてしまう．

(45) 教え子がみんなを推薦した．

以下では，このように意味表示において明示されないながらも連動読みのような理解が得られる場合を「疑似連動読み」と称することにする．

英語においても，(46)においてある種の連動読みが可能であるということがPartee (1989) で指摘され，'implicit variable binding' と呼ばれた．

(46) a. Every sports fan in the country was at a local bar watching the playoffs.
　　b. Every participant had to confront and defeat an enemy.
　　c. Every traveler who stops for the night imagines that there is a more comfortable place to stay a few miles farther on.

Partee (1989) では，この連動読みにおいても「先行詞」がSubjectである必要があると述べており，その証拠として(47)を挙げているが，私の調べたところでは，(48)の場合，疑似連動読みが可能だという結果が出ている．

(47) a. #?From five feet away I tried to toss a peanut to every pigeon.
　　b. #?The leader of the local union wrote a letter to every untenured professor in the state.
　　c. #?Only the nearest photographer got a good picture of every senator.

(48) A customer complains to every company.

202　第9章　さまざまな連動読み

なぜ(47)では疑似連動読みの容認性が低いのかについては，明確な説明はできないが，(48)では，「先行詞」が直接目的語ではないという点や，(47b, c)のほうには連動語に定冠詞 the がついているという点が関わっているのではないかと考えている．

9.5.2　Host property 表現を作るソ

英語においては，たとえば(49)のような場合，(48)とは異なり，いかなる連動読みも不可能だと言われている．

(49)　*Its customer complains to every company.

しかし，日本語のソ系列指示詞の場合，必ずしも疑似連動読みができないとは限らない．

(50)　a. ?そこの弁護士がトヨタとニッサンを推薦した．
　　　b. ?そこの弁護士がすべての自動車会社を訴えている（ので自動車業界は大混乱に陥っている）．

Ueyama (1997, 1998) では，従来連動読みができないはずと考えられてきた構文において連動読みのような解釈が可能である現象を quirky binding と呼んだ．このような現象が見られるのは，ソ系列指示詞に Host property を生じさせる力があり，そのために疑似連動読みが可能になるからであると考えている．つまり，(50)で疑似連動読みが可能なのは，「弁護士」という表現を，「会社ごとに決まっている弁護士」，つまり，それぞれの会社という OBJECT を Host とする表現に読み替えた結果なのである．Host property を生じさせるとは，たとえば「車」を「マイカー」に，「家」を「マイホーム」にするようなものである．「自分の」という表現も同様の機能を持つと考えてもいいかもしれない[17]．

ソ系列指示詞はこの機能を持つことがあるからこそ，まったく「先行詞」の見当たらない用法も存在する[18]．

(51)　a. ?そこの弁護士というものは，信用しないほうがいい．
　　　b. ?そこ出身の人というものは，公表できない話を知っているものだ．

このような用法は，英語の its にはない．

(52)　a. *It is better not to trust (the word of) [its attorney] in general.
　　　b. *It is generally the case that [its former employees] know some story which cannot be made public.

ほかにも例を挙げておく．

---

[17] 日本語でも「僕」や「彼」などの表現は，原則的にこの機能を持っていない．「私事」という表現はあるが，これはむしろ，「公私」という意味での「私」から来ていると考えるべきだろう．
[18] 三上 (1970) でも，ソ系列指示詞に「それでは／それほど／それとも」などの用法があることを指摘している．また，黒田 (1979) で述べられている，「ソは，話し手が対象を間接的概念的知識として指向している」という記述も無関係ではないだろうが，本書での記述のほうが明示的であると考えている．

(53) a. 私のデザインのモットーは，その人らしさを演出することです．
    b. 今日はその道の専門家と呼ばれるかた十人に集まっていただきました．
    c. 最近のアイドル歌手は，そのへんにいる女の子と変わらない．
    　　　　　　　　　　　　　　　　　　　　　　(Takubo & Kinsui 1996: (46))
    d. ジョンはいつもその場限りの言い訳をする．
    e. 人を雇うからには，それ相応の給料を用意しなければならない．

ただし，この機能を持つのは，ソ系列指示詞の中でも，「そのNP」「そこのNP」「その人のNP」などに限られ，「そいつのNP」や「その〜のNP」全体が Host property 表現になるということは難しい．

(54) a. ???そいつの弁護士がタバタという男を訴えたらしい．
    b. ?*その貿易会社–の弁護士がタバタという貿易会社を訴えたらしい．

ちなみに，(55)で疑似連動読みができるとすれば，その場合のソコは，単に「無視」されて(56)と同じように理解されているにすぎないだろう．

(55) a. そこの子会社と取引をしている会社がトヨタを訴えた．
    b. そこの子会社と取引をしている会社がトヨタやニッサンを訴えた．

(56) a. 子会社と取引をしている会社がトヨタを訴えた．
    b. 子会社と取引をしている会社がトヨタやニッサンを訴えた．

「子会社」はもともと Host property 表現だからである．つまり，このような疑似連動読みが可能な場合には，ソ系列指示詞が Host property を追加する機能を持っている場合と，(55)のようにソ系列指示詞をまるまる「無視」している場合の2種類があることになる．

9.5.3 topic としての Host

疑似連動読みが構造に制限されないとは言っても，(43)と(45)では，解釈の容易さが異なることも事実である．

(43) みんなが教え子を推薦した．
(45) 教え子がみんなを推薦した．

Ueyama (1998: section D.2.1) における観察を，一部，本書での用語に言い換えると(57)のようになる．

(57) a. Host に相当する OBJECT は同定されていなければならない．
    b. Host に相当する OBJECT は，「その文全体の topic」と解釈できるようなものでなければならない．

(57a)の例が(58)，(57b)の例が(59)，(60)である．

(58) a. ?*そこの弁護士がトヨタかニッサンかを推薦した（ので，あとは誰かにマツダを推薦して

もらえばいいだけだ）．
　　　b. ?*そこの弁護士が 55%の自動車会社を訴えている（ので，自動車業界は大混乱に陥っている）．

(59) a. ?*そこの弁護士が [トヨタとニッサンと取引がある会社]を推薦した（ので，あとは誰かにマツダを推薦してもらえばいいだけだ）．
　　　b. ?*そこの弁護士が [すべての自動車会社のライバル会社]を訴えている（ので，自動車業界は大混乱に陥っている）．

(60) a. ?そこの弁護士が　すべての自動車会社を訴えている．
　　　b. ?そこの弁護士が　すべての自動車会社を推薦した．
　　　c. ?そこの弁護士が　すべての自動車会社をつぶした．
　　　d. ?*そこの弁護士が　すべての自動車会社を応援している．
　　　e. ?*そこの弁護士が　すべての自動車会社を軽蔑している．
　　　f. ?*そこの弁護士が　すべての自動車会社にあやまった．
　　　g. ?*そこの弁護士が　すべての自動車会社と争っている．

　(57)の「その文全体の topic」というものをどのように位置づけるべきか，今後の課題であるが，これは 1 つの節に対して 1 つしか許されないと考えるべきである．Ueyama（1998：section D.2.3）で述べているように，同じ節に対して疑似連動読みが複数成立することはない[19]．

(61) a. [... NP2 ... NP1 ...]-NOM　QP2-CM　QP1-CM ... V
　　　b. [... NP2 ... NP1 ...]-NOM　QP1-CM　QP2-CM ... V

(62) a. ?*[その人]担当のそこの職員が [すべての議員]に USC と UCLA を推薦させた．
　　　b. ?*[その人]担当のそこの職員が USC と UCLA を [すべての議員]に推薦させた．

(63) a. ?[その人]担当の職員が [すべての議員]に USC を推薦させた．
　　　b. ?そこの職員が[すべての議員]に　USC と UCLA を推薦させた．

　このように，疑似連動読みは，完全に排除することは難しいが，いくつかの条件が明らかになってきているので，目的に応じて条件を組み合わせることによって，その生起を大幅にコントロールすることは可能である．

---

[19] Hayashishita（2013）では，さらに広範囲の現象を調べ，分配読みや連動読みが関わっている文においては，疑似連動読みや疑似分配読みが起こらないということを示している．Ueyama（1998：D.2.2 節）で指摘している次の現象も同様に分析できる可能性がある．
　(i) ?*[55%の学生]に [そいつを知っているそこの先生]が USC と UCLA を推薦させた．

第 10 章
否定文

　最後に，否定文についての現時点での考察を示しておく．本章で示す分析は，全体的にまだ考察が不十分であり，Numeration からどのような規則を経て意味表示が派生されるかが明示されるところまで進んでいない．単に，「このような意味表示が得られるように工夫をしていくと，さらに理解が進むのでは」という見込みが示されているに過ぎない．このような段階であるにもかかわらず，本書に含めているのは，否定文の意味をどのようにとらえるかという問題は多くの理論にとって難しい問題として認識されているので，統語意味論という道具立てによって，どのような展開が見込めるかということを述べることが，この枠組み自体の特徴を示すことになると考えたからである．否定文の分析としてというよりは，統語意味論にどのような可能性があるかという視点で読んでもらえると幸いである．

10.1　否定にまつわる問題点

　統語意味論に限らず，意味表示を OBJECT の集合としてとらえるアプローチの場合，常に，否定文をどう扱うかということが問題になる．たとえば，(1a) のような肯定文ならば，その意味表示は (1b) でかまわないだろうが，(2a) のような否定文を同じように分析すると，意味表示は (2b) のようになりかねない．

(1)　　a.　ジョンが来た．
　　　　b.　{**<x1,**{<*Kind*, 人>, <*Name*, ジョン>}**>**,
　　　　　　<x3,{<*Kind*, 来た>, <*Agent*, x1>}**>**}

(2)　　a.　ジョンは来なかった．
　　　　b.　{**<x1,**{<*Kind*, 人>, <*Name*, ジョン>}**>**,
　　　　　　<x3,{<*Kind*, 来なかった>, <*Agent*, x1>}**>**}

　しかし，(2b) のような意味表示では，いわば，「来なかった」というデキゴトが存在する，と主張することになってしまう．OBJECT という存在物の集合を意味表示とするアプローチだからこそ，非存在をどのように表すかということが問題になるのである．
　ただし，否定辞が property 記述表現に接続している場合には，大きな問題にはならない．(2) で問題が生じるのは，否定辞が後続している要素である動詞が OBJECT 指示表現だからである．

OBJECT指示表現は意味表示にOBJECTの存在を追加するものであるからこそ，否定辞の機能と衝突してしまうが，property記述表現に接続している場合には，単に(3b)のように複合形のまま意味表示に取り込んでしまっても，特に問題は生じない．

(3)　a．ジョンは若くない．
　　　b．{**<x1,{**<*Name*, ジョン>, <若くない, ＿>**}>}**

むしろ，複合形のままで意味表示に取り込んだほうがよいと思われる理由もある．4.1節で述べたように，「若い」という表現は，年齢というscaleの特定の範囲に対応している．それが具体的にどこからどこまでの範囲であるかは，文脈によって異なっており，短距離走の選抜メンバーの話をしている場合と，地方自治体の選挙に立候補する場合とでは，「若い」の基準は大きく異なっている．同様に，「若くない」という表現も，年齢というscaleの特定の範囲に対応しているが，その範囲は必ずしも「若い」の範囲以外のすべての部分であるとは限らない．通常，赤ん坊のことは「若い」とは言わないし，100歳のお年寄りに「若くない」という言い方をすることもめったにない．単純に「若い」の補集合を「若くない」の定義とするわけにはいかないのである．さらに，仮に，「若い」の範囲から「若くない」の範囲をつきとめる関数を定義できたとしても，同じ関数が「赤い」と「赤くない」に適用できるとは考えにくい．つまり，何らかの形容詞αについて，「α＋ナイ」の値の範囲を「α」の値の範囲に基づいて，形式的に計算する関数を定義することは不可能である可能性がきわめて高い．むしろ，「α」の値の範囲を表現ごとに覚えなければならないのと同様に，「α＋ナイ」の値の範囲も1つ1つ覚えていくものだと仮定するしかないのではないだろうか．そうだとすると，(3b)のように複合形のままで意味表示に取り込むのと同じことである．

また，次の文のナイも非存在を表してはいない．

(4)　a．お金がほしくて言っている｛のではない／わけではない｝．
　　　b．早く来た｛のではない／わけではない｝．早く来過ぎたのだ．

(4)のようなナイは，メタ言語否定（metalinguistic negation）の一種と考えられる．つまり，「α｛のではない／わけではない｝」という表現があれば，そのαから生まれる意味表示を削除せよ，という指令であるとみなせばいいだろう．(5)のような表現は，しばしば，否定辞を要求する表現であると言われるが，(6)のように，メタ言語否定表現だと，その条件を満たすことができない．

(5)　a．誰も来なかった．
　　　b．ジョンしか来なかった．
　　　c．ろくなやつが来なかった．

(6)　a．*誰も来たのではない．
　　　b．*ジョンしか来たのではない．
　　　c．*ろくなやつが来たのではない．

このように，メタ言語否定表現は，非存在のナイと区別して考察する必要がある．

この章の残りの部分では，統語意味論において，非存在のナイをどのように扱うことができるか，その可能性を探っていく．本格的な分析はまだ完成しておらず，方向性を示すにとどまるが，非存在という概念が必ずしも決定的な問題にはならないということを述べておきたい．

10.2 非存在を表すナイ

まず，自立語としてのナイに対応する意味表示断片について考えてみる．

(7) a. ジョンは，ひげがない．
 b. {**<x1,**{<Kind, 人>, <Name, ジョン>, <non-part, x3>}**>**,
   <x3,{<Kind, ひげ>, <Host, __>}**>**}

(7a)の文では，「ひげがない」という表現が，「ジョン」という語彙項目が指示する OBJECT の特性を追加する働きを持っている．どのように表示するかは難しいところだが，(7b)のように「ひげ」を一般的な OBJECT を指示する表現としてとらえた上で，「ジョン」には「ひげ」で指示される部分がない，という形で非存在を述べるという考え方がありうるだろう．non-part とは，「部分として含まない」という attribute であるとする．同じ考え方で(8)のような文の意味表示も記述できそうである．

(8) a. ジョンは　ひげがない．　（cf. このセーターは色がきれいだ）
 b. ジョンは　お金がない．
 c. ジョンは　欠点がない．

問題は，(7b)の**<x1,**{..., <non-part, x3>}**>** という property をいかにして形成するかということである．5.3 節では，「メアリはかわいい」という文の構造は(9)のようになっていると述べた．

(9)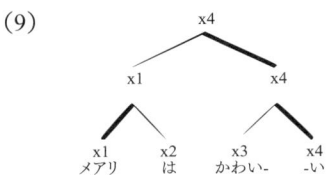

この場合の x4 は時制要素であるから，第 6 章以降の考察に従うと，これも Predication 素性を持っているはずであり，(9)の場合は(10)のような Predication が作られることになる．

(10)　　<x4, <Subject, x1>, <Predicate, x3>>

「ひげがない」の場合にも同様の構造だとすると，(11)のようになり，<x6, <Subject, x3>, <Predicate, x5>> という Predication が形成されることだろう．

(11)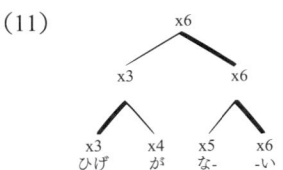

　　　<x6, <Subject, x3>, <Predicate, x5>>

さらに，(11)全体が Predicate となり，もう1段階<x7, <Subject, x1>, <Predicate, x6>> という Predication が形成されて「ジョンはひげがない」という文になる[1].

(12)

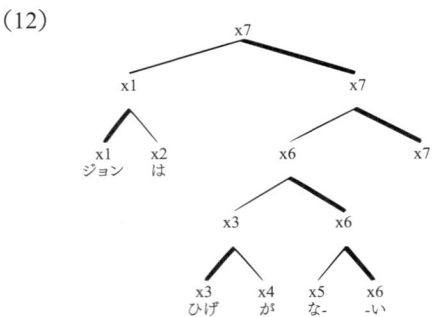

<x7, <Subject, x1>, <Predicate, x6>>
<x6, <Subject, x3>, <Predicate, x5>>

ナイという語彙項目が non-part という attribute 形成にかかわっているのは確実である．そこで，(12)の構造と(7b)でめざす意味表示の部分**<x1, {..., <non-part, x3>}>**を見比べると，non-part の value となっているのは，x6 という Predication において，x5（ナイ）の Subject となっている x3 であり，そこで形成された<non-part, x3>が，x6 が Predicate となっている Predication（x7）の Subject である x1 の property になっていることがわかる．つまり，(13a)のような Predication が成り立っており，ナイの持つ指標が xn5 の場合，(13b)のような意味素性が形成されると考えればいいということである．

(13)　a.　<xn1, <Subject, xn2>, <Predicate, xn3>>
　　　　　<xn3, <Subject, xn4>, <Predicate, xn5>>
　　　b.　**<xn2, {**<non-part, xn4>**}>**

本書では，さらなる定式化は控えておくが，(7b)のような意味表示を統語的に導くことは十分可能であることがわかるだろう．

10.3　動詞否定文のナイ

動詞否定文である(14a)の場合も，(15)のような構造だと考えれば，ナイに関して(13)と同様の方法で(14b)のような意味表示を導き出すことができる．

(14)　a.　ジョンは歌わない．
　　　b.　{**<x1, {**<Name, ジョン>, <non-part, x3>**}>**,
　　　　　<x3, {<Kind, 歌う>, <Agent, ＿＿>**}>**

---

1) つまり，x7 という要素を Numeration の段階から仮定しておくことになる．この要素がどういうものであり，どうして必要となるのか，Numeration の中にこれが存在しなければ，どうなってしまうのか等が今後の課題ということになるだろう．

(15)

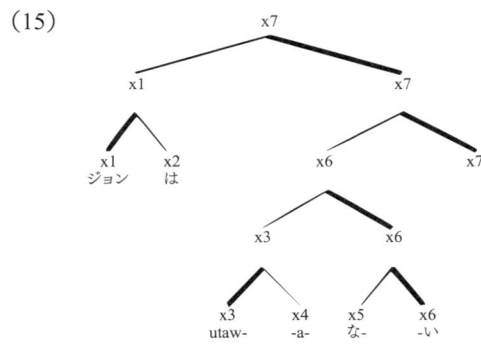

<x7, <Subject, x1>, <Predicate, x6>>
<x6, <Subject, x3>, <Predicate, x5>>

「ない（x5）」は，その Subject（＝utaw- x3）を value として，上位の Subject（＝ジョン x1）の特性となる．言い換えると，動詞肯定文がデキゴトの存在を述べる文であるのに対して，動詞否定文は性質を述べる陳述文になる，と言っていることになる．

　実際，否定文は，肯定文よりもずっと，ハ句がないと「座りが悪くなる」ことが知られている．

(16) a. ジョンが来た．
　　 b. ジョンは来なかった．
　　 c. ?ジョンが来なかった．
　　 d. 今日はジョンが来なかった．

(16a-d)の容認性の差は，容認可能／容認不可能というほど頑健（robust）なものではなく，(16c)も十分に容認可能ではあるが，(16a, b, d)に比べて何かを補って考えなければならない印象がある．もし，ナイの解釈に必ず2段階の Predication が必要であると仮定するならば，(16c)では，音韻的にはハ句があらわれていないため，空範疇としてのハ句を補って文を構築しなおす必要があり，それが「座りが悪い」という印象を生み出しているのではないだろうか．

　(14b)では，「歌う」の *Agent* を空欄にしてある．「ジョンは歌わない」わけであるから，明らかに「ジョン」を「歌う」の *Agent* にするわけにはいかないからである．(15)では，utaw- に -a- が Merge する構造を仮定している．-a- という接辞は，いわゆる子音語幹動詞（もしくは五段活用の動詞）のときにのみ見られるものであるが，ここでは，これを動詞を否定形にする語彙項目としてとらえたい．母音語幹動詞や「来る」「する」などの場合には，発音としては -a- ではなくなるが，そこは個別に対処することとする．そして，この -a- という語彙項目が Merge すると，<*Agent*, ★ga>のような項の指定が<*Agent*, ＿>となると考えたい[2]．

　否定形になった場合に，動詞のすべての項が無指定になるわけではない．たとえば，(17)の文の解釈を考えた場合，ジョンが，誰かに誰かを紹介するという行為を一切しなかった，という意味で

---

2) non-part という attribute を用いて，動詞否定文の意味を記述するならば，その「ジョンが部分として含まない」として指示されている「歌う」という OBJECT は，実際のデキゴトではなく，抽象的な概念でなければならない．4.2節において，動詞の「誘惑する」が{<*Theme*, ★wo>, <*Agent*, ★ga>}という意味素性を含んでいるのに対して，名詞の「誘惑」は{<*Theme*, ＿>, <*Agent*, ＿>}という意味素性しか含んでいないと仮定した．同様の「概念化」が関わっているということになる．

あるというよりは，誰かに誰かを紹介していたかもしれないが，メアリにビルを紹介する，ということはしなかった，という意味である．

(17) ジョンは，メアリにビルを紹介しなかった．

つまり，「ジョン」に追加されるべき non-part の特性は，「紹介したこと」全般ではなく，「メアリにビルを紹介したこと」であるということになる．このことは，(17)の構造を概略(18)のように考えれば，そのまま説明できる．

(18)

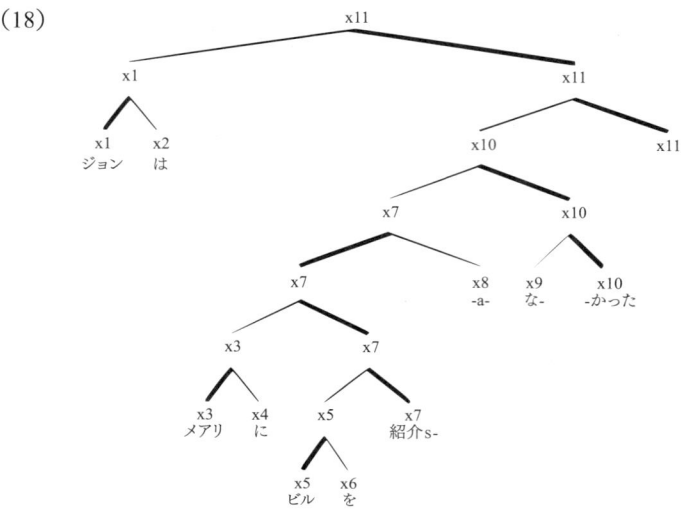

<x11, <Subject, x1>, <Predicate, x10>>

<x10, <Subject, x7>, <Predicate, x9>>

(19) **<x1,** {<*Name*, ジョン>, <*non-part*, x7>}>

<x3, {<*Name*, メアリ>}>

<x5, {<*Name*, ビル>}>

<x7, {<*Kind*, 紹介 s–>, <*Theme*, x5>, <*Goal*, x3>, <*Agent*, __>}>

-a-が Merge した時点で，動詞の意味素性の中にまだ置き換えられていない解釈不可能素性（★等）が残っていれば，それを無指定（__）に置き換えるものであるとすると，(18)のようにすでに Merge が済んだ項は，そのまま残ることになる[3]．

　このように，どの時点で動詞と–a–が Merge するかには，ある程度，自由度がある．-a-が Merge する相手は，おそらく，従来「否定のスコープ」と呼ばれてきたものと一致するのではないだろうか．次のように，「否定のスコープ」の中にしか生起できない表現があるということが知られているが，このような制限も，-a-によって動詞の「概念化」が引き起こされるとすると，その仮定のもとでとらえられる可能性があるだろう．

---

[3] もし，-a-が Merge した時点で，その動詞がすでにガ句と Merge していた場合，解釈不可能素性 ga の処遇が問題になるだろう．否定文においてガ句が「動詞＋-a-」よりも外に移動していくことは認めるべきか，-a-が ga も消去することができると考えるべきか，まだ考察しきれていない．

(20) a. ジョンは，ろくなことを言わない．
　　 b. {<**x1**,{<*Name*, ジョン>, <*non-part*, x6>}>,
　　　　 <**x4**,{<*Kind*, こと>, <ろく, ＿>}>,
　　　　 <**x6**,{<*Kind*, 言う>, <*Theme*, x4>}>}

(21) a. ジョンは，文句1つ言わない．
　　 b. {<**x1**,{<*Name*, ジョン>, <*non-part*, x5>}>,
　　　　 <**x3**,{<*Kind*, 文句>, <*Quantity*, 1>}>,
　　　　 <**x5**,{<*Kind*, 言う>, <*Theme*, x3>}>}

10.4　ダレモ〜ナイ構文

　ナイが義務的に生起しなければならない構文もある．たとえば，ダレモ〜ナイ構文はその1つである．ダレモガの場合には，ナイとの共起が義務的でないのに対して，ダレモの場合には，ナイが生起しないと容認しにくくなる[4]．

(22) a. 誰もが来なかった．
　　 b. 誰もが来た．

(23) a. 誰も来なかった．
　　 b. ?*誰も来た．

(23a)のような構文の意味はどのように構成されているのだろうか．
　(23a)では，一見，ダレモは「来なかった」のSubjectであるように見えるかもしれないが，(24)から推測できるように，ダレモ〜ナイ構文は全体としてハ句が指示するOBJECTについての特性を表していると考えることができる．

(24) a. 1年生は誰も歌わなかった．
　　 b. 1年生はジョンは誰も誘わなかった．

---

[4] ナイと呼応する場合に格助詞があらわれないわけではない．ニの場合には(ii-a)のように，ナイと呼応するダレとも共起している．
　(i) 　a. ジョンは誰もに挨拶しなかった．
　　　 b. ジョンは誰もに挨拶した．
　(ii) 　a. ジョンは誰にも挨拶しなかった．
　　　 b. ?*ジョンは誰にも挨拶した．
また，(23b)や(ii-b)を非文法的とみなすべきかどうかも自明ではない．次のような表現の場合には容認性が落ちないからである．
　(iii)　a. 誰も彼も来た．
　　　 b. ジョンは誰にも彼にも挨拶した．
　(iv)　a. どの学生も来た．
　　　 b. ジョンはどの学生にも挨拶した．
　明らかに，ダレモという表現は，第8章で扱った，ダレという不定語とモという助詞とでできている表現であると思われるが，現段階では，この用法とどのように関連づければよいかわからないので，ここではダレモを1つの語彙項目として扱う．

c. ジョンは1年生を誰も誘わなかった．

(24a)は，「1年生は，歌った人が，いなかった」という意味である．たとえば，(25)のような構造が構築されて(26)のような意味表示が派生されれば，「歌った人」(**x5**)の特性として，「1年生(**x1**)の誰も(**x3**)が含まれていない(*non-part*)」ということがあることになるので，(24a)の文の意味表示として適切なのではないだろうか[5]．

(25)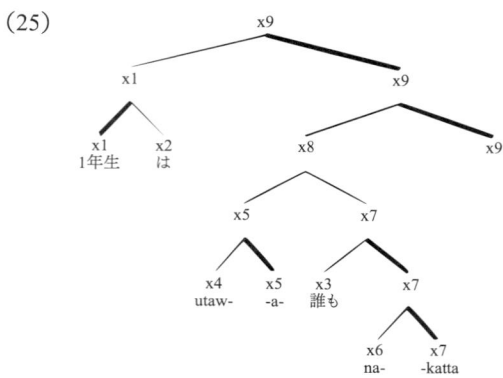

　　　<x9, <Subject, x1>, <Predicate, x8>>
　　　<x8, <Subject, x5>, <Predicate, x7>>
　　　<x7, <Subject, x3>, <Predicate, x6>>

(26)　{<**x1**, {<*Kind*, 1年生>}>,
　　　<**x4**, {<*Kind*, 歌う>, <*Agent*, ＿>}>,
　　　<**x5**, {<*Kind*, *Agent*(x4)>, <*non-part*, x3>}>,
　　　<**x3**, {<*Kind*, 人>, <*Host*, x1>, <*割合*, 全員>}>}

もちろん，(25)の構造がどのような過程で導かれるかは自明ではないので，これは分析としては未完成である．特に，どのような過程で<*Kind*, *Agent*(x4)>という派生複合valueを含むpropertyが形成されるのか，どのような過程で<x8, <Subject, x5>, <Predicate, x7>>というPredicationが形成されるのかを工夫する必要がある．ただ，このような構造が他の場合と矛盾することなく構築できるならば，<x7, <Subject, x3>, <Predicate, x6>>というダレモとナイが1つのPredicationを形成しているという点で，このダレモが否定辞と「呼応」しているという直観が反映された分析であると考えている．

　ダレモ〜ナイ構文に対して，(22)のような場合には，ダレモとナイは直接の関係にはないと考えていいだろう．

---

[5] (25)では，x8というPredication素性の指標が樹形図の節点をしめ，その構成要素として，Subjectであるx5とPredicateであるx7がどちらも非主要部として含まれている．このような構造が派生される規則は本書では紹介しなかったが，今後，可能性を追究してみたい案の1つである．

(27)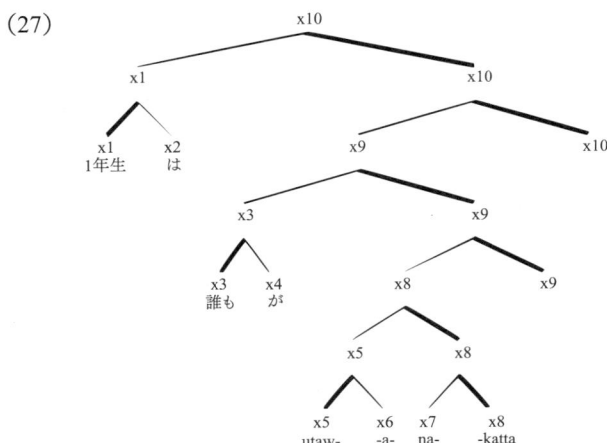

<x10, <Subject, x1>, <Predicate, x9>>
<x9, <Subject, x3>, <Predicate, x8>>
<x8, <Subject, x5>, <Predicate, x7>>

(28) {**x1**, {<*Kind*, 1年生>}>,
　　<**x3**, {<*Kind*, 人>, <*Host*, x1>, <*割合*, 全員>, <*non-part*, x5>}>,
　　<**x5**, {<*Kind*, 歌う>, <*Agent*, __>}>}

10.5　シカ～ナイ構文

否定辞と呼応する表現として，ダレモ～ナイと並んでよく取り上げられるのがシカ～ナイ構文である．

(29) 　a．メアリしか来なかった．
　　　b．*メアリしか来た．

シカの場合には，はっきりと(29b)の容認性が低い．そして，ダレモ～ナイ構文の場合と同様に，シカ～ナイ全体でハ句が指示するOBJECTについての特性を表していると考えることができる．

(30) 　a．1年生はメアリしか歌わなかった．
　　　b．1年生はジョンはメアリしか誘わなかった．
　　　c．ジョンは1年生をメアリしか誘わなかった．

実際，(30a)において「メアリ」は「歌わなかった」のではなく「歌った」のであるから，「歌わなかった」という特性がメアリというOBJECTについてのものであるはずがない．むしろ，「歌わなかった」のは「メアリ以外」である．すなわち，(30a)は，「1年生」というOBJECTを「メアリ」と「メアリ以外」に分割した上で，その「メアリ以外」に対して「歌わなかった」という特性を追加しているものに違いない．

「メアリしか」の意味を「メアリ以外」と同じであるとする考え方は，片岡(2006)，宮地

(2007) などで主張されているものである．

(29a) メアリしか来なかった．
(31) 　a．メアリのほか来なかった．
　　　b．メアリよりほか来なかった．
　　　c．メアリ以外，来なかった．

「メアリしか」や「メアリ以外」が同じ意味であるとしたら，たとえば次のように書けるかもしれない．

(32) 　{<**x1**,{<*Name*, メアリ>}>,
　　　<**x2**,{<*non-part*, x1>}>}

ただし，これらが同じ統語特性を持っていると仮定すると問題が生じる．「メアリしか」の場合には，必ず「来なかった」という形式にならなければならないのに対して，「メアリ以外」の場合には，必ずしもその必要はないという違いである．

(29b) 　*メアリしか来た．
(33) 　ok メアリ以外は来た．

さらに，片岡 (2007) で指摘されているように，(34)のような違いもある．

(34) 　a．メアリしか来なかった．*メアリも来なかったけどね．
　　　b．メアリ以外は来なかった．メアリも来なかったけどね．

「αシカVナイ」の場合には，αがVしたことが必然であると推論できるのに対して，「α以外はVナイ」の場合には，αがVしたということは期待されはするものの，その推論は打ち消すことが可能なのである．「メアリしか」の意味を基本的に「メアリ以外」と考えるならば，(33)や(34)の違いはどのように説明すればいいだろうか．

　シカ～ナイ構文において，ダレモ～ナイ構文と同様に，(35)のような構造が構築されると考えると，(36)のような意味表示が派生する．

(35)

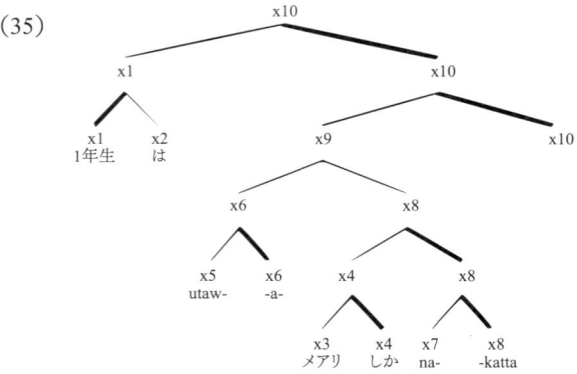

　　<x10, <Subject, x1>, <Predicate, x9>>
　　<x9, <Subject, x6>, <Predicate, x8>>

        <x8, <Subject, x4>, <Predicate, x7>>

(36)   {**<x1,** {<*Kind*, 1年生>}**>**,
       <x3, {<*Name*, メアリ>}**>**,
       <x4, {<*non-part*, x3>, <*Host*, x1>}**>**,
       <x6, {<*Kind*, *Agent*(x5)>, <*non-part*, x4>}**>**,
       <x5, {<*Kind*, 歌う>, <*Agent*, __>}**>**}

(36)では，「歌った人」（**x6**）の property として，「メアリしか」（**x4**）が含まれない（*non-part*）ということがあげられている．「歌った人」を特徴づけようとする場合，もし，メアリも「歌った人」に含まれていないとするならば，わざわざ「メアリ以外」が含まれないということによって特徴づけようとするのは非常に不自然ということになる．だからこそ，この意味表示では，メアリが「歌った人」の中に含まれるということが強く含意されるのではないだろうか．

　これに対して，「メアリ以外は歌わなかった」の場合，(37)のような構造が構築されるとすると，意味表示は(38)のようになる．

(37)
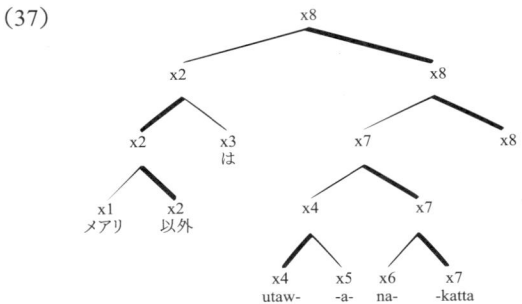

        <x8, <Subject, x2>, <Predicate, x7>>
        <x7, <Subject, x4>, <Predicate, x6>>

(38)   {**<x1,** {<*Name*, メアリ>}**>**,
       <x2, {<*non-part*, x1>, <*non-part*, x4>}**>**,
       <x4, {<*Kind*, 歌う>, <*Agent*, __>}**>**}

(38)の場合には，「メアリ以外」の人々の特徴として，「歌う」ということが含まれないということが述べられている．もともと「メアリ以外」の特徴づけをしているのであるから，メアリの特性については単に無関係なのである．このように考えると，(34)の対立は説明できることになる．これだけでは，(29b)と(33)の対立については直接の説明にならないが，(35)でも，ダレモ～ナイ構文のときと同様に，～シカとナイが1つの Predication を形成しているという点で，その結びつきが表現されてはいる．

　実は，(34)の対立は，シカと「以外」の語彙的な違いによるものではない．「以外」を用いても，シカと同様の構文にすると，やはりメアリについての推論が打ち消せなくなるのである．

(39) 　1年生は，メアリ以外，来なかった．*メアリも来なかったけどね．

(39)の場合には，(35)のような構造になっていると考えるのが妥当だということになる．つまり，「以外」は(35)の構造にも(37)の構造にも生起できるのに対して，シカは(37)の構造に生起することができない．

(40) *メアリしかは，来なかった．

なぜ，シカにハが後続できないのか，その理由は現時点ではわからないが，ダレモ～ナイ構文のダレモにもハが後続できないことが注目される[6]．

(41) *1年生は誰もは来なかったが，2年生は少しは来た．

10.6 遊離数量詞構文

(25)の構造が生み出す意味表示(26)は「歌った人の中には，1年生がいなかった」，そして，(35)の構造が生み出す意味表示(36)は「歌った人は，メアリ以外いなかった」というように読み下せる．(42a)のような，いわゆる遊離数量詞構文は，否定辞を含んでいないが，この構文も，(42b)のように「歌った人」の property を述べるものであると Mukai (2012) は述べている．

(42) a. 1年生は3人歌った．
　　　 b. 歌った1年生は3人だ．

遊離数量詞構文もダレモ～ナイ構文やシカ～ナイ構文と平行的な構造になるとしたら，(43)のように考えられるかもしれない．

(43)

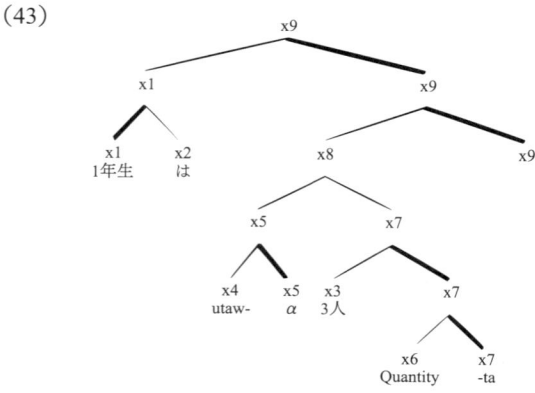

　　　<x9, <Subject, x1>, <Predicate, x8>>
　　　<x8, <Subject, x5>, <Predicate, x7>>
　　　<x7, <Subject, x3>, <Predicate, x6>>

---

[6] ダレモに限らず，不定語には一般的にハが後続しにくいが，疑問語の場合には対照的な解釈にさえすればハが後続することが許される．
　(i) 誰は良くて誰は許されないのか，はっきり決めてください．

ここでナイと同じ構造位置を占めている語彙項目を仮に Quantity としておいたが，これがナイと同じように**<x5, {**<Quantity, x3>**}>**という property を作るとすると，(43)は(44)のような意味表示を派生することになる．

(44) 　{**<x1, {**<Kind, 1 年生>**}>**,
　　　　<x4, {<Kind, 歌う>, <Agent, __>**}>**,
　　　　<x5, {<Kind, Agent(x4)>, <Host, x1>, <Quantity, x3>**}>**,
　　　　<x3, {<人数, 3>**}>**}

このように，本章で示唆してきた構造は，まだ細部を完成させる必要がある段階であるが，さまざまな構文の分析に利用できる可能性があるものである．

終 章
統語意味論のこれから

終.1 統語意味論の目標

「言語とは何か／どのようなものか」という問いは古来，さまざまな観点から取り組まれてきた問題である．本書では，人間の言語の最も重要な特徴は(1)の(A)(B)であるという立場にたった上で，(C)(D)を重視するアプローチ「**統語意味論**」を新たに提案した．

(1)　(A)　[**内的体系性**]　言語は単なる社会的な約束事の集合体ではない．1つ1つの文は，個人の頭の中の構築システムから出力される構造体である．
　　　(B)　[**個別性と普遍性の共存**]　たとえ表面上では同一の文であっても，構造体としては完全に同一とは限らず，同一言語話者の間でも予想以上に個別変異が見られる．しかし，その変異の仕方が無秩序というわけではなく，かつ，異言語話者間であっても構築システムには共通する部分が存在する．
　　　(C)　[**システムの明示**]　言語の構築システムの追究にあたっては，関連する仮説をすべて提示し，入力→操作の適用→出力が明示的に記述できなければならない．
　　　(D)　[**評価尺度**]　研究のどの段階であっても，提案された分析を評価できる尺度が備えられていなければならない．

(A)(B)は，チョムスキーによって提唱されたものであり，その意味で統語意味論は生成文法の流れをくむものである．しかし，従来の生成文法研究では(C)(D)がおろそかになっており，(C)(D)なくしては，(A)(B)の観点からの研究を実質的に進めることはできないというのが本書の立場である．最後に，(A)(B)という言語観について，そして，(A)(B)の追究にとってどうして(C)(D)が必要なのかということをあらためて説明しておく．

終.2 内的体系性と「社会的契約」

言語とは，その社会において共有されている約束事（＝契約）の集合であるという考え方がある．確かに，同じものでも言語によって呼称が異なること，そして，言語によって何を「同じもの」とみなすかもさまざまであることから明らかなように，言語には多くの社会的契約が含まれていることは間違いない．生成文法では内的体系性のほうが強調されることが多いが，そのような社

会的契約の側面を否定しているわけではない．しかし，文が個人の頭の中から紡ぎだされるものである以上，発話のすべてが，聞き覚えた（つまり，社会的契約に基づいた）切片だけで成り立っているということはありえない．材料としては聞き覚えたものを利用しながら，それらをあらためて組み合わせ，自分の伝えたい世界を構築していく，そこにこそ「人間らしさ」がある，というのが生成文法の主張である．

　ただ，生成文法の言語観にたって研究を進めるに際しても，その言語にどのような社会的契約が含まれているかは，どうしても確認しておかざるをえないことである．社会的な契約の中には，ちょっとした歴史のいたずらによってもたらされたものもあり，必ずしも合理的ではないものもあるが，ひとまず，1つ1つ記録していかざるをえない．内的体系性を調べるためには，ある程度の数の材料が揃わなければ始まらないからである．もちろん，そのすべてを網羅することは必ずしも必要ないが，どのような材料を用いるかで，調べられる内的体系性に影響が及ぶ場合もあるので，その選択が難しいところである．

　また，詳しく追究していくと，その「契約」されているはずの内容が必ずしも共同体の構成員全員によって「共有」されているとは限らないという事実にしばしば遭遇する．いわゆる個人差である．そもそも，個人差があるからこそ，地域や世代によって異なる「方言」があらわれ，時代を経て，言語が変わっていくのであり，個人差というものの存在は無視できない．言語教育や言語政策などのためには，それらをいかに適切に「平均化」するかということが重要になる場合もあるだろうが，人間の一部として言語を研究する場合においては，その「平均値」を対象とすることは必ずしも有意義ではない．むしろ，それぞれの個人の多種多様な体系のみが，実際に存在する「言語」なのであるから，その人にとって，1つの語彙項目／1つの規則がどのように登録されているのかということを知ることによって，どのような変異が起こるのかということをより深く理解できるようになるだろう．

終.3　システムの明示：検証のための Web ページ

　個別性と普遍性が共存するという(1-B)の仮説は，かなり抽象度が高く，複雑な仕組みである．だからこそ，その仕組みを形成する仮定を1つ1つ具体的にしていかない限り，そもそもどういう意味で「個別性と普遍性が共存」しているのか，明確なイメージを与えることができない．具体的に書き上げられたシステムが現実を適切に切り取っているということが示されて初めて，(1-A)および(1-B)という言語観の説得力を高めることができるのである．

　複雑なシステムの場合，その予測を正確に計算しようと思えば，当然，システムの明示化が必須である．その中には，上で述べた「歴史の偶然に左右された社会的契約」も含まれるだろう．システム自体に個別性と普遍性が共存する以上，普遍的な側面だけでシステムを構築するわけにはいかないので，個別の規則を明示化する作業が不可欠なのである．生成文法研究においても，1960〜1970年代には，その作業が盛んに行なわれていた．しかし，それだけに終始してしまっていては普遍的な側面の研究が進まないため，チョムスキーは1980年代の著作では，個別の規則の追究にストップをかけ，普遍的な側面に集中するよう呼びかけた．英語については，1960〜1970年代にかなりの量の知見が蓄積されていたため，個別性と普遍性のバランスを考えると，これも妥当な判断だった可能性はある．しかし，英語以外の言語については，英語ほどの十分な議論がされ

てきたとは言い難い．今後も，個別性と普遍性の両面を見すえながら，システムの明示化をしていく必要があると考えている．

　これまでの生成文法研究において，システムの明示化が十分に進められてこなかった最も大きな原因は，「文の意味」というものをどのように表示するべきかという問題から目をそらしてしまった点にあるだろう．言語というものが音と意味をつなぐ体系である以上，言語の研究において「意味」というものの本質に踏み込むことは避けられない．どのような構成の仕方をすることによって，どのような意味が出るようになったのか，それを記述するためには，意味表示が不可欠なのである．既存の形式意味論は，もともと言語の意味を表示するための体系ではなく，論理学の一部であるため，特に，(1-B)の「個別性を表示しつつ普遍性を追究する」という目的のためには非常に使いにくい．そこで，統語意味論では，文の意味を（命題ではなく）OBJECTの集合と考え，1つ1つのOBJECTの「意味」をpropertyの集合で表すことにした．その結果，ごく限られた情報量しか持たない語彙項目も，意味表示の切片を持つことができるようになり，語彙項目の組み合わせ方と文の意味との間にどのような関係が成り立つかを明示的にシステム化することが原理的には可能になった．もちろん，本書で示したのは，その第一歩にすぎず，具体的な分析の中身は，より良いものに次々交換していく必要があるだろう．

　システムが明示してあっても，細かい素性や規則をすべて確認して検証していくことは容易ではない．そこで，統語意味論のシステムを自由に検証するためのプログラムをWeb上に準備した．以下のURLにアクセスすると「統語意味論デモプログラム」というページが表示される．

　　　　　　　http://www.gges.org/syncsem/index.cgi

このプログラムでできることは，今後拡充していきたいと考えているが，おおまかな流れは以下の通りである．

(2)　1. 次のいずれかの方法でNumerationを設定する．
　　　　1-1. 登録されているNumerationから選択する．
　　　　1-2. 見出し語を1つずつ入力して，Lexiconから語彙項目を検索し，選択する．
　　　　1-3. 自分の手元に保存してある1-2の結果をuploadする．
　　　2. Merge規則を適用する要素を指定する．
　　　3. 適用する規則を選択する．
　　　4. 2. と 3. を繰り返す．
　　　5. 樹形図用のデータを出力する．
　　　6. 意味表示を出力する．

本書での考え方にしたがうと，言語というシステムには普遍性と個別性が共存しているはずであり，このプログラムでは，(3)に列挙した共通部分（すなわち「普遍性」を体現する部分）と，(4)に列挙した部分（すなわち「個別性」を体現する部分）を組み合わせることで，プログラムが走るようになっている．

(3)　言語の普遍性に関わる部分
　　　a. 派生全体の流れを統括する部分
　　　b. 解釈不可能素性の一覧（素性それぞれにつき，継承規定と削除規定とが定義されている）
　　　c. Merge規則の一覧

        d. Partitioning
        e. 派生結果を樹形図として表示する部分
        f. 派生結果の意味表示を出力する部分
(4)   言語の個別性に関わる部分
        a. Lexicon（それぞれの語彙項目について，どのような統語素性・意味素性・音韻素性から成っているか指定されている）
        b. その言語固有の解釈不可能素性の一覧（素性それぞれにつき，継承規定と削除規定とが定義されている）
        c. その言語固有の Merge 規則の一覧

(2)-2 で要素を指定し，Merge 規則を適用すると，各素性は定められた削除規定と継承規定にしたがって削除もしくは継承されていく．付録 B では，代表的な例文について，うまく解釈不可能素性がすべて削除されるように規則が適用された派生を示したが，異なる順番で規則を適用すると，解釈不可能素性が削除されないまま残ることがあることがわかると思う．同じ Numeration から出発しても，どの要素とどの要素にどの規則を適用するかで，解釈不可能素性が削除される場合と削除されない場合とがありうるからである．

現時点で掲示されているシステムは，本書の第 1 章で例示に用いたシステムである「日本語簡易版」と第 2 章以降で提案したシステムである「日本語」の 2 つだけであるが，将来的には，ここに何種類かのシステムを掲示し，それらの違いを検証できるようにしていきたいと考えている．

終.4　評価尺度の問題：Hoji（2015）について

経験科学における分析は，一般的に，それがどれだけの範囲のデータを正確に説明／予測できるかによって評価される．問題は，(1-A, B) の立場にたつ言語観において，「データ」とみなされるものは何かということである．

前節の(3)と(4)を合わせたものは，「言語の知識」もしくは「言語能力（competence）」と呼ばれているものに対応している．つまり，上記のプログラムは，言語能力に対する 1 つの仮説を提示することになる．仮説であるから，その内容は「予測」という形で表現することもできる．たとえば，あるシステムが(5)を予測したとする．

(5)　α という文は，γ という解釈のもとで文法的である．

これはつまり，何らかの Numeration から出発して，規則を適用していった結果，解釈不可能素性をすべて削除することができ，かつ，α と食い違わない PF と，γ と食い違わない意味表示が出力されたということである．それに対して，そのシステムが(6)を予測したとする．

(6)　α という文は，γ という解釈のもとで非文法的である．

この場合，それは，どのような Numeration から出発して，どのように規則を適用していっても，(i)そもそも解釈不可能素性をすべて削除することができないか，もしくは，(ii)解釈不可能素性がすべて削除された場合，PF が α と食い違うか，意味表示が γ と食い違うかのどちらかである，とい

うことを示している．このように，(5)のような予測と(6)のような予測とでは，ずいぶん内容が異なっている．(5)のタイプの予測においては，いわば「正解」が1つ存在する，ということを示せばいいだけなのに対して，(6)のタイプの予測においては，すべての可能性を試しても「正解」にたどりつくことがない，ということを示さなければならない[1]．

　もし，言語使用者が(7)の問いに答えることができるのならば，その回答は，言語能力に対する仮説を評価するためのデータとみなせるだろう．

(7)　αという文は，γという解釈のもとで文法的か，非文法的か？

実際，言語使用者の直観としての(5)や(6)は「judgment」と呼ばれ，生成文法におけるデータとみなされてきた．しかし，具体的に考えてみると，(7)の問いは，簡単に言語使用者が答えることのできる問いではないということがわかる．

　仮に，(7)が，言語使用者の直観ではなく，あるシステムの予測についてたずねているものだとしよう．それに(5)と答えるためには，αというPFを出力しうるNumerationから出発し，すべての解釈不可能素性が削除されつつ，αという語順になるようにMerge規則を適用していかなければならない．そして，その結果，最終的に出力された意味表示がγと矛盾しないことを確認して初めて(5)と答えることができる．もし，そのNumerationから出発して結果がうまくいかなかったのならば，αというPFを出力しうる別のNumerationを試さなければならない．(5)と答える場合には，1つ「正解」が出た時点で作業を止めることができるが，(6)と答える場合には，さらに大変である．すべての可能性を試して，どの場合でも「正解」が得られないことを確認して初めて(6)と答えられるからである[2]．

　明らかに，言語使用者が普段の生活において，このような面倒なことをしているはずがない．言語能力を実際に使用することは「言語運用（performance）」と呼ばれるが，言語運用にも習得するべき「技能」が必要であるに違いない．αという文を出す場合，どのようにNumerationを選べばよいか，そして，どのような順番でどういうMerge規則を適用していけば「たいていの場合うまくいく」かというコツを私たちは習得しているからこそ，「無駄打ち」をすることなく，日常生活の中で言語を使うことができるわけである．母語に対して外国語の場合には，たとえ，語彙項目や構文の知識があったとしても，このような「言語運用の技能」が十分に身についていないために，リアルタイムで運用することが難しいのだろう．

　さて，言語使用者が(7)の問いに答えようとすると，当然，その人の「言語運用の技能」を使った上で，「普段の方式で試してみたところ，うまく行った／うまく行かなかった」という結果を報

---

1) 予測は，(5)と(6)のかわりに，次の(i)と(ii)のような形で述べられることもあるが，明らかに，(i)と(ii)は，(5)と(6)から条件を減らしたケースに過ぎない．
　(i)　αという文は，文法的である．
　(ii)　αという文は，非文法的である．
　　本文のような言い換え方をするならば，(i)は，何らかのNumerationから出発して，規則を適用していった結果，解釈不可能素性をすべて削除することができ，かつ，αと食い違わないPFが出力されたということであり，(ii)は，どのようなNumerationから出発して，どのように規則を適用していっても，そもそも解釈不可能素性をすべて削除することができないか，もしくは，解釈不可能素性がすべて削除された場合，PFがαと食い違う，ということである．

2) ここでも，(1-C)の「システムの明示性」が重要になる．そのシステムで「ほかに規則はない」ということが保証されていない限り，そもそも非文法的という予測を出すことができないはずなのである．

告することになる．問題は，その人が持つ「言語運用の技能」が必ずしも言語能力の可能性のすべてを網羅しているとは限らないということである．さまざまな場合に対応できる多種多様なコツを使い分けられる人もいれば，最初に試した方法がうまく行かないと，すぐあきらめてしまう人もいるだろう．つまり，言語能力の中身（つまり，(3)と(4)）が同じであっても，人によって「言語運用の技能」がさまざまであるために，(7)の問いに対する答えは往々にして異なる，ということになる．特に(6)という回答については，その人の持つ「言語運用の技能」で今やってみた結果，うまく行かなかった，というだけであるから，その回答がその人の言語能力を反映していると解釈するのは早計である．これに対して，(5)という回答については，その人がαやγを見間違っていない限り，言語能力の反映であるとみなしてかまわない．このように，言語使用者に(7)の問いに答えてもらう際には，その回答を十分吟味した上でないと，「データ」とみなすことができないのである．

さらに，言語をつかさどるシステムが上述したように普遍性と個別性を含むものであるならば，(3)に対応するものは共有されていたとしても，(4)に対応するものは，同じ言語の使用者であったとしても，必ずしも同一であるとは限らない．異なるシステムから出た結果を単に集積してしまっては，当然ながら，意味のあるデータにならない．つまり，今，調べたい現象について，(4)が同一であるかどうかを確認した上でデータを観察することも，もちろん必須である．

このように，(7)の問いを言語使用者に答えてもらった結果というものは，そのまま「データ」とみなせるわけではなく，かなりの「精製作業」を経た上で，(5)もしくは(6)の形にして初めて意味を持つ．では，どのようにして「精製」すればいいのか．その問題について精緻な議論を行なっているのが Hoji (2015) である．Hoji (2015) で述べられている理論は，(1-C)の観点においては，結果的に本書の立場と少し異なった形で提示されているが，基本的な言語観および研究の手法は共通していると言ってよい．対応づけを容易にするために，Hoji (2015) におけるいくつかのキーワードを列挙しておく．

(8) Hoji (2015) で用いられている重要概念の一部：
    a   *Example：(6)の場合の α のこと
    b ^{ok}Example：(5)の場合の α のこと
    c   *Schema-based prediction：いくつかの同種の(6)をまとめて述べたもの
    d ^{ok}Schema-based prediction：いくつかの同種の(5)をまとめて述べたもの
    e   fundamental schematic asymmetry：(5)と(6)の示し方が大きく異なっているということ
    f   predicted schematic asymmetry：α が最小対（minimal pair）となるような(8c)と(8d)のペアのこと
    g   resourcefulness：「言語運用の技能」のこと
    h   informant classification：(4)もしくは(8g)の異なる話者を区別し，仮説を検証できる例文と話者の対応づけを行うこと

Hoji (2015) では，英語と日本語の例を用いつつ，どのような調査では不十分なのか，よりよい調査にするために，どのような工夫があるのかということを示している．

ある程度の数の(5)や(6)が集まれば，その集合が(1-D)で述べた「評価尺度」となる．その評価尺度のどれだけが仮説の予測と一致するかということが，その仮説の評価となる．工学的な目的を持った言語解析システムでは，通常，(6)のような非文法性についての予測が評価対象になること

はない．実用性だけを考えれば，実際に使用されている文は文法的なものばかりであることが期待されるため，非文法性の予測に対応できる必要がないからである．しかし，人間の能力の研究としては，むしろ，(5)よりも(6)のほうが興味深い．(5)は多かれ少なかれ経験から学んだことであるのに対して，(6)の事実を私たちは経験から直接学ぶことはない．体験から直接学んだわけではないのに，それが非文法的だという結果を出すシステムになっているということは，それが言語の普遍的側面(3)の反映である可能性が非常に高いからである．

　Hoji (2015) は，著者の Hajime Hoji 氏の 30 年以上にわたる長年の研究の集大成の 1 つであり，氏は一貫して，(8f)の predicted schematic asymmetry を追究してきた研究者である．つまり，ペアとなるような(5)と(6)がありつつ，(6)がどの話者にとっても安定して成り立つ（つまり，αという語順で，指定された解釈γがどうしても得られない）ケースが探し求められてきた．その結果，Hoji (2015) の厳しい基準をクリアした(8f)には，たいてい第 9 章で紹介した「連動読み」が関わっているという点が注目される．連動読みは，かなり複雑な解釈であるため，その解釈のための「言語運用の技能」は限られた話者しか習得していない．多くの場合，それらの例文の解釈を求められて初めて，その技能を開拓し少しずつ慣れていっている話者がほとんどではないかと思われるほどである．そのため，okExample であっても，「できない」という回答の割合はどうしても多くなるが，そのこと自体は問題ではない．okExample に対して「できる」と回答した話者がおしなべて，それと最小対になる *Example に対して「できない」と回答しているという事実が重要なのである．それこそが，言語の普遍的側面の反映だと考えられるからである．

　本書のシステムの用語で言えば，連動読みとは Partitioning が関わっている文である．Hoji (2015) では，連動読みが起こるために必須の構造条件があると主張しているが，その構造条件を本書の分析で言い直すと，「連動読みの先行詞が Subject であり，ソ系列指示詞が Predicate に含まれていなければならない」となる．この条件が言語の普遍的側面に含まれるというのが Hoji (2015) の主張の 1 つであり，言い換えると，Partitioning という操作そのもの，そして，それが Predication の Predicate の領域において起こる，ということが言語の普遍的側面に含まれるということになる．(3)と(4)で，言語の普遍的な側面と個別的な側面を列挙した際，Partitioning を(3)に入れてあったのは，そのためである．

(3) 言語の普遍性に関わる部分
    a. 派生全体の流れを統括する部分
    b. 解釈不可能素性の一覧（素性それぞれにつき，継承規定と削除規定とが定義されている）
    c. Merge 規則の一覧
    d. Partitioning
    e. 派生結果を樹形図として表示する部分
    f. 派生結果の意味表示を出力する部分

(4) 言語の個別性に関わる部分
    a. Lexicon（それぞれの語彙項目について，どのような統語素性・意味素性・音韻素性から成っているか指定されている）
    b. その言語固有の解釈不可能素性の一覧（素性それぞれにつき，継承規定と削除規定とが定義されている）
    c. その言語固有の Merge 規則の一覧

ただし，いくら Partitioning という操作が普遍的であったとしても，Predication がどこに作られるかという点については，さまざまな個別性が関わってくるので，同じ(5)と(6)が説明できるシステムでも，その(5)の「正解」となる構造は大きく異なる可能性がある．言語の普遍的な側面が最終的な目標であったとしても，常に，(3)と(4)の両方を明示的に書きながら研究を進めていかなければならないと主張しているのは，そのためである．

終.5　今後の課題

　以上，本書では，(1)の(A)(B)という言語観に立った上で，(C)(D)を重視する統語意味論を提案してきた．

(1)　(A)　**[内的体系性]**　言語は単なる社会的な約束事の集合体ではない．1つ1つの文は，個人の頭の中の構築システムから出力される構造体である．
　　 (B)　**[個別性と普遍性の共存]**　たとえ表面上では同一の文であっても，構造体としては完全に同一とは限らず，同一言語話者の間でも予想以上に個別変異が見られる．しかし，その変異の仕方が無秩序というわけではなく，かつ，異言語話者間であっても構築システムには共通する部分が存在する．
　　 (C)　**[システムの明示]**　言語の構築システムの追究にあたっては，関連する仮説をすべて提示し，入力→適用操作→出力が明示的に記述できなければならない．
　　 (D)　**[評価尺度]**　研究のどの段階であっても，提案された分析を評価できる尺度が備えられていなければならない．

しかし，明らかに，まだごく標準的な構文と連動読みのような特殊な構文についてしか分析ができておらず，これが日本語の全体像であるとは，とても言えない．今後は，日本語のさまざまな機能語について，それがどのような「用法」を持っているかを観察しつつ，1つ1つ語彙項目の分析を進めていくことが必要である．

　序.3節において，以下のように述べたことを思い出してほしい．

　　同じ素材のままで，調理の仕方や調味料等の使い方を変えたものを作り，結果がどのように変わるかを観察したり，別の素材に対して同じ調理の仕方や調味料等の使い方をしてみて，同様の変化が見られるかどうかを観察したりしていく．つまり，自立語／語彙語はなるべく同じものを使ったまま，その語順や付属語／形式語の選択を変えて，結果として出てくる意味がどのように変わるかを観察したり，もしくは，その語順や付属語／形式語の選択を，さまざまな自立語／語彙語で試してみて，同様の変化が見られるかどうかを観察したりするのである．

統語論の研究では，どのような現象を取り上げるかという吟味が非常に重要である．そもそも，結果物から作成過程を推定していこうという不安定な作業だからこそ，行き当たりばったりで，いろいろな仮説を試していては，すぐにそこらじゅうが仮説だらけになってしまい，溺れてしまいかねない．まずは，「組み立て方」によって左右されているに違いないと思える側面を，結果物にあらわれている特性の中からよりだす作業が必要である．つまり，文の構築過程を推測するには，その「意味」を味わうことが不可欠だと言ってきたが，文の意味全体を漫然と見ていても始まらない．

料理全体の「味」を問題にしているだけでは，おおざっぱな印象しか語れないのである．重要なのは，どれかの材料の特定の側面（甘さ／かたさ／歯ごたえ etc.）に注目して，それがナマの状態と違っているかどうか，そして，その変化が本当に料理方法によって左右されていそうかどうかを確認することである．そのためには，機能語に注目するのがもっとも適切だろうと考えている．統語意味論の意味表示があれば，まだあまり研究が進んでいない構文についても，意味に関する観察に基づいて，統語構造についての議論ができるようになる．また，いくつかの「用法」を持つ語について，その語が持つ共通部分としての特性を明示的にできる可能性もある．

　同時に，英語や中国語など，私たちにとって身近な外国語について，どのようなシステムになっているかを考えていく作業も進めていくべきだろう．その作業によって，どの解釈不可能素性が言語共通なのか，どの Merge 規則が言語共通なのか，という点がよりはっきりしてくるに違いない．

　この統語意味論という枠組みでは，1つ1つの小さな研究結果を蓄積して，より大きなシステムの構築につなげていけるような態勢を作ることを重要視している．1つ1つの語彙項目の特徴や規則を明示的に書き表すことができ，それらをすべて機械的に登録することができて初めて，仮説の客観的な検証が可能になる．普遍性と個別性をあわせもった複雑な構成体である言語を対象にするためには，その分析も多層性を持っていることが必須となる．本書で提案した具体的な仮説そのものは，たとえ短命なものであったとしても，この方法論が今後も生き延びていくことを願ってやまない．

付録 A
解釈不可能素性と統語操作の一覧

A.1 解釈不可能素性一覧

A.1.1 統語素性／意味素性の一部をなす解釈不可能素性

- ★（1.3.2-1.3.3 節）
  削除規定　Merge 相手の指標で置き換えられる．
  条件　　　property の value の位置に★がある場合は，自分が主要部でなければならない．（1.3.3 節）
  条件　　　id-slot にある★が Merge 相手の指標に置き換わるためには，Merge 相手が主要部でなければならない．ただし，その property 記述表現の範疇素性が T の場合だけは，この制限はあてはまらない．（5.2 節）

- ★$_\alpha$（1.3.3 節）
  削除規定　Merge 相手 β が統語素性 α を持っているときのみ，β の指標で置き換えられる．
  条件　　　property の value の位置に★$_\alpha$ がある場合は，自分が主要部でなければならない．

- ●（2.2 節）
  削除規定　相手 β が主要部として Merge した場合，β の指標で置き換えられる．

- ★[Predication]（6.3 節）
  削除規定　自分の指標が xb もしくは xc で，Merge の結果，Merge 相手の Predication 素性が <xa, <Subject, xb>, <Predicate, xc>> である場合，xa で置き換えられる．

- ☆（6.3 節）
  削除規定　Merge 後に☆は★に置き換わる．

- ★$_{<a>}$（8.1 節）
  削除規定　Merge 相手が統語素性<a, xn>を持っているときのみ，xn で置き換えられる．
  条件　　　property の value の位置に★$_{<a>}$ がある場合は，自分が主要部でなければならない．（1.3.3 節）
  条件　　　id-slot にある★$_{<a>}$ が Merge 相手の指標に置き換わるためには，Merge 相手が主要部

でなければならない．ただし，その property 記述表現の範疇素性が T の場合だけは，この制限はあてはまらない．（5.2 節）

○　（8.5 節）
　　削除規定　Merge 後に○は●に置き換わる．

A.1.2　継承されることのない解釈不可能素性

＋N　（1.3.3 節, 2.2 節）
　　削除規定　Merge 相手の範疇素性が N の場合に消える．

＋V　（1.3.3 節）
　　削除規定　Merge 相手の範疇素性が V の場合に消える．

＋R　（2.3 節）
　　削除規定　適用可能な特定 Merge 規則によってのみ削除される．

＋A　（5.3 節）
　　削除規定　Merge 相手の範疇素性が A の場合に消える．

＋Num　（6.1 節）
　　削除規定　Merge 相手の範疇素性が Num の場合に消える．

A.1.3　主要部からのみ継承される解釈不可能素性

wo　（2.4 節）
　　継承規定　J-Merge 規則によって，初回のみ（結果的に）非主要部から継承されることになる．
　　削除規定　Merge 相手が主要部で範疇素性が V の場合に消える．

ga　（2.5 節）
　　継承規定　J-Merge 規則によって，初回のみ（結果的に）非主要部から継承されることになる．
　　削除規定　Merge 相手が主要部で範疇素性が T の場合に消える．

no　（4.1.2 節）
　　継承規定　J-Merge 規則によって，初回のみ（結果的に）非主要部から継承されることになる．
　　削除規定　（J-Merge 以外での）Merge 相手が主要部で範疇素性が N の場合に消える．

Bind　（9.3 節）
　　削除規定　Binding の適用により削除される．

A.1.4　主要部からでも非主要部からでも継承される解釈不可能素性

〈xn, partitioning〉（6.3 節）
　　継承規定　主要部からでも非主要部からでも継承される．
　　削除規定　Predication 素性 xn に対して Partitioning が適用されたら削除される．

〈ind, xn〉（8.1 節）
　　継承規定　主要部からでも非主要部からでも継承される．
　　削除規定　Merge 相手の★$_{\langle ind \rangle}$を置き換えたら削除される．

Kind（8.1 節）
　　継承規定　主要部からでも非主要部からでも継承される．
　　削除規定　Kind-addition の適用により削除される．

$\beta \mathbf{k} = $ （9.3 節）
　　継承規定　主要部からでも非主要部からでも継承される．
　　削除規定　Binding の適用によって，■が派生複合 value に置き換えられる．その結果できた等式は LF 意味素性として書き出される．

A.2　統語操作一覧

A.2.1　2 つの要素に適用する操作

Merge（1.3.3 節）
　　<xn, [{範疇素性 1, 統語素性 1}, 意味素性 1, body1]>
　　<xm, [{範疇素性 2, 統語素性 2}, 意味素性 2, body2]>
　⇒ Merge
　　<xm, [{範疇素性 2, 統語素性 2}, 意味素性 2, <
　　　　<xn, [{範疇素性 1, 統語素性 1}, 意味素性 1, body1]>,
　　　　<xm, [{範疇素性 2}, ϕ, body2]>
　　>]>

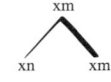

J-Merge：J の Merge 規則（2.3 節）
　　<xn, [{N, 統語素性 1}, 意味素性 1, body1]>
　　<xm, [{J, +R, 統語素性 2}, ϕ, body2]>
　⇒ J-Merge
　　<xn, [{NP, 統語素性 1, 統語素性 2}, 意味素性 1, <
　　　　<xn, [{N}, ϕ, body1]>,
　　　　<xm, [{J}, ϕ, body2]>
　　>]>

230　付録 A　解釈不可能素性と統語操作の一覧

property-Merge（4.1.2 節）

　<xn, [{範疇素性 1, ...}, <解釈不可能素性 1, {property1, ...}>, body1]>
　<xm, [{範疇素性 2, ...}, <解釈不可能素性 2, {property2, ...}>, body2]>
⇒ property-Merge
　<xm, [{範疇素性 2, ...}, <解釈不可能素性 2, {property1, property2, ...}>, <
　　　<xn, [{範疇素性 1}, ϕ, body1]>,
　　　<xm, [{範疇素性 2}, ϕ, body2]>
　>]>

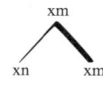

OBJECT 指示表現と OBJECT 指示表現の Merge（4.2 節）

　<xn, [{範疇素性 1, 統語素性 1}, **<xn, {**property1, ...**}>**, body1]>
　<xm, [{範疇素性 2, 統語素性 2}, **<xm, {**property2, ...**}>**, body2]>
⇒ Merge
　<xm, [{範疇素性 2, 統語素性 2}, **<xm, {**property2, ..., <α_k, xn>**}>**, <
　　　<xn, [{範疇素性 1, 統語素性 1}, **<xn, {**property1, ...**}>**, body1]>,
　　　<xm, [{範疇素性 2}, ϕ, body2]>
　>]>

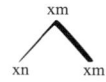

rel-Merge：連体修飾節の Merge 規則（7.1 節）

　<xm1, [{T, ...}, **<xm2, {**property1, ...**}>**, body1]>
　<xn, [{N, ...}, **<xn, {**property2, ...**}>**, body2]>
⇒ rel-Merge
　<xn, [{N, <xk, <Subject, xn>, <Predicate, xm1>>...}, **<xn, {**property2, <α_n, xm2>, ...**}>**, <
　　　<xm1, [{T, ...}, **<xm2, {**property1, ...**}>**, body1]>,
　　　<xn, [{N}, ϕ, body2]>
　>]>

Kind-addition：統語素性 Kind の削除規定（8.1 節）

　<xn, [{..., β, ..., Kind, ...}, **<xn, {**<attribute1, value1>, ...**}>**, body1]>
　<xm, [..., **<xm, {**..., <α, ★$_\beta$>**}>**, body2]>
⇒ Kind-addition
　<xm, [..., **<xm, {**..., <α, xn>**}>**, <
　　　<xn, [{..., β, ..., ~~Kind~~, ...}, **<xn, {**<attribute1, value1>, ..., <Kind, α(xm)>**}>**, body1]>,
　　　<xm, [..., ϕ, body2]>
　>]>

P-Merge：P の Merge 規則（8.5 節）

　<xn, [{X, ...}, 意味素性 1, body1]>
　<xm, [{P, ...}, ϕ, body2]>
⇒ P-Merge
　<xn, [{X, ...}, 意味素性 1, <
　　　<xn, [{X}, ϕ, body1]>,

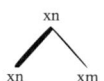

            <xm, [{P}, φ, body2]>
    >]>

Binding：依存語の解釈規則（9.3 節）

    <xm, [{..., $\boxed{\text{Bind}}$, α}, **<xm,{...}>**, body1]>
    <xn, [{..., $\beta k = \boxed{\blacksquare}$}, **<xn,{** ..., <Attribute, $\boxed{\bigstar_a}$>, ...**}>**, body2]>
⇒ Binding
    <xn, [{..., $\beta k = \underline{Attribute(\text{xn})}$}, **<xn,{** ..., <Attribute, $\underline{\text{xm}}$>, ...**}>**, <
        <xm, [{..., α}, **<xm,{...}>**, body1]>
        <xn, [{...}, φ, body2]>
    >]>

A.2.2　1 つの要素に適用する操作

Pickup（2.5 節）

    <xm, [{統語素性 2, ...}, <id-slot2, {property2, ...}>, <
        <xn, [{... $\boxed{\text{統語素性 1}}$, ...}, **<**id-slot1, **{** ..., **}>**, body1]>,
        <xm, [{...}, φ, body2]>
    >]>
⇒ Pickup
    <xm, [{統語素性 2, <xn, [{... $\boxed{\text{統語素性 1}}$, ...}, <id-slot1,{..., }>, body1]> ...}, <id-slot2,
                                                                                   {property2, ...}>, <
        <>,
        <xm, [{...}, φ, body2]>
    >]>

xm
 / \
xn xm

xm (xn)
  \
   xm

Landing（2.5 節）

    <xk, [{範疇素性 2, 統語素性 2, <xn, [{... $\boxed{\text{統語素性 1}}$, ...}, <id-slot1,{..., property1,
                ...}>, body1]> ...}, <id-slot2, {property2, ...}>, body2]>
⇒ Landing
    <xk, [{範疇素性 2, 統語素性 2, ...}, <id-slot2, {property2, ...}>, <
        <xn, [{..., ...}, <id-slot1,{..., property1, ...}>, body1]>
        <xk, [{範疇素性 2}, φ, body2]>
    >]>

xk (xn)

xk
 / \
xn xk

zero-Merge：「ゼロ代名詞」用の処理規則（2.6 節）

    <xn, [{範疇素性 1, ...}, **<xn,{**..., <意味役割 1, $\bigstar_a$／$\bigstar$>, ...**}>**, body1]>
⇒ zero-Merge
    <xn, [{範疇素性 1, ...}, **<xn,{** ..., <意味役割 1, xm>, ...**}>**, <
        <xm, [{NP}, **<xm,{}>**, φ]>,
        <xn, [{範疇素性 1}, φ, body1]>

>]>

A.2.3 特定の語彙項目に関わる Merge 規則

sase1（3.1 節）
　　<xn, [{V, 統語素性 1, ...}, **<xn,** {..., <Agent, ★_ga>, ...}**>**, body1]>
　　<xm, [{V, +R }, <★, {<Causer, ★_ga>}>, -sase-]>
⇒ sase1
　　<xn, [{V, 統語素性 1, ...}, **<xn,** {..., <Agent, ★_ni>, <Causer, ★_ga>, ...}**>**, <
　　　　<xn, [{V}, φ, body1]>,
　　　　<xm, [{V}, φ, -sase-]>
　　>]>

sase2（3.2 節）
　　<xn, [{V, 統語素性 1, ...}, **<xn,** {..., <Theme, ★_ga>, ...}**>**, body1]>
　　<xm, [{V, +R }, <★, {<Causer, ★_ga>}>, -sase-]>
⇒ sase2
　　<xn, [{V, 統語素性 1, ...}, **<xn,** {..., <Theme, ★_wo>, <Causer, ★_ga>, ...}**>**, <
　　　　<xn, [{V}, φ, body1]>,
　　　　<xm, [{V}, φ, -sase-]>
　　>]>

rare1（3.3 節）
　　<xn, [{V, 統語素性 1, ...}, **<xn,** {..., <意味役割 1, ★_ga>, ...}**>**, body1]>
　　<xm, [{V, +R }, <★, {<Affectee, ★_ga>}>, -rare-]>
⇒ rare1
　　<xn, [{V, 統語素性 1, ...}, **<xn,** {..., <意味役割 1, ★_ni>, <Affectee, ★_ga>, ...}**>**, <
　　　　<xn, [{V}, φ, body1]>,
　　　　<xm, [{V}, φ, -rare-]>
　　>]>

rare2（3.4 節）
　　<xn, [{V, 統語素性 1, ...}, **<xn,** {..., <意味役割 1, ★_wo>, <Agent, ★_ga>, ...}**>**, body1]>
　　<xm, [{V, +R }, φ, -rare-]>
⇒ rare2
　　<xn, [{V, 統語素性 1, ...}, **<xn,** {..., <意味役割 1, ★_ga>, ~~<Agent, ★_ga>~~, ...}**>**, <
　　　　<xn, [{V}, φ, body1]>,
　　　　<xm, [{V}, φ, -rare-]>
　　>]>

property-*no*（4.4 節）
　　<xn, [{N}, **<xn,** {property1, ...}**>**, body1]>

    <xm, [{J, +R , +N , no }, φ, body2]>
⇒ property-*no*
    <xn, [{N, no }, <●, {property1, ...}>, <
        <xn, [{N}, φ, body1]>
        <xm, [{J}, φ, body2]>
    >]>
適用できない N：固有名詞，ア系列指示詞，ソ系列指示詞，〜タチ

property-*da*（5.4 節）
    <xn, [{N}, **<xn, {property1, ...}>**, body1]>
    <xm, [{T, +N , da}, <★, {property2, ...}>, body2]>
⇒ property-*da*
    <xm, [{T, da}, <★, {property1, property2, ...}>, <
        <xn, [{N}, φ, body1]>
        <xm, [{T}, φ, body2]>
    >]>
適用できない N：ア系列指示詞，ソ系列指示詞，〜タチ

A.2.4　Partitioning（6.3 節）

素性<xa, partitioning>によって引き起こされる．

Partitioning

Predication 素性<xa, <Subject, xb>, <Predicate, xc>>がある場合，Predicate である xc の領域に含まれるすべての指標 xn–m を xn–(m+1)に変えよ．

付録 B
Numeration からの派生の全ステップ

以下，本文中で代表的なものとして扱った例文について，その派生の全ステップを示す．終章の終.3 節で紹介した web ページ (http://www.gges.org/syncsem/index.cgi) では，以下の例示の「...略...」という部分も見られるほか，さらに多数の例文について，派生の途中経過を確認することができる．

B.1　ビルがジョンにメアリを追いかけさせた（3.1 節）

(1)　Numeration = {x1, x2, x3, x4, x5, x6, x7, x8, x9}
　　a.　<x1, [{N}, **<x1,{**<*Name*, ビル>**}>**, ビル]>
　　b.　<x2, [{J, +R, +N, ga}, φ, が]>
　　c.　<x3, [{N}, **<x3,{**<*Name*, ジョン>**}>**, ジョン]>
　　d.　<x4, [{J, +R, +N, ni}, φ, に]>
　　e.　<x5, [{N}, **<x5,{**<*Name*, メアリ>**}>**, メアリ]>
　　f.　<x6, [{J, +R, +N, wo}, φ, を]>
　　g.　<x7, [{V}, **<x7,{**<*Kind*, 追いかける>, <*Theme*, ★wo>, <*Agent*, ★ga>**}>**, oikake-]>
　　h.　<x8, [{V, +R}, <★, {<*Causer*, ★ga>}>, -sase-]>
　　i.　<x9, [{T, +V}, <★, {<*Time*, perfect>}>, -ta]>

(2)　Merge base = {(1a), (1b), (1c), (1d), (1e), (1f), (1g), (1h), (1i)}
　　(1a)　<x1, [{N}, **<x1,{**<*Name*, ビル>**}>**, ビル]>
　　(1b)　<x2, [{J, +R, +N, ga}, φ, が]>
　⇒ J-Merge
　　<x1, [{NP, ga}, **<x1,{**<*Name*, ビル>**}>**, <
　　　<x1, [{N}, φ, ビル]>,
　　　<x2, [{J}, φ, が]>
　　>]>

(3)　Merge base = {(2), (1c), (1d), (1e), (1f), (1g), (1h), (1i)}
　　(1c)　<x3, [{N}, **<x3,{**<*Name*, ジョン>**}>**, ジョン]>
　　(1d)　<x4, [{J, +R, +N, ni}, φ, に]>
　⇒ J-Merge
　　<x3, [{NP, ni}, **<x3,{**<*Name*, ジョン>**}>**, <
　　　<x3, [{N}, φ, ジョン]>,

B.1 ビルがジョンにメアリを追いかけさせた　235

     <x4, [{J}, φ, に]>
    >]>

(4) Merge base = {(2), (3), (1e), (1f), (1g), (1h), (1i)}
   (1e) <x5, [{N}, **<x5, {**<*Name*, メアリ>**}>**, メアリ]>
   (1f) <x6, [{J, +R, +N, wo}, φ, を]>
⇒ J-Merge
   <x5, [{NP, wo}, **<x5, {**<*Name*, メアリ>**}>**, <
    <x5, [{N}, φ, メアリ]>,
    <x6, [{J}, φ, を]>
   >]>

              x5
             x5 x6
             メアリ を

(5) Merge base = {(2), (3), (4), (1g), (1h), (1i)}
   (1g) <x7, [{V}, **<x7, {**<*Kind*, 追いかける>, <*Theme*, ★$_{wo}$>, <*Agent*, ★$_{ga}$>**}>**, oikake-]>
   (1h) <x8, [{V, +R}, **<★, {**<*Causer*, ★$_{ga}$>**}>**, -sase-]>
⇒ sase1
   <x7, [{V}, **<x7, {**<*Kind*, 追いかける>, <*Theme*, ★$_{wo}$>, <*Agent*, ★$_{ni}$>, <*Causer*, ★$_{ga}$>**}>**, <
    <x7, [{V}, φ, oikake-]>,
    <x8, [{V}, φ, -sase-]>
   >]>

              x7
             x7 x8
            oikake- -sase-

(6) Merge base = {(2), (3), (4), (5), (1i)}
   (4) <x5, [{NP, wo}, **<x5, {**<*Name*, メアリ>**}>**, <...略...>]>
   (5) <x7, [{V}, **<x7, {**<*Kind*, 追いかける>, <*Theme*, ★$_{wo}$>, <*Agent*, ★$_{ni}$>, <*Causer*, ★$_{ga}$>**}>**, <...略...>]>
⇒ Merge
   <x7, [{V}, **<x7, {**<*Kind*, 追いかける>, <*Theme*, x5>, <*Agent*, ★$_{ni}$>, <*Causer*, ★$_{ga}$>**}>**, <
    <x5, [{NP}, **<x5, {**<*Name*, メアリ>**}>**, <...略...>]>
    <x7, [{V}, φ, <...略...>]>
   >]>

(7) Merge base = {(2), (3), (6), (1i)}
   (3) <x3, [{NP, ni}, **<x3, {**<*Name*, ジョン>**}>**, <...略...>]>
   (6) <x7, [{V}, **<x7, {**<*Kind*, 追いかける>, <*Theme*, x5>, <*Agent*, ★$_{ni}$>, <*Causer*, ★$_{ga}$>**}>**, <...略...>]>
⇒ Merge
   <x7, [{V}, **<x7, {**<*Kind*, 追いかける>, <*Theme*, x5>, <*Agent*, x3>, <*Causer*, ★$_{ga}$>**}>**, <
    <x3, [{NP, ni}, **<x3, {**<*Name*, ジョン>**}>**, <...略...>]>
    <x7, [{V}, φ, <...略...>]>
   >]>

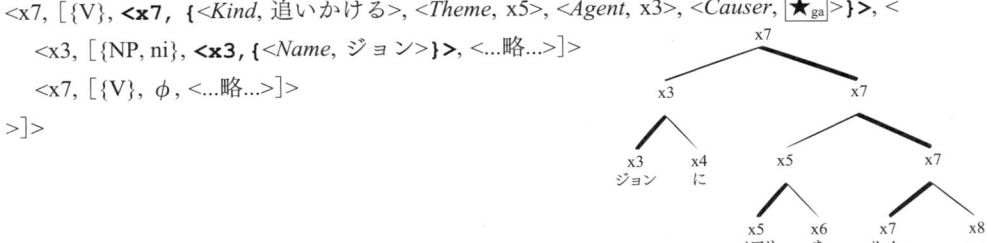

236　付録 B　Numeration からの派生の全ステップ

(8)　Merge base = {(2), (7), (1i)}

(2)　<x1, [{NP, ga}, **<x1, {**<Name, ビル>**}>**, <...略...>]>

(7)　<x7, [{V}, **<x7, {**<Kind, 追いかける>, <Theme, x5>, <Agent, x3>, <Causer, ★ga>**}>**, <...略...>]>

⇒ Merge

<x7, [{V}, **<x7, {**<Kind, 追いかける>, <Theme, x5>, <Agent, x3>, <Causer, x1>**}>**, <
　<x1, [{NP, ga}, **<x1, {**<Name, ビル>**}>**, <...略...>]>
　<x7, [{V}, φ, <...略...>]>
>]>

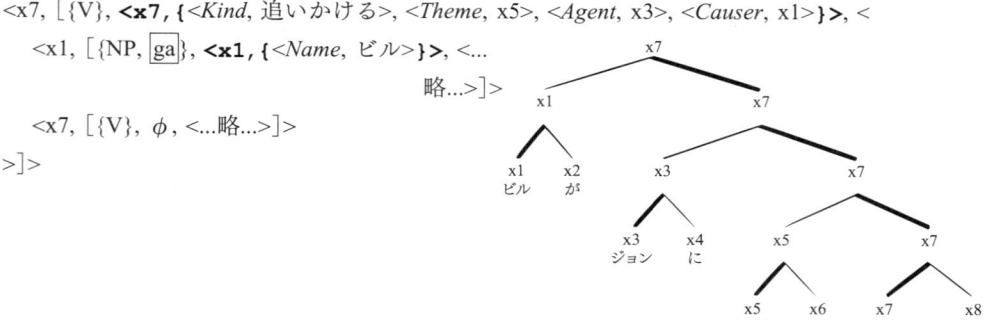

(9)　Merge base = {(8), (1i)}

(8)　<x7, [{V}, **<x7, {**<Kind, 追いかける>, <Theme, x5>, <Agent, x3>, <Causer, x1>**}>**, <
　　<x1, [{NP, ga}, **<x1, {**<Name, ビル>**}>**, <...略...>]>
　　<x7, [{V}, φ, <...略...>]>
　　>]>

⇒ Pickup

<x7, [{V, <x1, [{NP, ga}, **<x1, {**<Name, ビル>**}>**, <...略...>]>}, **<x7, {**<Kind, 追いかける>, <Theme, x5>, <Agent, x3>, <Causer, x1>**}>**, <
　<>
　<x7, [{V}, φ, <...略...>]>
>]>

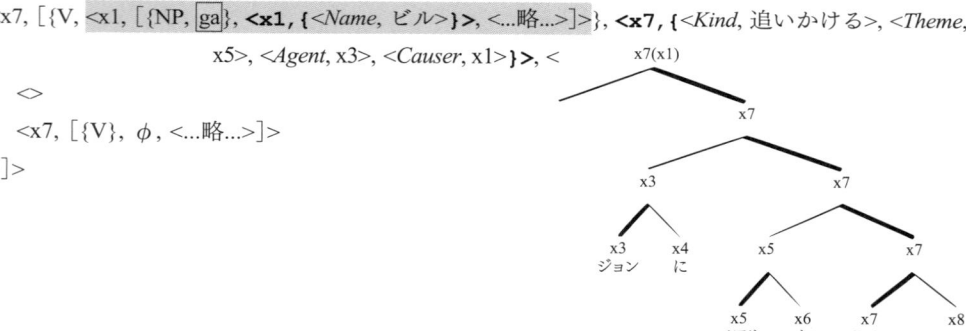

(10)　Merge base = {(9), (1i)}

(9)　<x7, [{V, <x1, [{NP, ga}, **<x1, {**<Name, ビル>**}>**, <...略...>]>}, **<x7, {**<Kind, 追いかける>, <Theme, x5>, <Agent, x3>, <Causer, x1>**}>**, <...略...>]>

(1i)　<x9, [{T, +V}, <★, {<Time, perfect>**}>**, -ta]>

⇒ Merge

<x9, [{T, <x1, [{NP, ga}, **<x1, {**<Name, ビル>**}>**, <...略...>]>}, **<x7, {**<Time, perfect>**}>**, <
　<x7, [{V}, **<x7, {**<Kind, 追いかける>, <Theme, x5>, <Agent, x3>, <Causer, x1>**}>**, <...略...>]>
　<x9, [{T}, φ, -ta]>
>]>

B.1 ビルがジョンにメアリを追いかけさせた   237

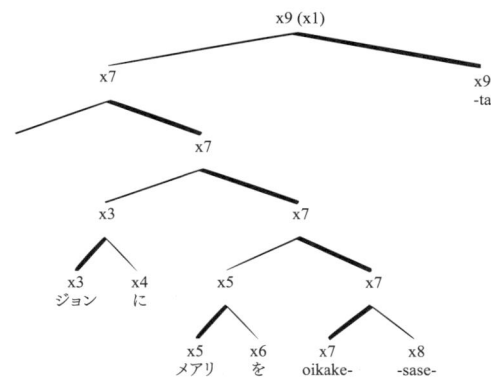

(11)   Merge base ＝ {(10)}

 (10) <x9, [{T, <x1, [{NP, ga}, **<x1,{**<Name, ビル>**}>**, <...略...>]>}, **<x7,{**<Time, perfect>**}>**, <...略...>]>

⇒ Landing

 <x9, [{T}, **<x7,{**<Time, perfect>**}>**, <

  <x1, [{NP}, **<x1,{**<Name, ビル>**}>**, <...略...>]>

  <x9, [{T}, φ, <...略...>]>

 >]>

(12)   LF 表示（＝PF 表示）

 <x9, [{T}, **<x7,{**<Time, perfect>**}>**, <

  <x1, [{NP}, **<x1,{**<Name, ビル>**}>**, <

   <x1, [{N}, φ, ビル]>,

   <x2, [{J}, φ, が]>

  >]>

  <x9, [{T}, φ, <

   <x7, [{V}, **<x7,{**<Kind, 追いかける>, <Theme, x5>, <Agent, x3>, <Causer, x1>**}>**, <

    ◇

    <x7, [{V}, φ, <

     <x3, [{NP, ni}, **<x3,{**<Name, ジョン>**}>**, <

      <x3, [{N}, φ, ジョン]>,

      <x4, [{J}, φ, に]>

     >]>

    >]>

    <x7, [{V}, φ, <

     <x5, [{NP}, **<x5,{**<Name, メアリ>**}>**, <

      <x5, [{N}, φ, メアリ]>,

      <x6, [{J}, φ, を]>

     >]>

    <x7, [{V}, φ, <

     <x7, [{V}, φ, oikake-]>,

     <x8, [{V}, φ, -sase-]>

    >]>

238   付録 B   Numeration からの派生の全ステップ

```
            >]>
           >]>
          >]>
        <x9, [{T}, φ, -ta]>
         >]>
        >]>
```

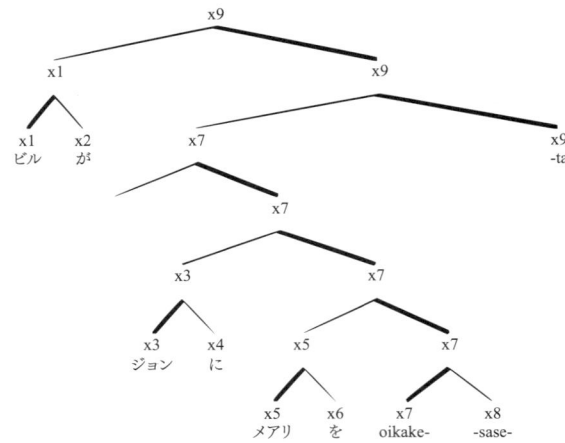

(13) 音連鎖

　　　　ビル　が　ジョン　に　メアリ　を　oikake-　-sase-　-ta

(14) LF 意味素性

　　　　<x7,{<*Time*, perfect>}**>**
　　　　<x1,{<*Name*, ビル>}**>**
　　　　<x7,{<*Kind*, 追いかける>, <*Theme*, x5>, <*Agent*, x3>, <*Causer*, x1>}**>**
　　　　<x3,{<*Name*, ジョン>}**>**
　　　　<x5,{<*Name*, メアリ>}**>**

(15) 意味表示

　　　　{**<x7,**{<*Time*, perfect>, <*Kind*, 追いかける>, <*Theme*, x5>, <*Agent*, x3>, <*Causer*, x1>}**>**,
　　　　<x1,{<*Name*, ビル>}**>**,
　　　　<x3,{<*Name*, ジョン>}**>**,
　　　　<x5,{<*Name*, メアリ>}**>**}

B.2　ビルがジョンにメアリを追いかけられた（3.3 節）

(16) Numeration = {x1, x2, x3, x4, x5, x6, x7, x8, x9}
　　a.　<x1, [{N}, **<x1,**{<*Name*, ビル>}**>**, ビル]>
　　b.　<x2, [{J, +R, +N, ga}, φ, が]>
　　c.　<x3, [{N}, **<x3,**{<*Name*, ジョン>}**>**, ジョン]>
　　d.　<x4, [{J, +R, +N, ni}, φ, に]>
　　e.　<x5, [{N}, **<x5,**{<*Name*, メアリ>}**>**, メアリ]>
　　f.　<x6, [{J, +R, +N, wo}, φ, を]>
　　g.　<x7, [{V}, **<x7,**{<*Kind*, 追いかける>, <*Theme*, ★wo>, <*Agent*, ★ga>}**>**, oikake-]>
　　h.　<x8, [{V, +R}, <★, {<*Affectee*, ★ga>}>, -rare-]>
　　i.　<x9, [{T, +V}, <★, {<*Time*, perfect>}>, -ta]>

B.2　ビルがジョンにメアリを追いかけられた　239

(17)　Merge base = {(16a), (16b), (16c), (16d), (16e), (16f), (16g), (16h), (16i)}
　　　(16a)　<x1, [{N}, **<x1,{**<Name, ビル>**}>**, ビル]>
　　　(16b)　<x2, [{J, ⏏+R⏎, ⏏+N⏎, ⏏ga⏎}, ϕ, が]>
⇒ J-Merge
　　　<x1, [{NP, ⏏ga⏎}, **<x1,{**<Name, ビル>**}>**, <
　　　　　<x1, [{N}, ϕ, ビル]>,
　　　　　<x2, [{J}, ϕ, が]>
　　　>]>

```
          x1
         /  \
        x1   x2
        ビル  が
```

(18)　Merge base = {(17), (16c), (16d), (16e), (16f), (16g), (16h), (16i)}
　　　(16c)　<x3, [{N}, **<x3,{**<Name, ジョン>**}>**, ジョン]>
　　　(16d)　<x4, [{J, ⏏+R⏎, ⏏+N⏎, ni}, ϕ, に]>
⇒ J-Merge
　　　<x3, [{NP, ni}, **<x3,{**<Name, ジョン>**}>**, <
　　　　　<x3, [{N}, ϕ, ジョン]>,
　　　　　<x4, [{J}, ϕ, に]>
　　　>]>

```
          x3
         /  \
        x3   x4
       ジョン  に
```

(19)　Merge base = {(17), (18), (16e), (16f), (16g), (16h), (16i)}
　　　(16e)　<x5, [{N}, **<x5,{**<Name, メアリ>**}>**, メアリ]>
　　　(16f)　<x6, [{J, ⏏+R⏎, ⏏+N⏎, ⏏wo⏎}, ϕ, を]>
⇒ J-Merge
　　　<x5, [{NP, ⏏wo⏎}, **<x5,{**<Name, メアリ>**}>**, <
　　　　　<x5, [{N}, ϕ, メアリ]>,
　　　　　<x6, [{J}, ϕ, を]>
　　　>]>

```
          x5
         /  \
        x5   x6
       メアリ  を
```

(20)　Merge base = {(17), (18), (19), (16g), (16h), (16i)}
　　　(16g)　<x7, [{V}, **<x7,{**<Kind, 追いかける>, <Theme, ★wo>, <Agent, ★ga>**}>**, oikake-]>
　　　(16h)　<x8, [{V, ⏏+R⏎}, **<★,{**<Affectee, ★ga>**}>**, -rare-]>
⇒ rare1
　　　<x7, [{V}, **<x7,{**<Kind, 追いかける>, <Theme, ★wo>, <Agent, ★ni>, <Affectee, ★ga>**}>**, <
　　　　　<x7, [{V}, ϕ, oikake-]>,
　　　　　<x8, [{V}, ϕ, -rare-]>
　　　>]>

```
            x7
           /  \
          x7   x8
       oikake- -rare-
```

(21)　Merge base = {(17), (18), (19), (20), (16i)}
　　　(19)　<x5, [{NP, ⏏wo⏎}, **<x5,{**<Name, メアリ>**}>**, <...略...>]>
　　　(20)　<x7, [{V}, **<x7,{**<Kind, 追いかける>, <Theme, ★wo>, <Agent, ★ni>, <Affectee, ★ga>**}>**,
　　　　　　　　<...略...>]>
⇒ Merge
　　　<x7, [{V}, **<x7,{**<Kind, 追いかける>, <Theme, x5>, <Agent, ★ni>, <Affectee, ★ga>**}>**, <
　　　　　<x5, [{NP}, **<x5,{**<Name, メアリ>**}>**, <...略...>]>
　　　　　<x7, [{V}, ϕ, <...略...>]>

240　付録B　Numerationからの派生の全ステップ

>]>

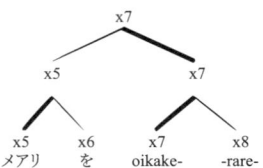

(22)　Merge base = {(17), (18), (21), (16i)}

　　(18)　<x3, [{NP, ni}, **<x3,{**<*Name*, ジョン>**}>**, <...略...>]>

　　(21)　<x7, [{V}, **<x7,{**<*Kind*, 追いかける>, <*Theme*, x5>, <*Agent*, ★ni>, <*Affectee*, ★ga>**}>**, <...略...>]>

⇒ Merge

<x7, [{V}, **<x7,{**<*Kind*, 追いかける>, <*Theme*, x5>, <*Agent*, x3>, <*Affectee*, ★ga>**}>**, <
　<x3, [{NP, ni}, **<x3,{**<*Name*, ジョン>**}>**, <...略...>]>
　<x7, [{V}, φ, <...略...>]>
>]>

(23)　Merge base = {(17), (22), (16i)}

　　(17)　<x1, [{NP, ga}, **<x1,{**<*Name*, ビル>**}>**, <...略...>]>

　　(22)　<x7, [{V}, **<x7,{**<*Kind*, 追いかける>, <*Theme*, x5>, <*Agent*, x3>, <*Affectee*, ★ga>**}>**, <...略...>]>

⇒ Merge

<x7, [{V}, **<x7,{**<*Kind*, 追いかける>, <*Theme*, x5>, <*Agent*, x3>, <*Affectee*, x1>**}>**, <
　<x1, [{NP, ga}, **<x1,{**<*Name*, ビル>**}>**, <...略...>]>
　<x7, [{V}, φ, <...略...>]>
>]>

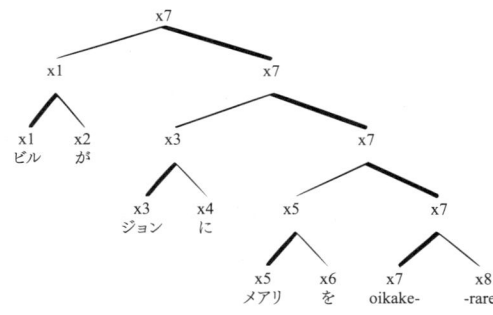

(24)　Merge base = {(23), (16i)}

　　(23)　<x7, [{V}, **<x7,{**<*Kind*, 追いかける>, <*Theme*, x5>, <*Agent*, x3>, <*Affectee*, x1>**}>**, <
　　　　　<x1, [{NP, ga}, **<x1,{**<*Name*, ビル>**}>**, <...略...>]>
　　　　　<x7, [{V}, φ, <...略...>]>
　　　　>]>

⇒ Pickup

<x7, [{V, <x1, [{NP, ga}, **<x1,{**<*Name*, ビル>**}>**, <...略...>]>}, **<x7,{**<*Kind*, 追いかける>, <*Theme*, x5>, <*Agent*, x3>, <*Affectee*, x1>**}>**, <

　<>

B.2 ビルがジョンにメアリを追いかけられた 241

    <x7, [{V}, φ, <...略...>]>
  >]>

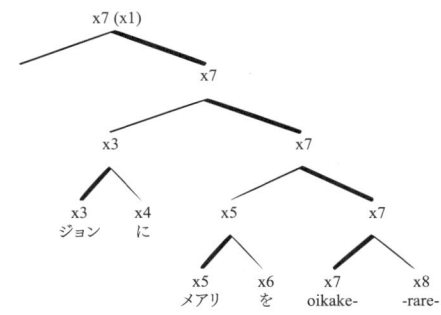

(25) Merge base = {(24), (16i)}
 (24) <x7, [{V, <x1, [{NP, ga}, **<x1,{**<*Name*, ビル>**}>**, <...略...>]>}, **<x7,{**<*Kind*, 追いかける>, <*Theme*, x5>, <*Agent*, x3>, <*Affectee*, x1>**}>**, <...略...>]>
 (16i) <x9, [{T, +V}, <★, {<*Time*, perfect>**}>**, -ta]>
⇒ Merge
 <x9, [{T, <x1, [{NP, ga}, **<x1,{**<*Name*, ビル>**}>**, <...略...>]>}, **<x7,{**<*Time*, perfect>**}>**, <
  <x7, [{V}, **<x7,{**<*Kind*, 追いかける>, <*Theme*, x5>, <*Agent*, x3>, <*Affectee*, x1>**}>**, <...略...>]>

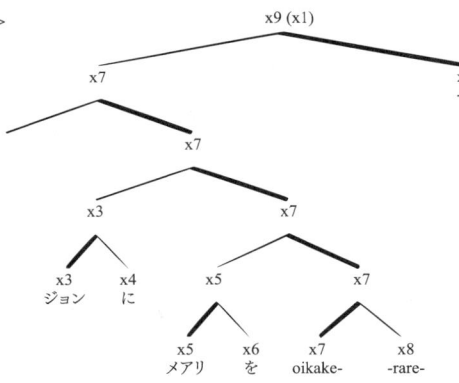

  <x9, [{T}, φ, -ta]>
 >]>

(26) Merge base = {(25)}
 (25) <x9, [{T, <x1, [{NP, ga}, **<x1,{**<*Name*, ビル>**}>**, <...略...>]>}, **<x7, {**<*Time*, perfect>**}>**, <...略...>]>
⇒ Landing
 <x9, [{T}, **<x7, {**<*Time*, perfect>**}>**, <
  <x1, [{NP}, **<x1,{**<*Name*, ビル>**}>**, <...略...>]>
  <x9, [{T}, φ, <...略...>]>
 >]>

242　付録 B　Numeration からの派生の全ステップ

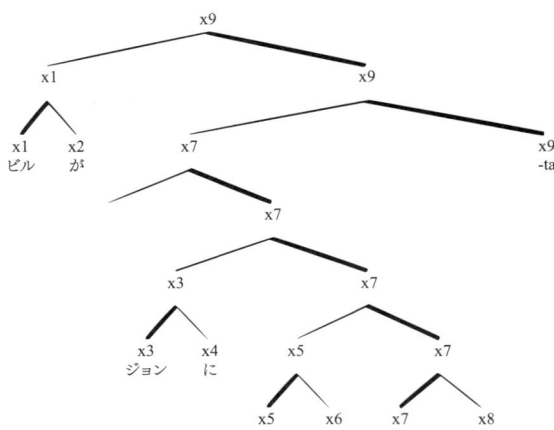

(27)　LF 表示（＝PF 表示）

<x9, [{T}, **<x7, {**<*Time*, perfect>**}>**, <
　<x1, [{NP}, **<x1, {**<*Name*, ビル>**}>**, <
　　<x1, [{N}, φ, ビル]>,
　　<x2, [{J}, φ, が]>
　>]>
　<x9, [{T}, φ, <
　　<x7, [{V}, **<x7, {**<*Kind*, 追いかける>, <*Theme*, x5>, <*Agent*, x3>, <*Affectee*, x1>**}>**, <
　　　<>
　　　<x7, [{V}, φ, <
　　　　<x3, [{NP, ni}, **<x3, {**<*Name*, ジョン>**}>**, <
　　　　　<x3, [{N}, φ, ジョン]>,
　　　　　<x4, [{J}, φ, に]>
　　　　>]>
　　　　<x7, [{V}, φ, <
　　　　　<x5, [{NP}, **<x5, {**<*Name*, メアリ>**}>**, <
　　　　　　<x5, [{N}, φ, メアリ]>,
　　　　　　<x6, [{J}, φ, を]>
　　　　　>]>
　　　　　<x7, [{V}, φ, <
　　　　　　<x7, [{V}, φ, oikake-]>,
　　　　　　<x8, [{V}, φ, -rare-]>
　　　　　>]>
　　　　>]>
　　　>]>
　　>]>
　　<x9, [{T}, φ, -ta]>
　>]>
>]>

(28) 音連鎖
　　　ビル　が　ジョン　に　メアリ　を　oikake-　-rare-　-ta

(29) LF 意味素性
　　　<x7,{<*Time*, perfect>}**>**
　　　<x1,{<*Name*, ビル>}**>**
　　　<x7,{<*Kind*, 追いかける>, <*Theme*, x5>, <*Agent*, x3>, <*Affectee*, x1>}**>**
　　　<x3,{<*Name*, ジョン>}**>**
　　　<x5,{<*Name*, メアリ>}**>**

(30) 意味表示
　　　{**<x7**,{<*Time*, perfect>, <*Kind*, 追いかける>, <*Theme*, x5>, <*Agent*, x3>, <*Affectee*, x1>}**>**,
　　　<x1,{<*Name*, ビル>}**>**,
　　　<x3,{<*Name*, ジョン>}**>**,
　　　<x5,{<*Name*, メアリ>}**>**}

B.3　3人の男の子が2人の女の子を誘った（6.3節）

(31) Numeration = {x1-1, x2-1, x3-1, x4-1, x5-1, x6-1, x7-1, x8-1, x9-1, x10-1, x11-1, x12-1}
　a.　<x1-1, [{Num}, **<x1-1**,{<*Degree*, 3>}**>**, 3]>
　b.　<x2-1, [{N, +Num }, <●,{<*Kind*, 人>, <*Quantity*, ★>}>, 人]>
　c.　<x3-1, [{J, +N , +R , no }, φ, の]>
　d.　<x4-1, [{N, <★ [Predication], partitioning>}, **<x4-1**,{<*Kind*, 男の子>}**>**, 男の子]>
　e.　<x5-1, [{J, +N , +R , ga }, φ, が]>
　f.　<x6-1, [{Num}, **<x6-1**,{<*Degree*, 2>}**>**, 2]>
　g.　<x7-1, [{N, +Num }, <●,{<*Kind*, 人>, <*Quantity*, ★>}>, 人]>
　h.　<x8-1, [{J, +N , +R , no }, φ, の]>
　i.　<x9-1, [{N}, **<x9-1**,{<*Kind*, 女の子>}**>**, 女の子]>
　j.　<x10-1, [{J, +N , +R , wo }, φ, を]>
　k.　<x11-1, [{V}, **<x11-1**,{<*Kind*, 誘う>, <*Theme*, ★wo>, <*Agent*, ★ga>}**>**, sasow-]>
　l.　<x12-1, [{T, +V , <x12-1, <*Subject*, ☆>, <*Predicate*, ★>>}, <★,{<*Time*, perfect>}>, -ta]>

(32) Merge base = {(31a), (31b), (31c), (31d), (31e), (31f), (31g), (31h), (31i), (31j), (31k),
　　　　(31l)}
　　(31a)　<x1-1, [{Num}, **<x1-1**,{<*Degree*, 3>}**>**, 3]>
　　(31b)　<x2-1, [{N, +Num }, <●,{<*Kind*, 人>, <*Quantity*, ★>}>, 人]>
⇒ Merge
　　<x2-1, [{N}, <●,{<*Kind*, 人>, <*Quantity*, x1-1>}>, <
　　　<x1-1, [{Num}, **<x1-1**,{<*Degree*, 3>}**>**, 3]>
　　　<x2-1, [{N}, φ, 人]>
　　>]>

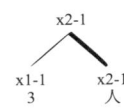

(33) Merge base = {(32), (31c), (31d), (31e), (31f), (31g), (31h), (31i), (31j), (31k), (31l)}
  (32) <x2-1, [{N}, <●, {<Kind, 人>, <Quantity, x1-1>}>, <...略...>]>
  (31c) <x3-1, [{J, +R, +N, no}, φ, の]>
⇒ J-Merge
  <x2-1, [{NP, no}, <●, {<Kind, 人>, <Quantity, x1-1>}>, <
    <x2-1, [{N}, φ, <...略...>]>
    <x3-1, [{J}, φ, の]>
  >]>

(34) Merge base = {(33), (31d), (31e), (31f), (31g), (31h), (31i), (31j), (31k), (31l)}
  (33) <x2-1, [{NP, no}, <●, {<Kind, 人>, <Quantity, x1-1>}>, <...略...>]>
  (31d) <x4-1, [{N, <★ [Predication], partitioning>}, <x4-1, {<Kind, 男の子>}>, 男の子]>
⇒ Merge
  <x4-1, [{N, <★ [Predication], partitioning>}, <x4-1, {<Kind, 男の子>}>, <
    <x2-1, [{NP}, <x4-1, {<Kind, 人>, <Quantity, x1-1>}>, <...略...>]>
    <x4-1, [{N}, φ, 男の子]>
  >]>

(35) Merge base = {(34), (31e), (31f), (31g), (31h), (31i), (31j), (31k), (31l)}
  (34) <x4-1, [{N, <★ [Predication], partitioning>}, <x4-1, {<Kind, 男の子>}>, <...略...>]>
  (31e) <x5-1, [{J, +R, +N, ga}, φ, が]>
⇒ J-Merge
  <x4-1, [{NP, <★ [Predication], partitioning>, ga}, <x4-1, {<Kind, 男の子>}>, <
    <x4-1, [{N}, φ, <...略...>]>
    <x5-1, [{J}, φ, が]>
  >]>

(36) Merge base = {(35), (31f), (31g), (31h), (31i), (31j), (31k), (31l)}
  (31f) <x6-1, [{Num}, <x6-1, {<Degree, 2>}>, 2]>
  (31g) <x7-1, [{N, +Num}, <●, {<Kind, 人>, <Quantity, ★>}>, 人]>
⇒ Merge
  <x7-1, [{N}, <●, {<Kind, 人>, <Quantity, x6-1>}>, <
    <x6-1, [{Num}, <x6-1, {<Degree, 2>}>, 2]>
    <x7-1, [{N}, φ, 人]>
  >]>

(37) Merge base = {(35), (36), (31h), (31i), (31j), (31k), (31l)}
  (36) <x7-1, [{N}, <●, {<Kind, 人>, <Quantity, x6-1>}>, <...略...>]>

B.3　3人の男の子が2人の女の子を誘った　245

(31h)　<x8-1, [{J, +R, +N, no}, φ, の]>
⇒ J-Merge
<x7-1, [{NP, no}, <●, {<*Kind*, 人>, <*Quantity*, x6-1>}>, <
　<x7-1, [{N}, φ, <...略...>]>
　<x8-1, [{J}, φ, の]>
>]>

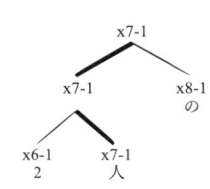

(38)　Merge base = {(35), (37), (31i), (31j), (31k), (31l)}
　(37)　<x7-1, [{NP, no}, <●, {<*Kind*, 人>, <*Quantity*, x6-1>}>, <...略...>]>
　(31i)　<x9-1, [{N}, **<x9-1, {<*Kind*, 女の子>}>**, 女の子]>
⇒ Merge
<x9-1, [{N}, **<x9-1, {<*Kind*, 女の子>}>**, <
　<x7-1, [{NP}, **<x9-1, {<*Kind*, 人>, <*Quantity*, x6-1>}>**, <...略...>]>
　<x9-1, [{N}, φ, 女の子]>
>]>

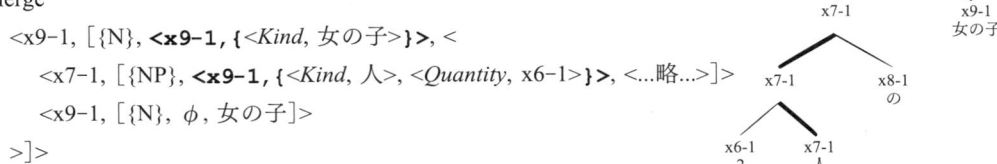

(39)　Merge base = {(35), (38), (31j), (31k), (31l)}
　(38)　<x9-1, [{N}, **<x9-1, {<*Kind*, 女の子>}>**, <...略...>]>
　(31j)　<x10-1, [{J, +R, +N, wo}, φ, を]>
⇒ J-Merge
<x9-1, [{NP, wo}, **<x9-1, {<*Kind*, 女の子>}>**, <
　<x9-1, [{N}, φ, <...略...>]>
　<x10-1, [{J}, φ, を]>
>]>

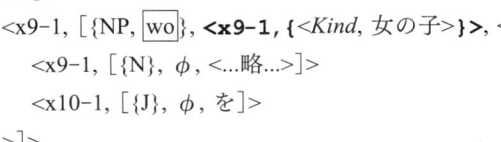

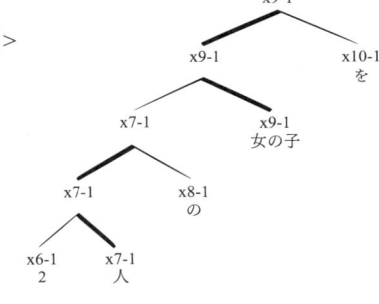

(40)　Merge base = {(35), (39), (31k), (31l)}
　(39)　<x9-1, [{NP, wo}, **<x9-1, {<*Kind*, 女の子>}>**, <...略...>]>
　(31k)　<x11-1, [{V}, **<x11-1, {<*Kind*, 誘う>, <*Theme*, ★wo>, <*Agent*, ★ga>}>**, sasow-]>
⇒ Merge
<x11-1, [{V}, **<x11-1, {<*Kind*, 誘う>, <*Theme*, x9-1>, <*Agent*, ★ga>}>**, <
　<x9-1, [{NP}, **<x9-1, {<*Kind*, 女の子>}>**, <...略...>]>
　<x11-1, [{V}, φ, sasow-]>
>]>

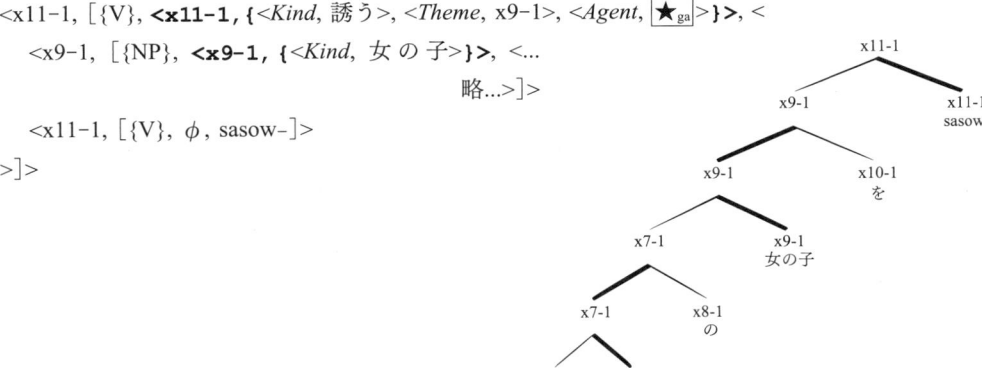

(41)　Merge base = {(35), (40), (31l)}
　(35)　<x4-1, [{NP, <★[Predication], partitioning>, ga}, **<x4-1, {<*Kind*, 男の子>}>**, <...略...>]>
　(40)　<x11-1, [{V}, **<x11-1, {<*Kind*, 誘う>, <*Theme*, x9-1>, <*Agent*, ★ga>}>**, <...略...>]>

⇒ Merge

<x11-1, [{V, <★[Predication], partitioning>}, **<x11-1, {**<*Kind*, 誘う>, <*Theme*, x9-1>, <*Agent*, x4-1>**}>**, <

<x4-1, [{NP, ga}}, **<x4-1, {**<*Kind*, 男の子>**}>**, <...略...>]>

<x11-1, [{V}, φ, <...略...>]>

>]>

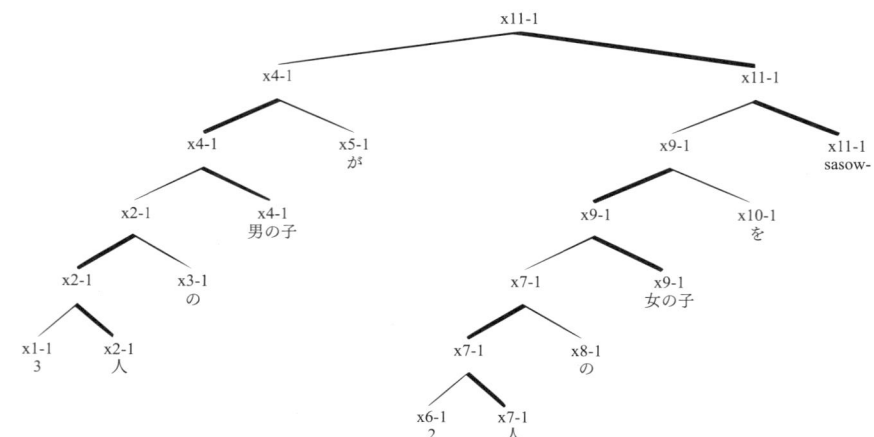

(42) Merge base = {(41), (311)}

(41) <x11-1, [{V, <★[Predication], partitioning>}, **<x11-1, {**<*Kind*, 誘う>, <*Theme*, x9-1>, <*Agent*, x4-1>**}>**, <

<x4-1, [{NP, ga}}, **<x4-1, {**<*Kind*, 男の子>**}>**, <...略...>]>

<x11-1, [{V}, φ, <...略...>]>

>]>

⇒ Pickup

<x11-1, [{V, <★[Predication], partitioning>, <x4-1, [{NP, ga}}, **<x4-1, {**<*Kind*, 男の子>**}>**, <...略...>]>},

<x11-1, {<*Kind*, 誘う>, <*Theme*, x9-1>, <*Agent*, x4-1>**}>**, <

<>

<x11-1, [{V}, φ, <...略...>]>

>]>

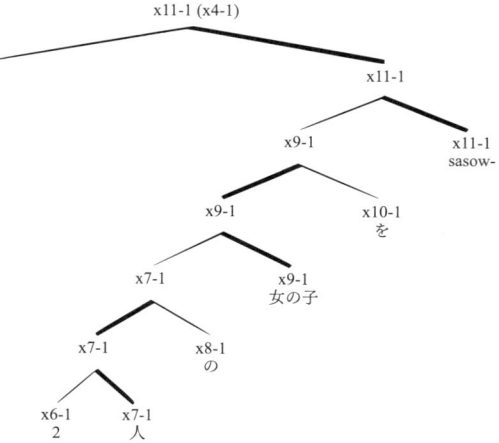

(43) Merge base = {(42), (311)}

(42) <x11-1, [{V, <★[Predication], partitioning>, <x4-1, [{NP, ga}}, **<x4-1, {**<*Kind*, 男の子>**}>**, <...略...>]>}, **<x11-1, {**<*Kind*, 誘う>, <*Theme*, x9-1>, <*Agent*, x4-1>**}>**, <...略...>]>

B.3　3人の男の子が2人の女の子を誘った　247

(311)　<x12-1, [{T, +V, <x12-1, <Subject, ☆>, <Predicate, ★>>}, <★, {<Time, perfect>}>, -ta]>

⇒ Merge

<x12-1, [{T, <x12-1, partitioning>, <x12-1, <Subject, ★>, <Predicate, x11-1>>, <x4-1, [{NP, ga}, <x4-1, {<Kind, 男の子>}>, <...略...>]>}, <x11-1, {<Time, perfect>}>, <

　　<x11-1, [{V}, **<x11-1,** {<Kind, 誘う>, <Theme, x9-1>, <Agent, x4-1>}**>**, <...略...>]>

　　<x12-1, [{T}, φ, -ta]>

>]>

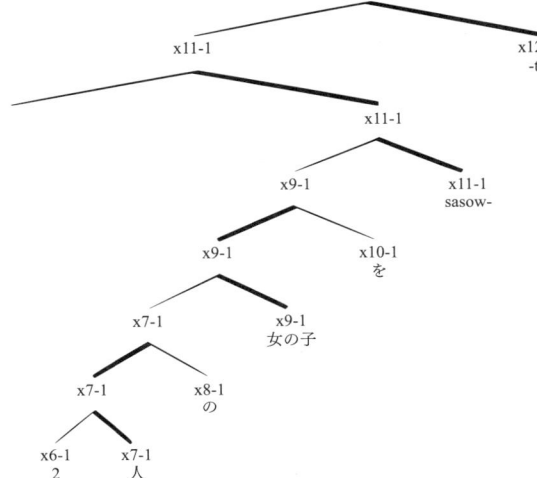

(44)　Merge base = {(43)}

(43)　<x12-1, [{T, <x12-1, partitioning>, <x12-1, <Subject, ★>, <Predicate, x11-1>>, <x4-1, [{NP, ga}, **<x4-1,** {<Kind, 男の子>}**>**, <...略...>]>}, **<x11-1,** {<Time, perfect>}**>**, <...略...>]>

⇒ Landing

<x12-1, [{T, <x12-1, partitioning>, <x12-1, <Subject, x4-1>, <Predicate, x11-1>>}, **<x11-1,** {<Time, perfect>}**>**, <

　　<x4-1, [{NP}, **<x4-1,** {<Kind, 男の子>}**>**, <...略...>]>

　　<x12-1, [{T}, φ, <...略...>]>

>]>

(45)　Partitioning 適用前

<x12-1, [{T, <x12-1, partitioning>, <x12-1, <Subject, x4-1>, <Predicate, x11-1>>}, **<x11-1,** {<Time, perfect>}**>**, <

　　<x4-1, [{NP}, **<x4-1,** {<Kind, 男の子>}**>**, <

　　　<x4-1, [{N}, φ, <

　　　　<x2-1, [{N}, **<x4-1,** {<Kind, 人>, <Quantity, x1-1>}**>**, <

　　　　　<x2-1, [{N}, φ, <

　　　　　　<x1-1, [{Num}, **<x1-1,** {<Degree, 3>}**>**, 3]>

　　　　　<x2-1, [{N}, φ, 人]>

　　　　>]>

　　　>]>

　　　<x3-1, [{J}, φ, の]>

　　>]>

           <x4-1, [{N}, φ, 男の子]>
         >]>
       <x5-1, [{J}, φ, が]>
     >]>
   <x12-1, [{T}, φ, <
     <x11-1, [{V}, **<x11-1,{**<*Kind*, 誘う>, <*Theme*, x9-1>, <*Agent*, x4-1>**}>**, <
       <>
       <x11-1, [{V}, φ, <
         <x9-1, [{NP}, **<x9-1,{**<*Kind*, 女の子>**}>**, <
           <x9-1, [{N}, φ, <
             <x7-1, [{N}, **<x9-1,{**<*Kind*, 人>, <*Quantity*, x6-1>**}>**, <
               <x7-1, [{N}, φ, <
                 <x6-1, [{Num}, **<x6-1,{**<*Degree*, 2>**}>**, 2]>
                 <x7-1, [{N}, φ, 人]>
               >]>
               <x8-1, [{J}, φ, の]>
             >]>
             <x9-1, [{N}, φ, 女の子]>
           >]>
           <x10-1, [{J}, φ, を]>
         >]>
         <x11-1, [{V}, φ, sasow–]>
       >]>
     >]>
     <x12-1, [{T}, φ, -ta]>
   >]>
 >]>

```
                                            x12-1
                                    ┌─────────┴─────────┐
                                   x4-1                x12-1
                                ┌───┴───┐         ┌─────┴─────┐
                              x4-1    x5-1      x11-1       x12-1
                            ┌──┴──┐     が    ┌────┴────┐     -ta
                          x2-1   x4-1                 x11-1
                        ┌──┴──┐  男の子              ┌───┴───┐
                      x2-1   x3-1                  x9-1    x11-1
                    ┌──┴──┐    の              ┌────┴───┐  sasow-
                  x1-1  x2-1                 x9-1     x10-1
                    3    人                ┌───┴───┐    を
                                         x7-1    x9-1
                                       ┌──┴──┐   女の子
                                     x7-1   x8-1
                                   ┌──┴──┐   の
                                 x6-1  x7-1
                                   2    人
```

(46)　Partitioning 適用後
　　　<x12-1, [{T, <x12-1, <Subject, x4-1>, <Predicate, x11-2>>}, **<x11-1,{**<Time, perfect>**}>**, <
　　　　<x4-1, [{NP}, **<x4-1,{**<Kind, 男の子>**}>**, <
　　　　　<x4-1, [{N}, φ, <
　　　　　　<x2-1, [{N}, **<x4-1,{**<Kind, 人>, <Quantity, x1-1>**}>**, <
　　　　　　　<x2-1, [{N}, φ, <
　　　　　　　　<x1-1, [{Num}, **<x1-1,{**<Degree, 3>**}>**, 3]>
　　　　　　　　<x2-1, [{N}, φ, 人]>
　　　　　　　>]>
　　　　　　　<x3-1, [{J}, φ, の]>
　　　　　　>]>
　　　　　<x4-1, [{N}, φ, 男の子]>
　　　　　>]>
　　　　<x5-1, [{J}, φ, が]>
　　　　>]>
　　　<x12-1, [{T}, φ, <
　　　　<x11-2, [{V}, **<x11-2,{**<Kind, 誘う>, <Theme, x9-2>, <Agent, x4-2>**}>**, <
　　　　　<>
　　　　　<x11-2, [{V}, φ, <
　　　　　　<x9-2, [{NP}, **<x9-2,{**<Kind, 女の子>**}>**, <
　　　　　　　<x9-2, [{N}, φ, <
　　　　　　　　<x7-2, [{N}, **<x9-2,{**<Kind, 人>, <Quantity, x6-2>**}>**, <
　　　　　　　　　<x7-2, [{N}, φ, <
　　　　　　　　　　<x6-2, [{Num}, **<x6-2,{**<Degree, 2>**}>**, 2]>
　　　　　　　　　　<x7-2, [{N}, φ, 人]>
　　　　　　　　　>]>
　　　　　　　　　<x8-2, [{J}, φ, の]>
　　　　　　　　>]>
　　　　　　　<x9-2, [{N}, φ, 女の子]>
　　　　　　>]>
　　　　　　<x10-2, [{J}, φ, を]>
　　　　　>]>
　　　　　<x11-2, [{V}, φ, sasow-]>
　　　　>]>
　　　>]>
　　　<x12-1, [{T}, φ, -ta]>
　　>]>
　>]>

250　付録 B　Numeration からの派生の全ステップ

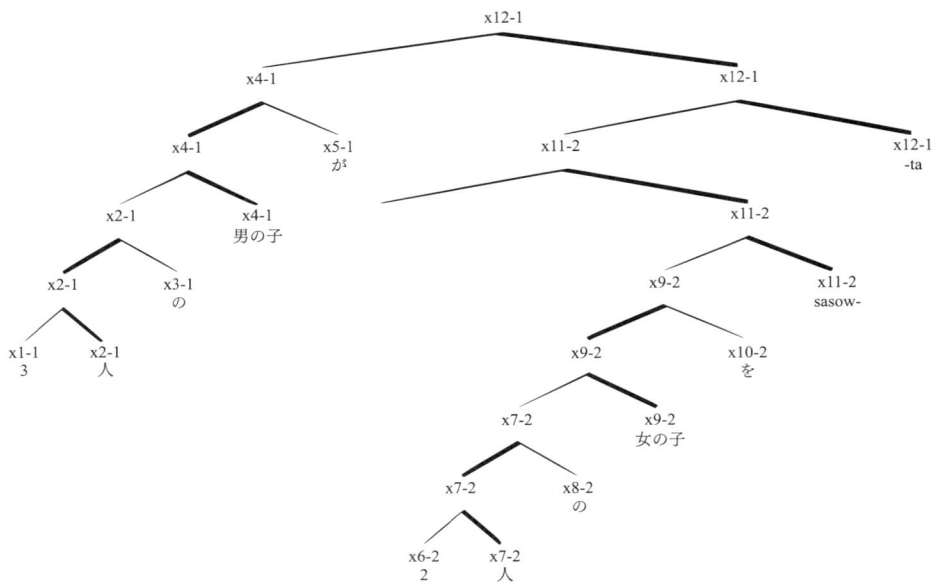

(47) 音連鎖
　　　 3　人　の　男の子　が　2　人　の　女の子　を　sasow-　-ta

(48) Predication 素性と LF 意味素性
　　　<x12-1, <Subject, x4-1>, <Predicate, x11-2>>

　　　<x11-1, {<*Time*, perfect>}**>**
　　　<x4-1, {<*Kind*, 男の子>}**>**
　　　<x4-1, {<*Kind*, 人>, <*Quantity*, x1-1>}**>**
　　　<x1-1, {<*Degree*, 3>}**>**
　　　<x11-2, {<*Kind*, 誘う>, <*Theme*, x9-2>, <*Agent*, x4-2>}**>**
　　　<x9-2, {<*Kind*, 女の子>}**>**
　　　<x9-2, {<*Kind*, 人>, <*Quantity*, x6-2>}**>**
　　　<x6-2, {<*Degree*, 2>}**>**

(49) 意味表示
　　　{<x11, {**<x11-1,** {<*Time*, perfect>}**>**, **<x11-2,** {<*Kind*, 誘う>, <*Theme*, x9-2>, <*Agent*, x4-2>,
　　　　<*Subject*, x4-1>}**>**}>,
　　　<x4, {**<x4-1,** {<*Kind*, 男の子>, <*Kind*, 人>, <*Quantity*, x1-1>, <*Predicate*, x11-2>}**>**}>,
　　　<x1, {**<x1-1,** {<*Degree*, 3>}**>**}>,
　　　<x9, {**<x9-2,** {<*Kind*, 女の子>, <*Kind*, 人>, <*Quantity*, x6-2>}**>**}>,
　　　<x6, {**<x6-2,** {<*Degree*, 2>}**>**}>}

B.4　ジョンが見かけた女の子（7.1 節）

(50)　Numeration = {x1, x2, x3, x4, x5}

B.4 ジョンが見かけた女の子　251

    a. <x1, [{N}, **<x1, {**<*Name*, ジョン>**}>**, ジョン]>
    b. <x2, [{J, +R , +N , ga }, φ, が]>
    c. <x3, [{V}, **<x3, {**<*Kind*, 見かける>, <*Theme*, ★_wo >, <*Agent*, ★_ga >**}>**, mikake-]>
    d. <x4, [{T, +V , <x4, <Subject, ☆>, <Predicate, ★ >>}, <★ , {<*Time*, perfect>**}>**, –ta]>
    e. <x5, [{N} **<x5, {**<*Kind*, 女の子>**}>**, 女の子]>

(51) Merge base = {(50a), (50b), (50c), (50d), (50e)}
    (50a) <x1, [{N}, **<x1, {**<*Name*, ジョン>**}>**, ジョン]>
    (50b) <x2, [{J, +R , +N , ga }, φ, が]>
⇒ J-Merge
    <x1, [{NP, ga }, **<x1, {**<*Name*, ジョン>**}>**, <
      <x1, [{N}, φ, ジョン]>,
      <x2, [{J}, φ, が]>
    >]>

(52) Merge base = {(51), (50c), (50d), (50e)}
    (50c) <x3, [{V}, **<x3, {**<*Kind*, 見かける>, <*Theme*, ★_wo >, <*Agent*, ★_ga >**}>**, mikake-]>
⇒ zero-Merge
    <x3, [{V}, **<x3, {**<*Kind*, 見かける>, <*Theme*, x6>, <*Agent*, ★_ga >**}>**, <
      <x6, [{NP}, **<x6, { }>**, φ]>,
      <x3, [{V}, φ, mikake-]>
    >]>

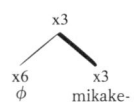

(53) Merge base = {(51), (52), (50d), (50e)}
    (51) <x1, [{NP, ga }, **<x1, {**<*Name*, ジョン>**}>**, <...略...>]>
    (52) <x3, [{V}, **<x3, {**<*Kind*, 見かける>, <*Theme*, x6>, <*Agent*, ★_ga >**}>**, <...略...>]>
⇒ Merge
    <x3, [{V}, **<x3, {**<*Kind*, 見かける>, <*Theme*, x6>, <*Agent*, x1>**}>**, <
      <x1, [{NP, ga }, **<x1, {**<*Name*, ジョン>**}>**, <...略...>]>,
      <x3, [{V}, φ, <...略...>]>
    >]>

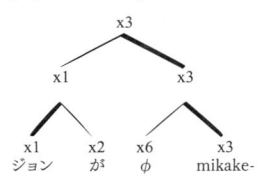

(54) Merge base = {(53), (50d), (50e)}
    (53) <x3, [{V}, **<x3, {**<*Kind*, 見かける>, <*Theme*, x6>, <*Agent*, x1>**}>**, <
      <x1, [{NP, ga }, **<x1, {**<*Name*, ジョン>**}>**, <...略...>]>,
      <x3, [{V}, φ, <...略...>]>
      >]>
⇒ Pickup
    <x3, [{V, 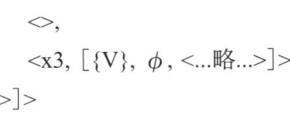}, **<x3, {**<*Kind*, 見かける>, <*Theme*,
                                   x6>, <*Agent*, x1>**}>**, <
      <>,
      <x3, [{V}, φ, <...略...>]>
    >]>

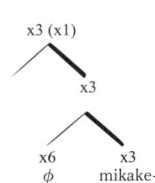

252　付録 B　Numeration からの派生の全ステップ

(55)　Merge base = {(54), (50d), (50e)}

(54)　<x3, [{V, <x1, [{NP, ga}, <x1, {<Name, ジョン>}>, <...略...>]>}, <x3, {<Kind, 見かける>, <Theme, x6>, <Agent, x1>}>, <...略...>]>

(50d)　<x4, [{T, +V}, <x4, <Subject, ☆>, <Predicate, ★>>, <★, {<Time, perfect>}>, -ta]>

⇒ Merge

<x4, [{T, <x4, <Subject, ★>, <Predicate, x3>>, <x1, [{NP, ga}, <x1, {<Name, ジョン>}>, <...略...>]>}, <x3, {<Time, perfect>}>, <

<x3, [{V}, <x3, {<Kind, 見かける>, <Theme, x6>, <Agent, x1>}>, <...略...>]>,

<x4, [{T}, φ, -ta]>

>]>

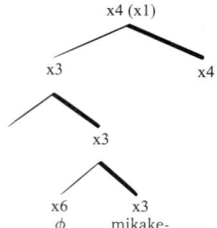

(56)　Merge base = {(55), (50e)}

(55)　<x4, [{T, <x4, <Subject, ★>, <Predicate, x3>>, <x1, [{NP, ga}, <x1, {<Name, ジョン>}>, <...略...>]>}, <x3, {<Time, perfect>}>, <...略...>]>

⇒ Landing

<x4, [{T, <x4, <Subject, x1>, <Predicate, x3>>}, <x3, {<Time, perfect>}>, <

<x1, [{NP}, <x1, {<Name, ジョン>}>, <...略...>]>,

<x4, [{T}, φ, <...略...>]>

>]>

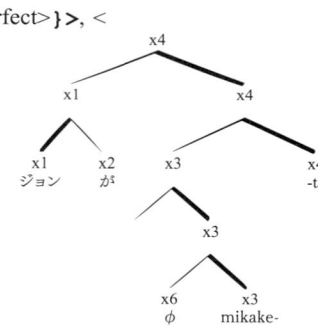

(57)　Merge base = {(56), (50e)}

(56)　<x4, [{T, <x4, <Subject, x1>, <Predicate, x3>>}, <x3, {<Time, perfect>}>, <...略...>]>

(50e)　<x5, [{N} <x5, {<Kind, 女の子>}>, 女の子]>

⇒ rel-Merge

<x5, [{N, <x7, <Subject, x5>, <Predicate, x4>>}, <x5, {<Kind, 女の子>, <a$_8$, x3>}>, <

<x4, [{T, <x4, <Subject, x1>, <Predicate, x3>>}, <x3, {<Time, perfect>}>, <...略...>]>,

<x5, [{N}, φ, 女の子]>

>]>

B.4 ジョンが見かけた女の子

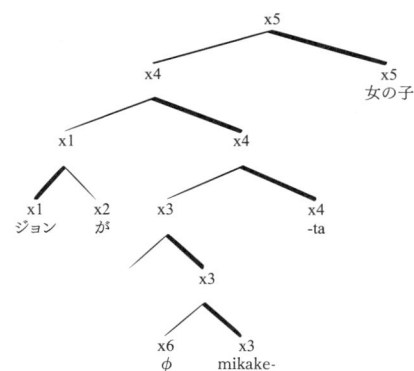

(58) LF 表示（＝PF 表示）

<x5, [{N, <x7, <Subject, x5>, <Predicate, x4>>}, **<x5,{**<*Kind*, 女の子>, <*α₈*, x3>**}>**, <
 <x4, [{T, <x4, <Subject, x1>, <Predicate, x3>>}, **<x3,{**<*Time*, perfect>**}>**, <
  <x1, [{NP}, **<x1,{**<*Name*, ジョン>**}>**, <
   <x1, [{N}, φ, ジョン]>,
   <x2, [{J}, φ, が]>
  >]>,
  <x4, [{T}, φ, <
   <x3, [{V}, **<x3,{**<*Kind*, 見かける>, <*Theme*, x6>, <*Agent*, x1>**}>**, <
    <>,
    <x3, [{V}, φ, <
     <x6, [{NP}, **<x6,{}>**, φ]>,
     <x3, [{V}, φ, mikake–]>
    >]>
   >]>,
   <x4, [{T}, φ, –ta]>
  >]>
 >]>,
 <x5, [{N}, φ, 女の子]>
>]>

(59) 音連鎖

　　　ジョン　が　mikake–　–ta　女の子

(60) Predication 素性と LF 意味素性

<x7, <Subject, x5>, <Predicate, x4>>
<x4, <Subject, x1>, <Predicate, x3>>

<x5,{<*Kind*, 女の子>, <*α₈*, x3>**}>**
<x3,{<*Time*, perfect>**}>**
<x1,{<*Name*, ジョン>**}>**
<x3,{<*Kind*, 見かける>, <*Theme*, x6>, <*Agent*, x1>**}>**
<x6,{}>

254 付録 B Numeration からの派生の全ステップ

(61) 意味表示（**x6**=**x5**）

{**<x1**,{<*Name*, ジョン>, <*Predicate*, x3>}**>**,
<**x3**,{<*Kind*, 見かける>, <*Theme*, x5>, <*Agent*, x1>, <*Subject*, x1>, <*Time*, perfect>}**>**,
<**x5**,{<*Kind*, 女の子>, <α₈, x3>, <*Predicate*, x4>}**>**}

B.5　ジョンがどこが勝ったか知りたがっている（8.1 節）

(62) Numeration＝{x1, x2, x3, x4, x5, x6, x7, x8, x9}
  a. <x1, [{N}, **<x1**,{<*Name*, ジョン>}**>**, ジョン]>
  b. <x2, [{J, +R, +N, ga}, φ, が]>
  c. <x3, [{N, Kind, <ind, x3>}, **<x3**,{<*Kind*, 団体>, <*Identity*, unknown>}**>**, どこ]>
  d. <x4, [{J, +R, +N, ga}, φ, が]>
  e. <x5, [{V}, **<x5**,{<*Kind*, 勝つ>, <*Agent*, ★ga>}**>**, kat-]>
  f. <x6, [{T, +V}, <x6, <*Subject*, ☆>, <*Predicate*, ★>>}, <★,{<*Time*, perfect>}**>**, -ta]>
  g. <x7, [{N, wo}, **<x7**,{<*Focus*, ★ind>}**>**, か]>[1]
  h. <x8, [{V}, **<x8**,{<*Kind*, 知りたがっている>, <*Theme*, ★wo>, <*Agent*, ★ga>}**>**, siritagattei-]>
  i. <x9, [{T, +V}, <x9, <*Subject*, ☆>, <*Predicate*, ★>>}, <★,{<*Time*, imperfect>}**>**, -ru]>

(63) Merge base＝{(62a), (62b), (62c), (62d), (62e), (62f), (62g), (62h), (62i)}
  (62a)　<x1, [{N}, **<x1**,{<*Name*, ジョン>}**>**, ジョン]>
  (62b)　<x2, [{J, +R, +N, ga}, φ, が]>
 ⇒ J-Merge
  <x1, [{NP, ga}, **<x1**,{<*Name*, ジョン>}**>**, <
    <x1, [{N}, φ, ジョン]>,
    <x2, [{J}, φ, が]>
  >]>

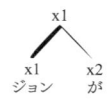

(64) Merge base＝{(63), (62c), (62d), (62e), (62f), (62g), (62h), (62i)}
  (62c)　<x3, [{N, Kind, <ind, x3>}, **<x3**,{<*Kind*, 団体>, <*Identity*, unknown>}**>**, どこ]>
  (62d)　<x4, [{J, +R, +N, ga}, φ, が]>
 ⇒ J-Merge
  <x3, [{NP, ga, Kind, <ind, x3>}, **<x3**,{<*Kind*, 団体>, <*Identity*, unknown>}**>**, <
    <x3, [{N}, φ, どこ]>,
    <x4, [{J}, φ, が]>
  >]>

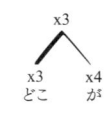

(65) Merge base＝{(63), (64), (62e), (62f), (62g), (62h), (62i)}
  (64)　<x3, [{NP, ga, Kind, <ind, x3>}, **<x3**,{<*Kind*, 団体>, <*Identity*, unknown>}**>**, <...略...>]>
  (62e)　<x5, [{V}, **<x5**,{<*Kind*, 勝つ>, <*Agent*, ★ga>}**>**, kat-]>

---

[1] ここでは便宜的に，Numeration においてカに統語素性 wo が付与されていると仮定しておく．その結果，この間接疑問文の内容が「知りたがっている」の Theme であると解釈されている．

⇒ Kind-addition

<x5, [{V, ⬚<ind, x3>⬚}, **<x5, {**<*Kind*, 勝つ>, <*Agent*, x3>**}>**, <
  <x3, [{NP, ⬚ga⬚}, **<x3, {**<*Kind*, 団体>, <*Identity*, unknown>, <*Kind*, *Agent*(x5)>**}>**, <...略...>]>,
  <x5, [{V}, φ, kat-]>
>]>

(66) Merge base = {(63), (65), (62f), (62g), (62h), (62i)}

(65) <x5, [{V, ⬚<ind, x3>⬚}, **<x5, {**<*Kind*, 勝つ>, <*Agent*, x3>**}>**, <
  <x3, [{NP, ⬚ga⬚}, **<x3, {**<*Kind*, 団体>, <*Identity*, unknown>, <*Kind*, *Agent*(x5)>**}>**, <...略...>]>,
  <x5, [{V}, φ, kat-]>
>]>

⇒ Pickup

<x5, [{V, ⬚<ind, x3>⬚, <x3, [{NP, ⬚ga⬚}, **<x3, {**<*Kind*, 団体>, <*Identity*, unknown>, <*Kind*, *Agent*(x5)>**}>**, <...略...>]>}, **<x5, {**<*Kind*, 勝つ>, <*Agent*, x3>**}>**, <
  <>,
  <x5, [{V}, φ, kat-]>
>]>

(67) Merge base = {(63), (66), (62f), (62g), (62h), (62i)}

(66) <x5, [{V, ⬚<ind, x3>⬚, <x3, [{NP, ⬚ga⬚}, **<x3, {**<*Kind*, 団体>, <*Identity*, unknown>, <*Kind*, *Agent*(x5)>**}>**, <...略...>]>}, **<x5, {**<*Kind*, 勝つ>, <*Agent*, x3>**}>**, <...略...>]>

(62f) <x6, [{T, ⬚+V⬚, <x6, <Subject, ☆>, <Predicate, ★>>}, <★, {<*Time*, perfect>}>, –ta]>

⇒ Merge

<x6, [{T, <x6, <Subject, ★>, <Predicate, x5>>, ⬚<ind, x3>⬚, <x3, [{NP, ⬚ga⬚}, **<x3, {**<*Kind*, 団体>,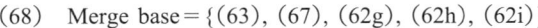
  <*Identity*, unknown>, <*Kind*, *Agent*(x5)>**}>**, <...略...>]>}, **<x5, {**<*Time*, perfect>**}>**, <
  <x5, [{V}, **<x5, {**<*Kind*, 勝つ>, <*Agent*, x3>**}>**, <...略...>]>,
  <x6, [{T}, φ, –ta]>,
>]>

(68) Merge base = {(63), (67), (62g), (62h), (62i)}

(67) <x6, [{T, <x6, <Subject, ★>, <Predicate, x5>>, ⬚<ind, x3>⬚, <x3, [{NP, ⬚ga⬚}, **<x3, {**<*Kind*, 団体>, <*Identity*, unknown>, <*Kind*, *Agent*(x5)>**}>**, <...略...>]>}, **<x5, {**<*Time*, perfect>**}>**, <...略...>]>

⇒ Landing

<x6, [{T, <x6, <Subject, x3>, <Predicate, x5>>, ⬚<ind, x3>⬚}, **<x5, {**<*Time*, perfect>**}>**, <
  <x3, [{NP}, **<x3, {**<*Kind*, 団体>, <*Identity*, unknown>, <*Kind*, *Agent*(x5)>**}>**, <...略...>]>,
  <x6, [{T}, φ, <...略...>]>
>]>

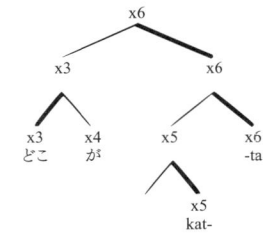

256　付録 B　Numeration からの派生の全ステップ

(69)　Merge base = {(63), (68), (62g), (62h), (62i)}

　　　(68)　<x6, [{T, <x6, <Subject, x3>, <Predicate, x5>>, ind, x3>}, **<x5,** {<*Time*, perfect>}**>**, <...
　　　　　　　略...>]>

　　　(62g)　<x7, [{N, wo}, **<x7,** {<*Focus*, ★ind>}**>**, か]>

⇒ Merge

　　　<x7, [{N, wo}, **<x7,** {<*Focus*, x3>, <α₁₀, x6>}**>**, <
　　　　　<x6, [{T, <x6, <Subject, x3>, <Predicate, x5>>}, **<x5,** {<*Time*, perfect>}**>**, <...略...>]>
　　　　　<x7, [{N}, φ, か]>
　　　>]>

```
                        x7
                       /  \
                      x6   x7
                           か
                     /  \
                    x3   x6
                   / \   / \
                  x3 x4 x5  x6
                  どこ が        -ta
                        |
                        x5
                        kat-
```

(70)　Merge base = {(63), (69), (62h), (62i)}

　　　(69)　<x7, [{N, wo}, **<x7,** {<*Focus*, x3>, <α₁₀, x6>}**>**, <...略...>]>

　　　(62h)　<x8, [{V}, **<x8,** {<*Kind*, 知りたがっている>, <*Theme*, ★wo>, <*Agent*, ★ga>}**>**,
　　　　　　　siritagattei-]>

⇒ Merge

　　　<x8, [{V}, **<x8,** {<*Kind*, 知りたがっている>, <*Theme*, x7>, <*Agent*, ★ga>}**>**, <
　　　　　<x7, [{N}, **<x7,** {<*Focus*, x3>, <α₁₀, x6>}**>**, <...略...>]>,
　　　　　<x8, [{V}, φ, siritagattei-]>
　　　>]>

```
                        x8
                       /  \
                      x7   x8
                           siritagattei-
                     /  \
                    x6   x7
                         か
                   /  \
                  x3   x6
                 / \   / \
                x3 x4 x5  x6
                どこ が        -ta
                      |
                      x5
                      kat-
```

(71)　Merge base = {(63), (70), (62i)}

　　　(63)　<x1, [{NP, ga}, **<x1,** {<*Name*, ジョン>}**>**, <...略...>]>

　　　(70)　<x8, [{V}, **<x8,** {<*Kind*, 知りたがっている>, <*Theme*, x7>, <*Agent*, ★ga>}**>**, <...略...>]>

⇒ Merge

　　　<x8, [{V}, **<x8,** {<*Kind*, 知りたがっている>, <*Theme*, x7>, <*Agent*, x1>}**>**, <
　　　　　<x1, [{NP, ga}, **<x1,** {<*Name*, ジョン>}**>**, <...略...>]>
　　　　　<x8, [{V}, φ, <...略...>]>
　　　>]>

B.5 ジョンがどこが勝ったか知りたがっている

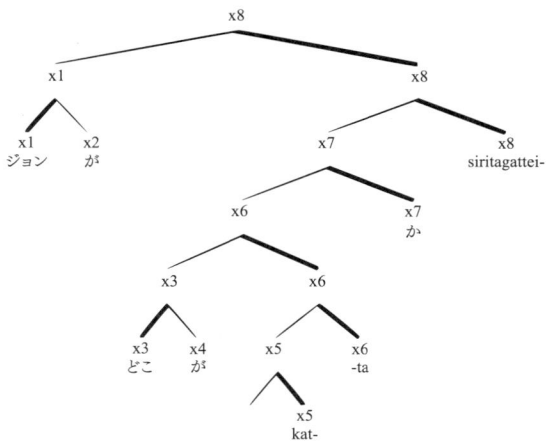

(72) Merge base = {(71), (62i)}

(71) <x8, [{V}, **<x8,{**<Kind, 知りたがっている>, <Theme, x7>, <Agent, x1>**}>**, <
  <x1, [{NP, ga}, **<x1,{**<Name, ジョン>**}>**, <...略...>]>
  <x8, [{V}, φ, <...略...>]>
  >]>

⇒ Pickup

<x8, [{V, <x1, [{NP, ga}, **<x1,{**<Name, ジョン>**}>**, <...略...>]>}, **<x8,{**<Kind, 知りたがっている>, <Theme, x7>, <Agent, x1>**}>**, <
  <>,
  <x8, [{V}, φ, <...略...>]>
  >]>

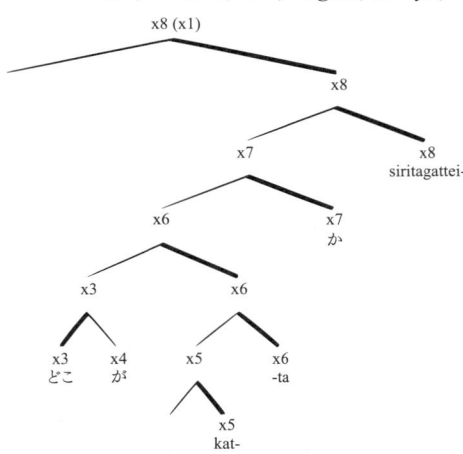

(73) Merge base = {(72), (62i)}

(72) <x8, [{V, <x1, [{NP, ga}, **<x1,{**<Name, ジョン>**}>**, <...略...>]>}, **<x8,{**<Kind, 知りたがっている>, <Theme, x7>, <Agent, x1>**}>**, <...略...>]>

(62i) <x9, [{T, +V, <x9, <Subject, ☆>, <Predicate, ★>>}, <★,{<Time, imperfect>**}>**, –ru]>

⇒ Merge

<x9, [{T, <x9, <Subject, ★>, <Predicate, x8>>, <x1, [{NP, ga}, **<x1,{**<Name, ジョン>**}>**, <...略...>]>}, **<x8,{**<Time, imperfect>**}>**, <
  <x8, [{V}, **<x8,{**<Kind, 知りたがっている>, <Theme, x7>, <Agent, x1>**}>**, <...略...>]>
  <x9, [{T}, φ, –ru]>

258　付録 B　Numeration からの派生の全ステップ

>]>

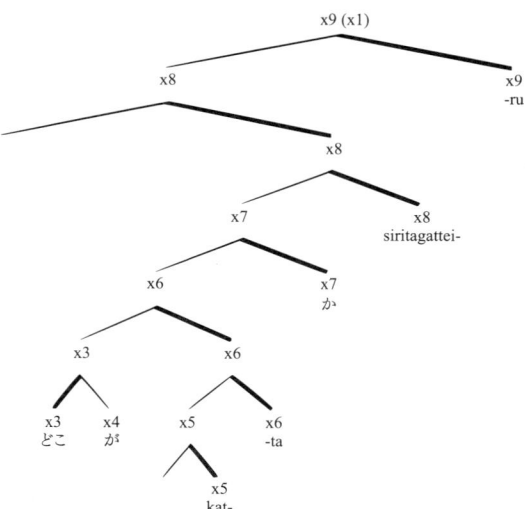

(74)　Merge base ＝ {(73)}

　　(73)　　<x9, [{T, <x9, <Subject, ★>, <Predicate, x8>>, <x1, [{NP, ga}, **<x1, {**<Name, ジョン>**}>**, <...略...>]>}, **<x8, {**<Time, imperfect>**}>**, <...略...>]>

⇒ Landing

　　<x9, [{T, <x9, <Subject, x1>, <Predicate, x8>>}, **<x8, {**<Time, imperfect>**}>**, <
　　　<x1, [{NP}, **<x1, {**<Name, ジョン>**}>**, <...略...>]>
　　　<x9, [{T}, φ, <...略...>]>
　　>]>

(75)　LF 表示（＝PF 表示）

　　<x9, [{T, <x9, <Subject, x1>, <Predicate, x8>>}, **<x8, {**<Time, imperfect>**}>**, <
　　　<x1, [{NP}, **<x1, {**<Name, ジョン>**}>**, <
　　　　<x1, [{N}, φ, ジョン]>,
　　　　<x2, [{J}, φ, が]>
　　　>]>
　　　<x9, [{T}, φ, <
　　　　<x8, [{V}, **<x8, {**<Kind, 知りたがっている>, <Theme, x7>, <Agent, x1>**}>**, <
　　　　　<>,
　　　　　<x8, [{V}, φ, <
　　　　　　<x7, [{N}, **<x7, {**<Focus, x3>, <α$_{10}$, x6>**}>**, <
　　　　　　　<x6, [{T, <x6, <Subject, x3>, <Predicate, x5>>}, **<x5, {**<Time, perfect>**}>**, <
　　　　　　　　<x3, [{NP}, **<x3, {**<Kind, 団体>, <Identity, unknown>, <Kind, Agent(x5)>**}>**, <
　　　　　　　　　<x3, [{N}, φ, どこ]>
　　　　　　　　　<x4, [{J}, φ, が]>
　　　　　　　　>]>,
　　　　　　　　<x6, [{T}, φ, <
　　　　　　　　　<x5, [{V}, **<x5, {**<Kind, 勝つ>, <Agent, x3>**}>**, <
　　　　　　　　　　<>,

B.5 ジョンがどこが勝ったか知りたがっている

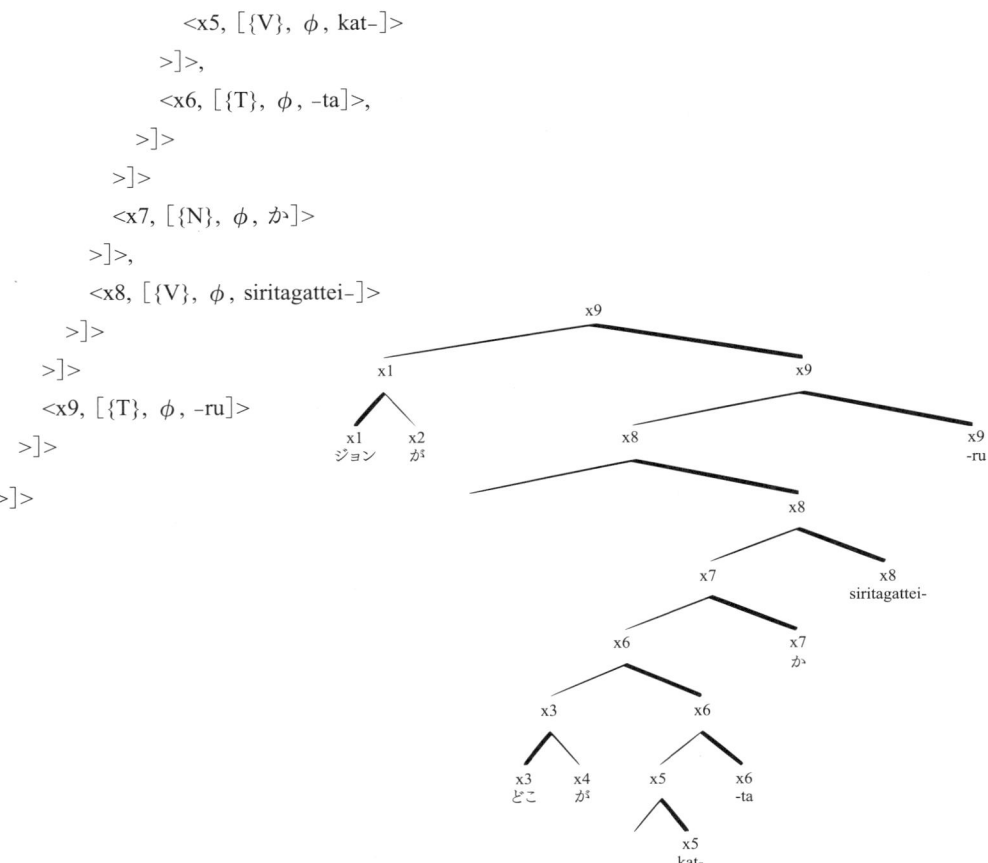

(76) 音連鎖

　　　ジョン　が　どこ　が　kat-　-ta　か　siritagattei-　-ru

(77) Predication 素性と LF 意味素性

　　　<x6, <Subject, x3>, <Predicate, x5>>
　　　<x9, <Subject, x1>, <Predicate, x8>>

　　　<x8, {<*Time*, imperfect>}**>**
　　　<x1, {<*Name*, ジョン>}**>**
　　　<x8, {<*Kind*, 知りたがっている>, <*Theme*, x7>, <*Agent*, x1>}**>**
　　　<x7, {<*Focus*, x3>, <α_{10}, x6>}**>**
　　　<x5, {<*Time*, perfect>}**>**
　　　<x3, {<*Kind*, 団体>, <*Identity*, unknown>, <*Kind*, *Agent*(x5)>}**>**
　　　<x5, {<*Kind*, 勝つ>, <*Agent*, x3>}**>**

(78) 意味表示

　　　{**<x1,** {<*Name*, ジョン>, <*Predicate*, x8>}**>**,
　　　　<x8, {<*Kind*, 知りたがっている>, <*Theme*, x7>, <*Agent*, x1>, <*Time*, imperfect>, <*Subject*, x1>}**>**,
　　　　<x7, {<*Focus*, x3>, <α_{10}, x6>}**>**,

<x3, {<*Kind*, 団体>, <*Identity*, unknown>, <*Kind*, *Agent*(x5)>, <*Predicate*, x5>**}>**,
<x5, {<*Kind*, 勝つ>, <*Agent*, x3>, <*Time*, perfect>, <*Subject*, x3>**}}**

B.6　どの大学の学生が来ましたか（8.3節）

(79)　Numeration = {x1, x2, x3, x4, x5, x6, x7, x8}
 a. <x1, [{Z, +N, Kind, <ind, ★>}, <★, {<*Identity*, unknown>}>, どの]>
 b. <x2, [{N}, **<x2, {**<*Kind*, 大学>**}>**, 大学]>
 c. <x3, [{J, +R, +N, no}, φ, の]>
 d. <x4, [{N}, **<x4, {**<*Kind*, 学生>**}>**, 学生]>
 e. <x5, [{J, +R, +N, ga}, φ, が]>
 f. <x6, [{V}, **<x6, {**<*Kind*, 来る>, <*Agent*, ★$_{ga}$>**}>**, kimasi−]>
 g. <x7, [{T, +V, <x7, <Subject, ☆>, <Predicate, ★>>}, <★, {<*Time*, perfect>}>, −ta]>
 h. <x8, [{N}, **<x8, {**<*Focus*, ★$_{ind}$>**}>**, か]>

(80)　Merge base = {(79a), (79b), (79c), (79d), (79e), (79f), (79g), (79h)}
 (79a) <x1, [{Z, +N, Kind, <ind, ★>}, <★, {<*Identity*, unknown>}>, どの]>
 (79b) <x2, [{N}, **<x2, {**<*Kind*, 大学>**}>**, 大学]>
⇒ Merge
 <x2, [{N, Kind, <ind, x2>}, **<x2, {**<*Kind*, 大学>**}>**, <
  <x1, [{Z}, **<x2, {**<*Identity*, unknown>**}>**, どの]>,
  <x2, [{N}, φ, 大学]>
 >]>

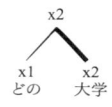

(81)　Merge base = {(80), (79c), (79d), (79e), (79f), (79g), (79h)}
 (80) <x2, [{N, Kind, <ind, x2>}, **<x2, {**<*Kind*, 大学>**}>**, <...略...>]>
 (79c) <x3, [{J, +R, +N, no}, φ, の]>
⇒ J-Merge
 <x2, [{NP, Kind, <ind, x2>, no}, **<x2, {**<*Kind*, 大学>**}>**, <
  <x2, [{N}, φ, <...略...>]>
  <x3, [{J}, φ, の]>
 >]>

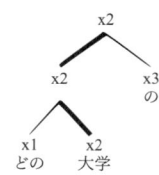

(82)　Merge base = {(81), (79d), (79e), (79f), (79g), (79h)}
 (81) <x2, [{NP, Kind, <ind, x2>, no}, **<x2, {**<*Kind*, 大学>**}>**, <...略...>]>
 (79d) <x4, [{N}, **<x4, {**<*Kind*, 学生>**}>**, 学生]>
⇒ Merge
 <x4, [{N, Kind, <ind, x2>}, **<x4, {**<*Kind*, 学生>, <a_9, x2>**}>**, <
  <x2, [{NP}, **<x2, {**<*Kind*, 大学>**}>**, <...略...>]>
  <x4, [{N}, φ, 学生]>
 >]>

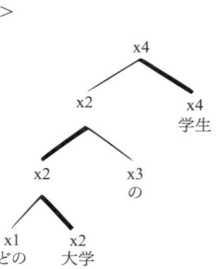

B.6 どの大学の学生が来ましたか　261

(83)　Merge base = {(82), (79e), (79f), (79g), (79h)}

　　(82)　<x4, [{N, Kind , <ind, x2> }, **<x4, {**<Kind, 学生>, <α₉, x2>**>**, <...略...>]>

　　(79e)　<x5, [{J, +R , +N , ga }, φ, が]>

⇒ J-Merge

　　<x4, [{NP, Kind , <ind, x2> , ga }, **<x4, {**<Kind, 学生>, <α₉, x2>**>**, <
　　　　<x4, [{N}, φ, <...略...>]>
　　　　<x5, [{J}, φ, が]>
　　>]

(84)　Merge base = {(83), (79f), (79g), (79h)}

　　(83)　<x4, [{NP, Kind , <ind, x2> , ga }, **<x4, {**<Kind, 学生>, <α₉, x2>**>**, <...略...>]>

　　(79f)　<x6, [{V}, **<x6, {**<Kind, 来る>, <Agent, ★_ga >**>}**, kimasi-]>

⇒ Kind-addition

　　<x6, [{V, <ind, x2> }, **<x6, {**<Kind, 来る>, <Agent, x4>**>}**, <
　　　　<x4, [{NP, ga }, **<x4, {**<Kind, 学生>, <α₉, x2>, <Kind, Agent(x6)>**>}**, <...略...>]>
　　　　<x6, [{V}, φ, kimasi-]>
　　>]>

(85)　Merge base = {(84), (79g), (79h)}

　　(84)　<x6, [{V, <ind, x2> }, **<x6, {**<Kind, 来る>, <Agent, x4>**>}**, <
　　　　<x4, [{NP, ga }, **<x4, {**<Kind, 学生>, <α₉, x2>, <Kind, Agent(x6)>**>}**, <...略...>]>
　　　　<x6, [{V}, φ, kimasi-]>
　　>]>

⇒ Pickup

　　<x6, [{V, <ind, x2> , <x4, [{NP, ga }, **<x4, {**<Kind, 学生>, <α₉, x2>, <Kind, Agent(x6)>**>}**, <...略
　　　　...>]> }, **<x6, {**<Kind, 来る>, <Agent, x4>**>}**, <
　　　　<x6, [{V}, φ, kimasi-]>
　　　　◇
　　>]>

(86)　Merge base = {(85), (79g), (79h)}

　　(85)　<x6, [{V, <ind, x2> , <x4, [{NP, ga }, **<x4, {**<Kind, 学生>, <α₉, x2>, <Kind, Agent(x6)>**>}**, <...
　　　　略...>]> }, **<x6, {**<Kind, 来る>, <Agent, x4>**>}**, <...略...>]>

262　付録 B　Numeration からの派生の全ステップ

(79g)　<x7, [{T, +V}, <x7, <Subject, ☆>, <Predicate, ★>>}, <★, {<Time, perfect>}>, -ta]>

⇒ Merge

<x7, [{T, <ind, x2>}, <x7, <Subject, ★>, <Predicate, x6>>, <x4, [{NP, ga}, **<x4, {**<Kind, 学生>,
　　　　<α₉, x2>, <Kind, Agent(x6)>**}>**, <...略...>]>}, **<x6, {**<Time, perfect>**}>**, <
　　<x6, [{V}, **<x6, {**<Kind, 来る>, <Agent, x4>**}>**, <...略...>]>
　　<x7, [{T}, φ, -ta]>
>]>

(87)　Merge base = {(86), (79h)}

(86)　<x7, [{T, <ind, x2>}, <x7, <Subject, ★>, <Predicate, x6>>, <x4, [{NP, ga}, **<x4, {**<Kind,
　　　　学生>, <α₉, x2>, <Kind, Agent(x6)>**}>**, <...略...>]>}, **<x6, {**<Time, perfect>**}>**, <...略...>]>

⇒ Landing

<x7, [{T, <ind, x2>}, <x7, <Subject, x4>, <Predicate, x6>>, **<x6, {**<Time, perfect>**}>**, <
　　<x4, [{NP}, **<x4, {**<Kind, 学生>, <α₉, x2>, <Kind, Agent(x6)>**}>**, <...略...>]>
　　<x7, [{T}, φ, <...略...>]>
>]>

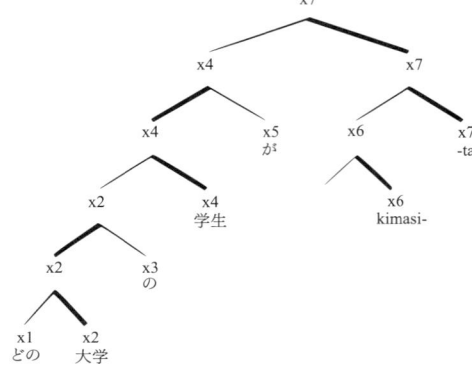

(88)　Merge base = {(87), (79h)}

(87)　<x7, [{T, <ind, x2>}, <x7, <Subject, x4>, <Predicate, x6>>}, **<x6, {**<Time, perfect>**}>**, <...略...>]>

(79h)　<x8, [{N}, **<x8, {**<Focus, ★_ind>**}>**, か]>

⇒ Merge

<x8, [{N}, **<x8, {**<Focus, x2>, <α₁₀, x7>**}>**, <
　　<x7, [{T, <x7, <Subject, x4>, <Predicate, x6>>}, **<x6, {**<Time, perfect>**}>**, <...略...>]>
　　<x8, [{N}, φ, か]>
>]>

(89)　LF 表示（＝PF 表示）

<x8, [{N}, **<x8, {**<Focus, x2>, <α₁₀, x7>**}>**, <
　　<x7, [{T, <x7, <Subject, x4>, <Predicate, x6>>}, **<x6, {**<Time, perfect>**}>**, <
　　　<x4, [{NP}, **<x4, {**<Kind, 学生>, <α₉, x2>, <Kind, Agent(x6)>**}>**, <
　　　　<x4, [{N}, φ, <
　　　　　<x2, [{NP}, **<x2, {**<Kind, 大学>**}>**, <
　　　　　　<x2, [{N}, φ, <
　　　　　　　<x1, [{Z}, **<x2, {**<Identity, unknown>**}>**, どの]>,

B.7　ジョンは，メアリが誰を誘っても，パーティに行く　263

```
              <x2, [{N}, φ, 大学]>
            >]>
          <x3, [{J}, φ, の]>
        >]>
        <x4, [{N}, φ, 学生]>
      >]>
      <x5, [{J}, φ, が]>
    >]>
    <x7, [{T}, φ, <
      <x6, [{V}, <x6,{<Kind, 来る>, <Agent, x4>}>, <
        <>
        <x6, [{V}, φ, kimasi-]>
      >]>
      <x7, [{T}, φ, -ta]>
    >]>
  >]>
  <x8, [{N}, φ, か]>
>]>
```

                                    x8
                                   / \
                                  x7   x8
                                 / \   か
                                x4   x7
                               / \ / \
                              x4 x5 x6 x7
                             / \ が / \ -ta
                            x2 x4   x6
                           / \ 学生 kimasi-
                          x2 x3
                         / \ の
                        x1 x2
                        どの 大学

(90)　音連鎖
　　　どの　大学　の　学生　が　kimasi-　-ta　か

(91)　Predication 素性と LF 意味素性

　　　　<x7, <Subject, x4>, <Predicate, x6>>

　　　　<x8,{<*Focus*, x2>, <*α₁₀*, x7>}**>**

　　　　<x6,{<*Time*, perfect>}**>**

　　　　<x4,{<*Kind*, 学生>, <*α₉*, x2>, <*Kind, Agent*(x6)>}**>**

　　　　<x2,{<*Kind*, 大学>}**>**

　　　　<x2,{<*Identity*, unknown>}**>**

　　　　<x6,{<*Kind*, 来る>, <*Agent*, x4>}**>**

(92)　意味表示

　　　{**<x8**,{<*Focus*, x2>, <*α₁₀*, x7>}**>**,
　　　　<x4,{<*Kind*, 学生>, <*α₉*, x2>, <*Kind, Agent*(x6)>, <*Predicate*, x6>}**>**
　　　　<x2,{<*Kind*, 大学>, <*Identity*, unknown>}**>**
　　　　<x6,{<*Kind*, 来る>, <*Agent*, x4>, <*Time*, perfect>, <*Subject*, x4>}**>**}

B.7　ジョンは，メアリが誰を誘っても，パーティに行く（8.5 節）

(93)　Numeration = {x1, x2, x3, x4, x5, x6, x7, x8, x9, x10, x11, x12, x13}
　　　a.　<x1, [{N}, **<x1**,{<*Name*, ジョン>}**>**, ジョン]>
　　　b.　<x2, [{J, ボックス+R}, φ, は]>

264　付録B　Numerationからの派生の全ステップ

  c. <x3, [{N}, **<x3, {**<*Name*, メアリ>**}>**, メアリ]>
  d. <x4, [{J, +R, +N, ga}, φ, が]>
  e. <x5, [{N, Kind, <ind, x5>}, **<x5, {**<*Kind*, 人>, <*Identity*, unknown>**}>**, 誰]>
  f. <x6, [{J, +R, +N, wo}, φ, を]>
  g. <x7, [{V}, **<x7, {**<*Kind*, 誘う>, <*Theme*, ★_wo>, <*Agent*, ★_ga>**}>**, sasow-]>
  h. <x8, [{T, +V, <x8, <Subject, ☆>, <Predicate, ★>>}, <★, { }>, -te]>
  i. <x9, [{P, <x9, <Subject, ★_<ind>>, <Predicate, ○>>, <x9, partitioning>}, φ, も]>
  j. <x10, [{N}, **<x10, {**<*Kind*, パーティ>**}>**, パーティ]>
  k. <x11, [{J, +R, +N, ni}, φ, に]>
  l. <x12, [{V}, **<x12, {**<*Kind*, 行く>, <*Goal*, ★_ni>, <*Agent*, ★_ga>**}>**, ik-]>
  m. <x13, [{T, +V, <x13, <Subject, ☆>, <Predicate, ★>>}, <★, {<*Time*, imperfect>}>, -ru]>

(94) Merge base = {(93a), (93b), (93c), (93d), (93e), (93f), (93g), (93h), (93i), (93j), (93k), (93l), (93m)}

  (93a) <x1, [{N}, **<x1, {**<*Name*, ジョン>**}>**, ジョン]>
  (93b) <x2, [{J, +R}, φ, は]>

⇒ J-Merge

  <x1, [{NP}, **<x1, {**<*Name*, ジョン>**}>**, <
   <x1, [{N}, φ, ジョン]>
   <x2, [{J}, φ, は]>
  >]>

```
      x1
     /  \
   x1    x2
  ジョン   は
```

(95) Merge base = {(94), (93c), (93d), (93e), (93f), (93g), (93h), (93i), (93j), (93k), (93l), (93m)}

  (93c) <x3, [{N}, **<x3, {**<*Name*, メアリ>**}>**, メアリ]>
  (93d) <x4, [{J, +R, +N, ga}, φ, が]>

⇒ J-Merge

  <x3, [{NP, ga}, **<x3, {**<*Name*, メアリ>**}>**, <
   <x3, [{N}, φ, メアリ]>
   <x4, [{J}, φ, が]>
  >]>

```
      x3
     /  \
   x3    x4
  メアリ   が
```

(96) Merge base = {(94), (95), (93e), (93f), (93g), (93h), (93i), (93j), (93k), (93l), (93m)}

  (93e) <x5, [{N, Kind, <ind, x5>}, **<x5, {**<*Kind*, 人>, <*Identity*, unknown>**}>**, 誰]>
  (93f) <x6, [{J, +R, +N, wo}, φ, を]>

⇒ J-Merge

  <x5, [{NP, Kind, <ind, x5>, wo}, **<x5, {**<*Kind*, 人>, <*Identity*, unknown>**}>**, <
   <x5, [{N}, φ, 誰]>
   <x6, [{J}, φ, を]>
  >]>

```
      x5
     /  \
   x5    x6
   誰    を
```

(97) Merge base = {(94), (95), (96), (93g), (93h), (93i), (93j), (93k), (93l), (93m)}

  (93j) <x10, [{N}, **<x10, {**<*Kind*, パーティ>**}>**, パーティ]>
  (93k) <x11, [{J, +R, +N, ni}, φ, に]>

⇒ J-Merge

B.7　ジョンは，メアリが誰を誘っても，パーティに行く　265

　　　　<x10, [{NP, ni}, **<x10, {**<Kind, パーティ>**}>**, <
　　　　　　<x10, [{N}, φ, パーティ]>
　　　　　　<x11, [{J}, φ, に]>
　　　　>]>

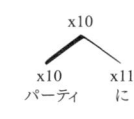

(98)　Merge base ={(94), (95), (96), (97), (93g), (93h), (93i), (93l), (93m)}
　　　(96)　　<x5, [{NP, Kind, <ind, x5>, wo}, **<x5, {**<Kind, 人>, <Identity, unknown>**}>**, <...略...>]>
　　　(93g)　<x7, [{V}, **<x7, {**<Kind, 誘う>, <Theme, ★_wo>, <Agent, ★_ga>**}>**, sasow-]>
　⇒ Kind-addition
　　　　<x7, [{V, <ind, x5>}, **<x7, {**<Kind, 誘う>, <Theme, x5>, <Agent, ★_ga>**}>**, <
　　　　　　<x5, [{NP}, **<x5, {**<Kind, 人>, <Identity, unknown>, <Kind, Theme(x7)>**}>**, <...略...>]>
　　　　　　<x7, [{V}, φ, sasow-]>
　　　　>]>

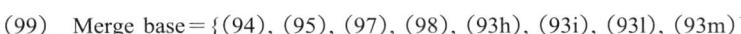

(99)　Merge base ={(94), (95), (97), (98), (93h), (93i), (93l), (93m)}
　　　(95)　　<x3, [{NP, ga}, **<x3, {**<Name, メアリ>**}>**, <...略...>]>
　　　(98)　　<x7, [{V, <ind, x5>}, **<x7, {**<Kind, 誘う>, <Theme, x5>, <Agent, ★_ga>**}>**, <...略...>]>
　⇒ Merge
　　　　<x7, [{V, <ind, x5>}, **<x7, {**<Kind, 誘う>, <Theme, x5>, <Agent, x3>**}>**, <
　　　　　　<x3, [{NP, ga}, **<x3, {**<Name, メアリ>**}>**, <...略...>]>
　　　　　　<x7, [{V}, φ, <...略...>]>
　　　　>]>

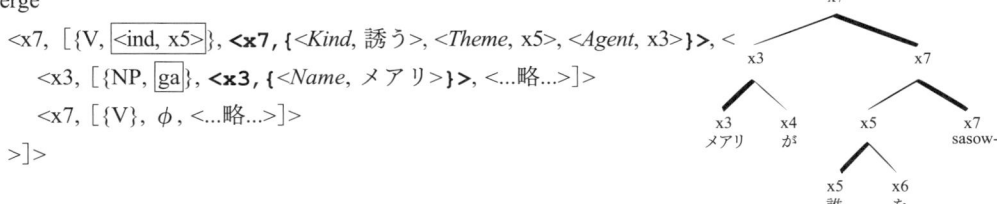

(100)　Merge base ={(94), (97), (99), (93h), (93i), (93l), (93m)}
　　　(99)　　<x7, [{V, <ind, x5>}, **<x7, {**<Kind, 誘う>, <Theme, x5>, <Agent, x3>**}>**, <...略...>]>
　⇒ Pickup
　　　　<x7, [{V, <ind, x5>, <x3, [{NP, ga}, **<x3, {**<Name, メアリ>**}>**, <...略...>]>}, **<x7, {**<Kind, 誘う>, <Theme, x5>, <Agent, x3>**}>**, <
　　　　　　<>
　　　　　　<x7, [{V}, φ, <...略...>]>
　　　　>]>

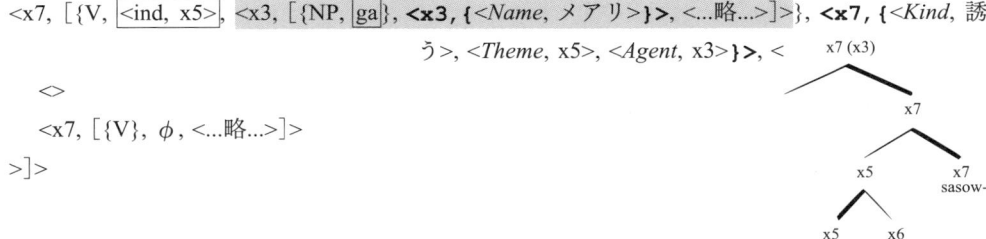

(101)　Merge base ={(94), (97), (100), (93h), (93i), (93l), (93m)}
　　　(100)　<x7, [{V, <ind, x5>, <x3, [{NP, ga}, **<x3, {**<Name, メアリ>**}>**, <...略...>]>}, **<x7,
　　　　　　　{**<Kind, 誘う>, <Theme, x5>, <Agent, x3>**}>**, <...略...>]>
　　　(93h)　<x8, [{T, +V}, <x8, <Subject, ☆>, <Predicate, ★>>}, <★, { }>, –te]>
　⇒ Merge
　　　　<x8, [{T, <ind, x5>}, <x8, <Subject, ★>, <Predicate, x7>>, <x3, [{NP, ga}, **<x3, {**<Name, メアリ>**}>**,
　　　　　　　<...略...>]>}, **<x7, { }>**, <

266　付録B　Numeration からの派生の全ステップ

```
      <x7, [{V}, <x7,{<Kind, 誘う>, <Theme, x5>, <Agent, x3>}>, <...略...>]>
      <x8, [{T}, φ, -te]>
  >]>
```

```
                                              x8 (x3)
                                             /      \
                                            x7       x8
                                           /  \      -te
                                          x5   x7
                                         / \    \
                                        x5  x6   x7
                                        誰  を   sasow-
```

(102)　Merge base = {(94), (97), (101), (93i), (93l), (93m)}
　　　(101)　<x8, [{T, <ind, x5>, <x8, <Subject, ★>, <Predicate, x7>>, <x3, [{NP, ga}, <x3,{<Name, メアリ>}>, <...略...>]>}, <x7, {}>, <...略...>]>

⇒ Landing

　　　<x8, [{T, <ind, x5>, <x8, <Subject, x3>, <Predicate, x7>>}, <x7, {}>, <
　　　　<x3, [{NP}, <x3,{<Name, メアリ>}>, <...略...>]>
　　　　<x8, [{T}, φ, <...略...>]>
　　　>]>

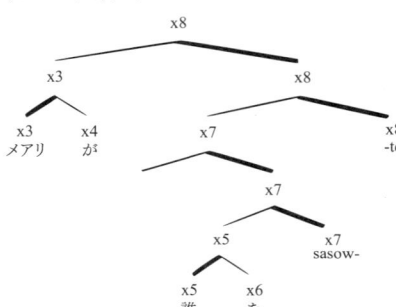

(103)　Merge base = {(94), (97), (102), (93i), (93l), (93m)}
　　　(102)　<x8, [{T, <ind, x5>, <x8, <Subject, x3>, <Predicate, x7>>}, <x7, {}>, <...略...>]>
　　　(93i)　<x9, [{P, <x9, <Subject, ★<ind>>, <Predicate, ○>>, <x9, partitioning>}, φ, も]>

⇒ P-Merge

　　　<x8, [{T, <x8, <Subject, x3>, <Predicate, x7>>, <x9, <Subject, x5>, <Predicate, ●>>, <x9, partitioning>}, <x7, {}>, <
　　　　<x8, [{T}, φ, <...略...>]>
　　　　<x9, [{P}, φ, も]>
　　　>]>

(104)　Merge base = {(94), (97), (103), (93l), (93m)}
　　　(97)　<x10, [{NP, ni}, <x10,{<Kind, パーティ>}>, <...略...>]>
```
```

B.7 ジョンは，メアリが誰を誘っても，パーティに行く

(93l) <x12, [{V}, **<x12,{**<*Kind*, 行く>, <*Goal*, ★ni>, <*Agent*, ★ga>**}>**, ik-]>

⇒ Merge

<x12, [{V}, **<x12,{**<*Kind*, 行く>, <*Goal*, x10>, <*Agent*, ★ga>**}>**, <
  <x10, [{NP, ni}, **<x10,{**<*Kind*, パーティ>**}>**, <...略...>]>
  <x12, [{V}, φ, ik-]>
>]>

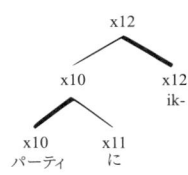

(105) Merge base = {(94), (103), (104), (93m)}

(103) <x8, [{T, <x8, <*Subject*, x3>, <*Predicate*, x7>>, <x9, <*Subject*, x5>, <*Predicate*, ●>>, <x9, partitioning>}, **<x7,{ }>**, <...略...>]>

(104) <x12, [{V}, **<x12,{**<*Kind*, 行く>, <*Goal*, x10>, <*Agent*, ★ga>**}>**, <...略...>]>

⇒ Merge

<x12, [{V, <x9, <*Subject*, x5>, <*Predicate*, x12>>, <x9, partitioning>}, **<x12,{**<*Kind*, 行く>, <*Goal*, x10>, <*Agent*, ★ga>, <α₁₄, x8>**}>**, <
  <x8, [{T, <x8, <*Subject*, x3>, <*Predicate*, x7>>}, **<x7,{ }>**, <...略...>]>
  <x12, [{V}, φ, <...略...>]>
>]>

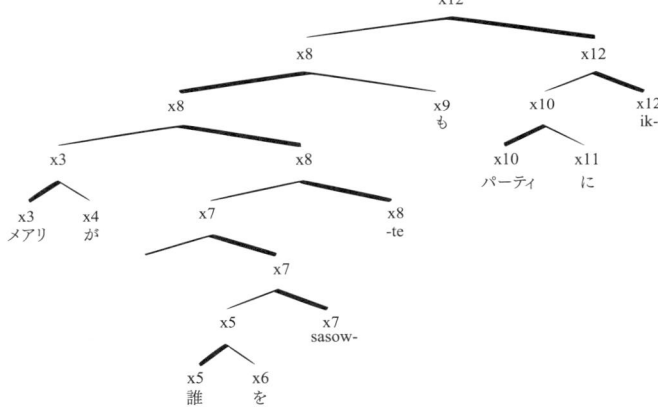

(106) Merge base = {(94), (105), (93m)}

(105) <x12, [{V, <x9, <*Subject*, x5>, <*Predicate*, x12>>, <x9, partitioning>}, **<x12,{**<*Kind*, 行く>, <*Goal*, x10>, <*Agent*, ★ga>, <α₁₄, x8>**}>**, <...略...>]>

⇒ zero-Merge

<x12, [{V, <x9, <*Subject*, x5>, <*Predicate*, x12>>, <x9, partitioning>}, **<x12,{**<*Kind*, 行く>, <*Goal*, x10>, <*Agent*, x15>, <α₁₄, x8>**}>**, <
  <x15, [{NP}, **<x15,{ }>**, φ]>
  <x12, [{V}, φ, <...略...>]>
>]>

268   付録 B   Numeration からの派生の全ステップ

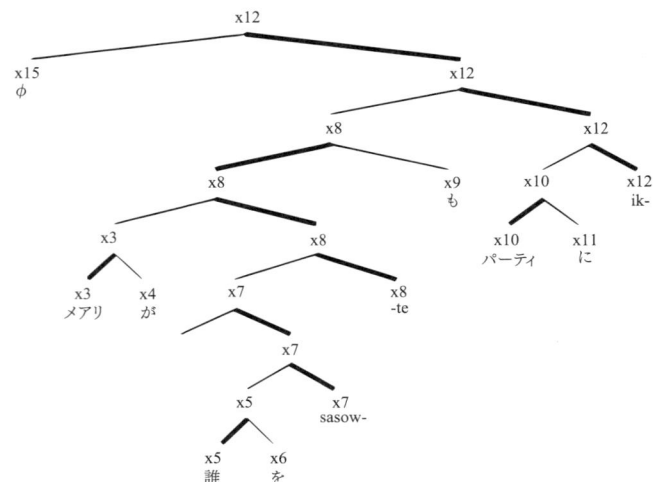

(107)　Merge base = {(94), (106), (93m)}
　　　(106)　<x12, [{V, <x9, <Subject, x5>, <Predicate, x12>>, <x9, partitioning>}, **<x12, {**<Kind, 行
　　　　　　　　　　　　　　　　　　　　　く>, <Goal, x10>, <Agent, x15>, <α₁₄, x8>**}>**, <
　　　　　　<x15, [{NP}, **<x15, { }>**, φ]>
　　　　　　<x12, [{V}, φ, <
　　　　　　　　<x8, [{T, <x8, <Subject, x3>, <Predicate, x7>>}, **<x7, { }>**, <
　　　　　　　　　<x8, [{T}, φ, <
　　　　　　　　　　<x3, [{NP}, **<x3, {**<Name, メアリ>**}>**, <
　　　　　　　　　　　<x3, [{N}, φ, メアリ]>
　　　　　　　　　　　<x4, [{J}, φ, が]>
　　　　　　　　　　>]>
　　　　　　　　　<x8, [{T}, φ, <
　　　　　　　　　　<x7, [{V}, **<x7, {**<Kind, 誘う>, <Theme, x5>, <Agent, x3>**}>**, <
　　　　　　　　　　　<>
　　　　　　　　　　　<x7, [{V}, φ, <
　　　　　　　　　　　　<x5, [{NP}, **<x5, {**<Kind, 人>, <Identity, unknown>, <Kind, Theme(x7)
　　　>**}>**, <
　　　　　　　　　　　　　<x5, [{N}, φ, 誰]>
　　　　　　　　　　　　　<x6, [{J}, φ, を]>
　　　　　　　　　　　　>]>
　　　　　　　　　　　<x7, [{V}, φ, sasow-]>
　　　　　　　　　　　>]>
　　　　　　　　　　>]>
　　　　　　　　　<x8, [{T}, φ, -te]>
　　　　　　　　　>]>
　　　　　　　　>]>
　　　　　　　<x9, [{P}, φ, も]>
　　　　　　>]>
　　　　　　<x12, [{V}, φ, <

B.7　ジョンは，メアリが誰を誘っても，パーティに行く　269

```
          <x10, [{NP, ni}, <x10,{<Kind, パーティ>}>, <
            <x10, [{N}, φ, パーティ]>
            <x11, [{J}, φ, に]>
          >]>
          <x12, [{V}, φ, ik-]>
        >]>
      >]>
    >]>
```

⇒ Partitioning

```
    <x12-2, [{V, <x9-1, <Subject, x5-1>, <Predicate, x12-2>>}, <x12-2, {<Kind, 行く>, <Goal,
                                                                x10-2>, <Agent, x15-2>, <α₁₄, x8-2>}>, <
      <x15-2, [{NP}, <x15-2,{}>, φ]>
      <x12-2, [{V}, φ, <
        <x8-2, [{T, <x8-2, <Subject, x3-2>, <Predicate, x7-2>>}, <x7-2,{}>, <
          <x8-2, [{T}, φ, <
            <x3-2, [{NP}, <x3-2,{<Name, メアリ>}>, <
              <x3-2, [{N}, φ, メアリ]>
              <x4-2, [{J}, φ, が]>
            >]>
            <x8-2, [{T}, φ, <
              <x7-2, [{V}, <x7-2,{<Kind, 誘う>, <Theme, x5-2>, <Agent, x3-2>}>, <
                <>
                <x7-2, [{V}, φ, <
                  <x5-2, [{NP}, <x5-2,{<Kind, 人>, <Identity, unknown>, <Kind, Theme(x7-2)>
                                                                                  }>, <
                    <x5-2, [{N}, φ, 誰]>
                    <x6-2, [{J}, φ, を]>
                  >]>
                  <x7-2, [{V}, φ, sasow-]>
                >]>
              >]>
              <x8-2, [{T}, φ, -te]>
            >]>
          >]>
          <x9-2, [{P}, φ, も]>
        >]>
        <x12-2, [{V}, φ, <
          <x10-2, [{NP, ni}, <x10-2,{<Kind, パーティ>}>, <
            <x10-2, [{N}, φ, パーティ]>
            <x11-2, [{J}, φ, に]>
          >]>
          <x12-2, [{V}, φ, ik-]>
```

　　　　　　　　　>]>
　　　　　　　>]>
　　　　　>]>

(108)　Merge base = {(94), (107), (93m)}
　　　　(107)　<x12-2, [{V, <x9-1, <Subject, x5-1>, <Predicate, x12-2>>}, **<x12-2, {**<*Kind*, 行く>,
　　　　　　　　　　　　　<*Goal*, x10-2>, <*Agent*, x15-2>, <α*₁₄*, x8-2>**}>**, <...略...>]>
　　　　(93m)　<x13, [{T, +V , <x13, <Subject, ☆>, <Predicate, ★>>}, <★, {<*Time*, imperfect>}>,
　　　-ru]>
　⇒ Merge
　　　　<x13, [{T, <x13, <Subject, ★>, <Predicate, x12-2>>}, **<x12-2, {**<*Time*, imperfect>**}>**, <
　　　　　<x12-2, [{V, <x9-1, <Subject, x5-1>, <Predicate, x12-2>>}, **<x12-2, {**<*Kind*, 行く>, <*Goal*,
　　　　　　　　　　x10-2>, <*Agent*, x15-2>, <α*₁₄*, x8-2>**}>**, <...略...>]>
　　　　<x13, [{T}, φ, -ru]>
　　　　>]>

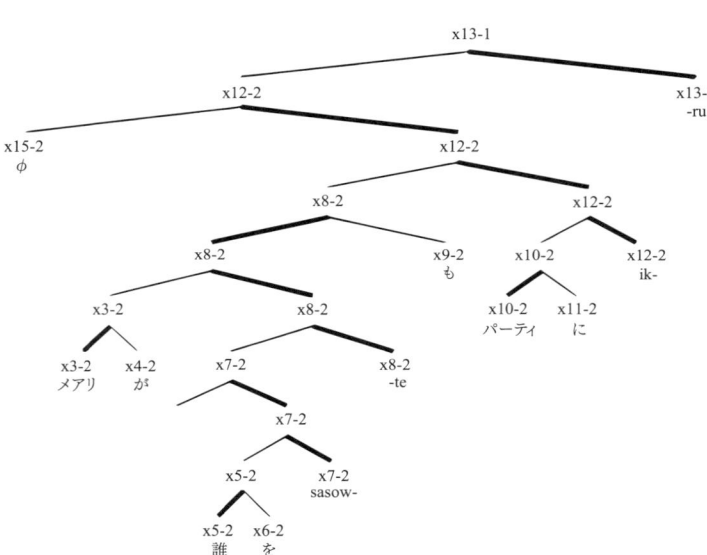

(109)　Merge base = {(94), (108)}
　　　　(94)　<x1, [{NP}, **<x1, {**<*Name*, ジョン>**}>**, <...略...>]>
　　　　(108)　<x13, [{T, <x13, <Subject, ★>, <Predicate, x12-2>>}, **<x12-2, {**<*Time*, imperfect>**}>**,
　　　　　　　　<...略...>]>
　⇒ Merge
　　　　<x13, [{T, <x13, <Subject, x1>, <Predicate, x12-2>>}, **<x12-2, {**<*Time*, imperfect>, <α*₁₆*,
　　　　　　　　　　　　　　　　　　　　　　　　　　　　　　　　　　　　　　x1-1>**}>**, <
　　　　　<x1, [{NP}, **<x1, {**<*Name*, ジョン>**}>**, <...略...>]>
　　　　　<x13, [{T}, φ, <...略...>]>
　　　　>]>

B.7 ジョンは，メアリが誰を誘っても，パーティに行く

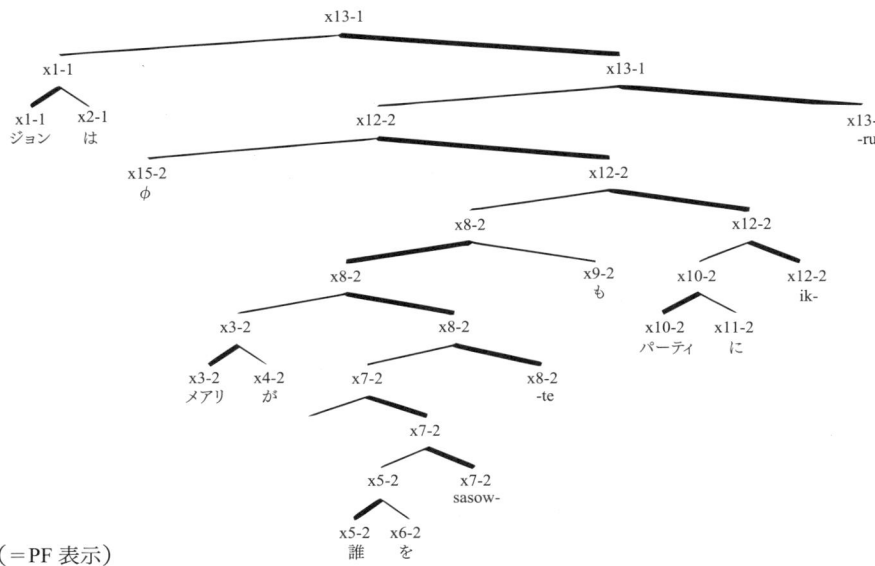

(110) LF 表示（＝PF 表示）

<x13-1, [{T, <x13-1, <Subject, x1-1>, <Predicate, x12-2>>}, **<x12-2,{**<*Time*, imperfect>, <α_{16}, x1-1>**}>**, <

  <x1-1, [{NP}, **<x1-1,{**<*Name*, ジョン>**}>**, <

  <x1-1, [{N}, ϕ, ジョン]>

  <x2-1, [{J}, ϕ, は]>

  >]>

  <x13-1, [{T}, ϕ, <

    <x12-2, [{V, <x9-1, <Subject, x5-1>, <Predicate, x12-2>>}, **<x12-2,{**<*Kind*, 行く>, <*Goal*, x10-2>, <*Agent*, x15-2>, <α_{14}, x8-2>**}>**, <

    <x15-2, [{NP}, **<x15-2,{}>**, ϕ]>

    <x12-2, [{V}, ϕ, <

      <x8-2, [{T, <x8-2, <Subject, x3-2>, <Predicate, x7-2>>}, **<x7-2,{}>**, <

      <x8-2, [{T}, ϕ, <

        <x3-2, [{NP}, **<x3-2,{**<*Name*, メアリ>**}>**, <

        <x3-2, [{N}, ϕ, メアリ]>

        <x4-2, [{J}, ϕ, が]>

      >]>

      <x8-2, [{T}, ϕ, <

        <x7-2, [{V}, **<x7-2,{**<*Kind*, 誘う>, <*Theme*, x5-2>, <*Agent*, x3-2>**}>**, <

        <>

        <x7-2, [{V}, ϕ, <

          <x5-2, [{NP}, **<x5-2,{**<*Kind*, 人>, <*Identity*, unknown>, <*Kind*, *Theme*(x7-2)>**}>**, <

          <x5-2, [{N}, ϕ, 誰]>

          <x6-2, [{J}, ϕ, を]>

        >]>

        <x7-2, [{V}, ϕ, sasow-]>

>]>
 >]>
  <x8-2, [{T}, φ, -te]>
   >]>
  >]>
  <x9-2, [{P}, φ, も]>
 >]>
 <x12-2, [{V}, φ, <
  <x10-2, [{NP, ni}, **<x10-2, {**<Kind, パーティ>**}>**, <
   <x10-2, [{N}, φ, パーティ]>
   <x11-2, [{J}, φ, に]>
  >]>
  <x12-2, [{V}, φ, ik-]>
 >]>
   >]>
  >]>
 >]>
 <x13-1, [{T}, φ, -ru]>
  >]>
 >]>

(111) 音連鎖
　　　　　ジョン　は　メアリ　が　誰　を　sasow-　-te　も　パーティ　に　ik-　-ru

(112) Predication 素性と LF 意味素性
　　　　　<x8-2, <Subject, x3-2>, <Predicate, x7-2>>
　　　　　<x9-1, <Subject, x5-1>, <Predicate, x12-2>>
　　　　　<x13-1, <Subject, x1-1>, <Predicate, x12-2>>

　　　　　<x12-2, {<Time, imperfect>, <α₁₆, x1-1>**}>**
　　　　　<x1-1, {<Name, ジョン>**}>**
　　　　　<x12-2, {<Kind, 行く>, <Goal, x10-2>, <Agent, x15-2>, <α₁₄, x8-2>**}>**
　　　　　<x15-2, {}>
　　　　　<x3-2, {<Name, メアリ>**}>**
　　　　　<x7-2, {<Kind, 誘う>, <Theme, x5-2>, <Agent, x3-2>**}>**
　　　　　<x5-2, {<Kind, 人>, <Identity, unknown>, <Kind, Theme(x7-2)>**}>**
　　　　　<x10-2, {<Kind, パーティ>**}>**

(113) 意味表示（**x15-2＝x1-2**）
　　　　　{<x1, {**<x1-1, {**<Name, ジョン>, <Predicate, x12-2>**}>**, **<x1-2, {}>**}>,
　　　　　 <x3, {**<x3-2, {**<Name, メアリ>, <Predicate, x7-2>**}>**}>,
　　　　　 <x5, {**<x5-1, {**<Predicate, x12-2>**}>**, **<x5-2, {**<Kind, 人>, <Identity, unknown>, <Kind, Theme(x7-2)>**}>**}>,
　　　　　 <x7, {**<x7-2, {**<Kind, 誘う>, <Theme, x5-2>, <Agent, x3-2>, <Subject, x3-2>**}>**}>,
　　　　　 <x10, {**<x10-2, {**<Kind, パーティ>**}>**}>,

B.8　かなりの数の大学がそこを支持していた人にあやまった（9.3 節）

　　　<x12, {**<x12-2,** {<*Time*, imperfect>, <*Kind*, 行く>, <*Goal*, x10-2>, <*Agent*, x1-2>, <α₁₄, x8-2>, <α₁₆, x1-1>, <*Subject*, x1-1>, <*Subject*, x5-1>**}>**}>

(114)　Numeration = {x1-1, x2-1, x3-1, x4-1, β5, x6-1, x7-1, x8-1, x9-1, x10-1, x11-1, x12-1}
  a. <x1-1, [{N}, <●, {<*Quantity*, かなり>}>, かなりの数]>
  b. <x2-1, [{J, +R, +N, no}, φ, の]>
  c. <x3-1, [{N, Bind, <★ [Predication], partitioning>}, **<x3-1,** {<*Kind*, 大学>}>, 大学]>
  d. <x4-1, [{J, +R, +N, ga}, φ, が]>
  e. <β5, [{N, β5 = ■}, φ, そこ]>
  f. <x6-1, [{J, +R, +N, wo}, φ, を]>
  g. <x7-1, [{V}, **<x7-1,** {<*Kind*, 支持している>, <*Theme*, ★_wo>, <*Agent*, ★_ga>**}>**, sizisitei–]>
  h. <x8-1, [{T, +V, <x8-1, <*Subject*, ☆>, <*Predicate*, ★>>}, <★, {<*Time*, perfect>**}>**, –ta]>
  i. <x9-1, [{N}, **<x9-1,** {<*Kind*, 人>}>, 人]>
  j. <x10-1, [{J, +R, +N, ni}, φ, に]>
  k. <x11-1, [{V}, **<x11-1,** {<*Kind*, 謝る>, <*Goal*, ★_ni>, <*Agent*, ★_ga>**}>**, ayamar–]>
  l. <x12-1, [{T, +V, <x12-1, <*Subject*, ☆>, <*Predicate*, ★>>}, <★, {<*Time*, perfect>**}>**, –ta]>

(115)　Merge base = {(114a), (114b), (114c), (114d), (114e), (114f), (114g), (114h), (114i), (114j), (114k), (114l)}
　　　(114a)　<x1-1, [{N}, <●, {<*Quantity*, かなり>}>, かなりの数]>
　　　(114b)　<x2-1, [{J, +R, +N, no}, φ, の]>
⇒ J-Merge
　　<x1-1, [{NP, no}, <●, {<*Quantity*, かなり>}>, <
　　　　<x1-1, [{N}, φ, かなりの数]>,
　　　　<x2-1, [{J}, φ, の]>
　　>]>

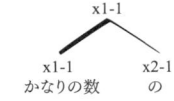

(116)　Merge base = {(115), (114c), (114d), (114e), (114f), (114g), (114h), (114i), (114j), (114k), (114l)}
　　　(115)　<x1-1, [{NP, no}, <●, {<*Quantity*, かなり>}>, <...略...>]>
　　　(114c)　<x3-1, [{N, Bind, <★ [Predication], partitioning>}, **<x3-1,** {<*Kind*, 大学>}>, 大学]>
⇒ Merge
　　<x3-1, [{N, Bind, <★ [Predication], partitioning>}, **<x3-1,** {<*Kind*, 大学>}>, <
　　　　<x1-1, [{NP, **<x3-1,** {<*Quantity*, かなり>}>, <...略...>]>
　　　　<x3-1, [{N}, φ, 大学]>
　　>]>

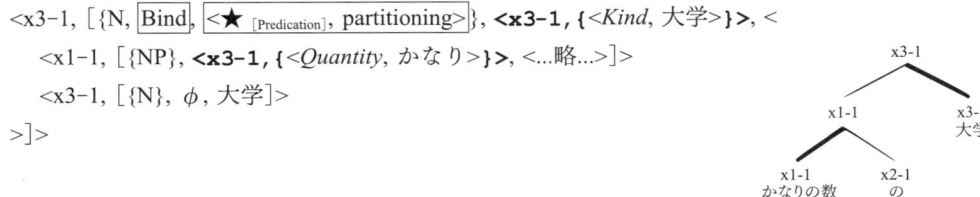

(117) Merge base = {(116), (114d), (114e), (114f), (114g), (114h), (114i), (114j), (114k), (114l)}
   (116) <x3-1, [{N, Bind, <★ [Predication], partitioning>}, **x3-1, {**<*Kind*, 大学>**}**>, <...略...>]>
   (114d) <x4-1, [{J, +R, +N, ga}, φ, が]>
⇒ J-Merge
   <x3-1, [{NP, Bind, <★ [Predication], partitioning>, ga}, **x3-1, {**<*Kind*, 大学>**}**>, <
     <x3-1, [{N}, φ, <...略...>]>
     <x4-1, [{J}, φ, が]>
   >]>

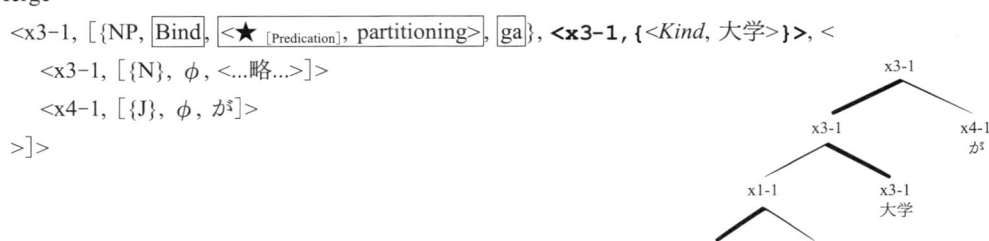

(118) Merge base = {(117), (114e), (114f), (114g), (114h), (114i), (114j), (114k), (114l)}
   (114e) <β5, [{N, β5=■}, φ, そこ]>
   (114f) <x6-1, [{J, +R, +N, wo}, φ, を]>
⇒ J-Merge
   <β5, [{NP, β5=■, wo}, φ, <
     <β5, [{N}, φ, そこ]>
     <x6-1, [{J}, φ, を]>
   >]>

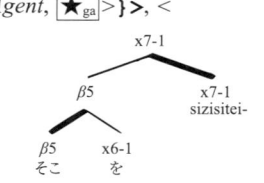

(119) Merge base = {(117), (118), (114g), (114h), (114i), (114j), (114k), (114l)}
   (118) <β5, [{NP, β5=■, wo}, φ, <...略...>]>
   (114g) <x7-1, [{V, **<x7-1, {**<*Kind*, 支持している>, <*Theme*, ★_wo>, <*Agent*, ★_ga>**}**>, sizisitei-]>
⇒ Merge
   <x7-1, [{V, β5=■}, **<x7-1, {**<*Kind*, 支持している>, <*Theme*, β5>, <*Agent*, ★_ga>**}**>, <
     <β5, [{NP}, φ, <...略...>]>
     <x7-1, [{V}, φ, sizisitei-]>
   >]>

```
          x7-1
         /    \
        β5    x7-1
       /  \   sizisitei-
      β5  x6-1
      そこ  を
```

(120) Merge base = {(117), (119), (114h), (114i), (114j), (114k), (114l)}
   (119) <x7-1, [{V, β5=■}, **<x7-1, {**<*Kind*, 支持している>, <*Theme*, β5>, <*Agent*, ★_ga>**}**>,
                                                                          <...略...>]>
⇒ zero-Merge
   <x7-1, [{V, β5=■}, **<x7-1, {**<*Kind*, 支持している>, <*Theme*, β5>, <*Agent*, x13-1>**}**>, <
     <x13-1, [{NP}, **<x13-1, {}>**, φ]>,
     <x7-1, [{V}, φ, <...略...>]>
   >]>

```
          x7-1
         /    \
       x13-1  x7-1
        φ    /    \
            β5    x7-1
           /  \   sizisitei-
          β5  x6-1
          そこ  を
```

(121) Merge base = {(117), (120), (114h), (114i), (114j), (114k), (114l)}

 (120) <x7-1, [{V, β5=■}, **<x7-1, {**<*Kind*, 支持している>, <*Theme*, β5>, <*Agent*, x13-1>**}>**, <...略...>]>

 (114h) <x8-1, [{T, +V, <x8-1, <Subject, ☆>, <Predicate, ★>>}, <★, {*Time*, perfect}>, -ta]>

⇒ Merge

 <x8-1, [{T, β5=■, <x8-1, <Subject, ★>, <Predicate, x7-1>>}, **<x7-1, {**<*Time*, perfect>**}>**, <
 <x7-1, [{V}, **<x7-1, {**<*Kind*, 支持している>, <*Theme*, β5>, <*Agent*, x13-1>**}>**, <...略...>]>
 <x8-1, [{T}, φ, -ta]>
 >]>

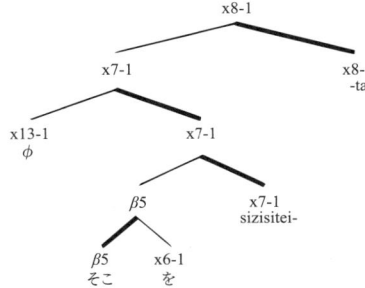

(122) Merge base = {(117), (121), (114i), (114j), (114k), (114l)}

 (121) <x8-1, [{T, β5=■, <x8-1, <Subject, ★>, <Predicate, x7-1>>}, **<x7-1, {**<*Time*, perfect>**}>**, <...略...>]>

⇒ zero-Merge

 <x8-1, [{T, β5=■, <x8-1, <Subject, x14-1>, <Predicate, x7-1>>}, **<x7-1, {**<*Time*, perfect>**}>**, <
 <x14-1, [{NP}, **<x14-1, {}>**, φ]>,
 <x8-1, [{T}, φ, <...略...>]>
 >]>

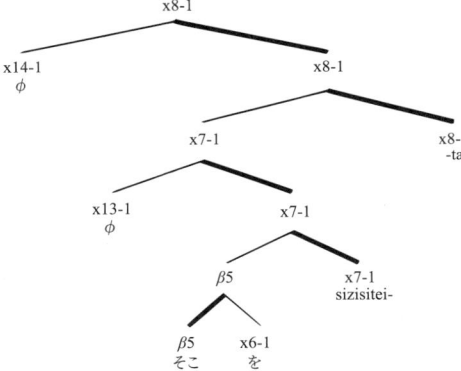

(123) Merge base = {(117), (122), (114i), (114j), (114k), (114l)}

 (122) <x8-1, [{T, β5=■, <x8-1, <Subject, x14-1>, <Predicate, x7-1>>}, **<x7-1, {**<*Time*, perfect>**}>**, <...略...>]>

 (114i) <x9-1, [{N}, **<x9-1, {**<*Kind*, 人>**}>**, 人]>

⇒ rel-Merge

 <x9-1, [{N, β5=■, <x15-1, <Subject, x9-1>, <Predicate, x8-1>>}, **<x9-1, {**<*Kind*, 人>, <α_{16}, x7-1>**}>**, <
 <x8-1, [{T, <x8-1, <Subject, x14-1>, <Predicate, x7-1>>}, **<x7-1, {**<*Time*, perfect>**}>**, <...略...>]>

 <x9-1, [{N}, φ, 人]>

>]>

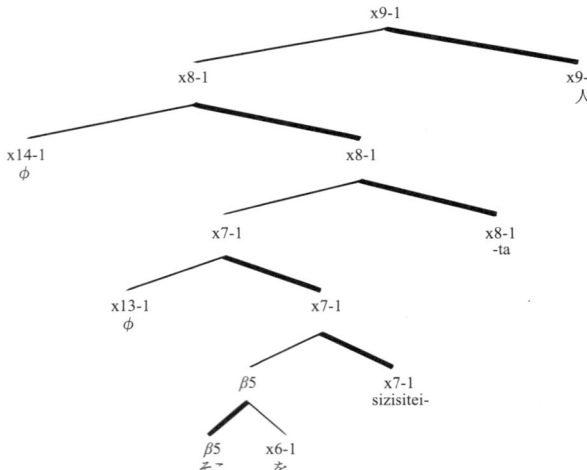

(124)　Merge base = {(117), (123), (114j), (114k), (114l)}

(123)　<x9-1, [{N, β5=■, <x15-1, <Subject, x9-1>, <Predicate, x8-1>>}, **<x9-1, {**<*Kind*, 人>, <α₁₆, x7-1>**}>**, <...略...>]>

(114j)　<x10-1, [{J, +R, +N, ni}, φ, に]>

⇒ J-Merge

<x9-1, [{NP, β5=■, <x15-1, <Subject, x9-1>, <Predicate, x8-1>>, ni}, **<x9-1, {**<*Kind*, 人>, <α₁₆, x7-1>**}>**, <

　<x9-1, [{N}, φ, <...略...>]>
　<x10-1, [{J}, φ, に]>
>]>

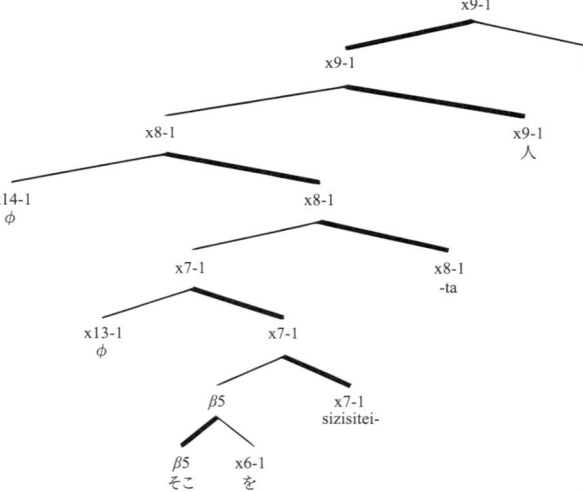

(125)　Merge base = {(117), (124), (114k), (114l)}

(124)　<x9-1, [{NP, β5=■, <x15-1, <Subject, x9-1>, <Predicate, x8-1>>, ni}, **<x9-1, {**<*Kind*, 人>, <α₁₆, x7-1>**}>**, <...略...>]>

(114k)　<x11-1, [{V}, **<x11-1, {**<*Kind*, 謝る>, <*Goal*, ★ni>, <*Agent*, ★ga>**}>**, ayamar-]>

⇒ Merge

<x11-1, [{V, β5=■}, **<x11-1, {**<*Kind*, 謝る>, <*Goal*, x9-1>, <*Agent*, ★ga>**}>**, <

　<x9-1, [{NP, <x15-1, <Subject, x9-1>, <Predicate, x8-1>>, ni}, **<x9-1, {**<*Kind*, 人>, <α₁₆, x7-1>**}>**, <...略...>]>

　<x11-1, [{V}, φ, ayamar-]>

>]>

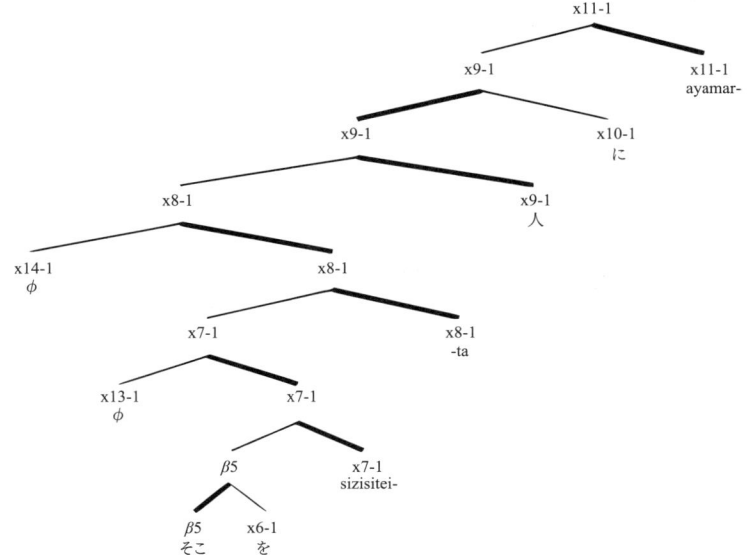

(126) Merge base = {(117), (125), (114l)}

 (117) <x3-1, [{NP, Bind, <★ [Predication], partitioning>, ga}, **<x3-1, {**<*Kind*, 大学>**}>**, <...略...>]>

 (125) <x11-1, [{V, $\beta 5 = \blacksquare$}, **<x11-1,** {<*Kind*, 謝る>, <*Goal*, x9-1>, <*Agent*, ★$_{ga}$>**}>**, <...略...>]>

⇒ Binding

 <x11-1, [{V, $\beta 5 = Agent(\text{x11-1})$, <★ [Predication], partitioning>}, **<x11-1,** {<*Kind*, 謝る>, <*Goal*, x9-1>, <*Agent*, x3-1>**}>**, <

  <x3-1, [{NP, ga}, **<x3-1, {**<*Kind*, 大学>**}>**, <...略...>]>

  <x11-1, [{V}, ϕ, <...略...>]>

 >]>

278　付録B　Numerationからの派生の全ステップ

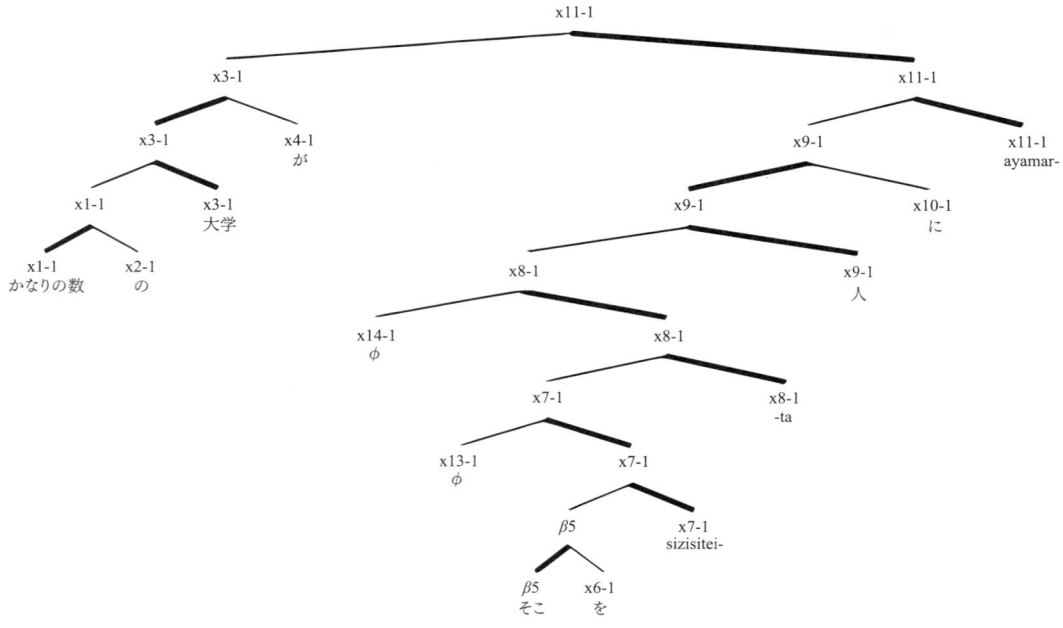

(127) Merge base＝{(126), (114l)}

　　(126)　<x11-1, [{V, β5＝Agent(x11-1), <★[Predication], partitioning>}, **<x11-1, {**<Kind, 謝る>,
　　　　　　　　　　　　　　　　　　　　　　　　　　　　　　　　　　　<Goal, x9-1>, <Agent, x3-1>**}>**, <
　　　　　　　　<x3-1, [{NP, ga}, **<x3-1, {**<Kind, 大学>**}>**, <...略...>]>
　　　　　　　　<x11-1, [{V}, φ, <...略...>]>
　　　　　　　>]>

⇒ Pickup

　　　　　<x11-1, [{V, β5＝Agent(x11-1), <★[Predication], partitioning>, <x3-1, [{NP, ga}, **<x3-1, {**<Kind, 大
　　　　　　　　学>**}>**, <...略...>]>}, **<x11-1, {**<Kind, 謝る>, <Goal, x9-1>, <Agent, x3-1>**}>**, <
　　　　　　　<>
　　　　　　　<x11-1, [{V}, φ, <...略...>]>
　　　　　>]>

B.8 かなりの数の大学がそこを支持していた人にあやまった 279

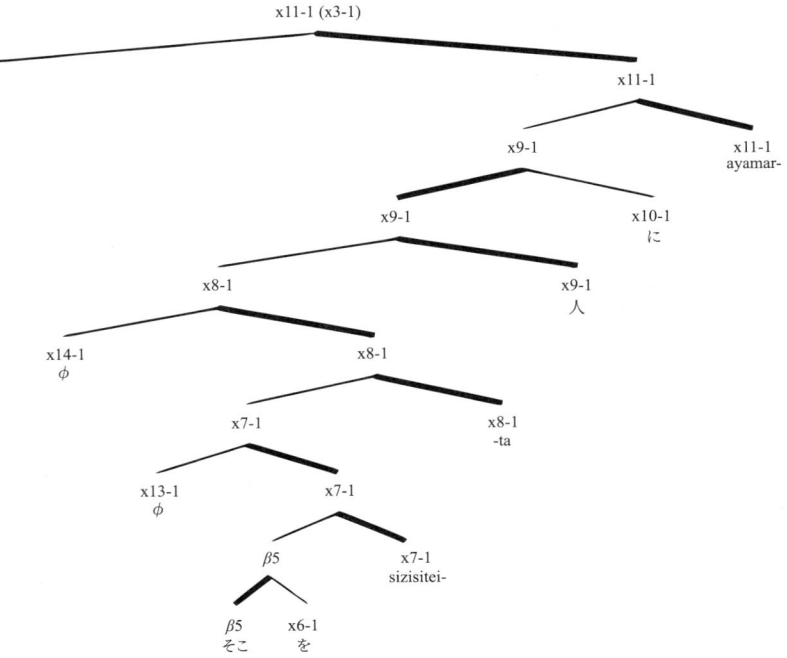

(128) Merge base ＝ {(127), (114l)}

(127) <x11-1, [{V, β5＝*Agent*(x11-1), <★ [Predication], partitioning>, <x3-1, [{NP, ga}, **<x3-1, {**<*Kind*, 大学>**}>**, <...略...>]>}, **<x11-1, {**<*Kind*, 謝る>, <*Goal*, x9-1>, <*Agent*, x3-1>**}>**, <...略...>]>

(114l) <x12-1, [{T, +V, <x12-1, <Subject, ☆>, <Predicate, ★>>}, <★, {<*Time*, perfect>}>, -ta]>

⇒ Merge

<x12-1, [{T, <x12-1, <Subject, ★>, <Predicate, x11-1>>}, <x12-1, partitioning>, <x3-1, [{NP, ga}, **<x3-1, {**<*Kind*, 大学>**}>**, <...略...>]>}, **<x11-1,** <*Time*, perfect>**}>**, <

<x11-1, [{V, β5＝*Agent*(x11-1)}, **<x11-1, {**<*Kind*, 謝る>, <*Goal*, x9-1>, <*Agent*, x3-1>**}>**, <...略...>]>

<x12-1, [{T}, φ, -ta]>

>]>

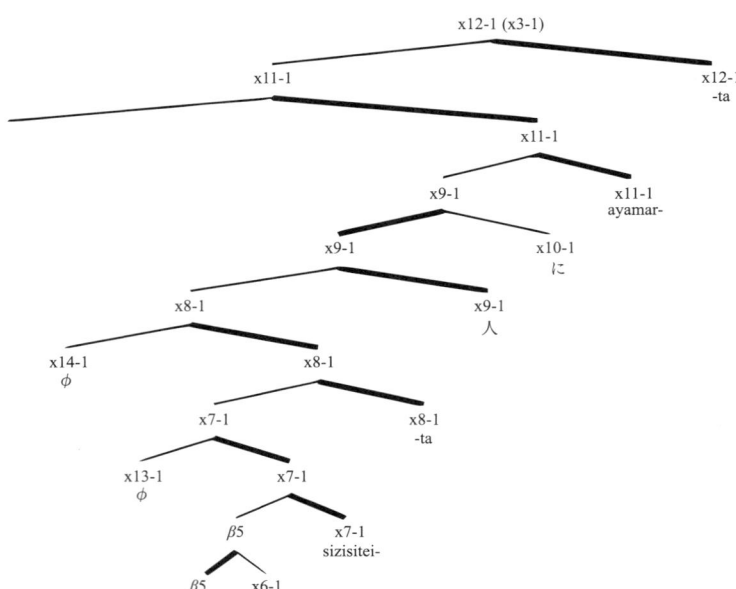

(129)　Merge base＝{(128)}

(128)　<x12-1, [{T, <x12-1, <Subject, ★>, <Predicate, x11-1>>, <x12-1, partitioning>, <x3-1, [{NP, ga}, **<x3-1,{**<*Kind*, 大学>**}>**, <...略...>]>}, **<x11-1,{**<*Time*, perfect>**}>**, <...略...>]>

⇒ Landing

<x12-1, [{T, <x12-1, <Subject, x3-1>, <Predicate, x11-1>>, <x12-1, partitioning>}, **<x11-1, {**<*Time*, perfect>**}>**, <

<x3-1, [{NP}, **<x3-1,{**<*Kind*, 大学>**}>**, <...略...>]>

<x12-1, [{T}, φ, <...略...>]>

>]>

B.8 かなりの数の大学がそこを支持していた人にあやまった 281

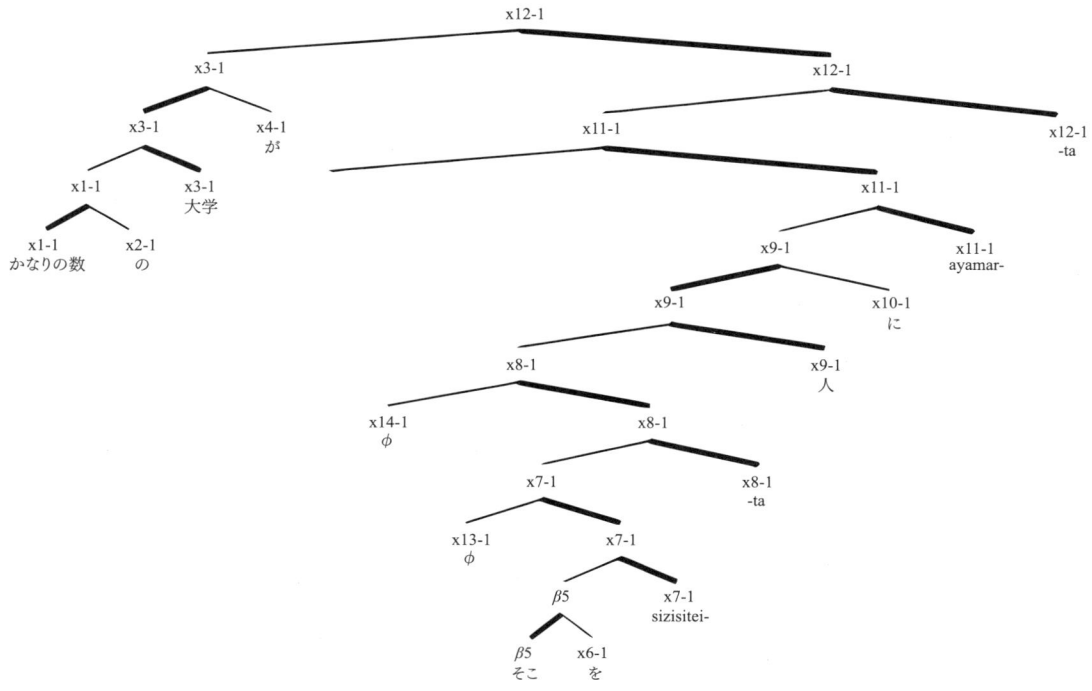

(130) Partitioning 適用後：LF 表示（＝PF 表示）
 <x12-1, [{T, <x12-1, <Subject, x3-1>, <Predicate, x11-2>>}, **<x11-1, {<**_Time_, perfect>**}>**, <
  <x3-1, [{NP}, **<x3-1, {**<_Kind_, 大学>**}>**, <
   <x3-1, [{N}, φ, <
    <x1-1, [{NP}, **<x3-1, {**<_Quantity_, かなり>**}>**, <
     <x1-1, [{N}, φ, かなりの数]>,
     <x2-1, [{J}, φ, の]>
    >]>
    <x3-1, [{N}, φ, 大学]>
   >]>
   <x4-1, [{J}, φ, が]>
  >]>
  <x12-1, [{T}, φ, <
   <x11-2, [{V, β5=_Agent_(x11-2)}, **<x11-2, {**<_Kind_, 謝る>, <_Goal_, x9-2>, <_Agent_, x3-2>**}>**, <
    <>
    <x11-2, [{V}, φ, <
     <x9-2, [{NP, ni, <x15-2, <Subject, x9-2>, <Predicate, x8-2>>}, **<x9-2, {**<_Kind_, 人>,
                     <α_{16}, x7-2>**}>**, <
      <x9-2, [{N}, φ, <
       <x8-2, [{T, <x8-2, <Subject, x14-2>, <Predicate, x7-2>>}, **<x7-2, {**<_Time_, perfect>**}>**,
                          -ta]>
        <x14-2, [{NP}, **<x14-2, {}>**, φ]>,

282　付録B　Numerationからの派生の全ステップ

                    <x8-2, [{T}, φ, -ta]>
                      <x7-2, [{V}, **<x7-2, {**<Kind, 支持している>, <Theme, β5>, <Agent, x13-2>**}>**, <
                        <x13-2, [{NP}, **<x13-2, {}>**, φ]>,
                        <x7-2, [{V}, φ, <
                          <β5, [{NP}, φ, <
                            <β5, [{N}, φ, そこ]>
                            <x6-2, [{J}, φ, を]>
                          >]>
                          <x7-2, [{V}, φ, sizisitei-]>
                        >]>
                      >]>
                      <x8-2, [{T}, φ, -ta]>
                    >]>
                  >]>
                  <x9-2, [{N}, φ, 人]>
                >]>
                <x10-2, [{J}, φ, に]>
              >]>
              <x11-2, [{V}, φ, ayamar-]>
            >]>
          >]>
          <x12-1, [{T}, φ, -ta]>
        >]>
      >]>

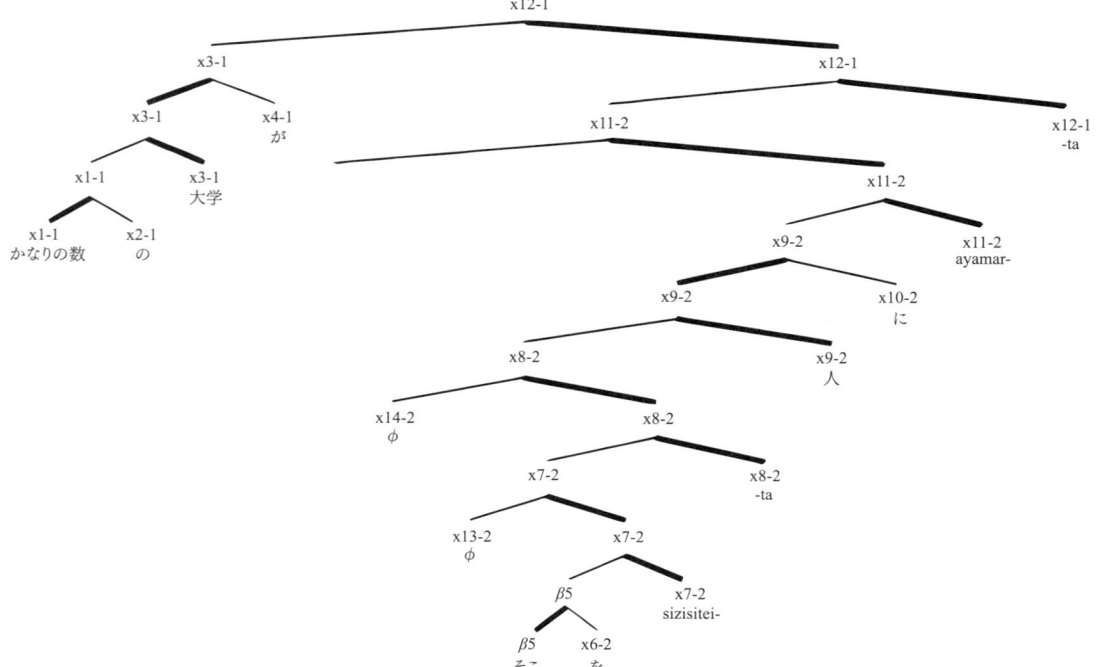

(131) 音連鎖

かなりの数　の　大学　が　そこ　を　sizisitei- -ta　人　に　ayamar- -ta

(132) Predication 素性と LF 意味素性

<x8-2, <Subject, x14-2>, <Predicate, x7-2>>

<x12-1, <Subject, x3-1>, <Predicate, x11-2>>

<x15-2, <Subject, x9-2>, <Predicate, x8-2>>

<x11-1, {<*Time*, perfect>**}>**

<x3-1, {<*Kind*, 大学>**}>**

<x3-1, {<*Quantity*, かなり>**}>**

$\beta 5 = Agent(\text{x11-2})$

<x11-2, {<*Kind*, 謝る>, <*Goal*, x9-2>, <*Agent*, x3-2>**}>**

<x9-2, {<*Kind*, 人>, <*α₁₆*, x7-2>**}>**

<x7-2, {<*Time*, perfect>**}>**

<x13-2, { }>

<x14-2, { }>

<x7-2, {<*Kind*, 支持している>, <*Theme*, β5>, <*Agent*, x13-2>**}>**

<x13-2, { }>

(133) 意味表示（**x13-2＝x9-2**; **x14-2＝x9-2**）

{<x3, {**<x3-1, {**<*Kind*, 大学>, <*Quantity*, かなり>, <*Predicate*, x11-2>**}>**, **<x3-2, { }>**}>,

<x7, {**<x7-2, {**<*Kind*, 支持している>, <*Theme*, *Agent*(x11-2)>, <*Agent*, x9-2>, <*Time*, perfect>, <*Subject*, x9-2>**}>**}>,

<x9, {**<x9-2, {**<*Kind*, 人>, <*α₁₆*, x7-2>, <*Predicate*, x7-2>, <*Predicate*, x8-2>**}>**}>,

<x11, {**<x11-1, {**<*Time*, perfect>**}>**, **<x11-2, {**<*Kind*, 謝る>, <*Goal*, x9-2>, <*Agent*, x3-2>, <*Subject*, x3-1>**}>**}>}

参照文献

Baker, C. L. (1968) *Indirect Questions in English*, Doctoral dissertation, University of Illinois.
Barwise, Jon, & Robin Cooper (1981) "Generalized Quantifiers and Natural Language," *Linguistics and Philosophy* 4, pp. 159-219.
Chomsky, Noam (1976) "Conditions on Rules of Grammar," in *Essays on Form and Interpretation*, North-Holland, pp. 163-210.
Chomsky, Noam (1995) *The Minimalist Program*, The MIT Press.
Cooper, Robin (1979) "The Interpretation of Pronouns," in F. Heny & H. Schnelle, eds., *Syntax and Semantics*, vol. 10, Academic Press, pp. 61-92.
Evans, Gareth (1980) "Pronouns," *Linguistic Inquiry* 11-2, pp. 337-362.
Fiengo, Robert & Robert May (1994) *Indices and Identity*, The MIT Press.
Fukui, Naoki & Hiromu Sakai (2003) "The Visibility Guidelines for Functional Categories: Verb Raising in Japanese and Related Issues," *Lingua* 113, pp. 321-375.
Grimshaw, Jane (1979) "Complement Selection and the Lexicon," *Linguistic Inquiry* 10, pp. 279-326.
Hayashishita, J. -R. (2013) "On the Nature of Inverse Scope Readings," *Gengo Kenkyu* (*The Journal of the Linguistic Society of Japan*) vol. 143, pp. 29-68.
Hayashishita, J. -R. & Ayumi Ueyama (2012) "Quantity Expressions in Japanese," in Ed Keenan & Denis Paperno, eds., *The Handbook of Quantification in Natural Language*, Springer, pp. 535-612.
Heim, Irene (1998) "Anaphora and Semantic Interpretation: A Reinterpretation of Reinhart's Approach." in U. Sauerland & O. Percus, eds., *The Interpretive Tract*. MIT Working Papers in Linguistics 25, pp. 205-246, MITWPL.
Higginbotham, James (1983) "Logical Form, Binding, and Nominals," *Linguistic Inquiry* 14-3, pp. 395-420.
Higginbotham, James (1992) "Anaphoric Reference and Common Reference." Ms., MIT.
Hoji, Hajime (1985) *Logical Form Constraints and Configurational Structures in Japanese*, Doctoral dissertation, University of Washington.
Hoji, Hajime (1991a) "*KARE*," in C. Georgopoulos & R. Ishihara, eds., *Interdisciplinary Approaches to Language: Essays in Honor of S. -Y. Kuroda*, Kluwer Academic Publishers, pp. 287-304.
Hoji, Hajime (1991b) "Raising-to-Object, ECM and the Major Object in Japanese," a talk presented to Rochester Workshop on Japanese Linguistics, Universal Grammar, and Their Implications to Language Pedagogy and Human Cognition, 5/10/91, University of Rochester.
Hoji, Hajime (1995) "Demonstrative Binding and Principle B," *NELS* 25, pp. 255-271.
Hoji, Hajime (1997a) "Sloppy Identity and Principle B," in H. Bennis, P. Pica & J. Rooryck, eds., *Atomism and Binding*, Foris Publications, pp. 205-235.
Hoji, Hajime (1997b) "Sloppy Identity and Formal Dependency," *WCCFL* 15, pp. 209-223.
Hoji, Hajime (1998) "Formal Dependency, Organization of Grammar, and Japanese Demonstratives," *Japanese/Korean Linguistics*, vol. 7, pp. 649-677.
Hoji, Hajime. (2008) "Reconstruction Effects in Passive and Scrambling in Japanese," *Japanese/Korean Linguistics*, vol. 13, pp. 152-166.
傍士元 (2013)『言語科学をめざして─Issues on anaphora in Japanese─』, 上山あゆみ・田窪行則編, 大隅出版.
Hoji, Hajime (2015) *Language Faculty Science*, Cambridge University Press.
Hoji, Hajime, Satoshi Kinsui, Yukinori Takubo & Ayumi Ueyama (2003) "Demonstratives in Modern Japanese," in A. Li & A. Simpson, eds., *Functional Structure(s), Form and Interpretation: Perspectives from East Asian Languages*, Routledge, pp. 97-128.
Karttunen, Lauri (1977) "The Syntax and Semantics of Questions," *Linguistics and Philosophy* 1, pp. 3-44.
片岡喜代子 (2006)『日本語否定文の構造─かき混ぜ構文と否定呼応表現─』, くろしお出版.
片岡喜代子 (2007)「現代日本語シカのふるまいと統語的条件」, 日本言語学会第135大会予稿集 pp. 344-349. 信州大学.
川添愛 (2001)「日本語の『─たち』と数の素性」, 日本言語学会第123回研究大会予稿集, pp. 140-145.
川添愛 (2005)『動詞・項名詞句の意味合成と文構造』, 博士論文, 九州大学.
Kennedy, Christopher (1997) *Projecting the Adjective: The Syntax and Semantics of Gradability and Comparison*, Doctoral dissertation, University of California, Santa Cruz, distributed by SLUG Pubs, USCS.

金水敏・田窪行則編（1992）『指示詞』，ひつじ書房．
Kitagawa, Yoshihisa (1986) "Barriers to Government," *NELS* 16, pp. 249-273.
Kitagawa, Yoshihisa (1990) Anti-Scrambling. Unpublished manuscript, University of Rochester. (a paper read at the Tilburg University Workshop on Scrambling, October 19, 1990 ; available at http://www.indiana.edu/~ykling/Resource files/Publication pdfs/AntiScrambling 2000.pdf)
Kobayashi, Yukino (2013) *Japanese Case Alternations Within Phase Theory*, 博士論文, 上智大学．
Koizumi, Masatoshi (2000) "String vacuous overt verb raising," *Journal of East Asian Linguistics* 9, pp. 227-285.
Kuno, Susumu (1972) "Evidence for Subject Raising in Japanese," *Papers in Japanese Linguistics* 1.1.
Kuno, Susumu (1973) *The Structure of the Japanese Language*, The MIT Press.
久野暲（1973）『日本文法研究』，大修館書店．
Kuno, Susumu (1976) "Subject Raising," in Masayoshi Shibatani, ed., *Syntax and Semantics*, vol. 5, Academic Press, pp. 17-49.
Kurafuji, Takeo (2004) "Plural Morphemes, Definiteness, and the Notion of Semantic Parameter," *Language and Linguistics* 5-1, pp. 211-242.
Kuroda, S. -Y. (1969/1970) Remarks on the Notion of subject with Reference to Words like *Also, Even* or *Only. Annual Bulletin*, Research Institute of Logopedics and Phoniatrics, University of Tokyo, vol. 3, pp. 111-129, and vol. 4, pp. 127-152 ; Also in Kuroda (1992) *Japanese Syntax and Semantics*, Kluwer Academic Publishers, pp. 78-113.
Kuroda, S. -Y. (1972) "The Categorical and the Thetic Judgment," *Foundations of Language* 9, pp. 153-185.
Kuroda, S. -Y. (1978) "Case Marking, Canonical Sentence Patterns, and Counter Equi in Japanese (A Preliminary Survey)," in J. Hinds & I. Howards, eds., *Problems in Japanese Syntax and Semantics*, Kaitakusha. (Reproduced as Kuroda 1992 : Chapter 6. (pp. 222-239).)
黒田成幸（1979）「(コ)・ソ・アについて」『林栄一教授還暦記念論文集・英語と日本語と』，くろしお出版，pp. 41-59．（金水敏・田窪行則編 1992, pp. 91-104 にも収録．）
Kuroda, S. -Y. (1979) "On Japanese Passives," in G. Bedell, et al., eds., *Explorations in Linguistics : Paper in Honor of Kazuko Inoue*, pp. 305-347, Kenkyuusya. (Reproduced as Kuroda 1992 : Chapter 5. (183-221).)
黒田成幸（1980）「文構造の比較」, 国広哲弥編『日英語比較講座2　文法』，大修館書店, pp. 23-61．
Kuroda, S. -Y. (1990) "The Categorical and the Thetic Judgment Reconsidered," in K. Mulligan, ed., *Mind, Meaning and Metaphysics*, Kluwer Academic Publishers, pp. 77-88.
Kuroda, S. -Y. (1992) "Judgment Forms and Sentence Forms," in *Japanese Syntax and Semantics*, Kluwer Academic Publishers, pp. 13-77.
Lasnik, Howard (1976) "Remarks on Coreference," *Linguistic Analysis* 2, pp. 1-22.
Lasnik, Howard (1991) "On the Necessity of Binding Conditions," in R. Freidin, ed., *Principles and Parameters in Comparative Grammar*, The MIT Press, pp. 7-28.
三上章（1970）「コソアド抄」『文法小論集』，くろしお出版, pp. 145-154．
民部紘一（2012）名詞の意味と修飾における役割, 卒業論文, 九州大学．
宮地朝子（2007）『日本語助詞シカに関わる構文構造史的研究』，ひつじ書房．
Mukai, Emi (2012) *Binding and Scope Dependencies with 'Floating Quantifiers' in Japanese*, Doctoral dissertation, University of Southern California.
Nakanishi, Kimiko & Satoshi Tomioka (2004) "Japanese Plurals Are Exceptional," *Journal of East Asian Linguistics* 13, pp. 113-140.
西山佑司（2003）『日本語名詞句の意味論と語用論―指示的名詞句と非指示的名詞句―』，ひつじ書房．
野田尚史（1991）「文法的なヴォイスと語彙的なヴォイスの関係」, 仁田義雄編『日本語のヴォイスと他動性』，くろしお出版, pp. 211-232．
Partee, Barbara (1989) "Binding Implicit Variables in Quantified Contexts," *Papers from the Twenty-Fifth Regional Meeting*, Chicago Linguistic Society, pp. 342-365.
Postal, Paul (1971) *Cross-over Phenomena*, Holt, Reinhart and Winston.
Reinhart, Tanya (1976) *The Syntactic Domain of Anaphora*, Doctoral dissertation, MIT.
Reinhart, Tanya (1983) "Coreference and Bound Anaphora : a Restatement of the Anaphora Questions," *Linguistics and Philosophy* 6, pp. 47-88.
Sag, Ivan (1976) *Deletion and Logical Form*, Doctoral dissertation, MIT.
Saito, Mamoru (1983) "Comments on the Papers on Generative Syntax," in Y. Otsu, et al., eds., *Studies in Generative Grammar and Language Acquisition*, ICU.
Saito, Mamoru (1985) *Some Asymmetries in Japanese and Their Theoretical Implications*, Doctoral dissertation, MIT.
Saito, Mamoru (1989) "Scrambling as Semantically Vacuous A'-movement," in Mark R. Baltin & Anthony S. Kroch, eds.,

Alternative Conceptions of Phrase Structure, The University of Chicago Press, pp. 182-200.
Sapir, Edward (1944) "Grading : a Study in Semantics," *Philosophy of Science* 11-2, pp. 93-116.
高井岩生 (2009a)『スコープ解釈の統語論と意味論』, 博士論文, 九州大学.
高井岩生 (2009b)「非能格自動詞の使役化と非対格自動詞の使役化」日本言語学会139回大会口頭発表, 神戸大学.
高井岩生 (2013)「2つのニョッテ受身文と1項化」,『九州大学言語学論集』, 第34号, pp. 97-112.
Takano, Yuji (2002) "Surprising constituents," *Journal of East Asian Linguistics* 11, pp. 243-301.
Takezawa, Koichi (1987) *A Configurational Approach to Case-Marking in Japanese*, Doctoral dissertation, University of Washington.
田窪行則 (1989)「名詞句のモダリティ」,『日本語のモダリティ』くろしお出版, pp. 211-233.（田窪2010 第三部第3章にも収録.）
田窪行則 (1997)「日本語の人称表現」田窪行則編『視点と言語行動』くろしお出版, pp. 13-44.（田窪2010 第三部第4章にも収録.）
田窪行則 (2010)『日本語の構造―推論と知識管理―』, くろしお出版.
田窪行則・木村英樹 (1992)「中国語, 日本語, フランス語における三人称名詞の対照研究」, 大河内康憲編『日本語と中国語の対照研究論文集（上）』, pp. 137-152, くろしお出版.
田窪行則・金水敏 (1996)「複数の心的領域による談話管理」,『認知科学』vol. 3-3, pp. 59-74, 日本認知科学会.
Takubo, Yukinori & Satoshi Kinsui (1997) "Discourse Management in terms of Multiple Mental Spaces," *Journal of Pragmatics*, vol. 28-6, pp. 741-758.
東寺祐亮 (2015)『意味とスケール―度合が関わる表現の統語論―』, 博士論文, 九州大学.
上山あゆみ (1991)『はじめての人の言語学』, くろしお出版.
Ueyama, Ayumi (1997) "Scrambling in Japanese and Bound Variable Construal," Ms., University of Southern California.
Ueyama, Ayumi (1998) *Two Types of Dependency*, Doctoral dissertation, University of Southern California, distributed by GSIL publications, University of Southern California, Los Angeles.
Ueyama, Ayumi (2003) "Two Types of Scrambling Constructions in Japanese," in A. Barss, ed., *Anaphora : A Reference Guide*, Blackwell, pp. 23-71.
Wasow, T. (1972) *Anaphoric Relations in English*, Doctoral dissertation, MIT.
Williams, Edwin (1977) "Discourse and Logical Form," *Linguistic Inquiry* 8-1, pp. 101-139.

あとがき

　思いをコトバにしようとするとき，客観的に正確な表現を目指すよりも，主観に寄り添った感覚的な表現を用いたほうがいいのではないかと思うことが時々ある．それが自分の中に現実感(リアリティ)を持って存在している思いであればあるほど，客観的に描写を試みて相手の頭の中に設計図を届けるよりも，むしろ主観的に相手の感覚に訴えて，対象物を「召喚」してもらったほうが，はるかに正確に，その思いを共有できるのではないかと思うからである．この本の執筆過程においても，その誘惑は何度となく訪れた．一見，本書は長い式や樹形図がたくさん含まれた「理系」の見た目をしているが，その背景にあるのは，「言語表現から意味が理解されるのは，なぜ？」「語彙と語彙の組み合わせ方によって，意味が変わるのはどうして？」という問いに対する自分の思いだからである．

　ただ，いくらその思いが自分の中で現実感(リアリティ)を持っていたとしても，その思いを召喚する「呪文」がなければ，相手に同じ思いを呼び起こしてもらえないということを，これまで幾度となく思い知らされてきた．本書で展開されている，さまざまな定義や規則は，いわば，その呪文の一部である．この呪文にそって進んで行くと，上の問いに対する私の「思い」がぼんやりとでも立ち上がってくるのではないかと期待している．それこそが私が本書で伝えたいと思っているものであり，ここで書かれている定義や規則そのものが重要なわけではない．よりよい「呪文」が見つかれば，すぐにでも取り替えていきたい．だからこそ，その呪文を覚えるための労力を少しでも減らすために，終.3節で紹介したように，web上にデモプログラムを準備した．本格的な実用のことを考えると，まだまだほど遠い段階であるが，本書の内容の理解の一助にはなると思う．

　本書のベースとなっているのは，2008～2013年ごろに九州大学大学院の授業で行なってきた講義である．毎回，書き下ろした原稿をテキストとして，院生さんたちに内容を聞いてもらい，その反応を見ながら改訂を重ねてきた．当初は，「呪文」もここまで複雑ではなかったが，やはり，感覚に頼った説明だと共有がしにくく，その結果「明示できる部分は，すべて明示する」という現在の方針が生まれてきた．全員の名前を挙げることはできないが，この授業に参加してくれたすべての学生さんたちに大変感謝し，かつ，申し訳なく思っている．毎年，春には「去年の反省を踏まえて，このように変えました」と言って，新しい「呪文」を導入したかと思うと，秋には「さらに，変更が必要だということがわかったので」と，再度「呪文」を変更するということの繰り返しで，院生さんたちを大いに振り回してしまったことと思う．

　また，2010年ごろからは，夏休みや春休みを中心に各地の大学に出向き，少人数のかたがたに聴き手になってもらい，本書の考え方を語らせてもらった．本書の注の中に登場するかたがたはもちろん，それ以外のかたがたにも，さまざまな質問やコメントをいただき，多様な角度から自分の思いを見つめ直すきっかけとなった．貴重な時間をさいて，生煮えの状態の話に付き合ってもらって感謝に堪えない．

　本書がこのような形で出版されることになったのは，名古屋大学出版会の橘宗吾氏のおかげである．自分の思いを形にしたいという気持ちはあったものの，なかなか理解してもらえないことが多く，出版する意義がないのではないかと弱気になっている私の背中を力強く押してくれた．また，序章でも述べたように，コトバに対する私の思いは，基本的には生成文法理論からもらったものだと認識しているので，「統語意味論」という新しい名前を付けることについても躊躇があったが，

その踏ん切りをつけさせてくれたのも橘氏の励ましによる．同じく名古屋大学出版会の神舘健司氏にも，編集段階で大変お世話になった．執筆途中に「呪文」をところどころ変更したことがあったため，原稿の中に新旧のバージョンが混在してしまっていたのを丁寧に洗い出し，不明瞭な書き方の箇所を多数指摘してもらった．もちろん，まだ不備が残っている可能性はあり，それは全面的に著者の責任であるが，お二人の尽力なしには，ここまで来られなかったことは確実である．心から感謝している．

終章でも述べたように，理論というものは，常に姿を変えていくものではあるが，前進していくためには，知見を積み重ねていける部分がなければならないと思う．本書で示した具体的な分析の寿命は長くないかもしれないが，今後の蓄積のための土台になってくれることを祈ってやまない．

2015 年 9 月

著　者

事項索引

記号・英数字

+A　110, 228
+N　17, 19, 39, 99, 228
+Num　122, 228
+R　41, 42, 65, 74, 79, 228, 229, 232
+V　17, 19, 20, 49, 228
○　172, 228
●　39, 85, 107, 108, 172, 227
☆　131, 227
★　13, 15, 19, 33, 36, 55, 107, 108, 161, 179, 227
★[Predication]　133, 191, 227
★<ind>　160, 161, 162, 163, 165, 170, 172, 178, 179, 227
★$_\alpha$　19, 38, 55, 60, 161, 162, 190, 227
A（範疇素性）　85
Affectee　70, 73, 81
Agent　35, 36, 37, 62, 65, 68, 69, 70, 74, 75, 76, 77, 78, 79, 80, 81, 82, 89, 91, 137, 163, 170, 188, 199, 209, 232
argument　→項
attribute　9-12, 84, 85, 87, 89, 92, 94, 95, 96, 115, 160, 163, 207, 209
Bind　191, 192, 195, 198, 199, 228
Binding（依存語の解釈規則）　190, 191, 192, 228, 229, 231, 277
category property　10-11, 12, 95, 112, 162, 163
Cause　75
Causer　62, 65, 77, 80, 82, 232
competence　→言語能力
Computational System　3, 8, 13, 14, 17-22, 32, 34, 157, 186, 197
concealed question　183
crossing effect　157
da　112, 113, 233
　→property-da（同格のダの規則）
　→語彙索引：だ
degree property　10, 12, 112, 119
functional category　→機能範疇
ga　41, 48-53, 60, 66, 108, 129, 158, 210, 228
　→Landing（「移動」の最終操作）, Pickup（「移動」の初動操作）
　→語彙索引：が
Goal　35, 37
Host property　93-100, 122, 183, 201, 202
Host property 表現　93-100, 101, 106, 114-15, 117-21, 122, 132, 183, 201, 203
　→語彙索引：弟, サイズ, 鼻
id　15, 16, 33, 83
id-slot　14, 15, 16, 18, 22, 33, 83, 107, 108, 110, 111, 112, 143, 179, 182, 227
ind　160, 161, 162, 163, 165, 166, 168, 170, 172, 177, 178, 179, 229
Information Database　9-12, 15, 22, 23, 31, 32, 33, 93, 181, 182
　→聞き手
J（範疇素性）　42
J-Merge（格助詞用 Merge 規則）　41-45, 47, 49, 51, 61, 88, 90, 97, 103, 104, 109, 111, 123, 161, 166, 185, 228, 229
Kind　161, 162, 163, 177, 191, 229, 230
Kind-addition（派生複合 value の追加規則）　162, 163, 167, 168, 229, 230, 255, 261, 265
Landing　50, 52, 231, 237, 241, 247, 252, 255, 258, 262, 266, 280
LAYER　14, 93, 126-29, 129-38
LAYER id　128
LAYER 番号　127, 128, 129, 138, 179, 189
Lexicon（脳内辞書）　3, 8, 10, 11, 13-17, 33, 36, 37, 38, 39, 44, 62, 63, 71, 76, 83, 84, 89, 96, 166, 183, 184, 185, 220, 221, 224
LF 意味素性　22-23, 41, 91, 94, 95, 136, 190, 194, 229
LF 表示　3, 8, 22-23, 32, 40, 44, 91, 131, 145, 157, 159, 181, 190, 197
Location　35, 39
Merge　13, 17-22, 33, 53, 90, 106, 107, 227, 229, 230
　external Merge　49
　internal Merge　49
Merge base　17-22, 49, 55
　→Binding, J-Merge, Kind-addition, Landing, Pickup, P-Merge, property-da, property-Merge, property-no, rare1, rare2, rel-Merge, sase1, sase2, zero-Merge
N（範疇素性）　14, 17, 19, 39, 42, 87, 88, 99, 102, 143, 161, 228, 233
no　88, 100, 228
　→property-no（同格のノの規則）
　→語彙索引：の
NP（範疇素性）　42, 55, 61, 172
Num（範疇素性）　122, 228
Numeration　3, 8, 13-22, 29, 33, 41, 44, 53, 54, 55, 60, 75, 98, 133, 138, 162, 170, 177, 178, 181, 184, 187, 195, 196, 220, 221, 222, 254
object　9-12, 15, 22, 23, 24, 25, 31, 33, 100, 182, 186
OBJECT　23, 24, 31, 33, 57, 93, 94, 105, 112, 121, 125, 126-29, 132, 138, 160, 182, 188, 189, 199, 200, 201, 202, 203, 205, 209, 211, 220
OBJECT 指示表現　14, 83, 85, 89-93, 94, 95, 96, 99, 100, 102, 105, 106, 108, 112, 113, 114, 117, 126, 132, 160, 161, 162, 178, 205, 230
P（範疇素性）　172, 173
P-Merge（ものための規則）　173, 230, 266
partitioning（素性）　132, 133, 172, 173, 178, 191, 229, 233, 243, 273
Partitioning（操作）　132, 133, 135, 138, 140, 143, 172, 174, 177, 179, 190, 191, 192, 195, 197, 201, 221, 224, 229, 233, 249, 269

performance →言語運用
PF 表示　3, 8, 22, 40, 157, 181, 197
Pickup　50, 51, 52, 163, 231, 236, 240, 246, 251, 255, 257, 261, 265, 278
Predication 素性　131, 132, 133, 136, 143, 172, 173, 207, 227, 229, 233
property　9–12, 13–17, 18, 23, 31, 32, 33, 57, 87, 92, 94, 95, 105, 107, 112, 115, 121, 122, 128, 143, 145, 146, 181, 194, 207, 212, 215, 220
　→ category property, degree property, relation property
property-*da*（同格のダの規則）　113, 114, 233
property-Merge　86, 106, 109, 111, 230
property-*no*（同格のノの規則）　100, 101, 102, 104, 106, 113, 124, 125, 233
property 記述表現　14, 83–89, 93, 98, 100, 102, 105, 106, 108, 112, 114, 117, 122, 143, 166, 205, 227, 228
quirky binding　202
rare1（-rare1-が関わる特殊 Merge 規則）　70, 71, 73, 75, 80, 232, 239
rare2（-rare2-が関わる特殊 Merge 規則）　74, 75, 77, 79, 80, 81, 82, 232
relation property　10, 11–12, 36, 55, 89, 93, 94, 98, 102, 106, 143, 163, 179
rel-Merge（連体修飾節用規則）　143, 230, 252, 275
sase1（-sase-が関わる特殊 Merge 規則 1）　65, 66, 68, 69, 70, 78, 79, 81, 232, 235
sase2（-sase-が関わる特殊 Merge 規則 2）　68, 69, 70, 78, 79, 80, 82, 232
scrambling　→かき混ぜ
Source　35, 42, 44
T（範疇素性）　49, 53, 107–14, 129, 132, 143, 173, 227, 228
Theme　35, 36, 37, 56, 62, 69, 70, 77, 79, 80, 82, 89, 91, 162, 170, 199, 254
V（範疇素性）　14, 19, 47, 48, 108, 228
value　9–12, 19, 36, 38, 55, 85, 87, 89, 95, 96, 117, 143, 160, 169, 170, 208, 227
wo　41, 45–48, 66, 162, 228, 254
　→語彙索引：を
Z（範疇素性）　14, 39, 179
zero-Merge（「ゼロ代名詞」用の処理規則）　53–60, 80, 97, 98, 124, 143, 161, 195, 231, 251, 267, 274, 275

ア 行

ア系列指示詞　23–28, 29, 31, 33, 105, 122, 161, 179, 182, 233
　→語彙索引：あいつ, あそこ, あの, あれ
依存語　188–200, 273
移動　48–53, 56, 157, 158, 163, 197, 210
　→ Pickup（「移動」の初動操作）, Landing（「移動」の最終操作）, かき混ぜ
意味表示　14, 15, 22–23, 28, 29, 32, 33, 44, 53, 58, 65, 107, 112, 122, 136, 137, 140, 145, 177, 178, 182, 205, 206, 220, 221, 226
意味役割　35–41, 42, 44, 47, 55, 60, 63, 73, 92, 103, 160, 162, 188, 191
　→ Affectee, Agent, Cause, Causer, Goal, Location, Source, Theme

受身　70–77, 79–83
　→ rare1（-rare1-が関わる特殊 Merge 規則）, rare2（-rare2-が関わる特殊 Merge 規則）, 間接受身, 直接受身, ニ受身, ニヨッテ受身, 有情物
　→語彙索引：-rare-
音連鎖　8, 22, 41, 54, 79, 139, 157

カ 行

解釈不可能素性　13, 15, 17–22, 36, 49, 50, 51, 53, 55, 60, 66, 83, 110, 157, 158, 160, 172, 210, 220, 221, 222, 224, 226, 227
　→＋A, ＋N, ＋Num, ＋R, ＋V, ○, ●, ☆, ★, ★[Predication], ★<ind>, ★α, Bind, ga, ind, Kind, no, wo
かき混ぜ　157, 158
格助詞　16, 35–62, 65, 70, 140, 171, 185, 211
　格助詞連続　42, 61, 103
　→ J-Merge, ガノ交替
　→語彙索引：が, から, で, に, の, を
ガノ交替　49
関係節　→連体修飾節
関係名詞　96
間接受身　74, 75
間接疑問文　162, 164, 170, 254
聞き手　24, 26, 31
疑似連動読み　201–5
機能範疇　49, 84
疑問文　159–71, 183, 184
　→間接疑問文, 真偽疑問文, 多重疑問文, 直接疑問文, 問い返し疑問文, 不定語疑問文
形式意味論　15, 33, 34, 126, 160, 220
継承　18, 38, 42, 47, 49, 50, 51, 52, 88, 132, 160, 162, 163, 168, 172, 178, 190, 191, 195, 220, 221, 224
形容詞　11, 12, 45, 49, 53, 83–85, 95, 102, 110, 112, 115, 158, 206
形容動詞　45, 49, 83, 95
言語運用　222, 223, 224
言語能力　221, 222, 223
語彙項目　3, 8, 11, 13–17, 18, 49, 62, 63, 79, 84, 87, 102, 107, 112
項　36, 44, 45, 46, 47, 49, 53, 54, 55, 58, 59, 60, 62, 68, 70, 71, 75, 76, 79, 96, 98, 99, 100, 102, 122, 123, 162, 164, 167, 177, 183, 184, 185, 191, 199, 200, 209, 210
項関係　36, 49
項構造　36, 38, 46, 63, 65, 74, 77, 78, 81
項でないガ　→語彙索引：が：項でないガ
項としてのヲ　→語彙索引：を：項としてのヲ
付加詞としてのヲ　→語彙索引：を：付加詞としてのヲ
後置詞　→格助詞
語順　2, 4, 5, 9, 22, 79, 82, 104, 107, 118, 120, 124, 155, 157, 158, 163, 171, 181, 196, 197, 198, 199, 222, 224, 225
　→ crossing effect, かき混ぜ
固有名詞　11, 23–28, 31, 92, 182, 184, 233

サ 行

参与者　24, 35–41, 42, 77, 137
　→意味役割
使役　62–70, 77–83

→sase1（-sase-が関わる特殊Merge規則1），sase2（-sase-が関わる特殊Merge規則2），ニ使役，ヲ使役
　→語彙索引：-sase-
指示的（referential）　23, 126
時制　48-53, 107-14, 131, 132, 143, 146, 207
　→語彙索引：-い, -ta, だ, -te, -ru
θ-grid　→項構造
θ役割　→意味役割
自他対応　46, 63, 68
自動詞　46, 64, 74, 77
指標　9, 10, 13-17, 18, 19, 23, 29, 30, 31, 33, 36, 38, 39, 42, 55, 57, 83, 98, 99, 105, 107, 108, 127, 128, 132, 133, 138, 139, 165, 170, 178, 179, 181, 182, 185, 186, 188, 190, 195, 196, 208, 227, 233
　→同一指標
主題役割　→意味役割
受動構文　→受身
主要部　18, 19, 36, 38, 39, 42, 47, 49, 50, 83, 88, 89, 98, 105, 107, 108, 110, 112, 114, 116, 117, 132, 139, 142, 160, 162, 172, 190, 191, 195, 227, 228, 229
照応記述制約　181, 182, 185, 196, 198
助詞
　→格助詞，複合助詞
　→語彙索引：か，しか，は，も
助数詞　122
真偽疑問文　165, 170
ゼロ代名詞　53-60, 54, 59, 101, 102
　→zero-Merge
先行詞　28, 29, 58, 98, 122, 126, 138, 161, 181, 182, 185, 189, 191, 197, 200, 201, 202, 224
束縛原理B　188, 196, 199, 200
束縛条件C　185
束縛条件D'　181
ソ系列指示詞　28-31, 28, 31, 33, 57, 58, 59, 98, 99, 105, 122, 126, 138, 161, 162, 178-83, 187-205, 224, 233
　→語彙索引：そいつ，そいつら，そこ，その，それ

タ行

代名詞　26, 27, 29, 54, 126, 199
　→ゼロ代名詞
多重疑問文　165, 170
多重ヲ制約　46, 61
他動詞　46, 60, 74, 76
直接受身　74, 75
直接疑問文　164
適格　3, 13, 21, 37, 52, 53, 54, 56, 77, 91
　→不適格
問い返し疑問文　171
同一指標　187, 196, 197, 198
動詞　11, 14, 37, 44, 45, 46, 47, 49, 51, 53, 58, 63, 68, 69, 71, 76, 84, 85, 89, 108, 110, 139, 160, 170, 183, 205, 208, 210
　→自他対応，自動詞，他動詞
同定　23-32, 105, 126, 161, 171, 178, 179, 181, 182, 183, 185, 186, 203

ナ行

ニ受身　74, 75
ニ使役　69, 70
ニヨッテ受身　74, 75

ハ行

派生複合value　163, 167, 177, 188, 190, 191, 195, 200, 212
範疇素性　14, 17, 18, 19, 42, 47, 49, 60, 61, 88, 108, 110, 112, 122, 172
　→A, J, N, NP, Num, P, T, V, Z
否定　205-16
非文法的　211, 221, 222, 224
　→文法的
付加詞　39, 44, 47, 48, 60, 75, 76, 78, 79, 82
複合助詞　38, 60
　→語彙索引：とともに，において，について，によって
副詞　69, 85
普通名詞　11, 25, 26, 27, 30
不定語　35, 159-87, 197, 198, 216
　→語彙索引：か，誰，どこ，どの，何，何人，も
不定語疑問文　159-71, 183, 184
不適格　4, 13, 17, 38, 42, 48, 61
　→適格
文法的　221, 222, 224
　→非文法的

マ行

名詞　14, 16, 19, 28, 38, 39, 42, 45, 58, 60, 87, 89-93, 95, 102, 104, 161, 196, 209
　→N, NP, ア系列指示詞，関係名詞，固有名詞，ゼロ代名詞，ソ系列指示詞，代名詞，普通名詞，役職語，役割名詞

ヤ行

役職語　23-28, 31
役割名詞　96
有情物　73, 82
遊離数量詞　216-18

ラ・ワ行

連体修飾節　142-59, 184, 230
連動読み　178-83, 187-205, 224, 225
　→疑似連動読み
ヲ使役　69, 70

語彙索引

イタリック　　　：語彙項目としての素性表記（ただし暫定的な形）
イタリック＋下線：語彙項目としての素性表記

ア 行

愛する　　*47*
あいつ　　25, 29, 58, 59, 179
あそこ　　29, 179, 189
新しい　　116
あの　　25, 26, 29, 58, 122, 179, 182
謝る　　*191*
あれ　　25, 29, 58
-い　　110
行く　　*173*
椅子　　*88*
愛しい　　*48*
追いかけさせる　　63
追いかける　　16, 39, *53*, *54*, 55
大きい　　*84*
落ちる　　36, 38, 42, 44, *51*
弟　　*96*
男の子　　*15*, 39
落とす　　36, 38
女の子　　*16*, 39

カ 行

か　　*160*, *163*, *178*, 184, *254*, *260*
が　　37, 38, 42, 45, 48-53, *51*
　→事項索引：ga（解釈不可能素性）
　項でないが　　53
学生　　*168*
勝つ　　*162*
かなり　　*86*
かなりの数　　*191*
花びん　　*42*
から　　*42*, 44, *103*
彼　　197
彼ら　　189
かわいい　　*110*, 207
極端に　　*86*
来る　　*168*
現役力士　　*101*

サ 行

サイズ　　94, 117, 118, 120
-sase-　　63, *65*, *66*
　→事項索引：sase1（-sase-が関わる特殊 Merge 規則 1），sase2（-sase-が関わる特殊 Merge 規則 2），使役
誘う　　*173*
3　　*133*
3人　　*16*
しか　　139, 213-16
支持している　　*191*
実兄　　*101*
ジョン　　*15*
知りたがっている　　*163*
白い　　*15*
スケートボード　　*39*
すごい　　*85*
少しだけ　　*86*
そいつ　　25, 29, 57, 58, 59, 99, 161, 178, 180, 203
そいつら　　126
そこ　　29, 59, 161, 178, 180, 188, 189, *190*, *191*, 195, 196, 197, *198*, 200, 202, 203, *273*
そこそこ　　*86*
その　　25, 26, 28, 29, 30, 31, 58, 59, 98, *99*, 122, 161, 178, 179, 180, 196, 203
それ　　25, 29, 58, 190

タ 行

-ta　　49, 51, *133*
　→事項索引：T（範疇素性）
だ　　112, 113
　→事項索引：da（統語素性），property-*da*（同格のダの規則）
大学　　*123*
たち　　114, 233
棚　　*42*
誰　　*161*, *177*, *264*
誰も　　211-13
長男　　*99*
-te　　*173*
で　　38, *39*
手紙　　*103*
と　　37
という　　27
どこ　　*161*, *162*, *254*
とともに　　*39*
どの　　*166*, *167*, *260*

ナ 行

流れる　　*48*
何　　*161*
何人　　*166*
に　　37, 42, 62, 63, *66*, 69, 74, 75, 139, *173*
2　　*122*
2人　　*16*
において　　*39*
について　　*39*
によって　　74, 75, 77
人（助数詞）　　*122*
年齢　　183
の　　35, 83-106, *88*, 89, 100-103, 100, 101, *102*, 104, 108,

113, 121, 233
→事項索引：no（解釈不可能素性），property-*no*（同格のノの規則）

ハ 行

は　*109*, 114
パーティ　*173*
鼻　94
犯人　97
ひげ　207, 208
人　*84*
ビル　*66*
古い　117
フロリダ産　*87*, *119*, 120
ほとんど　*123*, 124
ほめる　*79*

マ 行

見かける　*144*
向かう　*69*
メアリ　*60*

も　171-78, *172*, *178*, 264
木製　*87*
元力士　*101*

ヤ 行

誘惑　*89*
誘惑する　*89*

ラ 行

-rare-　*70*, *74*, *238*
　→事項索引：rare1（-rare1-が関わる特殊Merge規則），rare2（-rare2-が関わる特殊Merge規則），受身
-ru　49, *163*
　→事項索引：T（範疇素性）

ワ 行

若い　*83*, *84*
を　37, 38, *42*, 45-48, *47*, 69, 139, 173
　項としてのヲ　47
　付加詞としてのヲ　46, 47, 48, 60, 78
　→事項索引：wo（解釈不可能素性）

〈著者紹介〉

上山　あゆみ（うえやま）

　1990年　京都大学大学院文学研究科博士課程単位取得退学
　1998年　University of Southern California 博士号取得
　現　在　九州大学大学院人文科学研究院教授
　著　書　『はじめての人の言語学』（くろしお出版，1991年）
　　　　　『生成文法の考え方』（共著，研究社，2004年）他

統語意味論

2015年11月20日　初版第1刷発行

定価はカバーに
表示しています

著　者　上　山　あゆみ

発行者　石　井　三　記

発行所　一般財団法人　名古屋大学出版会
〒464-0814　名古屋市千種区不老町1 名古屋大学構内
電話(052)781-5027/FAX(052)781-0697

Ⓒ Ayumi UEYAMA, 2015　　　　　　　　Printed in Japan
印刷・製本　㈱クイックス　　　ISBN978-4-8158-0822-8
乱丁・落丁はお取替えいたします．

Ⓡ〈日本複製権センター委託出版物〉
本書の全部または一部を無断で複写複製（コピー）することは，著作権法上の例外を除き，禁じられています．本書からの複写を希望される場合は，日本複製権センター（03-3401-2382）の許諾を受けてください．

戸田山和久著
論理学をつくる

B5 判・442 頁・本体 3,800 円

論理学って，こんなに面白かったのか！ 出来あいの論理学を天下り式に解説するのでなく，論理学の目的をはっきりさせた上で，それを作り上げていくプロセスを読者と共有することによって，考え方の「なぜ」が納得できるようにした傑作テキスト．初歩の論理学が一人でマスターできる．

中尾　央著
人間進化の科学哲学
―行動・心・文化―

A5 判・250 頁・本体 4,800 円

ダーウィン『種の起原』刊行から 150 年以上が過ぎた．だが，人間の心や文化を進化の枠組みで考えることは，いまだ容易ではない．人間の行動進化をめぐる諸科学のプログラムを横断的に検討することを通して，「人間とは何か」という問いに新たにアプローチ．

鈴木広光著
日本語活字印刷史

A5 判・358 頁・本体 5,800 円

漢字と仮名による多様な書字活動は，どのように活字化されたのか．技術のみならず文字の性質や書記様式・言語生活等に注目し，嵯峨本など古活字版から，宣教師らによる明朝体活字の鋳造を経て，近代日本の活字組版まで，グローバルな視野で描きだす力作．